반反종차별주의

반反종차별주의

인간, 동물, 자연의 새로운 관계 맺기

에므리크 카롱 지음

류은소라 옮김

ANTISPÉCISTE
by AYMERIC CARON

일러두기
• 이 책의 각주에서, 원주는 따로 표시하지 않았고, 옮긴이주는 〈옮긴이주〉로 표시했다.

이 책은 실로 꿰매어 제본하는 정통적인 사철 방식으로 만들어졌습니다.
사철 방식으로 제본된 책은 오랫동안 보관해도 손상되지 않습니다.

나의 할아버지 코르넬리 블뤼멘트리트에게,
동물 그리고 인간을 믿는 모든 이에게

머리말

나는 동물을 사랑하지 않는다.

단지 그들을 존중할 뿐이다.

사랑은 때로 비이성적인 감정이자 주관적 성향이며, 온전히 합리적이라고 하기에는 너무 열정적인 표현이다. 그러나 내가 동물을 먹지 않고, 동물의 고통에서 비롯된 제품을 소비하지 않고, 동물을 가두는 것에 반대하고, 사냥과 투우 종식을 위해 싸우는 것은 동물을 향한 격앙된 감정 때문이 아니다. 단지 일관성과 정의의 문제로 동물에게 고통을 가하거나 죽이는 것을 거부할 뿐이다.

호수에 빠져 허우적대는 사람을 구하러 뛰어들기 전에 당신은 그 사람을 사랑하는지 스스로에게 질문하지는 않을 것이다. 의사나 소방관 역시 구조하는 사람을 사랑할 필요는 없다. 그들은 양심과 책임 의식에 따라 행동한다. 그들의 행동에는 감정이 없다.

이성이 연민을 막는 게 아니라 반대로 이성이 연민을 고취한다고 믿을 수도 있다. 그러나 내가 모든 동물에 대해 느끼는 연민은 인간 종에게 느끼는 것과 비슷하다.

나는 반(反)종차별주의자anti-spéciest다.

즉, 나는 한 존재를 그가 어떤 종(種)에 속한다는 이유로 차별하는 것이 결코 정당화되지 않는다고 생각한다.

단도직입적으로 말해 보자. 〈반(反)종차별주의anti-spéciesm〉는 단지 학대받은 동물들을 보호하기 위한 외침은 아니다. 그보다는 인간 종을 넘어서는 평등을 위한 사회적 투쟁의 성격을 띤다. 반종차별주의는 다른 동물 종과의 동류 관계를 인정하고, 여기에서 결론을 도출하는 새로운 휴머니즘이다. 이 제안은 대담해 보일 수도 있다. 그러나 반종차별주의는 논리적 진화에 따른 것이다.

인류는 항상 이전까지 열등한 지위로 여겨진 개별 집단, 즉 〈미개인〉 또는 〈야만인〉으로 불린 민족이나, 노예로 삼았거나 여성 또는 동성애자처럼 차별받았던 집단들을 도덕적 고려의 대상으로 확장하는 방향으로 발전해 왔다. 오늘날 전개되는 사고의 전환은 우리의 관심 범위를 비인간 동물에게로 넓혀 이들을 도덕적 고려의 대상으로 보고, 낡은 인간중심주의와 결별하는 것이다.

이제는 오로지 〈호모 사피엔스〉의 이기적 욕망만 따라서 무언가를 결정할 수 없다. 비인간 동물들도 인간처럼 〈살고자〉 하는 같은 욕망에 따라 움직인다. 인간은 이유 없이 동물들의 존재를 박탈할 권리도, 그들이 결코 겪지 않아도 될 고통을 강요할 권리도 부여받지 않았다. 개체로서의 동물에 대한 인간의 도덕적 책임을 연구한 동물 윤리에서는 인간에게 지각 있는 모든 살아 있는 존재들에게 최소한의 권리를 보장할 의무가 있다고 결론 내린다.

모든 동물이 인간과 똑같다고 선언하자는 게 아니다. 이는 아무런 의미가 없다. 그러나 인간과 다른 동물 종과의 차이로 인해 동물들에게 최소한의 권리를 보장하지 않는 것은 더 이상 정당화될 수 없다. 어떤 권리인가? 앞으로 논의해 나가야 할 것이다. 내 생각에는 네 가지 기본 권리가 필요하다. 인간은 더 이상 동물을 먹거나, 가두거나, 고문하거나, 상업화해서는 안 된다.

반종차별주의는 믿음이나 신화가 아니다. 고인류학, 분자생물학, 동물행동학 그리고 양자물리학이나 뇌과학이 최근에 우리에게 알려 준 것의 윤리적 결과다. 반종차별주의는 생명체와 우주에 대한 정확한 지식과 밀접하게 관련되어 있다. 이러한 새로운 지식은 인간에게 의무를 부여하고, 그것은 동물 권리의 범위를 훨씬 넘어선다. 반종차별주의는 일차적으로 인간과 관련된 도덕적이고 정치적인 혁명의 한 부분일 뿐이다. 그 내용은 〈관계, 일관성, 책임〉이다.

관계 없이는 아무것도 없다. 인간을 서로 연결하는 관계(연인, 가족, 친구, 동호회, 사회, 공동체), 인간을 동물 친구들과 연결하는 관계, 식물, 하늘, 바다와 연결하는 관계, 우리가 태어난 별들과 연결하는 관계, 이러한 본질적 연결 관계에 대한 인식이 없다면 미래는 거대한 재앙으로 치달을 것이다. 현재의 기후 변화는 단지 미미한 시작에 불과하다.

일관성은 사회 전체와 모든 개인이 갖춰야 할 필수 자질이다. 같은 범죄를 저지른 두 사람 가운데 한 사람에게는 2년의 징역형을 내리고 다른 한 명은 풀어 준다면, 정의는 전혀 신뢰받지도 존중받지도 못할 것이다. 그런데 시간을 갖고 우리의 행위 전체를 복합적으로 들여다보면, 개인적 혹은 집단적 행위의 중장기적 결과들이 실제로 얼마나 일관성이 없는지 깨닫고 놀라게 된다. 지구 온난화의 심각성을 우려하면서 계속 고기를 먹는다. 동물 사육은 온실가스 배출의 주요한 원인 가운데 하나다. 개는 가족 구성원으로 애지중지하지만, 소의 운명에는 무관심하다. 늘어나는 테러를 비난하면서 이를 저지르는 나라들은 지원한다. 세계 평화를 기원하지만, 2015년 전 세계 무기 수출은 160억 유로를 기록했다. 생산과 소비에 기반을 둔 경제 정책을 세우지만, 소비자들은 점점 가난해진다. 대마초는 금지하지만, 술(프랑스에서는 연간 약 5만 명의 사망자 발생)과 담배(마찬가지로 연간 약 7만 명 이상의 사망자 발생)는 자유롭게 판매하도록 내버려 둔다……. 이렇게 불합리가 보편화된 원인으로 성찰의 부재, 소수의 이익 추구, 전체의 이익을 방해하는 로비의 압력 등 몇 가지를 들 수 있다.

일관성은 사안을 수학적·철학적 그리고 실천적 추론으로 다루는 데서 나온다. 일관성이 없다면 야만으로 이끄는 어리석음에 스스로를 내맡기는 꼴이 된다. 그런데 오늘날 우리가 놓인 지점이 바로 여기다. 우리는 야만을 강요하는 비합리적 세계의 포로들이다. 지금의 심각한 위기는 이미 우리가 오래전에 합리성의 상실을 용납한 데서 초래되었다.

우리는 책임에 대한 고민으로 행동 하나하나에 따를 결과를 성찰한다. 이는 동물뿐 아니라 인간과 지구를 대하는 태도에서도 마찬가지다. 행동의 결과를 최대한 고려해 보지 않았다면 어떤 결정도 내리지 않는 것이 옳다. 하지만 사회는 우리를 결정 과정에서 제외했고, 특정 선택은 어쩔 수 없다고 믿게 함으로써 인간의 책임을 면제했다. 이러한 의식 상태는 일체의 저항을 잠재우기에 이상적이다. 결국 우리는 사육된 동물들처럼 수동적으로 순응했다. 세상의 불행을 끝낼 수 없다는 인식과 아무도 불행에 책임이 없다는 생각을 받아들였다. 하지만 이 두 가지는 잘못된 확신이다. 모든 개인은 아주 미미한 방식으로라도 세계의 질서에 영향을 미친다. 예를 들어, 햄 한 조각을 먹는 사람은 직접 칼을 들지는 않았지만, 동물을 죽인 셈이다. 사육과 도살을 다른 이들의 손에 맡겼을 뿐, 소비자로서 공범이라는 사실에는 변함이 없다. 보수주의자들의 주장과 달리 세계는 끊임없이 변화하고 있다. 움직임은 삶의 특성이다. 따라서 죽음을 제외하고는 어떤 것도 바뀌지 않거나 피할 수 없는 것은 없다. 현재는 과도기적인 사회에 불과하며, 우리가 인식하지 못하는 사이 현재의 자유경제 체제 사회는 서서히 무너지고 있고, 머지않아 또 다른 사회로 대체될 것이다. 어떤 사회를 선택할지는 우리에게 달려 있다. 현재 우리에게는 생태학의 길이 가장 현명하다. 여기에서 말하는 생태학이란 무엇인가?

30년 전부터 프랑스에서 구현되고 있는 정치생태학political ecology은 더 이상 성찰하고 반성하지 않는다. 개선의 여지가 없고, 개인적 야망의 볼모가 되어 자신이 구현할 수 있었던 것의 그림자가 되었다. 지금은 새로운 모델을 제시하지 못하고, 몇 가지 문제들을 피상적으로 다루는 데 그친다. 이는 노르웨이의 철학자 아르네 네스Arne Næss가 **심층생태학**deep ecology을 〈**표층생태학** shallow ecology〉과 구분한 데 따른다. 심층생태학은 오늘날 프랑스에서 거의 지지받지 못하고 있다.

표층생태학은 죄의식을 품게 하고, 제한적이며, 결국 비효과적이다. 이는 생산 제일주의와 같은 논리지만, 초과분의 일부를 제한하자고 제안한다. 나는 이를 〈소프트 생태학〉이라 부른다. 자제하고, 덜 소비하고, 덜 오염시키고, 덜 훼손하자고 주장하기 때문이다. 표층생태학은 기후 온난화, 생물 다양성 그리고 미래 세대에게 좋은 상태로 남겨 줄 세상에 대해 말한다. 하지만 실제로는 어떤 희망도 제시하지 않는다. 결국 붕괴를 막지 않고, 그저 문제를 지연시키려는 노력에 그치고 만다(이것이 **지속가능한 개발**의 원칙이다). 그리고 무엇보다 표층생태학은 인간 종에게 부여된 우선권을 전혀 문제 삼지 않는다. 환경을 보호해야 하는 것은 인간의 이익을 위해서이지, 자연이 내재적 가치를 지니기 때문은 아니란 것이다. 우리는 스스로를 구하기 위해 우리를 둘러싼 환경을 지켜야 한다. 따라서 동물을 인간에게 도움이 되는 대상으로 여기는 한, 표층생태학은 동물 착취라는 본질을 거부하지 않는다. 환경주의자들 중 일부가 고기 섭취량을 줄이자고 주장한다면, 이는 단지 고기 생산이 가져오는 오염 때문이다. 사실 이것은 **산술적 생태학**일 뿐이며, 그들은 복잡하게 계산해서 자연을 관리한다. 즉, 일정량의 이산화탄소 배출을 허용하고, 일정 개체수의 곰을 보존해야 한다는 식으로 말이다.

그러나 내가 생각하는 생태학은 심층생태학에 기반하며 동물의 권리도 포함하는 **근본생태학**écologie essentielle이다. 근본생태학은

12

자연과 자연을 구성하는 존재에 **내재적 가치**를 부여하는 **형이상학적 생태학**이다. 또한 우주에서 인간이 머무는 위치에 질문을 던진다. 아울러 평화롭고, 조화로운 교류와 자기실현을 추구하는 새로운 인류의 발달을 장려한다. 근본생태학은 살고자 하는 의지를 존중하는 생명 존중의 생태학이다. 이런 의미에서 근본생태학은 오늘날 이데올로기의 장에서 가장 혁신적이며, **생태 민주주의**라는 야심찬 정치 체제에서 구현되어야 한다. 사실 이러한 새로운 생태학은 플루타르코스Plutarcos에서 아르네 네스로 이어지는 긴 사유의 여정으로, 그 과정에 우리는 미셸 몽테뉴, 찰스 다윈, 아나키스트인 표트르 크로포트킨과 그의 친구 엘리제 르클뤼, 헨리 데이비드 소로, 아르투르 쇼펜하우어, 마하트마 간디, 르네 뒤몽, 앙드레 고르츠, 에드가 모랭, 미셸 세르, 피터 싱어, 톰 레건, 개리 프랜치온과 같은 수많은 사상가와 만난다. 이들은 모두 공감, 상호 협력, 겸손 그리고 저항하는 철학의 길을 보여 주었고, 동물에 대한 존중은 그중 일부다.

이들은 모두 철학, 법률, 정치를 전환하는 기획의 중요한 대목들을 함께 썼다. 반종차별주의는 인간의 위치를 지구에 함께 사는 모든 살아 있는 존재들 가운데 하나로 재고한다. 지난 수십 년 동안 이뤄진 생명체에 대한 모든 과학적 발견에 따른 가장 합리적 방안이며, 인류의 다음 장을 쓸 새로운 코페르니쿠스적 혁명의 출발점이다.

차례

7장   생태 민주주의를 위해

에베레스트

벼룩이 들끓는 짚 매트 위에서 밤새 뒤척였지만, 덕분에 저산소증에 적응할 수 있었다. 일행 중 한 명은 안타깝게도 호흡 곤란과 심한 두통을 호소하며 절박하게 나를 깨웠다. 나는 그가 새벽녘에 겨우 잠들 때까지 옆에서 지켜야 했다. 결국 먼저 잠자리에서 일어났을 때는 6시쯤이었을 것이다.

롱부크 사원은 세계에서 가장 높은 곳에 위치한 사원이다. 에베레스트 산기슭의 고도 5,000미터에 당당히 자리 잡고 있다. 북동쪽 경사면을 등반하기 위한 베이스캠프는 사원에서 불과 몇 킬로미터 떨어져 있다. 사원 건물은 1세기 전에 지어졌고, 현재는 몇십 명 정도의 승려만 머물고 있다. 사원에는 여행객의 발길이 끊이지 않는다. 20년 전에 나도 그중 한 명이었다. 히말라야산맥의 봉우리들이 에워싸고, 세계의 지붕을 향해 있는 이 사원에 오르기 위해 나는 지난 일주일간 티베트고원을 넘어왔다. 이 돌의 요람에 도착했을 때, 히말라야의 가장 존엄한 정상은 구름과 안개에 둘러싸여 호위받고 있었다. 밤이 지나고 이제 왕이 자신을 찾아온 방문자 앞에 모습을 드러내길 기다렸다.

숙소를 나섰다. 몇 미터 앞으로 가서 뒤를 돌아보니 구름이 완전히 걷히고, 마침내 평온하게 왕좌를 지키고 있는 에베레스트산이 눈에 들어왔다. 날 비웃나? 그가 자신을 세상의 중심으로 여기며 뽐내고 있다는 생각도 들었지만, 그게 아니었다. 조용히 세상을 바라보며 그저 거기 있을 뿐이었다. 나는 세계에서 가장 높은 곳에 시선을 고정했다. 8,848미터. 학교에서 배운 전설적인 숫자. 하지만 이제 더 이상 지리 시험에서 1점을 높여 주는 추상적 개념이 아니었다. 에베레스트는 햇빛에 자신의 흰 옆구리를 드러낸 한 마리 평온한 짐승이었다. 조금만 더 가까이 가면 만질 수도 있을 것 같았다. 그토록 가깝지만 손에 닿지 않는 곳. 에베레스트는 절대적 고요 속에서 나와 마주하고 있었다. 어떤 목소리도, 소음도, 방해도 없었다. 바로 그 순간 우리는 무슨 말을 주고받았는가? 그는 내게 1억 2000만 년 전에 시작된 자신의 이야기를 들려주었다. 인도는 곤드와나Gondwana 대륙에서 분리되어 인도 아대륙이 되었다. 1년에 10센티미터씩 천천히 움직여 7,000킬로미터를 이동한 후, 약 5000만 년 전에 아시아 대륙과 충돌했다. 이 충격으로 히말라야산맥이 생겨났다. 오늘날에도 여전히 에베레스트는 해마다 몇 센티미터씩 계속 높아진다(10년 사이에 3센티미터가 높아졌다). 그러니 지구가 살아 있다는 것을 누가 부정할 것인가?

거인은 나에 대해서도 말했다. 내가 얼마나 사소한지, 자신에 비하면 먼지 한 점에 불과하다는 사실을 떠올리게 했다. 그러나 그는 내가 그에게까지 온 일이 훌륭하다고도 말했다. 겸손 그리고 담대함.

지구가 무엇인지, 그리고 우리와 어떻게 연결되는지 깨닫기 위해 반드시 에베레스트 정상을 마주했어야 하는가? 물론 그렇지 않다. 다행히도 우리는 다양한 기회로 우리가 종종 잊고 지내는 이 모체와 만난다. 해안선, 덤불, 호수, 숲, 사막……. 그러나 장엄하게 압도하는 산이 자연의 그 어떤 요소보다 더 많은 것을 말해 주는 것은 사실이다. 산은 지상이 아니라 천상에 속하기 때문이다. 그들의 말은 더 먼 곳에서 온다.

산은 우리를 작아지게 하는 만큼 커지게 하기도 한다. 철학자 아르네 네스는 산꼭대기 야생의 대기에서 영감을 길어 올렸던 노련한 산악인이었다. 그는 다음과 같이 말한다.

(……) 겸손이 좀 더 깊은 감정에 뿌리내려 있지 않다면, 그리고 우리 자신은 단지 자연의 일부라는 이해의 산물이 아니라면, 겸손은 그 자체로 보잘것없는 덕목입니다. 우리가 산에 비해 작다고 느끼면 느낄수록, 우리는 산의 위대함에 동참하게 됩니다. 왜 그런지는 묻지 마십시오. 저도 모르니까요.

1장
동물인 나는 고로

오늘 밤 사자가 죽었다

세실Cecil은 짐바브웨 황게 국립공원에서 평화로운 나날을 보내고 있었다. 2015년 7월 미네소타의 부유한 치과의사인 월터 파머는 중개자들에게 5만 5,000달러를 지불하고 세실을 죽여달라고 의뢰했다. 세실은 40여 시간 동안 쫓겨 다녔다. 화살에 맞아 부상을 입었다가 결국 총을 맞고 숨을 거두었다. 이후 사지가 찢기고 목이 잘렸다. 이 사건은 아프리카 사파리 관광에서 매년 벌어지는 수많은 밀렵 가운데 하나로 끝날 수도 있었다. 사자들은 관광 사냥객들에 의해 매년 100여 마리씩 죽임을 당하고, 대부분은 무관심에 묻힌다. 그런데 이번에는 그렇지 않았다. 〈사자 세실〉 사건은 미국을 비롯해 전 세계에 유례없는 분노의 물결을 일으켰다. 각 나라 신문들은 이 사건을 헤드라인으로 다루었고, 국제적 움직임이 일어났으며, 소셜 미디어와 할리우드 스타들은 분노했다.

〈세실을 위한 정의〉를 요구하는 청원서에는 순식간에 수십만 명이 서명했고, 금세 100만 명을 넘겼다. 파머는 며칠 만에 지구상에서 가장 미움받는 인물이 되었다. 전 세계에서 공격당하자, 파머는 당분간 자신의 치과를 닫고 잠적할 수밖에 없었다. 미국 코미디언이자 토크쇼 진행자인 지미 키멜Jimmy Kimmel은 자신의 토크쇼에서 파머에게 메시지까지 남겼다. 「왜 당신은 사자들을 죽였지요? 어떻게 한 인간이 그런 걸 재미로 느낄 수 있는지 궁금합니다. 도대체 발기 부전이 얼마나 심각했길래 동물을 죽여야만 해결될 정도였나요? 만약 그게 문제라면 알약이 있잖아요. 거기에 효과적인 약 말이에요.」 키멜은 중요한 물음을 던지고 있다. 아무도 위협하지 않고 그저 평화롭게 살기만을 바라는 동물을 무고하게 죽이면서 사람들은 어떤 종류의 쾌락을 느끼는가? 사체 옆에 포즈를 취하고 있는 사진은 어떤 종류의 정신 질환적 자긍심을 불러일으키는가? 사냥 트로피 수집은 어떤 신경증적 쾌감으로 설명되는가? 벽에 걸린 동물의 박제된 머리를 보며 누리는 감정은 도대체 어떤 뒤틀린 사고 구조로 해석되는가? 그리고 무엇보다 인간이 미심쩍은 쾌락 이외에 다른 이유 없이 한 생명을 박탈하는 행위를 어떻게 정당화할 수 있는가?

사자 세실의 죽음으로 일어난 전례 없는 집단적 분노는 — 그때까지만 해도 사람들은 사자 세실의 존재를 거의 또는 전혀 몰랐다 — 서구 사회에서 점점 나타나고 있는 정신적 변화를 보여 준다. 즉, 인간이 여전히 동물을 학대해도 된다고 스스로에게 허용한 어리석음과 무지에 반하여 집단적인 움직임이 시작된 것이다.

이제 단순히 가학적 쾌락을 위해 동물의 목숨을 빼앗는다는 생각은 더 이상 통하지 않는다. 어니스트 헤밍웨이Ernest Hemingway와 그의 사파리에 대한 낭만주의적 예찬은 낡아빠진 구시대의 산물이 되었다. 사냥에 푹 빠졌던 헤밍웨이는 1934년, 막 숨을 거둔 사자의 사체 옆에서 가득 미소를 지으며 한껏 포즈를 취했다. 진부하기 짝이 없는 이 사진은 공교롭게도 여전히 온기를 지닌 세실의 사체 위에 앉아 자신의 흰 치아를 드러낸 치과 의사의 미소와 교차된다. 틀에 박힌 듯 꼭 빼닮은 이 두 장의 사진에서 나는 어리석은 사냥꾼들의 멍청한 표정이 아니라, 조금 전 생을 마감한 사자의 슬프고 굳은 표정에 주목했다. 살해자의 환희와 부당하게 목숨을 잃은 희생자의 마감된 고통, 그 대조는 참혹하다. 이에 대해 점점 더 많은 사람이 공감하고 분노한다. 사자 세실의 죽음에 이어진 전대미문의 파장은 결코 우연이 아니다. 이는 인식이 바뀌고 있는 과정을 보여 준다. 즉, 파머의 행위에 충격받은 수백만 명에게 이 사건은 단지 어떤 종에 속한 동물을 제거하여 생물 다양성에 해를 끼친 정도가 아니라, 고유한 개성과 역사를 지닌 지각 능력이 있는 한 존재를 고의로 죽인 것이다. 그렇다. 파머는 한 마리의 사자를 죽인 게 아니다. 그는 열세 살이 된, 형제 제리코와 새끼들을 가족으로 둔 세실이라는 이름의 한 개체를 죽인 것이다.

세실의 죽음으로 동요가 일어난 지 몇 주 지나지 않아, 이번에는 또 다른 동물이 쟁점으로 떠올랐다. 돌고래였다. 이 사안은 매년 되풀이되었다. 미디어들은 페로 제도에서 벌어지는 **그라인다드랍**grindadrap이라는 야만스러운 고래몰이 사냥에서 또다시 들쇠고래(또는 〈길잡이 고래〉)가 집단 학살당하고 있다고 고발한다. 그라인다드랍은 이동하는 고래 떼를 어선으로 쫓아 해안으로 몰아붙인 뒤 육지로 끌어내 도륙하는 행사다. 해변에는 수백 명의 사람이 갈고리와 칼로 무장하고 고래를 기다린다. 고래 떼가 해안으로 떠밀려 오면 흥분한 관중들이 달려들어 밧줄에 연결된 갈고리를 고래의 분기공(숨구멍)에 꽂아 고래를 모래사장으로 끌어당긴다. 그러고는 마치 오렌지를 까듯이 고래의 척수를 갈라 살을 벌린다. 그날에는 대체로 250마리의 들쇠고래가 죽임을 당한다. 공식적으로 그라인다드랍은 인간을 먹여 살리기 위한 사냥이다. 하지만 오늘날 고래 고기는 독성 때문에 식용으로는 거의 소비되지 않는다. 체내에 수은과 산업 배출물로 인한 기타 오염 물질이 위험한 수준으로 쌓여 있어 고래 고기를 섭취하면 건강에 심각한 영향을 미칠 수 있기 때문이다. 따라서 이 행사가 단지 고래를 집단으로 학살하는 데서 오는 야만적 쾌감 혹은 젊은 어부들의 정력을 과시하기 위해 마련된 무대라면 고래들은 무고한 죽음을 맞은 셈이다.

이 학살의 현장에는 아이들도 초대된다. 현장은 이루 말할 수 없을 정도로 끔찍하다. 해안으로 끌려 나온 돌고래들은 가차 없이 난도질당하고, 돌고래의 찢긴 상처에서 흐르는 피는 해변을 흥건히 적신다. 여기에는 일말의 동정심도 없다. 수컷, 암컷, 새끼 돌고래 가리지 않고 무참히 살해당한다. 돌고래들은 죽기 전에 가족의 처참한 사형 집행 장면을 목격한다. 돌고래들의 지능과 사회성의 수준을 고려하면 이러한 살해 현장은 극도로 야만적이다. 〈들쇠고래의 집단은 모계 사회다. 눈앞에서 자식이 처참하게 잘려 나가는 장면을 목격할 때 어미들이 받을 극도의 공포와 충격을 나는 짐작할 수도 없다.〉 **그라인다드랍**의 현장을 목격한 국제 해양 생물보호단체 시 셰퍼드Sea Shepherd의 페테르 함마르스테트Peter Hammarstedt는 이렇게 말한다. 「어떤 돌고래는 머리에 대여섯 군데 깊게 팬 상처가 있었다. 섬사람들은 마치 널빤지를 자르듯 돌고래를 다뤘다. 죽음은 느리고 아주 고통스러웠다. 몇몇 돌고래들은 숨을 거두기 전까지 4분 이상 동안 살이 마구 잘려 나갔다.」

사자 세실처럼, 이 사건에서도 우리가 충격을 받는 이유는 동물들에게도 지능과 개성이 있고 인간과 비슷한 감정(똑같은 감정을 느낀다고 말할 수는 없지만)을 느낀다는 사실을 알고 있기 때문이다. 우리는 극한 상황에 처한 돌고래의 고통을 충분히 느낄 수 있다. 인간에게는 타인의 입장에서 그의 고통에 공감하는 능력이 있기 때문이다. 돌고래에 대한 우리의 연민은 사자의 사건에서보다 더 크다. 돌고래는 인간에게 전혀 해를 끼치지 않으며, 인간과 서로 교감을 나누고 의사소통하는 동물이기 때문이다. 최근 몇 년 사이 많은 나라에서 고래 포획을 금지하는 결정을 내렸고, 2013년 인도에서는 돌고래에게 인간과 동일한 가치를 가진 〈비인간 인격체〉의 지위를 부여하기까지 했다. 따라서 250마리의 돌고래가 학살당하는 **그라인다드랍**은 250개의 목숨을 빼앗는 250번의 살해 현장이다. 그리고 마침내 우리는 이 학살을 인식하기 시작했다.

들쇠고래가 〈보호종〉으로 분류되었음에도 **그라인다드랍**은 여전히 전통문화라는 이름으로 계속되고 있다. 해마다 수천 마리의 돌고래가 학살되는 일본의 다이지만(太地湾)에서도 같은 논리를 주장한다. 다이지 마을에서는 대규모로 포획된 돌고래 가운데 일부를 훈련해 전 세계 수족관에 마리당 15만 달러에 판매하여 수입원으로 삼는다. 그리고 나머지는 스테이크용으로 판매한다. 동물 착취와 살해에는 무지와 잔혹함 이면에 항상 상업적 이익이 깔려 있고, 동물이 가진 고유의 내재적 가치보다 상업적 가치가 더 우선한다는 부당한 인식이 깔려 있다.

나는 왜 사자 세실, 그리고 페로 제도와 일본에서 벌어진 돌고래 수백 마리의 죽음을 이렇게 길게 이야기하는가? 최근의 이 사례들은 우리가 인간이 아닌 다른 종형제들을 위해 항의하고 결집할 수 있다는 것을 보여 주기 때문이다. 우리 가운데 상당수는 세실의 사체 앞에서 분노하고, 피로 물든 바다에서 산 채로 갈기갈기 찢기는 돌고래들의 모습을 못 견딘다. 세실의 근육을 관통했던 화살은 우리의 심장을 멎게 하고, 돌고래의 살을 도려내는 칼날은 우리의 피부를 저민다. 우리는 신경을 파고들어 깊이 내리꽂히는 칼날을 느낀다. 이 동물들의 고통은 우리의 것이다. 우리는 〈돌고래〉나 〈사자〉 종(種)에 속하는 어떤 익명의 사체를 본 것이 아니다. 학살당한 어미와 새끼들 앞에서 가슴이 메고, 학살당한 종족에 조의를 표한다. 우리의 의식은 무심하게 지나칠 수 없다. 왜냐하면 막연하게나마 이 행위들이 용납할 수 없는 도덕적 과오라는 것을 잘 알고 있기 때문이다.

페로 제도 당국은 공식 성명에서 〈페로 제도 주민이 자신들의 자연 자원을 사용할 권리〉를 언급하며 고래 학살을 정당화한다. 다이지 마을이 속한 와카야마현 지사는 비판 여론에 대해 〈우리는 매일 소와 돼지를 먹기 위해 죽인다. 그런데도 돌고래에 대해서만 잔인하다고 할 수 있는가?〉라며 반박한다. 이 두 가지 논거는 상당히 주목할 만하다. 앞으로 우리가 살펴볼 두 가지 사유의 축을 잘 요약하고 있기 때문이다. 첫째, 감각 능력을 지닌 살아 있는 존재를 단순히 〈자원〉으로 여길 권리가 여전히 인간에게 있는가? 둘째, 인간이 특정 동물의 운명에 대해 다른 동물보다 더 격앙하는 것이 어떻게 정당화되는가? 소, 돼지 심지어 닭, 토끼, 양 그리고 수많은 동물은 인간이 그들에게 가하는 대로 고통당해야 하는가? 와카야마현 지사인 요시노부 니사카(仁坂吉伸)는 자신도 모르는 사이에, **종차별주의**의 문제 가운데 하나를 제기한다. 왜 우리는 특정 동물들에게만 고통을 가하는가?

종차별주의란 무엇인가

어떤 악에 맞서 효과적으로 싸우기 위해서는 이름을 붙여야 한다. 〈**인종차별주의**racism〉라는 용어는 20세기에 등장했다. 하지만 인종에 대한 차별적인 태도를 가리키는 인종차별주의는 언제나 존재해 왔다. 이와 마찬가지로 **종차별주의**specism는 오래전부터 우리의 행동을 지배해 왔지만, 명사로 명명되고 나서야 모든 사람이 이를 깨달았다. 그리고 이제부터 각자는 이 명사와 관련하여 스스로를 정의할 수 있다.

즉, 당신은 **종차별주의자**이거나 **반종차별주의자**다. 여기에는 중립항이 없다. 둘 중 어디에 속할지는 우리의 행동에 달렸다. 서구 사회는 대부분 종차별주의적이지만, 그 안에서도 **종차별주의의** 도그마에 반대하는 사람들이 적지만 점차 늘고 있다. 그리고 이들은 스스로를 〈반종차별주의자〉라 칭한다. 이 책의 제목 또한 조금의 여지를 남기지 않는다. 나는 반종차별주의자다.

스페시즘*, 즉 **종차별주의**는 자신이 어떤 종에 속한다는 이유로 다른 동물에게 차별을 가하는 일체의 행위를 가리킨다. 종차별주의는 두 가지 차원으로 나타난다. 첫째, 종차별주의자는 인간이 아닌 동물의 고통은 인간의 고통보다 덜 중요하다고 단정한다. 둘째, 종차별주의자는 근거 없는 범주를 만들어 반려동물, 식육 동물, 취미 동물, 야생동물, 해로운 동물, 보호 동물, 혐오 동물 등으로 구분한다. 그리고 이러한 지위의 차이에 따라 동물 종을 스스럼없이 차별적으로 대한다. 모두가 똑같이 인식 능력, 생리적 욕구, 고통과 기쁨을 느끼는 능력을 지니는데도 말이다.

구체적으로 예를 들어 보자. 종차별주의의 이름으로, 우리는 소, 돼지, 양을 먹고, 개와 고양이는 애지중지한다. 별로 멋스러워 보이지 않는 닭이나 비둘기의 운명에는 관심이 없고, 독수리, 갈매기, 사자에게는 찬사를 보낸다. 쥐, 박쥐, 늑대는 얄잡아 보아 경멸하지만, 판다나 모든 〈귀여운〉 동물들에게는 애정을 듬뿍 준다. 종차별주의의 이름으로 철창 안에 가둔 코끼리와 고릴라, 새는 아

---

* 프랑스어의 종(種)에 해당하는 단어 〈espèce〉에서 〈스페시즘spécisme〉 또는 〈에스페시즘espécisme〉이라 하기도 한다 ― 옮긴이주.

무엇도 할 수 없다. 하지만 그들에게도 인간만큼이나 자유롭게 뛰어다니고 싶은 욕구가 있다. 종차별주의의 이름으로 우리는 인간의 우위를 더 확고히 하기 위해 동물들이 인간에게 이로운 쪽을 따르길 강요하면서 전혀 미안해하지 않으며, 다른 동물 종의 고유한 욕구를 무시하거나 과소평가한다.

만약 누군가 당신 얼굴에 주먹(영화감독 자크 오디아르Jacques Audiard라면 귓방망이를 한 대 후려친다고 했을*) 한 방을 날린다면, 당신은 고통스러울 것이다. 누군가 양이나 닭에게 똑같이 한 방을 날린다면 그들 역시 아파할 것이다. 하지만 종차별주의자는 후자의 경우, 〈괜찮아, 별일 아니야. 사람도 아닌데 뭐〉 하고 생각할 것이다. 종차별주의자는 어쨌든 동물은 〈인간과 똑같이 느끼지 않는다〉고 말하며, 그들에게 가해진 주먹 한 방을 대수롭지 않게 여길 것이다. 이 말은 상황에 따라 맞는 말일 수 있다. 인간보다 체중이 열 배나 더 나가는 700킬로그램의 소에게 같은 강도의 주먹질을 한다면 아마도 소는 훨씬 덜 고통스러워할 것이다. 하지만 모든 것은 주먹 한 방이 어디에 가해지느냐에 달렸다. 그리고 그 동물이 소가 아니라, 단 몇 킬로그램에 불과한 동물이라면 어마어마한 고통을 느낄 것이다. 그 동물도 인간과 같이 신경 시스템이 있기 때문이다.

〈**종차별주의**〉라는 용어는 1970년 영국의 심리학자 리처드 라이더Richard Ryder가 만들었다. 그로부터 5년 후 호주의 철학자 피터

---

* 느와르, 스릴러, 웨스턴 장르를 아우르는 연출로 유명한 감독이다 — 옮긴이주.

싱어Peter Singer는 자신의 저서 『동물 해방Animal Liberation』에서 이 용어를 가져다 썼다. 싱어의 『동물 해방』은 동물의 법적·윤리적 지위에 관한 성찰을 담은 책으로 동물권에 관심을 가진 모든 사람의 필독서가 되었다. 여기서 싱어는 〈종차별주의는 자신이 속한 종의 구성원들의 이익을 옹호하고, 다른 종의 구성원의 이익을 배척하는 선입관 혹은 편견적 태도다〉라고 썼다. 이후 종차별주의에 대한 정의는 점차 넓어졌다.

종차별주의는 **인종차별주의, 성차별주의**에서 유추하여 이름을 붙였다. 이 세 경우의 원리는 똑같다. 합리적 근거가 없는 범주에 기대어 특정 개인을 부당하게 대우하는 것이다. 흑인과 인디언 들은 그들의 피부색 때문에 노예가 되었고, 여성은 성별 때문에 남성과 동등한 권리를 누리지 못했다. 오늘날 특정 동물들은 그저 〈닭〉,〈돼지〉,〈늑대〉 혹은 〈담비〉에 속하기 때문에 학대받고, 죽임을 당한다.

오해의 소지를 없애기 위해 말하자면, 반종차별주의는 종 간의 차이를 부정하지 않는다. 인간이 개와 동일하지 않은 것은 당연하다. 개는 도마뱀과 같지 않고, 도마뱀은 개미와 다르고, 개미 역시 무엇과도 같지 않고, 기타 등등. 개별 종은 물리적·심리적 특성에 따라 특징이 다르고, 각자 고유한 생리적 욕구가 있다. 한 종에 필수 불가결한 것이 다른 종에게도 반드시 그렇지는 않다. 하지만 모든 종은 고통받는 능력, 자유의 필요, 사회성의 필요 등의 특성이 있다. 따라서 인간이 그들 가운데 일부에게는 이러한 특성을 허용하고, 다른 종에게는 허용하지 않는 것은 그 무엇으로도 정당화될 수 없다.

인종차별주의나 성차별주의와 마찬가지로, 그 작동 방식은 관련된 주체를 깎아내리기 위해 인위적 장벽을 구성하는 것이다. 흑인들은 열등한 인종이라는 이유로 물건처럼 사고팔렸고, 여성들은 판단 능력이 부족하다는 이유로 노동권과 투표권을 행사하지 못했다. 오늘날 비인간 동물들은 감각 능력이 거의 없거나 생리적·사회적 욕구는 무시해도 좋을 수준이라는 이유로 착취당하고, 학대받고, 죽임을 당한다. 하지만 실제로는 비인간 동물들이 인간에 속하지 않기 때문에 당하는 부당한 폭력이며, 그 나머지는 사실 변명에 불과하다. 싱어는 다음과 같이 말한다.

인종차별주의자는 자신이 속한 종과 다른 종의 구성원들 사이에 분쟁이 있을 때, 자신이 속한 종의 구성원에 이익이 가도록 힘을 실으며 평등의 원칙을 위반한다. 성차별주의자는 자신이 속한 성의 구성원의 이익을 우선시하며 평등의 원칙을 위반한다. 같은 방식으로, 종차별주의자도 다른 종에 속한 구성원의 이익보다 자신이 속한 종의 구성원의 이익을 우선시한다. 각각의 경우에 도식은 동일하다.

종차별주의의 단적인 예: 돼지

방금 살펴본 것처럼, 우리는 종차별주의의 이름으로 생리적·정신적으로 특성이 비슷하지만 종이 다르다는 이유로 특정 동물들만 불합리하고 부당하게 차별하기도 한다. 어떤 동물들에게는 안락한 삶을 마련해 주는 반면, 어떤 동물들은 조금의 존중도 받지 못한다. 앞서 간략히 언급했지만, 가장 단적인 경우는 개와 돼지에 대한 우리의 태도다. 서양에서 개는 반려동물로 인간과 함께 살고, 함께 휴가를 떠나며, 조그만 부스럼에도 수의사에게 진찰받고, 개인 보험에도 가입되어 있으며, 폭력으로부터 법적 보호를 받는다. 만일 당신이 길에서 개를 학대한다면, 개의 주인은 당신을 고발하고 체포하게 할 수 있다. 게다가 무엇보다 중요한 점은 서양에서 개는 스테이크나 소시지로 만들어 먹기 위해 기르는 동물이 아니라는 점이다. 당신 집에 초대받은 이들에게 개고기 한 조각을 대접해 보라. 그들은 다시는 당신 집에 식사하러 오지 않을 것이고, 심지어 관계를 끊으려 할 것이다. 또한 당신을 미치광이나 야만인으로 취급할 것이다. 서양에서는 개고기를 먹지 않는다. 그건 혐오스럽고 구역질 나는 일이다. 반면, 돼지는 마음대로 처분할 수 있다. 그렇게 해도 아무도 당신에게 시비를 걸지 않을 것이다.

해마다 전 세계에서 15억 마리의 돼지가 목숨을 잃고, 프랑스에서만 2500만 마리가 죽는다. 사육 돼지들은 대부분 햇빛 한 번 보지 못하고 땅을 파헤쳐 보지도 못한 채, 열악한 조건에서 길러진다. 하지만 개와 돼지는 상당히 비슷하다. 길들인 돼지는 자신의 이름을 알아듣고, 개처럼 다정다감한 반응을 보인다. 또한 돼지는 사회성을 지닌 동물로, 인간 가족의 구성원이 되기에 충분하다. 물론 몸집이 크고 뚱뚱해서 데리고 다니기에는 좀 무리라는 단점이 있지만 말이다. 돼지의 지능은 또 어떤가. 사육동물 행동학자인 오렐리아 바랭Aurélia Warin은 돼지는 개나 일부 원숭이보다도 인지 능력이 뛰어나다고 한다. 돼지는 거울에 비친 자신의 모습을 알아보는 종에 속하는데, 이는 자기 인식 능력이 있다는 것을 뜻한다. 한 실험에서는 먹이를 얻기 위해 컴퓨터 조이스틱을 다루는 능력 면에서 개보다 돼지가 훨씬 더 능숙했다. 이렇게 현저한 인식 능력과 사회성 덕분에 돼지는 자신이 경험하는 것에 아주 민감하다. 바랭에 따르면 암돼지들은 죽기 2~3년 전에 우울증 경향까지 보인다고 한다. 또 다른 결정적 증거도 있다. 단지 생물학적 관점에서만 보더라도 개보다 돼지가 인간에 더 가깝다. 돼지의 장기는 인간의 장기와 매우 유사하여 돼지의 심장 판막은 인간에게 이식하는 데 사용되며, 간, 심장, 폐, 신장 등의 장기 이식 또한 실용화를 기다리고 있다.

그렇다면 돼지의 감각 능력과 욕구를 고려할 때, 우리가 개만 호의적으로 대우하고, 돼지는 하등의 대접도 못 받은 채 단순한 소비 대상으로만 취급하여 완전히 무시하는 것을 어떻게 정당화할 것인가? 왜 우리는 개는 겪지 않도록 하는 것을 돼지는 겪게 하는가? 돼지를 도살장에 보내는 사육자는 왜 반려견의 죽음에는 눈물을 흘리는가? 이는 바로 종차별주의의 단적인 예이며, 인종차별주의나 성차별주의에 비해 논리적·윤리적 근거에서 전혀 낮다고 볼 수 없다. 언젠가 우리는 돼지에게 가하는 점점 더 심각한 수준의 대량 학살이 인류 역사상 가장 야만적인 행위였다는 사실을 깨닫게 될 것이다. 더구나 우리는 그 부끄러움을 예감하고 있다. 그렇지 않고서야 어떻게 햄 포장지에 돼지 사진이 실리지 않는 것을 설명하겠는가? 우리의 친구인 개와 똑같은 애정을 받아

마땅한 돼지들을 희생시키고 살해하는 이 부당함을 침묵하며 조용히 넘어갈 필요가 있기 때문이다.

인종차별주의, 성차별주의, 동성애 혐오에 대한 투쟁은 〈모두가 인간이기에, 모두가 평등하다〉는 데에 있다. 흑인, 여성, 동성애자의 권리를 위해 싸우는 것은 이들 모두를 〈인류 전체〉의 틀에 통합하려는 요구다. 반종차별주의는 감각 능력이 있는 살아 있는 모든 존재를 똑같은 윤리적 고려의 범주로 통합하려는 것이다. 다른 각도에서 보자면, 반종차별주의는 인간이 속한 종의 범주를 인간보다 훨씬 더 넓은 범주인 동물 공동체로 확장하자는 주장이다. 이는 인간이 결코 벗어난 적이 없는 일차적 공동체다. 인간 스스로는 필사적인 노력으로 동물에서 벗어났다고 믿으며, 우리의 기원을 부정하고자 완고히 고집을 피우지만 말이다. 그러나 인간은 광활한 우주 한복판에 놓인 외딴 동물원의 나이 어린 방문자에 불과하다.

동물원 줌아웃

시간과 상관없이 내 아파트에는 언제나 음악이 흐른다. 아침, 점심, 저녁……. 디스크 플레이어는 멈추지 않고 돌아간다. 나는 개를 키우지 않는다. 아파트는 개가 최소한으로라도 활기차게 지내기에 공간이 너무 비좁다는 생각이 들어서다. 그 대신 나는 수천 장의 CD를 들여 애지중지하고 있다. 그런데 이 녀석들은 장난꾸러기들이다. 내 눈앞에서 슬그머니 사라지는 걸 꽤나 즐긴다. 거실에 두었다고 생각한 CD가 3일 후 침실에서, 때로는 플레이어 아래에서 발견된다. 서로 먼저라고 달려드는 바람에 내 발에 밟혀 금이 가고 절룩거리기도 한다. 내게 외출시켜 달라고, 한 바퀴(또는 여러 바퀴) 돌자고 애원하며 앙탈을 부린다. 나의 음악 감상은 달처럼 주기가 있다. 스프링스틴 기(期), 레드 제플린과 로버트 플랜트 기, 닐 영 기, 레너드 코헨 기, 저니 기, 토토 기, 플리트우드 맥 기, 아카이브 기, 미셸 베르제와 프랑스 샹송 기, 핑크 플로이드 기, 이글스 기, 바흐 기, 니나 시몬 기 등. 각각의 주기는 이틀에서 몇 달에 걸치기도 한다. 이 책을 쓰는 동안에는 하드록과 블루스록, 서던록의 물결을 넘나들었다. 레너드 스키너드, 레드 제플린, AC/DC, 프리, 크리던스 클리어워터 리바이벌, 텐 이어스 애프터, 딥 퍼플, 반 헤일런, 레인보우, 잉베이 맘스틴, 배드 컴퍼니, 스틱스, 그리고 80~90년대 멜로디 하드록의 전형들인 자이언트, 지프리아, FM, 테슬라, 윙어, 나이트 레인저, 댄저 댄저 그리고 매우 저평가된 포리너……. 그런데 몇 주 전, 일렉트릭 기타와 현란한 드럼 사이로 프로그레시브 록 디스크 한 장이 끼어들었다. 사운드 오브 콘택트의 **디멘셔넛**Dimensionaut 앨범이었다. 컴퓨터 앞에서 키보드를 두드리던 내게, 순간 B&W 스피커를 뚫고 나온 후렴구가 귀에 꽂혔다. 〈No Matter how hard we try, we still can't deny, we're a pale blue dot(**아무리 애를 써봐도, 우린 부정할 수 없어. 창백한 푸른 점에 불과할 뿐이야**).〉

「창백한 푸른 점」이란 이전까지 한 번도 가본 적이 없는 60억 킬로미터 떨어진 우주에서 지구를 바라본 사진으로, 사람들의 기억에 지구의 모습을 영원히 각인시켰다. 이 유명한 사진은 1990년 우주 탐사선 보이저 1호가 촬영한 것이다. 사진 그 자체로는 화질도 떨어지고 과학적으로도 별 매력이 없고, 어떤 새로운 사실도 알려 주지 않는다. 그런데도 이 사진이 사람들의 머릿속에 남아 있는 것은, 이 사진이 우리의 보잘것없음을 가르쳐 주고 있기 때문이다. 60억 킬로미터 거리에서 볼 때, 지구는 광활한 우주 속에 한 점의 작은 픽셀, 겨우 알아볼 만한 티끌에 지나지 않는다. 천문학자 칼 세이건Carl Sagan의 표현에 따르면, 그의 책 제목이기도 한 **창백한 푸른 점**에 불과하다.

다시 이 점을 보라. 여기다. 여기가 우리의 고향이다. 이것이 우리다. 지구는 우주라는 광활한 공간 속의 지극히 작은 무대다. 승리와 영광의 이름으로, 이 작은 점 속의 한 조각을 차지하려고, 그 모든 장군과 황제가 흘렸던 저 피의 역사를 생각해 보라. 이 작은 점 속의 한 귀퉁이에 살던 사람들이, 거의 구분도 되지 않는 점의 다른 한 귀퉁이에 살던 사람들에게 끝없이 가했던 잔혹함을 생각해 보라. 그들이 서로를 이해하는데 얼마나 힘들어하는지, 얼마나 기를 쓰고 서로를 죽이려 하는지, 그들이 얼마나 서로에게 증오로 가득 차 있는지를 한번 생각해 보라. 이 희미한 한 점을 본다면, 우리가 사는 곳이 우주에서 선택된 장소라는 주장이 헛된 망상에 불과하다는 게 드러난다. 우리가 사는 행성은 거대한 우주의 어둠에 둘러싸인 고독한 한 점의 티끌일 뿐이다. (……) 천문학은 사람들이 겸손하도록 가르치고 인격을 형성하도록 한다고 했다. 우리의 미미한 세계를 멀리서 찍은 이 사진보다 인간의 오만함을 더 잘 드러내

주는 것은 아마도 없을 것이다. 이 창백한 푸른 점보다, 우리가 아는 유일한 고향을 소중하게 다루고, 서로를 따뜻하게 대해야 한다는 책임감을 절실히 느끼게 해주는 것이 또 있을까?

칼 세이건, 『창백한 푸른 점 Pale Blue Dot』

조금만 뒤로 물러나 보면, 우리는 이 현실을 받아들일 수밖에 없다. 둘레 4만 킬로미터의 이 작은 섬은 광활한 우주 속의 극히 일부분이다. 인간은 보잘것없는 존재라는 말도 결코 과장이 아니다. 이를 제대로 이해하기 위해 이 페이지를 거대한 천문관으로 바꿔 보자. 편평한 종이 면을 말아서 반구를 만든다고 상상해 보자. 그리고 누워서 지구 밖에 있는 것처럼 우주의 광활함 속으로 빠져들어 보자.

지구에서 멀어지자 한쪽에는 화성이, 다른 쪽에는 금성이 보인다. 금성 다음에 수성이 보이고, 좀 더 멀어지면 우리에게 가장 가까운 항성인 태양이 보인다. 여기가 지구로부터 1억 5000만 킬로미터 거리다. 시야의 폭을 좀 더 넓혀 보자. 상당히 멀리 떨어진 곳에 두 번째 항성이 나타난다. 태양 다음으로 우리에게 가까운 항성인 센타우루스자리의 프록시마 별이다. 지구로부터 약 40조 킬로미터, 즉 4광년 이상 떨어진 곳이다. 인간의 우주선이 그곳에 도달하려면 몇만 년이 걸릴 것이다. 이제 태양계가 속한 은하수를 보기 위해 천문관 돔 천장에 불을 켜보자. 하늘을 가득 덮은 무수한 별빛, 2000억 개가 넘는다. 이들은 모두 태양과 같은 별들이다. 여기까지는 아직 우리 은하에 불과하다. 이제 우리의 시야를 우주 전체로 확장해 보자. 여행은 현기증을 일으킨다. 반짝이는 수천억 개의 은하가 보인다. 〈관측 가능한 우주〉에는 10^{23}개의 별이 존재한다. 우주에는 지구상의 모래알 숫자보다 더 많은 별이 있다는 뜻이다. 어느 오후 해변에서 흥미로운 존재론적 경험을 선사하는 천문학자 장 피에르 뤼미네Jean Pierre Luminet의 비유를 들어 보자. 〈하나의 은하에는 1세제곱미터에 담긴 모래 알갱이 숫자만큼의 별이 존재하고, 관측 가능한 우주에는 지구상의 모래알 전부만큼의 은하가 존재한다. 그리고 이 천문학적 숫자 10^{23}은 또한 물 한 잔에 담긴 분자의 개수와도 일치한다.〉

우리가 지구에서 대수롭지 않게 바라보는 하늘의 풍경이 현재가 아니라 과거라는 사실을 깨닫는 것도 상당히 흥미롭다. 우리가 광도를 인식하는 별들은 실제로는 수백에서 수천 광년 떨어진 곳에 위치한다(빛은 1초에 30만 킬로미터를 달리므로, 빛이 1년간 달리는 거리는 10조 킬로미터다). 어떤 별이 100광년 떨어져 있다면, 별빛이 지구에 도달하기까지 100년이 걸린다는 말이다. 북극성은 430광년 거리에 있다. 즉, 우리가 현재 보는 북극성은 성 바르톨로메오 이후 직위에 오른 지 얼마 되지 않은 앙리 3세 집권 당시인 1580년경의 북극성이라는 말이다. 우리가 태양을 볼 때도, 8분 전의 모습을 본다. 프랑스 천문학회장 알랭 시루Alain Cirou의 말처럼, 지구로부터 75광년 거리에 있는 행성에 사는 외계인이 우리가 하는 말을 들을 수 있다면, 그는 지금 드골 장군의 1940년 대독 항전 연설을 듣고 있을 것이다!

하지만 우리를 둘러싼 이 광활함은 일상과는 완전히 동떨어져 있다. 우리는 이런 점을 전혀 인식하지 않고 산다. 광활한 우주는 우리의 집, 회사, 운동장, 아이들의 학교 사이 반경 몇 제곱킬로미터 이내의 사적 세계로 대체되었다. 이러한 주관적 세계에서 중요한 존재는 가족과 몇몇 친구밖에 없다. 우리의 관심은 오로지 자원 관리(안락한 거주, 돈벌이, 승진, 자녀 교육 등)와 인간관계(배우자 선택, 친구 관리, 직업적 관계, 서로에 대한 예민함 등)에 매달려 있다. 우리는 이 모든 것이 극히 미미하다는 사실을 잊은 채, 일상의 사소한 일들이 우리의 존재를 규정한다고 확신하며 지나치게 관심을 가진다.

작은 거인들

우리는 통제권이 거의 없는 운명에 휩쓸려 표류하다 지극히 작은 섬에 정착했다. 우리는 우리가 이제 막 태어났다는 것과 이제 곧 사라질 운명이라는 점 외에는 알지 못한다. 여기서 말하는 〈우리〉는 인간, 막 삶을 경험했고 소멸이 예정된 종인 인류를 말한다. 그사이에 어쩌면 불멸의 길을 찾을 수도 있겠지만, 아직 거기까지는 이르지 못했다. 여기에는 설명이 필요하다.

빅뱅, 우주의 시작은 138억 년 전에 일어났다. 태양과 지구는 그보다 한참 후인 45억 년 전에 생겨났다. 태양은 꺼지기 전까지 앞으로도 대략 그만큼 더 살 것이다. 그런데 태양이 없다면, 지구상에도 생명이 살 수 없다. 하지만 지구상의 생명체는 태양이 소멸하기 훨씬 이전에 사라질 것이다. 지구가 현재는 태양 주위에서 생명체 거주 가능 영역habitable zone, 즉 너무 뜨겁거나 차갑지 않은 영역에 자리 잡고 있지만, 17억 5000만 년 후(일부 예상에 따르면 이보다 더 이후)에는 태양 주변의 〈뜨거운 영역〉에 놓이면서 더 이상 생명체가 거주하기 힘든 환경에 처하기 때문이다. 그리고 지금부터 그때까지 아마도 우리가 알고 있는 진화한 생명체들은 사라져 버릴지도 모른다. 인류는 어쩌면 지구상에 새로이 등장한 종이나 다른 행성에서 온 새로운 종에 의해 멸망당할 수도 있다. 지구상에 출현하는 모든 종은 언젠가 사라지기 마련이므로 우리가 이러한 시나리오에서 벗어나리란 보장은 없다. 혹은 인간이 점령할 다른 행성으로 이주하게 될지 누가 알겠는가? 인간은 우주의 다른 장소에 눌러앉을 수도 있다. 우리 자손이 이러한 기술적 성취를 이루지 못한다면, 인간이 남길 모든 업적, 아름다운 소설, 교향곡, 예술 작품, 기념비, 가장 단순한 것부터 최첨단의 기술적 발명품 등은 아무런 쓸모가 없어질 것이다. 우주의 모든 별은 태양처럼 언젠가 죽음을 맞이하고, 게다가 우주 자체의 소멸을 예상하는 과학자들도 있기에, 우리가 잠시 지구에 초대받아 지금까지 해온 놀이가 비관적인 결말을 가져올 것이라는 예상은 충분히 가능하다.

그러면 우리 세계인 지구의 형성 과정을 잠시 살펴보자. 지구는 45억 년 전에 생겨났다. 최초의 원시 생명체인 단세포 원핵생물은 약 38억 년 전에 출현했다. 다세포 동물은 5억 4000만 년 전 캄브리아기부터 폭발적으로 증가했다. 4억 5000만 년 전에는 생명체가 물에서 육지로 나왔고, 최초의 포유류는 2억 년 전에 생겨났다. 오스트랄로피테쿠스는 500만~600만 년 전에 출현했다. 〈호모속(屬)*Homo*〉에 속하는 최초의 존재는 300만 년 전에 등장했고, 〈호모 사피엔스〉는 15만~20만 년 전에야 비로소 탄생했다. 인간이 자연을 지배하기 시작한 상징인 농경은 1만 2,000년 전에 시작되었다. 따라서 이 모든 사건을 시간 순서대로 나열해 보면, 최초 생명체에서부터 인류가 출현한 것은 불과 얼마 전이었다는 사실을 금세 깨닫게 된다.

좀 더 분명하게 이해하려면 칼 세이건이 만든 우주 달력을 살펴보자. 그는 우주의 시작부터 지금까지 우주의 역사를 1년짜리 달력으로 만들었다. 모든 것은 빅뱅과 함께 1월 1일에 시작하고, 현재는 12월 31일 자정이다. 이 달력에서 태양계는 9월 9일에 탄생하고, 지구는 9월 14일에 생겨난다. 최초의 생명은 9월 25일 박테리아 형태로 출현한다. 어류는 12월 17일에 생겨나고, 최초의 육지 식물은 12월 20일, 최초의 육지 동물은 21일, 파충류는 23일, 공룡은 25일, 신생대 포유류는 26일, 조류와 꽃과 열매는 28일에 출현한다. 12월 30일에는 백악기가 끝나면서 공룡이 멸종되고, 영장류가 탄생하며 바다로 회귀하는 포유류가 등장한다. 최초의 인간은 12월 31일 22시 30분에 출현한다. 호모 사피엔스는 12월 31일 23시 56초에 나타나고, 농업은 23시 59분 35초에 시작된다. 인류의 역사책을 구성하는 모든 것, 즉 집단 기억, 왕, 전쟁, 발명품, 예술 작품, 이 모든 것은 우주 달력에서 마지막 10초에 만들어진다.

우리는 또한 이렇게도 말할 수 있다. 농경 이후 지난 1만 2,000년 동안 이뤄진 인류의 발전은 우주가 존재한 기간의 0.00008퍼센트를 차지한다. 그저 눈 깜짝할 시간이다.

이러한 원근법적 접근, 우주적 시각은 인간이 지구상의 마지막 1분에 초대받은 자들이고, 영원할 것 같은 희망, 고통, 아픔, 기대에도 불구하고 각자의 삶은 사실 나노 초(10억 분의 1초)에 지나지 않는다는 현실을 보여 준다. 우리는 태어나서 조금 활동하다가 죽는다. 우리는 우주의 극히 일부만을 바라보고, 그 외의 나머지에 대해선 전혀 알지 못하고 사라지는 일시적 목격자다. 우리의 삶은 스쳐 지나가는 작은 멜로디, 그럭저럭 하모니를 이루고, 인기를 얻거나 외면을 받기도 하지만 대부분은 알려지지 않은 멜로디, 그저 리토르넬로ritornello*다. 운이 좋다면 이 노래들 가운데 몇몇 곡은 유행이 지나도 사람들의 머릿속에 여전히 맴돌겠지만, 이 곡들 또한 언젠가는 흔적도 없이 영원히 사라질 것이다.

왜 우리는 그토록 짧은 순간을 살면서도 우리를 초월하는 모험에 참여하는가? 우리 존재를 우주에 빗대어 질문을 던지는 능력은 정말 유용한가? 우주에 태어나도록 결정된 후, 왜 다시 삶에서 벗어나게 되어 있는가? 그리고 궁극적으로는 라이프니츠의 명구처럼 〈왜 무(無)가 아니고 어떤 것이 존재하는가〉? 철학과 종교는 몇천 년 동안 이처럼 모순적인 근본 질문들을 탐구해 왔다. 이 질문들은 인간 조건에서 피할 수 없지만, 그렇다고 일상에서 너무 많은 자리를 차지하면 살아가는 데 방해가 된다. 그래서 많은 사

---

* 반복되면서 변화하는 연속체, 상투어구, 후렴구를 의미한다 — 옮긴이주.

람이 아주 간단한 방법을 선택했다. 이 질문들을 정신에서 아예 제거하는 것이다. 소비로 만들어진 만능 신, 자본주의는 이 길을 선택했다. 현대 자본주의는 욕구를 좇는 우둔한 상태의 체제다. 불필요한 욕망을 만들어 내고, 그것을 사회 규범으로 강요한다. 신자유주의는 인간에게 그들의 안녕이 신상 자동차, 냉장고, 유명 브랜드 신발, 게임기, 가전제품, 가공식품 등 전혀 쓸모없는 것들을 구입하는 데 있다고 설득하고, 인간을 사고력이 상실된 우둔한 상태로 만든다. 이러한 상태에서 우리는 본질에 대해 그다지 불안해하지 않는다. 즉, 인간은 지구상에서는 거인이지만, 우주에서는 먼지보다 작은 미미한 존재라는 사실에 대해서 말이다. 그리고 인간은 스스로 영원하리라 생각하지만, 이제 막 출현했고 현재로서는 생존 조건을 찾아내지 못했다는 사실에 대해서 말이다.

이런 인간의 미미함을 보면 우리는 겸손해질 수밖에 없다. 우리의 삶에 동행하는 지인들의 마음과 머릿속에서가 아니라면 어떤 인간도 정말로 중요하지 않다. 일이나 기능, 맡은 자리도 일말의 오만함과 자기만족을 정당화할 수 없는데, 하물며 타자에 대한 경시가 정당할 리 없다. 우리는 단지 우리가 지구에 존재한다는 사실에 놀라워하며 우리에게 매번 성공적인 조건을 마련해 준 운명에 그저 감사해야 한다. 그렇다고 우리의 존재에 대해 매일 경외심을 가지라는 말은 아니다. 삶은 우연이고, 반드시 선물은 아니다. 오히려 시련의 연속이자 결국 모든 것을 잃는 게임이다. 너무 비관적인가? 아니, 그것이 현실이다. 이러한 현실 감각은 필요하다. 왜냐하면 우리 스스로를 엄격하게 대하도록 하기 때문이다.

인간 조건의 비루함에서 벗어날 수 있는 유일한 길은 〈살아 있는 것들을 위한 윤리〉를 엄격히 지키는 것이다. 우리 모두는 각자 살아 있는 것들의 대변인이다. 그를 위한 권리 투쟁은 가장 고귀하다. 이는 가장 보편적이고 가장 정신적인 문제이기 때문이다. 우리가 하는 대부분의 행동은 살아 있는 것과 마주하는 과정이며 이에 관한 철학을 우리에게 질문한다. 〈살아 있는 것〉에는 태어나고, 살고, 죽는 과정에 놓인 모든 동물과 식물이 포함된다. 뿐만 아니라 물, 공기, 흙 그리고 광물도 인간의 윤리에 온전히 포함되어야 마땅하다.

모두 동일하게 이루어졌다: 세포, 분자, 원자

아마도 인간은 별들의 먼지와 같은 존재라는 말을 들어 본 적이 있을 것이다. 이를 존재의 연약함이나 개인의 영적 차원에 관한 신비하고 시적인 표현이라고 생각할 수도 있지만, 엄연한 물리적 사실이다.

성인의 몸은 10조~100조 개에 이르는 세포로 구성되어 있다고 추정한다. 세포는 생명체의 기본 단위로, 스스로 재생 가능한 생물학적 최소 단위다. 세포에는 두 종류가 있다. 하나는 핵이 없는 원핵세포(박테리아)이고, 다른 하나는 핵을 가진 진핵세포이다. 원핵세포를 가진 단세포 생물에는 박테리아와 효모가 포함되고, 다세포 생물에는 동물과 식물이 포함된다. 세포들은 핵 안에 있는 DNA로 구성된 염색체에 유전 정보를 담고 있다. 매일 수십억 개의 세포들이 죽고 새로운 세포가 생겨난다. 이 세포들은 다시 분자로 구성되고, 분자는 원자로 — 예를 들어 물(H_2O)은 수소 원자 두 개와 산소 원자 한 개로 — 구성된다.*

우주에는 100여 종의 원자가 존재하고, 이들 가운데 일부가 생명과 관계있다. 원자가 갖는 다양한 속성이 환경에 존재하는 모든 기체, 액체, 고체를 만든다. 지구상의 생명체를 구성하는 모든 것은 기본적으로 탄소(C), 수소(H), 산소(O), 질소(N) 원자로 이루어져 있다. 우리 몸은 이렇게 약 5×10^{27}개의 원자로 이루어졌고, 산소(65%), 탄소(18%), 수소(10%), 질소(3%), 칼슘(1.6%) 외에 인, 칼륨, 황, 나트륨, 마그네슘, 철, 요오드 및 몇몇 작은 원소로 구성되었다. 그런데 이 원소들은 수십 억 년 전에 별 내부에서 (우리의 태양과 같은 별들에서, 또는 대부분이 훨씬 어마어마하게 큰 별들 속에서) 만들어졌다.

별은 수소가 주성분인 가스 구름인데, 이것은 서로 끌어당기면서 수축한다. 수소는 우주에 가장 많이 존재하는 원소로, 우주에 존재하는 물질 가운데 71퍼센트를 차지하고, 그다음으로 헬륨이 27퍼센트를 차지한다. 이 98퍼센트의 원소는 빅뱅이 일어난 지 몇 분 만에 생성되었다.

---

*   원자는 원자핵과 전자로 이루어지고, 전자들은 원자핵 주변을 맴돈다. 원자핵은 다시 핵자, 즉 양성자와 중성자로 구성된다. 양성자와 중성자는 다시 세 개의 쿼크quark로 구성되는데, 이는 소립자가 쿼크와 전자라는 의미다. 인간의 몸에는 10의 29승 개의 소립자가 있다. 즉, 인간의 몸은 세포로 구성되고, 세포는 분자로, 분자는 원자로, 원자는 원자핵과 전자로, 원자핵은 중성자와 양성자로, 그리고 중성자와 양성자는 쿼크로 구성된다.

가스 구름이 서로 끌어당기며 수축하면 내부 압력이 증가하고, 중력 때문에 별 내부의 수소는 핵융합 반응을 일으키며 엄청난 빛과 열을 방출하며 헬륨을 만들어 낸다. 네 개의 수소 원자(네 개의 양자)는 이렇게 하나의 헬륨 원자(양성자 두 개와 중성자 두 개)를 생성한다. 예컨대 태양은 1초마다 7억 톤의 수소를 헬륨으로 전환한다. 또한 별 내부의 이러한 핵융합 반응으로 헬륨보다 무거운 원소들인 탄소, 산소, 질소, 규소, 철과 같이 지구상에 생명체가 출현하는 데 반드시 필요한 원소들이 만들어졌다.

별들이 죽을 때(모든 별은 반드시 소멸한다), 일부는 초신성 폭발로 자신의 원소들을 우주 공간에 방출하는데, 이때 원소들은 분자(물, 탄소 가스)와 먼지로 결합했다. 이 가스와 먼지 혼합물은 중력에 의해 거대한 〈분자 구름〉으로 뭉치고, 여기에서 행성들과 새로운 별이 탄생했다. 이것이 바로 우리 태양계가 태어난 과정이다. 분자 구름은 압축되고 가열되면서 태양을 낳았고, 나머지 물질은 주변으로 흩어져 몇십 킬로미터 직경의 소행성들이 되었다. 이 소행성들이 서로 부딪히고 합쳐지면서 약 40억 년 전부터 우리가 알고 있는 태양계의 행성들이 나타난 것이다. 초기에 지구는 뜨거운 상태로 암석 전체가 녹아 있었고, 그 표면이 식으면서 단단한 지각이 형성되었다. 지구를 덮고 있는 물의 기원은 여전히 논쟁거리다. 다만 상호 보완적인 두 가지 주요 이론이 제기되었다. 첫 번째는 물이 강렬한 화산 활동 후에 대기를 만든 가스에서 왔을 것이란 가설이다. 대기의 수증기가 구름을 형성하고, 이 구름이 비로 내리면서 대양의 기원이 되었을 것으로 추정한다. 두 번째는 물을 포함하고 있던 혜성이나 운석과의 충돌로 지구에 물이 출현했다고 보는 가설이다. 물의 기원이야 어떻든 확실한 것은 물에서 생명이 탄생했다는 점이다.

이는 어떻게 별들에서 온 원소들이 지구를 구성하는 물질에 섞여 있는지를 설명한다. 별에서 태어난 원소들이 지구의 토지, 대양, 식물뿐 아니라 우리 모두를 구성하고 있다는 사실은 매우 중요하다. 휴버트 리브스Hubert Reeves는 〈우리가 죽고 나면 몸속의 원소들은 무덤의 흙으로 되돌아간다. 원소들은 동물과 식물 등 다른 생명체들의 생성에 다시 사용된다. 원소들은 사라지지 않는다. 지구를 아우르는 거대한 순환 속에서 끊임없이 재사용될 뿐이다〉라고 말한다. 이렇게 보면 많은 것이 상대적 가치를 띤다. 스칼릿 조핸슨Scarlett Johansson이 다른 생명체에게서 빌려 온, 그리고 언젠가는 다시 되돌려 주어야 할 원소들로 만들어졌다면 조금은 덜 섹시해 보이지 않겠는가. 게다가 우리가 전혀 알지 못했던 이들의 — 어쩌면 상종하고 싶지 않은 이들의 것이었을 수도 있는 — 원소를 가지고 있다고 생각하면 좀 꺼림칙하기도 하다!

한편, 이러한 과학적 사실은 통합적인 사상을 가진 동양 철학에서는 널리 퍼져 있지만, 서양에서는 여전히 별로 큰 관심을 받지 못하고 있다. 원소는 지구상에 있는 모든 생명체의 근본 단위다. 광물, 식물, 동물, 바다, 강, 모두가 같은 곳에서 온 같은 물질로 이루어져 있다. 바로 이것이 인간을 자연의 바깥에 놓인 독자적인 존재로 보는 지극히 안일한 이론의 치명적 결함이다. 범신론적, 전체론적holistic, 일원론적 사상에는 인간과 우주의 관계에 대한 영감이 있었고, 스피노자는 이를 명확히 보았다. 또한 불교나 힌두교에서 말하는 환생은 과학적 근거가 있는 자연법칙을 낭만적으로 옮겨 온 것뿐이다. 나무, 강, 곤충, 새 그리고 인간을 포함한 모든 동물을 구성하는 것은 상호 작용적인 동일한 요소로 연결되어 있다. 모든 구성원은 타자를 취한다. 인간이 자기 외부에 존재하는 생명체를 경시한다면, 실제로는 자기 자신을 공격하는 셈이다. 천체물리학자인 트린 주안 투안Trinh Xuan Thuan은 이를 다음과 같이 말한다.

(……) 현대 우주론은 인간과 우주 사이의 오래된 결합을 재발견하면서 세상을 다시 환희에 차게 했다. 천체물리학은 실제로 60년대 말에 주기율표의 무거운 화학 원소들(빅뱅 때 만들어진 수소와 헬륨보다 더 무거운 원소들)이 별 내부에서 만들어졌다는 것을 보여 줌으로써, 이 우주적 연결을 분명히 확인해 주었다. (……) 만약 우주가 최초의 3분 안에 생성된 수소와 헬륨만을 간직했다면, 지금 여기서 그에 대해 말하고 있는 우리도 존재하지 않을 것이다. (……) 우리 생각의 근간을 이루는 뉴런 또는 생명의 DNA를 생성하기 위해 필요한 복잡성도 존재하지 않았을 것이다. 우주는 텅 비고 황량했으리라. 어떤 생명이나 의식도 불가능했을 것이다. 생명과 의식이 탄생하기 위해서는, 별들에 의해 만들어진 무거운 원소들이 절대적으로 필요했다. 따라서 우리는 모두 별의 먼지들이다. 우리 모두는 동일한 우주적 계통에 있다. 우리는 야생동물의 형제들이고, 들판에 핀 양귀비꽃의 사촌들이다.

트린 주안 투안, 인터뷰 (2013)

식물부터 동물까지 이 지구상에 존재하는 모든 생명체는 우주에서 온 동일한 화학 원소들로 구성되었다. 모두가 같은 유기물을 공유하고, 모두에게 DNA가 있다. 좋다. 그렇다면 오늘날 인간과 다른 동물들 사이의 관계는 얼마나 가까울까?

동물회의론자

인간은 동물이다. 인간과 다른 종들 사이에는 정도의 차이만 있을 뿐, 본질적 차이는 없다.

비인간 동물은 종마다 조금씩 다르지만, 인간과 같은 특성을 공유한다. 즉, 의식, 고통을 느끼며 쾌락, 슬픔, 우울, 결핍, 기쁨, 괴로움, 사랑과 같은 감정도 느낀다.

비인간 동물은 정도의 차이는 있지만, 지능이 있다.

비인간 동물의 상당수가 공감, 연대 능력이 있고, 정의감도 있다.

비인간 동물은 인간에게는 없는 몇몇 능력을 가지고 있다.

감각 능력이 있는 비인간 동물들도 모두 인간처럼 각자 고유한 개성을 지닌 개체들이다. 두 명의 사람이 서로 다른 것처럼, 어떤 동물도 같은 종의 다른 개체와 똑같거나 전혀 비슷하지 않다.

반론의 여지가 없는 이러한 과학적 사실들을 부인하고, 비인간 동물을 있는 그대로 인정하지 않는 사람들이 여전히 너무나 많다.

나는 이들을 〈동물회의론자animalosceptiques〉라고 부른다. 이 표현은 전문가들이 제시한 확실한 증거들에도 불구하고, 기후 변화의 심각성을 부정하는 기후 변화 회의론자climate sceptic에 빗댄 것이다. 이들은 지구에 대한 맹목적 착취를 합리화한다. 동물회의론자들은 기후 변화 회의론자들보다 훨씬 더 많다. 이들은 인구의 대다수를 차지한다. 동물회의론자들은 비인간 동물의 정신적 풍요로움을 부정함으로써 동물 착취를 계속한다. **동물회의론**animaloscepticisme은 동물 착취를 끝내기 위해 맞서 싸워야 할 몽매주의다.

유전학의 대답

일상 언어에서 쓰이는 〈인간〉 대 〈동물〉의 구별은 더 이상 적절하지 않다. 과학이 〈**인간도 동물이다**〉라고 말하고 있기 때문이다. 따라서 후자에 해당하는 새로운 단어를 만들기 전까지는 **인간**과 **인간 아닌 동물**로 구분하는 것이 타당하다. 여전히 인간은 원숭이의 **자손**이라고 믿는 사람들이 있는데, 그렇지 않다. 인간 자체는 대형 유인원(**사람과**(科)Hominidae, 즉 꼬리 없는 원숭이)에 속하는 영장류다. 대형 유인원에는 두 종의 침팬지[일반 침팬지와 보노보(피그미침팬지)], 오랑우탄 및 고릴라가 포함된다. 그리고 긴팔원숭이도 유인원에 포함된다. 침팬지는 인간과 유전자가 98.5퍼센트 일치하는 가장 가까운 친척으로, 600만 년 전 공통 조상으로부터 갈라진 사촌종이다. 게다가 미국 지리학자이자 생리학자인 재러드 다이아몬드Jared Diamond에 따르면, 인간은 〈제3의 침팬지〉다. 그는 긴팔원숭이 두 종 간의 유전적 차이나 비레오 새 두 종(붉은눈비레오와 흰눈비레오) 사이의 유전적 차이보다, 인간과 침팬지 사이가 유전적으로 더 가깝다고 말한다.

우리는 모두 같은 물질로 만들어졌다고 말하는 것으로는 충분치 않다. 개별 종들은 분명 먼 공통 조상을 공유함으로써 다른 모든 종과 연결되어 있다. 진화생물학자 리처드 도킨스Richard Dawkins는 이를 다음과 같이 요약한다. 〈우리는 침팬지와 사촌지간이다. 작은 원숭이와는 좀 멀고, 바나나나 무와는 좀 더 먼 사촌종이라는 것은 명백한 사실이다.〉 이로써 그는 종차별주의가 〈진화생물학에 확고한 토대가 없다〉는 점을 말하고 있다.

단세포인 최초의 생명체에서 시작해 자동차를 몰고, 페이스북에 접속하고, 키에르케고르를 읽고, 리얼리티쇼 「시크릿 스토리 Secret Story」를 보는 지능적 인간이 출현하기까지 약 40억 년간 진화가 진행되었다. 현재 이 글을 읽는 당신에게 이르기까지 광합성의 출현, 다세포 생물의 출현(약 10억 년 전), 조개류 및 갑각류(약 5억 7000만 년 전), 어류(약 4억 년 전), 최초의 육지 식물(어류와 비슷한 시기), 육상 척추동물(3억 6000만 년 전), 꽃을 피우는 식물(대략 2억 5000만 년 전), 초기 포유류(약 2억 년 전), 조류(1억 6000만 년 전), 공룡의 멸종(6500만 년 전, 백악기 말), 현 포유류의 출현에 이어 최초의 원숭이(3500만 년 전) 그리고 최초의 인류 〈호모 하빌리스〉 출현(약 300만 년 전)이 필요했다. 현생 인류인 〈호모 사피엔스〉는 20만에서 15만 년 전에 비로소 등장했다. 연대 추정에서 근사치(약, 거의) 표현이 많은 것은 어떤 인간도 실제 현장에서 직접 발견되거나 증언한 적이 없기 때문이다. 과학자들은 연대 추정을 끊임없이 개정하고 있으며, 이에 대한 학술 논문이나 책 들도 가장 오래전까지 거슬러 올라가는 출현 시기에 관해서는 의견이 서로 다르다. 그러나 지구상에 출현한 순서에 대해서는 대체로 모두가 동의한다.

19세기에 독일 박물학자 에른스트 헤켈Ernst Haeckel은 〈생명의 나무Tree of life〉를 그려 서로 다른 생물 종들 간의 동류 관계를 제시했고, 이는 오랫동안 전형으로 굳어졌다. 헤켈의 〈생명의 나무〉에는 맨 아래에 원핵세포들이 있고, 정점에 인간이 자리 잡고 있다. 따라서 인간이 진화의 종착지인 것처럼 보이고, 다른 종들은 마치 인간이라는 완벽한 피조물을 위해 선행하는 연습 모델에 불과한 것 같다. 점점 직립 보행에 가까워지는 인류의 조상들을 나타내는 진화 도식의 고전적 재현 방식인 셈이다. 오늘날 생물학자들은 이러한 표현이 잘못되었다고 인정한다. 어떤 생물 종도 다른 종을 준비하는 밑그림이 아니다. 우연이 사안을 결정한다. 생물 종들은 변화를 겪고, 더 많은 변화를 겪은 생물 종은 다른 종에 비해 더 강해진다. 이로써 종은 〈진화〉하고, 특히 같은 종이 지리적인 이유로 두 집단으로 분리되거나, 서로 다른 환경에 적응해야 할 때는 언젠가 새로운 종을 낳는다. 진화는 물론 진보하며 나아가지만, 인류의 발달을 향해 나아가는 것은 아니다. 예컨대 호모 하빌리스가 오스트랄로피테쿠스보다 더 진화했다는 주장은, 진화에는 미리 설정된 목표가 있다는 것처럼 들릴 여지를 준다. 하지만 진화에 그런 목표는 없다. 또한 오스트랄로피테쿠스는 불완전한 인간이 아니다. 모든 살아 있는 존재는 그 자체로 완전하다. 주어진 환경에서 적합한 생존 조건들에 부응하기 때문이다. 모든 종은 그 자체로 완결되며, 미래에 올 어떤 완벽한 종을 위한 연습장이 아니다. 따라서 호모 사피엔스는 완성된 존재다. 그러나 호모 사피엔스는 호모속이지만 다른 특성을 지닌 또 다른 종을 낳을 것이고, 그에 비하면 우리는 미흡하고 지능적으로 뒤떨어져 보일 것이다. 우리는 새로운 종과 공존할 수도, 그들에게 멸종당할 수도 있다. 혹은 호모속과는 전혀 다른 새로운 종이 출현하여 현재 우리처럼 지구를 지배할지도 모른다. 분명한 것은 어떤 형태로든 변화가 일어날 것이란 점이다. 지리물리학자들은 2억 5000만 년 후에는 지각 변동이 일어나 현재의 모든 대륙이 3억 년 전처럼 다시 합쳐질 것으로 예상한다. 당시에 모든 땅은 판게아Pangaea라는 초대륙으로 한데 합쳐져 있었다. 이후 판게아는 북쪽의 로라시아Laurasia 대륙(북아메리카, 유럽, 아시아를 포함한 북반구 대륙)과 남쪽의 곤드와나 대륙(현재 남반구의 땅 전체를 포함하는 대륙) 둘로 나뉘었다. 지금처럼 분리된 대륙이 다시 하나로 합쳐질 때, 기후 조건은 현재와는 전혀 달라질 것이다. 어떤 생명체가 가장 잘 적응할까?

이제 **생물의 계통수**(이렇게 살아 있는 종은 동류 관계에 따라 분류한다)에서는 더 이상 위계적 개념을 사용하지 않는다. 예를 들어, 잘 알려진 힐리스 도표Hillis Plot는 거대한 원형에 3,000종의 생물 종을 열거하고 있다. 원의 가장자리에 3,000종의 생물 종 이름이 적혀 있고, 이들은 방대한 그물망으로 연결되어 원의 가운데(마지막 공통 조상)로 모여든다. 3,000종이라 하면 많아 보일지 몰라도, 실제로 지구상에 존재하는 약 1000만 종에 비하면 아주 미미한 숫자다. 그렇다. 지구상의 현생 종은 1000만에 이른다. 세계자연기금WWF에서는 1500만에서 2000만 종으로 추산한다. 생물 다양성이 1억 종에까지 이를 수 있다고 추정하는 경우도 있다! 어쨌든 지금까지 우리에게 알려진 생물은 2000만 종 이하다. 2011년에 유명했던 한 연구에서는 지구상에 존재하는 생물 종의 수가 8700만까지 이른다고 추정했고, 이 가운데 6500만 종이 육지에서, 2500만 종이 물속에서 살아간다고 했다. 또한 이 연구진들은 7770만 종이 동물이라고 추정했다. 한편 과학자들은 지구상 생물 종의 3분의 2가량이 곤충이라고 한다. 예를 들어 모기는 3,500종으로 추산된다. 인간은 지구상에 존재하는 5,500종의 포유류 가운데 하나다. 새는 1만 종, 꿀벌은 2만 종에 달한다. 그리고 지구상에 존재해 왔던 종의 99퍼센트는 오늘날 이미 사라졌다!

생물 종들 간의 유사성을 판단하기 위해, 오랫동안 우리는 뼈대 구조, 팔다리와 장기 형태에 기댈 수밖에 없었다. 하지만 1980년대 이후 분자생물학으로 모든 것이 바뀌었다. 2차 세계 대전 이후 발전하기 시작한 DNA 연구는 생물 종 분류 체계에 큰 변화를 가져왔다. 예컨대 우리는 고래에 가장 가까운 종이 돼지라고 믿어 왔다. 하지만 고래와 가장 가까운 사촌종은 실제로는 하마고, 그다음으로 돼지 그리고 반추동물이라는 사실이 최근 들어 알려졌다. 오늘날 우리는 고래와 돌고래는 바다로 되돌아간 육지 포유류이지, 물고기와는 다른 방식으로 진화해 온 어류가 아니라는 것을 잘 알고 있다. 이는 하마에게는 바다로 되돌아가기로 선택한 사촌종이 있었고, 이후 외관을 (고래로) 완전히 바꿨다는 뜻이다. 고래와 돌고래의 공통 조상은 파키케투스라 불린 육지 포유류다. 파키케투스는 5000만 년 전에 살았던, 개 정도 크기에 털이 달린 네발 동물이다. 이와 마찬가지로 해우류(바다소와 듀공)는 코끼리와 가깝다. 또한 분자생물학에 따르면 유인원은 침팬지, 고릴라, 보노보, 인간을 포함하는 아프리카 유인원과 오랑우탄, 긴팔원숭이가 속한 아시아 유인원으로 구분된다. 즉, 인간은 오랑우탄, 긴팔원숭이보다 침팬지, 고릴라와 유전적으로 더 가깝다는 말이다!

진화에 대한 연구는 흥미진진한 비밀들을 풀어 놓는다. 뱀과 도마뱀은 왜 좌우로 구불거리는가? 자신들의 출신인 물고기의 움직임이 남아 있기 때문이다! 반면 돌고래는 꼬리를 상하로 움직여 이동한다. 이는 육지 포유류였던 과거의 흔적이다. 돌고래의 조상들은 척추를 상하로 움직여 달리며 이동했다. 도킨스의 말처럼 그야말로 〈돌고래는 바닷속을 《달리는》 것이다〉.

모든 종은 내부에 자신보다 앞선 종의 흔적을 지닌다. 인간의 유전자는 다른 동물과 공유하는 역사를 증명한다. 이 유전자의 일부는 비활성화되어 있거나 어떤 순간에만 활성화된다. 인간의 태아는 수정되고 나서 몇 주 후 꼬리가 나오고, 아가미구멍이 생기는데 이는 물고기에게만 나타나는 고유한 특성이다. 이후에는 이러한 특성들이 희미해진다(그럼에도 꼬리뼈와 보조개는 남는다). 진화의 신기한 결과는 우리의 〈제3의 눈〉과도 관련된다. 이게 도

대체 뭘까? 도마뱀이나 개구리와 같은 일부 동물은 두개골 위에 빛에 반응하는 감각 수용기가 있다. 이 기관은 수정체와 망막으로 되어 있어 눈과 거의 구조가 같다. 우리는 이를 〈두정안〉이라 부른다. 두정안은 낮과 밤의 차이를 인식하고, 계절에 따른 낮 길이의 변화를 감지한다. 인간에게도 제3의 눈이 존재하는데, 이는 인간의 뇌 속에 있다. 뇌의 중앙에 위치하는 송과선이 바로 그것이다. 송과선은 낮에 생성된 세로토닌을 멜라토닌으로 합성하여 우리의 생체 리듬에 관여한다. 마치 도마뱀에게 있는 제3의 눈처럼 말이다.

최근 미국의 『사이언스*Science*』에 실린 연구에 따르면, 태반을 가진 모든 포유류(태반이 있어 어미의 뱃속에서 태아가 자랄 수 있는 동물)는 쥐 정도 크기인 일종의 뾰족뒤쥐가 공통 조상이라고 한다. 뾰족뒤쥐는 곤충을 주식으로 하는 식충 포유동물로, 공룡 멸종 이후 몇십만 년 이후에 출현했다. 또한 모든 척추동물은 네 개의 지느러미를 가진 물고기에서 진화해 내려왔다. 우리의 뼈와 이빨은 연체동물의 껍질(칼슘!)의 업데이트된 버전이다. 최초의 동물은 연충이었고, 동물은 식물에서 태어났다.

이제 신기한 닮은꼴 찾기 놀이를 한번 해보자. 우선 식물계와 동물계 사이에서 놀라운 닮은꼴이 발견된다. 나무는 나뭇잎들이 공기 중의 탄소를 들이마시고 산소는 내뱉도록 하기 위해 나뭇가지를 공중에 펼친다. 인간의 신체는 나뭇가지 대신 기관지가 있다. 우리 호흡기는 나무를 반대로 뒤집어 놓은 듯한 모습이다. 또 인간은 산소를 들이마시고 탄소를 내뱉는다. 이게 단지 시적 데칼

코마니에 불과할까?

　유사성은 동물의 세계에서 훨씬 더 흔하게 나타나는데, 예기치 못한 동물들에서 유사성이 발견된다. 박쥐를 예로 들어 보자. 이 앙증맞은 날짐승은 호된 악평을 받는다. 우리는 박쥐를 위험하고, 별로 호감이 가지 않는 새로 여긴다. 하지만 이는 잘못된 평가다. 호주의 톨가 박쥐 병원Tolga Bat Hospital의 사진을 본다면, 생각이 달라질 것이다. 해마다 수백 마리의 박쥐가 이곳에 들어온다. 고아가 된 새끼 박쥐들, 다치고 병들거나 진드기에 감염되어 마비가 온 박쥐들이 이곳으로 온다. 포대기에 포근히 감싸여 젖꼭지를 문 채, 돌봐 주는 이에게 자신을 내맡기고 해맑은 표정으로 두 눈을 동그랗게 뜬 이 작은 생명체들을 보라. 어린 강아지들과 전혀 다를 바가 없다. 간혹 박쥐를 조류로 알고 있는 이들이 있지만, 박쥐는 포유류다. 따라서 박쥐의 몸은 깃털로 덮여 있지 않다. 모든 새는 비록 날지 않더라도 깃털이 있다. 새의 공통 조상(깃털이 있는 공룡)에게 깃털이 있었기 때문이다. 하지만 포유류는 자신의 계통수에 깃털을 가진 조상이 없었다. 따라서 어떤 포유류에게도 깃털은 없다. 박쥐의 뼈대와 인간의 뼈대는 놀라울 정도로 유사하다. 박쥐의 날개와 인간의 손은 같은 구조로 되어 있다. 즉, 인간의 다섯 손가락은 박쥐에게는 날개 막을 지탱하는 〈관절로 연결된 뼈〉다. 또한 박쥐는 인간과 똑같이 팔꿈치와 무릎이 있다. 날개라는 말에서 우리는 일상어가 때로는 생물학적 사실을 왜곡시키는 경우를 볼 수 있다. 사람들은 날아다니는 동물과 날아다니는 곤충 모두에게 〈날개〉가 있다는 점에서 구조적으로 비슷하다고 생각할지도 모른다. 하지만 〈날개〉라는 말은 기관의 구조가 아니라 〈날다〉라는 기능에서 온 말이다. 예컨대 박쥐의 날개와 파리의 날개는 구조적으로 완전히 다르다. 도킨스가 『지상 최대의 쇼 *The Greatest Show on Earth*』에서 말한 것처럼 〈모든 포유류의 뼈대 구조는 같고, 개별적으로 취한 그들의 뼈는 다르다〉. 이런 식으로 모든 포유류의 두개골은 모두 28개의 뼈로 구성되어 있다.

생명의 세계는 여전히 거대한 수수께끼이며, 우리는 이제 겨우 파고들기 시작했다. 예컨대 네안데르탈인의 경우만 봐도 간단하지 않다. 지금으로부터 3만 년 전 네안데르탈인이 완전히 자취를 감추기 이전에 이들은 〈호모 사피엔스〉와 동시대를 살았다. 그렇다면 네안데르탈인을 호모 사피엔스와는 다른 종으로 봐야 하는가, 아니면 현생 인류의 아종으로 봐야 하는가? 우리는 단지 오늘날 유럽인과 아시아인 들은 네안데르탈인이 가진 유전체의 1~3퍼센트를 물려받았지만, 아프리카인들은 거의 그렇지 않다는 사실만 알 뿐이다. 왜냐하면 아프리카인들의 조상과 네안데르탈인이 아프리카에서 동시대에 생존한 적은 없기 때문이다. 네안데르탈인의 유전체는 개개인에게 흩어지면서 오늘날에는 결국 20퍼센트가 살아남았다.

DNA 배열측정법은 아직 초기지만, 인간과 그 외의 동물 사촌종에 관해 앞으로도 더 많은 것을 알려 줄 것이다. 하지만 이미 우리는 침팬지와 98.5퍼센트 이상 같은 유전자를 지녔다는 사실을 알고 있고, 소와는 80퍼센트, 쥐와도 80퍼센트, 해면과는 70퍼센트, 심지어 초파리와도 50퍼센트의 유전자가 같다는 사실도 알고 있다.

따라서 인간은 단세포 생물과 최소 기능만을 지녔던 원충 그리고 물고기와 포유류의 자손이다. 우리는 나무, 열매, 곤충, 닭, 비둘기, 소 그리고 돼지의 친척이다. 거슬러 올라가면 이들 모두와 반드시 공통 조상으로 연결되기 때문이다. 도킨스는 다음과 같이 설명한다. 〈현재 시점에 알려진 모든 형태의 생명은 30억 년 이전에 살았던 단일 조상까지 추적 가능하다. 이 단일 조상 이외에 또 다른 생명의 기원이 있었다면, 그들은 우리가 발견했을 만한 자손은 남기지 않았다. 그리고 만일 지금 새로운 형태의 생명이 출현한다면, 그들은 아마도 박테리아에 의해 금방 잡아먹힐 것이다.〉이를 수용하는 것은 중요하고, 세상에 대한 우리의 시각은 여기에 달렸다. 환경 보존은 더 이상 단순히 우리 바깥에 존재하는 세계, 우리의 생존을 위해 필요한 세계를 보호하는 정도로 여겨져서는 안 된다. 오늘날 과학이 증명하고 있는 동양적 지혜, 즉 우리가 살아 있는 모든 것과 연결되어 있다는 철학을 명백한 사실로 받아들여야 한다. 우리가 살아 있는 것을 존중하지 않는 것은 결국 우리 가족을 존중하지 않는 것과 마찬가지다. 마치 자신은 성공해서 돈도 많이 벌고 파리 1구의 호화로운 아파트에 살면서, 부모는 교외의 허름한 집에 산다고 무시하는 것과 같다. 벼락출세한 사람이 사교계에 발을 들이고 지구 반대편의 초호화 호텔로 휴가를 떠나고 지붕이 열리는 스포츠카를 몰면서, 가난했던 유년기를 부끄러워하고 소형 자동차를 몰고 민박으로 휴가를 떠나는 자신의 부모를 부끄러워한다면? 그는 자신이 온 곳을 인정하지 않는 것이다. 하지만 언젠가 큰 시련이 닥치면, 그는 꼬리를 내리고 부모님 집으로 찾아가 피난처가 있다는 사실에 감사할 것이다. 우리가 온 곳도, 우리를 존재하게 해주신 부모님도 잊어서는 안 된다.

애리조나 주립대학의 지구 및 우주 탐사 학교 교수 에브제냐 슈콜닉Evgenya Shkolnik은 최근 논문에서 지구에만 생명체가 사는 것이 아님을 밝힌다. 외계 생명체가 존재한다는 것은 확률적으로 분명하다. 그녀는 이러한 인식에서 우리가 얻을 수 있는 것을 명확히 짚어 낸다. 〈우리가 혼자라고 생각할 때, 우리의 관점은 편협하고 각자 개별화된 채 머문다. 하지만 우리가 다른 생명 형태들 가운데 하나라는 것을 안다면, 우리가 서로 나뉘었다는 느낌을 덜 가질 거라고 생각한다. (……) 우리 모두가 근본적으로는 같은 곳의 구성원임을 자각한다면, 당신의 이웃, 거리의 노숙자 또는 비행기에서 당신과 피부색이 다르거나 같은 여권을 소지하지 않은 사람과 관계 맺기는 훨씬 쉬울 것이다. 우리가 더 이상 차이에 초점을 맞추지 않는다면, 우리는 타인과 훨씬 편해질 것이다. (……) 뒤로 물러나 지구를 다른 행성들 가운데 하나로 보라. 국경은 사라질 것이고, 종교적·문화적 대립은 메워질 것이다. (……) 우리는 비로소 우리의 집단 정체성이 실제로 어떤지 볼 수 있을 것이다.〉

우리가 조금만 뒤로 물러서면 확인할 수 있는 지구 생명채들의 근본 단위는 단지 인간에게만 해당하지는 않는다. 우리는 다른 모든 동물과 함께 〈동일한 것의 구성 요소〉다. 같은 재료로 만들어지고, 같은 감각 능력이 있고, 같은 역사로 연결되어 있고, 〈지구라는) 같은 우주선에 타고 있다. 우리가 인간과 비인간 동물 사이에 세운 장벽은, 인간들 사이에 놓인 장벽보다 더 일관성이 없다.

동물행동학의 대답

만일 길 가는 사람을 아무나 붙잡고 생명체의 세계에 대해 아는 대로 말해 달라고 한다면, 사람들은 지구에 사는 수천만 생물 종들 중 얼마만큼 이야기해 줄 수 있을까? 과학자들도 일부분밖에는 알지 못한다(목록이 작성된 것은 1000만~2000만으로 추정되는 생물 종 가운데 200만 미만의 동식물에 불과하다). 몇몇 전문가들에게나 해당되는 백과사전적 지식까지 요구하지 않더라도, 우리는 인간과 점점 더 단절되어 가는 동식물 세계에 대해 실제로 알고 있는 게 거의 없다. 가장 친근한 동물들조차 우리의 관심 밖에 있다. 우리는 그들의 역사, 습관, 능력을 거의 모른다. 우리는 그들이 얼마나 재치 있고 약삭빠른지 알지 못한다.

고래와 돌고래가 〈착하고〉, 〈지능적〉이고, 〈장난스럽게 굴고〉, 〈인간과 가까운〉 동물이라는 것은 잘 알려져 있다. 하지만 이는 피상적인 지식에 불과하다. 우리는 앞에서 이 고래목 동물들의 선조는 육지에 살다가 언젠가 바다로 되돌아간 포유류라는 것을 살펴봤다. 이 사실은 잘 알려져 있지 않다. 또한 30여 종 이상의 돌고래가 존재한다는 것, 어린 고래들은 장난치는 것을 좋아한다는 점, 돌고래의 초음파 감지 체계가 수중 음파 탐지기의 시초라는 점, 고래들의 노래는 세련된 의식에 반응하는 것이라는 사실 등은 잘 알려져 있지 않다.

그렇다면 누구나 어렸을 때 한 번쯤은 장난을 쳐본 적이 있는 개미들에 대해서는 제대로 알고 있는가? 개미는 집단생활을 하고, 매미와는 달리(!) 근면 성실하며, 아이들이 떨어뜨린 과자 부스러기를 모으는 것을 좋아한다. 이 외에는? 개미들이 인간보다 훨씬 이전에 농업과 사육을 시작했다는 사실을 아는 사람은 거의 없을 것이다. 개미들은 지하에서 버섯 농사를 짓고, 진딧물을 길러서 그 배설물(감로) — 당분이 든 분비물과 그 분비물을 모은 꿀 — 을 섭취한다. 개미들에게 진딧물은 마치 인간이 기르는 소와 비슷하다. 또 개미들의 사회생활은 어떤가? 그들은 약 1억 년 전에 분업을 시작함으로써 집단 생산력을 높였다. 뿐만 아니라 질서 유지를 위해 규칙들도 마련했다. 경찰 개미들은 이기적이거나 고집을 피우는 개미들을 제거하거나 따로 격리한다. 다양한 실험에서 개미들은 지능 수준이 모두 다르다는 사실도 밝혀졌다(꿀벌 또한 마찬가지다). 이 모든 사실을 모르면서 어째서 개미들을 하찮은 미물로 취급할까?

대부분의 도시인이 극도로 싫어하는 비둘기 떼, 하지만 사람은 그들의 비상한 방향 감각에 대해 잘 모른다. 인간들의 전쟁에서 비둘기에게 받은 도움을 기억한다면, 그들을 함부로 대하거나 욕할 수 있을까? 실험 연구 결과, 비둘기들은 사물을 세고 종류별로 분류하는 상당한 지능이 있는 것으로 밝혀졌다. 이를 알고도 비둘기들이 멍청하다며 쉽게 발길질할 수 있을까?

침팬지는 웃고, 개도 웃고, 쥐 또한 웃는다. 누가 이를 의심하겠는가?

캐런 섀너Karen Shanor와 재그밋 컨월Jagmeet Kanwal이 함께 쓴 『동물의 숨겨진 과학Bats sing, mice giggle』은 동물의 지능과 감각 능력에 관한 흥미진진한 세계로 우리를 초대한다. 저자들은 인간에게는 없고 몇몇 다른 동물에게만 있는 고유한 능력들을 상세히 소개한다. 개는 고도로 발달한 후각으로 실종된 사람들을 찾아내거나 사람의 숨 냄새를 맡고 암을 진단할 수 있다. 박쥐, 돌고래, 고래 들은 이동하거나 사냥할 때, 소리 자극과 메아리를 이용한다. 철새나 거북이는 지구 자기를 감지하여 나침반으로 활용한다. 전기장이나 진동장을 감지하는 능력을 지닌 동물들도 있다. 예를 들어, 풀색노린재는 나뭇잎이나 줄기를 통해 전달된 진동으로 의사소통한다. 또한 코끼리는 코와 발로 지진의 전조를 알아차리고, 10킬로미터 밖에 있는 동족을 알아본다.

우리가 매일 도살하는 수백만 마리의 동물들에 대해서는 제대로 알고 있는가?

브리스틀 대학교의 크리스틴 니콜Christine Nicol 교수는 오랜 시간 암탉을 연구했다. 그녀의 연구 결과는 놀라웠다. 〈닭을 가까이에서 관찰한 결과, 우리는 닭의 지능이 상당하다는 것을 알게 되었다. 닭은 놀라울 정도로 학습 능력이 빠르고, 적응력도 뛰어나다. 닭은 스스로 학습할 뿐 아니라 다른 닭과 서로 배우기도 하는데, 이는 지능의 증거다. 예를 들어, 무리 가운데 닭 한 마리가 새로운 먹이를 찾는 방법을 발견하면, 다른 닭은《이거 괜찮은데》라고 생각할 것이다. 다른 닭은 관찰만으로도 새로운 기술을 습득할 수 있다. 바로 사회적 학습이다. 닭은 비교적 복잡한 것들도 배울 수 있다. 닭은 멍청한 것과는 거리가 멀다.〉 동물행동학자들은 닭이 몇몇 영장류에 가까운 의사소통 능력이 있다는 것을 발견했다. 다양한 발성법으로 자신의 의사를 전달하고, 구체적 정황에 맞게 회신한다. 또한 결정을 내릴 줄 알고, 개인적 경험에 따라 행동한다. 닭은 위험에 처한 동료에게 연민을 느낄 줄도 안다.

암양들은 각각 떨림이 다른 울음소리로 자녀들과 의사소통한다. 무리 한가운데에서 어미가 새끼를 부르면, 정확히 그 어미의 새끼 양만 대답할 것이다. 양을 어리석은 동물로 표현하는 동화와는 달리, 양은 지능 면에서 돼지에 가깝다는 사실을 알고 있는가? 프랑스 니에브르 지방에서 양을 사육했던 도미니크 모에Dominique Mauer는 아들과 함께 〈두아주의 영역le Domaine des Douages〉이라는 보호소를 만들었다. 이곳에는 도살장에서 풀려난 750여 마리의 양들이 수용되어 있다. 모에의 블로그에는 숫양과 암양 들의 다채로운 성격, 활발한 사회생활, 연대 등이 상세히 나타나 있다.

소, 돼지, 토끼, 참새, 오리, 갈매기, 늑대, 여우, 다람쥐에 대해 우리는 무엇을 제대로 알고 있을까? 그들의 자연 수명은 얼마나 되는가? 일생에 몇 번 출산하거나 알을 낳는가? 혼자 사는 동물인가 무리 지어 사는 동물인가? 장난치는 걸 좋아하는가? 사회성은 어떤 방식으로 드러나는가? 아이나 동료 들과 어떻게 행동하는가? 지능적인가? 프랑스 정신의학자이자 행동학자인 보리스 시륄니크Boris Cyrulnik는 우리가 개별 종들의 정신세계의 복잡성에 대해 이제 겨우 깨닫기 시작했다고 한다. 〈인간과 동물은 우리가 생각하는 것보다 훨씬 더 많은 점을 공유한다. 감정의 뇌, 특정 재현의 뇌, 시간 예측, 냄새 기억, 공간 기억 등 우리가 생각하는 것보다 훨씬 더 많은 것을 동물과 공유한다.〉 과학 덕분에 인간이 동물을 부당하게 대우하는 이유였던 선입견들이 깨지고 있고, 2012년 케임브리지 대학교에서는 이를 증명하는 과학자들의 선언도 있었다. 동물들에게도 의식이 있고 인간과 같은 정도로 분별력이 있다는 내용의 **의식에 관한 케임브리지 선언**The Cambridge Declaration on Consciousness이 바로 그것인데, 이 행사에는 스티븐 호킹Stephen Hawking도 참석했다. 이 선언은 〈우리는 인간만이 의식을 유발하는 신경학적 기질을 보유하는 것은 아니라는 결론에 도달한다. 모든 포유류와 조류를 비롯한 비인간 동물 전체 그리고 문어를 비롯한 다른 수많은 종에게도 이런 신경학적 기질이 있다〉*고 선포했다.

비인간 동물에게 구두 언어가 없다는 것은 종종 지능과 감각 능력이 부족하다는 근거로 여겨졌다. 하지만 이는 이중 잣대다. 먼저 수많은 동물에게는 구두 언어가 존재한다. 다만 인간이 이를 이해하지 못할 뿐이다. 또한 우리는 감정의 언어에 대부분 단어가 필요하지 않다는 사실을 간과하고 있다. 영국의 영장류 동물학자 제인 구달Jane Goodall은 무언의 의사소통에서 인간과 사촌종인 침팬지가 유사하다는 것을 확인했다. 예를 들어, 친구의 등을 손으로 쓰다듬을 때, 서로 껴안을 때, 손뼉을 칠 때 등 수많은 비언어적 의사소통 상황에서 말이다.

* 「의식에 관한 케임브리지 선언」 전문 참고 자료 참조. 73면.

동물행동학자들(동물 행동을 연구하는 이들)의 발견은 어차피 아무도 관심이 없다는 듯 대부분 중요하게 다루어지지 않는다. 무관심한 데다 알지도 못하는 존재를 존중하기는 어렵다. 더욱이 적을 죽이려면 그에 대해 알려고 해서는 안 된다. 사육동물의 행동이 거의 연구되지 않고, 특히 돼지에 대해서는 가장 관심이 적다는 사실은 우연이 아니다. 돼지는 모든 사육동물 중에 인간과 가장 가까운 동물이다. 따라서 돼지가 겪을 육체적·심리적 고통을 너무 많이 알려고 하지 않는 편이 낫다. 그렇지 않고서야 어떻게 자괴감 없이 계속 돼지를 착취하고 먹을 수 있겠는가?

　한편, 개와 고양이에 관해서는 많은 사람이 해박하다. 당연하다. 개와 고양이는 우리의 관심과 고려의 대상이기 때문이다. 우리는 이들과 의사소통하려고 노력하며 그들을 존중한다. 단지 우리가 개와 고양이에게 특혜를 주고 반려자로 삼았기 때문이다. 개와 고양이를 키워 본 사람이라면 누구나 그들의 지능과 감각 능력을 드러내는 수많은 일화와 모습을 줄줄이 늘어놓는다. **개와 일상을 함께하는 사람이라면** 누구나 개와의 복잡 미묘한 순간들, 서로 이해하지 못하는 데서 오는 재미난 에피소드들을 이야기할 것이다. 그런데 나는 그들의 불균형한 소통 방식에 매번 놀란다. 개는 〈주인〉의 언어(자신에게 붙여진 이름뿐만 아니라 **〈오다〉**, **〈가다〉**, **〈물건을 가지러 가다〉**, **〈잠자리에 들다〉** 등의 단어)를 꽤 이해하는 반면, 주인은 개의 음성 언어나 몸짓 언어를 거의 이해하지 못한다. 물론 주인은 개가 나가고 싶어 하거나 배고프다는 것을 짐작하지만, 이는 순전히 개가 먼저 주인이 알아차리도록 어떤 신호를 보내기 때문에 가능하다. 울면서 문 앞에 머무르거나 식기 주변을 맴돌거나 하는 식으로 말이다. 개는 인간보다 훨씬 적은 신호를 보내며 인간과는 달리 의사소통하는 존재가 아니라고 반박할 수도 있다. 이는 부분적으로만 맞다. 사실 개의 언어는 짖거나 으르렁대는 것처럼 인간이 해독하지 못하는 방식의 주파수대이거나, 대부분의 개 주인이 모호하게 느끼는 몸짓이나 표정이다. 이것은 인간에게 책임이 있다. 도킨스는 가정에서 기르는 개는 인간의 얼굴에 드러나는 표정을 늑대보다 더 잘 읽는다고 한다. 그 이유는 인간과 함께 사는 동안 대대손손 개들은 — 인간에 의해 사육되기 시작한 최초의 동물 — 기쁨, 분노, 수치심, 애정 표현과 관련된 인간의 표정을 이해하고 따라 하는 법을 배웠기 때문이다. 하지만 인간은 그만큼 상응하지 못한다. 개가 꼬리, 귀, 자세, 시선, 소리로 우리에게 전하는 기호들을 더 잘 해독하는 법을 배웠어야 하는데 말이다. 그럼에도 우리는 개가 즐거움과 고통을 느낀다는 것, 고통스러워 한다는 것, 욕망이 있고 사랑하고 미워하며, 애정과 슬픔을 느낀다는 사실을 분명히 알고 있다.

한편, 오늘날에도 여전히 비인간 동물에게는 공감 능력, 즉 상대방의 입장에서 심리 상태를 느낄 수 있는 능력이 없다고 믿는 동물회의론자들이 있다. 이들에게 개는 공감 능력이 있음을 보여주는 훌륭한 본보기다. 개가 곤경에 처한 동료 개를 도와준 사례는 셀 수 없이 많다.

　──맞다, 그럴 수 있지만, 다른 종에 속하는 동물에 대한 공감 능력은 어떤가?

이 또한 분명하다. 개는 우리에게 다른 동물 종에 대한 공감 능력이 있다는 것을 가장 잘 보여 준다. 개는 신뢰가 있는 인간과의 관계에서 인간이 슬픔에 빠져 있다는 것을 눈치채고 인간을 위로한다. 죽은 주인을 버리지 않으려고 몇 날 며칠 무덤가를 지키는 개는 서로 다른 종에 속한 두 존재를 하나로 잇는 깊은 관계를 드러내지 않는가? 또한 개에게 인간의 표정을 따라 할 수 있는 능력이 있는 것도 부인할 수 없는 공감 능력의 증거다.

— 좋다, 하지만 개는 예외적인 동물이다. 그렇기 때문에 인간이 개를 길들인 것이다.

아니다. 공감은 개에게만 존재하는 것은 아니다. 공감 능력은 우리와 아주 가까운 사촌종인 원숭이도 상당히 발달해 있다. 네덜란드 동물행동학자인 프란스 드 발Frans de Waal은 영장류들이 맺고 있는 복잡하고 풍요로운 다양한 관계들, 대립과 화해 능력에 대해 상세히 기술했고, 또한 동료가 겪는 고통에 대한 반응성도 확인했다. 그는 한 실험을 언급한다. 어떤 원숭이에게 먹이를 제공할 때, 다른 원숭이에게는 전기 충격으로 고통을 가한다. 원숭이들은 이 메커니즘을 인지하는 순간, 먹이를 얻는 기기를 작동시키지 않는다. 공감 능력은 수많은 종에게서 확인되었다. 시카고 대학교에서 진행된 한 실험에서는 쥐들이 며칠 동안 함께 지낸 동료 쥐가 뚜껑으로 막힌 좁은 관에 갇혔을 때 그를 구해 준다는 사실이 밝혀졌다. 자유로운 상태에 있는 쥐는 투명한 관에 꼼짝없이 갇혀 있는 쥐를 보았다. 바깥에 있는 쥐가 관 뚜껑을 여는 방법을 알게 되면, 아무런 보상 없이도 즉시 이를 행동에 옮긴다. 더욱 놀라운 것은, 연구자들이 초콜릿 상자를 바로 옆에 갖다 놓아도, 바깥에 있는 쥐는 갇혀 있는 동료를 먼저 구해 주고 나서 초콜릿을 먹는다는 사실이다. 다른 종의 사례도 존재한다. 드 발은 공감 능력이 모든 포유류에게 존재한다고 한다. 그는 동종 및 타종 간의 공감 사례를 든다. 부상당한 돌고래가 수면에서 호흡하도록 다른 동료 돌고래들이 그를 물밑에서 받쳐 준다거나, 앞을 보지 못하는 코끼리가 있으면 무리 내의 다른 코끼리들이 서로 이끌어 준다. 또한 악어 떼에게 공격당한 임팔라(아프리카 영양)를 구조하러 오는 하마들의 예도 있고, 뉴질랜드에서 수영하던 사람들이 백상어에게 공격받자 돌고래들이 주변을 빙 둘러싸 방어벽을 쳤던 사례도 있다.

드 발에 따르면, 공감은 영장류가 출현하기 훨씬 이전부터 존재했다. 공감은 진화를 가능하게 하는 능력으로, 어미가 위험에 처한 자식을 보호하고자 했을 때부터 출현했으리라는 것이다. 이로써 그는 공감이 여성적이라고 결론 내린다. 그의 결론이 옳은지는 모르겠지만, 수년 전부터 동물 보호 집회에 참석하면 참가자들의 대부분이 여성인 점을 확인하고 놀란 것은 사실이다. 여기에서 공감뿐만 아니라, 다수의 종에게 확인된 공정성equity의 의미에 대해서도 살펴볼 수 있다.

어떤 동물을 이해하기 위해서는 그 동물을 시간을 두고 관찰하는 것부터 시작해야 한다. 동물행동학, 즉 동물 종에 대한 연구는 20세기 후반에 제2의 전성기를 맞았다. 특히 카를 폰 프리슈, 콘라트 로렌츠, 니콜라스 틴베르헌(이 세 명은 모두 1973년에 생리학과 의학 분야 노벨상을 수상했다), 도널드 그리핀, 제인 구달, 프란스 드 발, 리처드 도킨스 그리고 마크 베코프는 다른 동물 종에 대한 인식을 높이는 데 크게 공헌했다. 이들의 업적은 꼭 필요한 정보의 보고로, 모든 학교에서 가르쳐야 한다. 우리의 사촌 동물들의 지능, 감각 능력, 복잡성을 더 잘 이해하고 싶은 사람에게 흥미진진한 두 권의 책을 추천한다. 생물학자 이브 크리스텐Yves Christen의 『동물은 인격체인가?*L'animal est-il une personne?*』와 마크 베코프Marc Bekoff의 『동물의 감정*The Emotional Lives of Animals*』이다. 이 두 책에는 교훈적인 일화들이 가득하다. 베코프는 〈여전히 동물들에게도 감정이 존재한다는 사실을 의심하기까지 하는 사람들이 일부 있다〉라며, 〈그리고 그렇게 믿는 사람들 가운데 다수가 동물의 감정은 인간의 감정보다 덜 중요하다고 생각할 것이다. 이는 내가 볼 때 시대착오적이고 무책임한 시각이다〉라고 말한다. 크리스텐의 책에는 나를 뒤흔들고, 모든 동물회의론자를 향해 질문을 던지는 다음과 같은 구절이 있다. 〈우리는 사냥꾼 윌리엄 해리스의 첫 번째 코끼리 사냥에서 일어난 일을 다시 읽어 봐야 할 것이다. (……) 그는 첫 번째 코끼리를 죽이는 데에 성공했다. 암컷이었다. 다음 날 그는 자신의 사냥감을 찾으러 갔다. 죽은 코끼리 곁을 지키고 있는 아기 코끼리가 한 마리 있었다. 아기 코끼리는 필사적으로 그에게 달려와, 마치 그에게 도움을 청하는 듯 다리에 코를 둘둘 감아댔다. 해리스는《그때 나는 내가 저지른 일을 뼈저리게 후회했다. 내가 살해를 저질렀다는 생각이 들었다》라고 말한다.〉

첨부 자료
의식에 관한 케임브리지 선언
2012년 7월 7일

　의식에 관한 연구 분야는 빠르게 발전하고 있다. 인간과 비인간 동물 연구에 대한 다양하고 새로운 연구 방법과 전략 들이 개발되었다. 그 결과, 점점 더 많은 자료가 작성되고, 이 분야에서 지배적이었던 개념들이 주기적으로 재평가받기 시작했다. 비인간 동물에 대한 연구들은 의식적 경험 및 지각과 상관관계가 있는 상동적 뇌 회로들을 선택적으로 강화하고 방해함으로써 그 뇌 회로들이 사실상 해당 경험에 필수적인지를 가늠할 수 있다는 것을 보여 준다. 게다가 인간들의 경우, 의식의 상관물들을 조사하기 위해 비침습적인 새로운 기술들을 사용할 수 있다.

　감정들의 신경적 기질들은 대뇌 피질 구조에만 한정되지는 않는 듯하다. 인간이 감정적인 상태일 때 자극을 받는 피질하 신경 연결망은, 동물들에게도 감정적인 행동이 출현할 때 결정적으로 작용한다. 뇌의 같은 부분을 인위적으로 자극하면, 인간과 비인간 동물 모두 그에 상응하는 반응과 행동을 보인다. 비인간 동물의 뇌에서 본능적인 감정 행동을 자극했을 때 그로 인해 일어나는 수많은 행동은 보상과 처벌과 같은 내적 상태들을 포함하여 인간의 감정 경험과 동일하다. 인간에게서 이 체계들의 심층적인 뇌 자극 또한 비슷한 감정 상태를 유발할 수 있다. 정서와 관련된 체계는 대뇌적 상동 관계를 일으키는 피질하 영역에 집중되어 있다. 신피질이 없는 어린 인간과 비인간 동물 들은 그럼에도 이런 뇌-정신 기능들을 유지한다. 게다가 주의, 수면, 의사 결정의 행동적·전기생리학적 상태들에 필요한 신경 회로들은 진화 과정에서 무척추종이 출현했을 때 생겨난 것으로 보인다. 실제로 이 신경 회로들은 곤충들과 두족류 연체동물(예를 들어 문어)에서 관찰된다.

조류 행동, 조류 신경생리학 및 신경해부학에 따르면, 조류는 의식의 평행 진화에 대한 놀라운 사례다. 우리는 가봉의 회색 앵무새에게서 상당히 놀랍게도 거의 인간에 가까운 의식 층위들의 증거를 관찰했다. 포유류와 조류의 감정적 뇌 연결망과 인지적 미세회로 들은 지금까지 우리가 생각했던 것보다 훨씬 더 많은 상동성을 드러냈다. 게다가 일부 조류 종은 렘수면을 비롯하여 포유류 동물들의 유형과 비슷한 수면 주기를 보였고, 금화조의 사례에서는 포유동물의 신피질 없이는 불가능할 것이라 생각했던 신경생리학적 유형들을 나타내는 것으로 밝혀졌다. 특히 거울 속의 자기 인식 연구에서 까치들은 인간, 대형 유인원, 돌고래, 코끼리 들과 놀라울 정도로 유사하다는 것이 증명되었다.

인간의 의식 행동에 영향을 미치는 것으로 알려진 약물을 이용하면 비인간 동물들에게도 비슷한 교란 현상이 나타났다. 인간의 의식은 대뇌 피질 활동과 상관관계가 있음을 나타내는 증거들이 있으며, 이는 시각 의식의 경우처럼 피질하 과정 또는 초기 피질 과정에서 생긴 잠재적 관여들을 배제하지 않는다. 인간과 비인간 동물에게 상동적인 피질하 뇌 연결망들에서 발생하는 감정의 표지들로부터 우리는 진화 과정에서 공유하고 있는 원시적인 감각질이 존재한다는 결론에 도달한다.

우리는 다음과 같이 선언한다. 〈신피질이 없다고 해서 어떤 유기체가 감정 상태를 경험하지 못한다고 볼 수는 없다. 우리가 모은 자료들은 비인간 동물들도 의식 상태에서 신경해부학적·신경화학적·신경생리학적 기질을 가지며, 지향적 행동들을 보일 능력이 있음을 시사한다. 따라서 강력한 증거들을 보아 우리는 인간만이 의식을 유발하는 신경학적 기질을 보유하는 것은 아니라는 결론에 도달한다. 모든 포유류와 조류를 비롯한 비인간 동물 전체 그리고 문어를 비롯한 다른 수많은 종에게도 이런 신경학적 기질들이 있다.〉

의식에 관한 케임브리지 선언은 필립 로에 의해 작성되었고, 자크 판크세프, 다이애나 레이스, 데이비드 에델만, 브뤼노 반 스윈더렌, 필립 로 그리고 크리스토프 코슈에 의해 검토되었다. 선언문은 2012년 7월 7일 영국 케임브리지 대학교 처칠 칼리지에서 열린

〈인간과 비인간의 의식에 대한 프란시스 크릭 기념 컨퍼런스〉에서 로, 에델만 그리고 코슈에 의해 공식적으로 발표되었다. 선언문은 케임브리지의 호텔 뒤 뱅 밸푸어 실에서 스티븐 호킹이 참석한 가운데 그날 저녁 심포지엄에 참석한 이들이 서명했다. 서명 의례는 CBS 「60분60minutes」에서 촬영했다.

2012년 11월
『레 카이에 반종차별주의자*Les Cahiers anti-spécistes*』35호에 실린
프랑수아 타로의 프랑스어 번역본

육화*의 우연

우리는 중요한 두 가지 오류를 범한다. 우리가 죽음을 피할 수 없는 존재라는 사실을 잊고 사는 것(99퍼센트의 시간 동안 이 생각을 하지 않는다), 그리고 지구상에 우리가 존재하는 것을 아주 당연하게 여기는 것이다. 하지만 실제는 이와 정반대다. 우리는 지극히 미미한 시간밖에 살지 못할 뿐만 아니라, 우리의 존재는 전혀 예상치 못한 이변(異變)에 가깝다. 우리 모두는 가능성이 극히 낮은 우연에 속하는 존재들이다. 지구상에서 가장 운이 나쁜 사람도, 엄청난 우연의 일치로 삶을 맞아들이기 위해 생각지도 못한 순간을 맞닥뜨렸다.

이는 간단한 계산만으로도 충분히 확인할 수 있다. 우리는 수억 마리의 정자들이 겨루는 중거리 경주에서 우승자로 태어났고, 부모는 우리를 수정한 순간 외에도 수천 번은 더 사랑을 나누었을 것이며, 그들은 20억 분의 1의 확률로 (70억 인구를 남녀로 나누고, 어린이와 노인을 제외하면) 만날 수 있었다는 사실을 볼 때, 우리가 세상에 태어날 가능성은 10^{20}분의 1이었다는 계산이 나온다. 그런데 이 확률도 실제로는 너무 높다. 우리의 부모 각자가 존재할 확률 또한 10^{20}분의 1에 해당한다는 사실을 빼놓아서는 안 된다. 게다가 우리의 부모는 호모 사피엔스의 7,000세대 이후

---

* 육화(肉化)incarnation. 이 말은 전통적으로 신이 예수라는 인간의 몸을 입고 현현한 것을 뜻하는 신학 용어지만, 저자는 넓은 의미에서 인간이나 비인간 동물의 몸으로 태어나는 것을 의미하는 용어로 쓰고 있다 — 옮긴이주.

에 태어났고, 호모 사피엔스들은 다들 태어나기까지 극히 희박한 가능성이 있었으며, 뿐만 아니라 우리는 호모 사피엔스들 이전의 다른 종의 호모속 조상들도 있으며, 이들 또한 …… 우리가 알다시피 다른 조상들이 있었다. 따라서 단순히 수학적으로 접근해 볼 때, 우리가 존재할 가능성은 거의 제로에 가깝다. 우리는 수십억의 수십억

의 수십억의 수십억의 수십억의 수십억의 수십억의 수십억의 수십억의 수십억의 수십억의 수십억의 수십억의 수십억의 수십억의 수십억의 수십억의 수십억 분의 1의 확률로 태어났다.

좀 더 정확한 수치도 가능하다. 2011년 하버드에서 학위를 받은 알리 비나지르Ali Binazir 박사는 논리적 정합성을 갖춘 계산으로, 우리의 출생 확률이 102,685,000분의 1이라고 제시했다. 참고로 우주에 존재하는 원자의 숫자는 10^{80}으로 추정된다.

우리의 의식은 셀 수 없이 많은 장애물이 깔린 끝없는 우연의 연속 산물로 비로소 깨어났다. 만일 우리의 수백만 조상 가운데 누구 하나라도 번식하기 이전에 죽임을 당했더라면, 우리는 그것으로 끝났을 것이다! 이러한 통계들을 하나하나 밟아갈수록, 우리는 정상적인 흐름으로는 오히려 태어나지 않는 것이 당연하다는 사실을 쉽게 알 수 있다. 우리 모두는 각자 이변이다. 우리는 세상에 존재하지 않을 수 있었음에도 여기 존재하고 있다. 그저 실수로 발송된 초대장을 받은 참석자들일 뿐이다. 그런데 놀라운 사실은 모두가 개인적으로나 집단적으로 마치 우리의 존재가 필연인 듯 우리의 삶이 당연하고 정상인 듯 여긴다는 것이다. 우리는 거의 0에 가까운 확률로 태어난 우연일 뿐인데도 말이다.

우리가 세상에 존재하는 것이 이처럼 굉장한 이변이라는 사실에는 특별한 의미가 있다. 이는 우리 존재에 대한 시각을 **뒤바꿔**, 우리가 매 순간을 특권으로 **여기도록** 만들었다. 이 엄청난 우연성은 우리가 주차 장소를 찾지 못하거나 테니스에서 1점을 잃었다고 불평하기 전에 한 번 더 생각하도록 한다. 또한 실패도 성공도 상대적으로 생각하게 해준다. 죽음을 제외하고는 어떤 것도 정말로 심각한 것은 없고, 어떤 것도 우리를 특별한 존재로 만들지 않는다.

인류가 쏟아 낸 오만의 물결을 다시금 생각해 보라. 인간의 자만심이란 수 세기에 걸쳐 결국 우리가 그토록 소중하게 여기는 것들을 손가락 사이로 새어 나가버리게 하는 〈인간의 속성〉인 것인지 궁금하다.

우연의 역할은 우리를 세상에 존재하도록 한 극미한 가능성에만 머물지 않고 육화의 형태에 따라서도 결정된다.

인간이든 비인간이든 모든 개체는 정신, 또는 〈의식〉에 따라 작동되는 원자들의 조합이다. 각자를 규정하는 건, 우선 이 정신이다. 하지만 육체는 정신을 담는 그릇인 동시에, 정신의 표현에 필수 불가결한 외피다. 따라서 정신은 육체와 함께 구성되지만, 정신이 육체를 선택하지는 않는다. 우리 모두는 좀 더 크고, 날씬하고, 털이 덜 나고, 파란 눈에, 풍성한 머리카락을 가진 육체를 원할 것이다. 육체와 정신 사이에 틈이 있다는 것은 우리가 자신의 육체를 사랑하지 않을 수 있음을 의미한다. 만일 우리 육체가 존재에 딸린 필연이라면, 우리 의식은 자발적으로 육체와 완전히 같을 것이다. 하지만 그렇지 않다. 나를 타인이 아닌 나로 만드는 것은 정신, 영혼, 지능 같은 비물질적인 것으로, 몸은 그저 태어날 때 자신에게 부여되는 것일 뿐이다. 흑인, 백인, 프랑스인, 미국인, 중국인, 아프리카인, 똑똑하거나, 장애가 있거나, 작거나, 크거나, 뚱뚱하거나, 금발이거나, 갈색 머리를 갖는 건 우연에 따라 결정된다.

우리가 대부분 생각하지 못하는 것은, 우연 때문에 우리의 정신이 인간이 아닌 다른 육체를 선택했을 수도 있다는 점이다. 우리의 의식, 즉 세상을 보고 경험하는 능력은 말, 개, 쥐, 물고기, 파리 또는 다른 동물의 몸에 주어졌을 수도 있었다. 다만 예기치 않은 운명이 우리를 인간으로 태어나도록 했다. 우리는 인기 연예인이나 남들의 부러움을 사는 사람을 볼 때 〈아, 내가 마돈나로 태어났더라면, 정말 멋진 삶을 살았을 텐데!〉라며 상상해 보기도 한다. 하지만 길에 다니는 쥐를 보며 〈내가 저 쥐였을 수도 있었을 텐데!〉라고 생각하는 경우는 극히 드물다. 하지만…… 이는 충분히 가능하다. 이 글을 쓰는 나는 당신이었을 수도 있고, 내 고양이 혹은 그가 뒤를 쫓는 생쥐였을 수도 있다. 나는 도살장의 돼지였을 수도 있고, 평생 햇빛 한 번 보지 못하고 공장식 사육장에 갇혀 있다가 팔다리가 잘리는 닭이었을 수도 있다.

과학자들은 인간 한 명 대비 약 2억 마리의 곤충이 존재한다고 추정한다. 그렇다면 다른 동물이 아닌 곤충만 봐도 우리가 무당벌레나 모기가 아닌 인간의 몸으로 태어나는 데에 2억 분의 1의 확률이 작용한 셈이다. 로또(여섯 개의 행운의 숫자)에 당첨될 확률은 1900만 분의 1이다. 즉, 우리가 곤충이 아닌 인간의 몸으로 태어날 확률이 로또에 당첨될 확률보다 열 배나 더 어렵다는 말이다.

이를 볼 때, 건강한 인간의 몸으로 문제없는 가정에서 태어나 물질적 어려움 없이 자란 사람이라면, 그와 같은 운을 타고나지 못한 다른 모든 인간과 비인간 존재를 위한 활동에 참여할 수 있을 것이다. 이미 그는 엄청난 로또에 당첨되었기 때문이다. 최소한의 인간미만으로도 그는 자기 몫의 일부를, 그에게는 손해가 되지 않을 미미한 일부를 나눌 수 있다. 우리가 동물을 연민할 때, 어떤 점에서 손해를 본다고 할 수 있을까? 우리는 인간이라는 지배종의 고유한 모든 속성을 간직하면서도, 무엇보다 우선해서 우리의 힘을 사용하는 것은 충분히 피할 수 있다.

아무리 절세미인이라도, 자신의 미모에 대해 결코 자만해서는 안 된다. 그녀가 공들여 자신의 몸을 가꾼다고 해도, 아름다운 외모는 자신의 공으로 얻은 게 아니기 때문이다. 마찬가지로 우리가 어떤 동물을 어리석거나 못생겼다고 평가하며 무시하고 학대할 때, 우리가 인간으로 태어난 것은 스스로의 힘이 아니라는 점을 반드시 기억해야 한다. 오히려 우리는 인간으로 태어났기에 자신을 방어할 능력이 없는 약한 존재에 대해 최대한의 관대함을 지녀야 한다.

당신이 노숙자에게 관대함을 베풀 때는 두 가지 논리가 있을 것이다. 첫 번째는, 양심적인 사람이 되기 위해서다. 당신은 노숙자에게 10유로를 주고, 타인과 스스로에게 당신이 좋은 사람임을 드러낸다. 이러한 이유로 매년 수많은 사람이 NGO에 기부하는데, 이는 전혀 비난할 일이 아니다. 두 번째는, 노숙자가 견뎌야 할 추위와 배고픔을 떠올리며 그에게 공감하고, 당신이 그의 입장이었을 수도 있으리라 생각하며 10유로를 주는 것이다. 이러한 접근이 내게는 좀 더 근사해 보인다. 이러한 관대함은 당신이 불행을 피하도록 특혜를 부여한 우연에 빚을 갚는 방식이기도 하다.

우리는 비인간 동물에 대해서도 같은 방식으로 접근해야 한다. 우리가 그들이었을 수도 있었으리라 생각하고 피해를 끼치지 않는 게 맞다.

의식 또는 의식의 출현 조건을 비롯한 수많은 수수께끼가 여전히 풀리지 않은 채 남아 있다. 정신은 아마도 가장 잘 알려지지 않은 것 중 하나일 것이다. 이로써 정신에 대한 환상들, 예를 들어 죽음 이후 어떻게 될지에 관한 다양한 추측이 존재한다. 불교에서 말하는 윤회 또는 영혼의 전생에는 아직까지 어떤 과학적 근거도 없다. 나는 같은 영혼이 때로는 인간으로, 때로는 소나 곤충, 식물 등으로 환생한다고는 생각하지 않는다. 윤회에 대한 믿음은 미신적 믿음 또는 은유적 표현일 것이다. 반면, 육화의 우연에 관한 이론은 타당성이 있다. 우리는 어마어마한 우연을 거쳐 인간으로 태어났지만, 지능을 갖춘 다른 어떤 형태의 생명으로 태어났을 수도 있다. 나는 정말로 그렇게 생각한다. 내 발에 밟힐 뻔했던 개미, 발길질당할 뻔한 비둘기, 도살장에 보내려던 소, 내가 바로 그들이었을 수도 있다. 나는 그들의 눈, 근육, 감각 기관으로 이 세상을 경험할 수도 있었다. 그저 인간의 몸으로 태어나는 엄청난 운이 있었을 뿐이다. 마치 마닐라의 슬럼가가 아닌 파리의 부유한 가정에 태어난 아이처럼 말이다.

육화의 우연에는 중요한 철학적 함의가 있다. 피타고라스처럼 나는 내 오랜 친구 중 한 명을 먹을 수도 있기 때문에 동물을 학대하거나 먹기를 거부하는 것이 아니다. 나는 내가 바로 그 동물이었을 수도 있기 때문에, 그를 학대할 수가 없다.

2장
살해된 동물

미디어 속 동물 농장

숨기고, 침묵하고, 거짓말하고

정보는 민주주의의 근간이다. 자유로운 인간이란 무엇보다 제대로 아는 사람이다. 알베르 카뮈Albert Camus는 〈반항은 의식 있는 인간의 행위다〉라고 썼다. 투표의 실질적 쟁점도, 선거에 영향을 받는 사안들도 제대로 모른다면, 투표함에 투표용지를 넣는 게 무슨 소용일까? 제대로 파악하지 못한 주제에 대해 찬반 의견을 표명하는 것이 무슨 의미가 있을까? 학교와 미디어는 이 부분에서 역할이 매우 중요하다. 경제를 예로 들어 보자. 여기에서 이익을 보는 사람들을 제외하고 오늘날 최상위 부자들의 재산을 불리며 세계를 지배하는 금융 메커니즘을 이해하는 사람은 아무도 없다. 유럽 통합 제도들이 작동하는 방식에 대해서도 제대로 아는 사람은 극히 드물다. 라디오나 텔레비전에서 농업 및 국제 정치 관련

주제들을 24시간 내내 듣는다고 해서 식견을 갖춘 시민이 될 가능성은 매우 낮다. 활자 매체는 자신의 역할을 좀 더 잘 수행하지만, 몇몇 신문을 제외하고는 더 이상 눈부신 활약을 펼치지 못한다. 내 말에 오해가 없기를 바란다. 모든 신문사의 편집국에는 자신의 일에서 최대한의 직업 정신을 발휘하고자 하는 탁월한 기자들로 가득하다. 그리고 몇몇은 그에 걸맞은 뛰어난 역량을 보인다. 하지만 미디어 시스템을 억누르는 심한 제약 때문에 잘못된 관행이 생겨났다. 이제 미디어들은 거의 대부분 금융 및 기업이 지배하고 있다. 즉, 대기업들이 미디어를 장악했거나 살아남기 위해 광고에 의존한다. 대부분은 이 두 가지 모두다. 오늘날 미디어들이 신자유주의의 자식들이다 보니, 재량권이 좁은 것은 당연하다. 모든 것이 이에 맞춰져 있어 기자들의 채용부터 기사에서 다루는 주제 선택까지 현행 이데올로기 논리를 문제 삼지 못하게 한다. 최근에 기자인 한 친구가 파리기후협약 COP21 기간 동안의 일을 내게 언급했다. 그는 자신이 맡은 방송 프로그램에서 기후 변화에 맞선 이 대규모 국제 회동의 쟁점들을 다양한 주제로 다루자고 몇 번이나 제안했다. 하지만 그에게는 한 가지 주제밖에 승인되지 않았다. 이유는 환경 문제가 〈매력적이지 않기〉 때문이었다. 실제로 논설 기자나 방송 취재 기자들 가운데 생태 기자 또는 반자유주의 기자의 수가 얼마나 될까? 아무도 없다. 라디오나 텔레비전이 우리에게 세상을 보여 주는 방식은 대동소이하다. 몇 년 전부터 토론 프로그램을 차지한 보수 논객들을 제외하면 말이다. 이들은 의미보다는 소음을 선호하는 스펙터클의 사회에서 장려되기까지 한다. 기업들에게 정보 제공 전쟁은 진실을 왜곡하는 로비 활동에 대규모 자금을 투입하는 것만큼 중요하다. 예컨대 2013년 『뉴욕 타임스』에서 실시된 여론 조사에서 미국인들의 4분의 3이 먹거리에 유전자 변형식품GMO이 들어 있는지 의심스럽다고 답했고, 이들의 93퍼센트는 GMO 성분에 관한 정보를 제공받고 싶다고 했다. 그러나 주 정부들이 식품 포장에 GMO 성분 표기를 의무화할 필요성을 두고 실시한 레퍼렌덤referendum(국민투표)은 대부분 부결되었다. 캘리포니아·워싱턴·콜로라도·오리건주에서의 결과였다. GMO를 찬성하는 로비스트들이 막대한 자금을 동원한 것이다. 콜로라도주에서는 레퍼렌덤 캠페인 기간 동안 정보 제공을 원하는 사람들이 100만 달러를 사용한 반면, 로비스트들은 1670만 달러를 썼다. 다른 모든 투표소에서도 마찬가지였다. 국민들의 의견을 모은 비영리 단체 음식안전센터Center for Food Safety의 조지 킴브렐George Kimbrell은 〈미국 선거가 이처럼 대기업들에 매수되어서는 안 된다. 각 가정의 정보접근기본권을 막기 위해 이들이 펼친 노력들을 보면 기가 막힐 노릇이다〉라고 말한다. 기업들이 주도한 GMO에 관한 연구들은 또 어떤가?

종차별주의와의 싸움 역시 정보 전쟁이다. 말하고, 떠들고, 써야 한다. 비인간 동물들의 지능과 감수성에 대해서 뿐만 아니라, 우리가 비인간 동물들에게 실제로 가하는 가혹한 운명에 대해서도 말이다. 동물들이 당하는 고통을 모르기 때문에 계속 고기를 먹거나 가죽과 모피를 걸치는 사람들이 많다. 모든 것은 이러한 방식으로 기획된다. 즉, 정치 및 언론과 유착되어 막강한 영향력을 행사하는 농식품 산업과 농업 로비는 진실을 은폐하거나 미화하기 위해 모든 힘을 쏟는다.

예를 들어, 도살장들은 대중에게 가려져 있다. 마을 사람들이 보는 데서 가축을 죽이던 시절은 — 조심성이 없었던 것은 사실이다 — 이미 지났다. 이제 사형 집행은 증인들과 멀리 떨어진 교외 건물의 공장식 작업 라인에서 이뤄진다. 마치 이러한 집행이 실체를 감춰야 할 수치스러운 일인 것처럼 말이다. 이곳은, 정말, 우리 문명의 수치다. 그곳에서는 기자들의 촬영이 금지된다. 괜한 이유에서가 아니다. 그곳에서 믿을 만한 정보를 얻는 유일한 방법은 비영리 단체들이 몰래 촬영한 영상들을 통해서 뿐이다. 이 영상들에서 동물들은 완전히 기절하지 않은 상태에서 목이 잘리고 극한의 고통을 겪다 최후를 맞는다. 다가올 죽음을 알아차린 동물들의 살 떨리는 공포, 냉혹한 도살자가 동물들을 때리는 장면도 여과 없이 드러난다. 2015년과 2016년 동물권리보호기구 L214가 찍은 영상들에서 알레스 도살장과 〈유기농〉 인증을 받은 비강 도살장에서의 끔찍한 현실이 고스란히 드러났다. 도살장에서의 가혹 행위가 만연함을 여실히 증명한 것이다. 2015년에 고기에 관한 취재 결과를 책으로 펴낸 기자 안드 루아지Anne de Loisy는 도살장 동물구호단체인 OABA의 부장인 것처럼 가장해 도살장에 들어가는 데 성공했다. 그녀는 〈동물들은 아주 빠른 속도로 도살되기 때문에, 사지를 토막 내는 순간에도 여전히 살아 있다〉고 보고한다. 이에 대해 대중은 알 권리와 볼 권리가 있다. 비록 참기 힘든 현실이지만 말이다.

첨부 자료
2016년 L214의 비강 도살장 조사

몇 달 전, L214는 알레스 도살장에서 촬영한 영상을 공개하며, 동물 도살의 잔인성을 세상에 알렸다. 당신은 어쩌면 그게 예외적인 사례라고 생각할지도 모른다.

이 영상들은 (……) 유기농 인증을 받은 도살장에서 촬영되었는데, 이곳은 유통 단계를 줄이기 위해 지역 상인들과 정육점들에 직접 고기를 공급하고 있다. L214가 이번에 촬영한 영상에는 양들이 겪는 폭력과 돼지, 암소, 황소 들의 최후가 담겨 있다. 이 영상들은 가르 지방의 비강 도살장에서 촬영되었다.

양들은 도살장 통로에서 저항하고, 서로 모여들어 도망치려 한다. 하지만 도살자들은 겁에 질린 양들을 거칠게 다룬다. 양들은 서로 바짝 붙어 움직이지 못하는 상태로 죽음으로 향하는 자동 장치에 강제로 떠밀린다.

새끼 돼지들도 같은 운명을 겪는다. 성체 돼지들은 전기 충격을 받는다. 원래대로라면 비강 도살장에서 성체 돼지와 양은 전기 충격으로 기절시키고, 다른 동물들도 정신을 잃어야 한다. 그런데 전기 충격기 결함으로 즉시 기절해야 할 동물들이 전기 충격기 단자에 지나치게 오랜 시간 접촉된다. 분명 전류 조정에 이상이 있기 때문이다. 폭력 및 가학 행위도 빈번하게 발생한다. 도살자는 일부러 양들에게 단발적인 전기 충격을 가하며 즐거워한다.

소들은 권총 사격을 당해 머리에 구멍이 뚫리게 될 기절 상자로 끌려 들어간다. 기절 상자는 암소와 뿔 달린 황소들의 몸에 들어맞지 않는다. 소의 머리에 권총을 쏘는 담당자는 기절 상자의 머리 쪽에 서 있고, 소는 공포에 질려 뒤로 물러난다. 소가 몸을 바짝 움츠리고 고개를 숙이고 있으면, 제대로 기절하지 않을 수도 있다.

동물들이 의식을 회복했다는 신호가 온다. 그들은 도살 공정 라인에 매달려 몸부림치며 극도의 고통 속에 목숨을 잃는다. 의식을 회복한 동물들에게는 다시 기절시키는 구급 조치가 필요하다. 하지만 비강 도살장에서는 그렇게 하지 않는다.

유기농과 지역 먹거리를 지향하는 도살장에서조차 동물들은 끔찍한 고통 속에 죽어 간다. 행복한 죽음에서 비롯된 고기란 존재하지 않는다. 눈감는 것은 이제 그만해야 한다.

문제를 느낀다면 〈abattoir-made-infrance.com〉에 가입해서, 국회의원들과 상원의원들에게 질의하고 도살장들에 대한 국회 조사 위원회를 요구할 수 있다.

L214가 제작한 영상들에 나오는 음성 녹취록

일요일 오후의 동화

고기 광고는 동물 사육에 대한 가공된 이미지를 담고 있다. 보통 광고 속 닭, 돼지, 소 들은 마음껏 자연을 누비는 믿기 힘들 정도로 행복한 존재다. 이들은 오직 우리의 접시에 얼른 놓이기만을 바라는 것처럼 보인다. 이것이 마치 비인간 동물이라는 존재의 속박에서 벗어나는 길인 듯 말이다. 또 생략에 의한 현실의 진공화도 자주 볼 수 있다. 햄 한 조각, 그 주위에 모인 행복한 가족, 약간의 전원 풍경이면 온 세상이 행복해진다! 더 놀라운 건 육류 소비를 장려하는 홍보가 종종 예상치 못한 곳에 등장한다는 것이다. 다큐멘터리 내레이션에서조차 사육의 끔찍한 실상을 누그러뜨리는 부드러운 대사들이 등장한다.

어느 일요일 오후, 텔레비전 채널을 돌리다가 시청률이 높은 공중파 채널에서 방송되는 농장 동물에 관한 다큐멘터리 영화를 우연히 보게 되었다. 이 영화는 52분 동안 송아지, 새끼 양, 망아지, 한 배에서 태어난 새끼 돼지 형제들의 탄생과 첫 몇 달을 따라간다. 촬영지는 총 네 군데의 서로 다른 농장인데, 이 농장들은 모두 동화에 나올 법한 프랑스 시골 마을에 자리한다. 영상은 공들여 꾸몄고, 색감은 온화하며, 특히 내레이션을 맡은 유명 배우의 목소리가 부드럽게 속삭인다. 이것이 아주 중요한 역할이다. 귀에 달콤하게 흘러드는 목소리는 사육자가 동물을 자신의 아이처럼 소중히 여기고 사육동물들은 지상에서 가장 축복받은 존재라고 우리를 설득한다. 다큐멘터리 형식으로 월트 디즈니도 인정할 환상적인 장면을 연출하며 동물 사육에 찬사를 보낸다.

먼저, 사육 환경은 목가적이다. 누구라도 그곳에서 바캉스를 보내고 싶을 만큼 빼어난 풍경 속에 사육동물들은 지상 낙원의 유일한 존재들이다. 내레이션은 동물들이 〈신선한 공기〉와 〈대지와 목장의 풀〉을 즐긴다고 말하며, 〈오베르뉴산의 인자한 눈길 아래, 동물들은 농장 주변에 찾아온 봄 구석구석을 누빕니다. 암소들은 5개월 동안 갑갑했던 겨울나기를 마치고, 마치 천국의 맛을 음미하듯 신선한 풀을 즐깁니다〉라고 전한다.

이어서 사육자가 동물들의 이름을 부른다. 〈오베르뉴 지방 쌀레 마을의 80마리 암소들에게는 번호가 있지만, 파브르 씨는 각자의 이름을 부릅니다〉라고 내레이션이 덧붙인다. 위를랑드라는 이름을 가진 암소는 조조라는 이름의 송아지를 곧 출산할 예정이다. 바스크 지방에 사는 만사태평한 암퇘지 카오리와 쥐라 지방에 사는 암말 위제트도 소개된다. 사육자의 이름 역시 시사하는 바가 크다. 〈사육자는 파렁Parent* 씨입니다. 사육자로서 이보다 더 훌륭한 이름은 없겠지요〉라고 내레이션이 강조한다. 이로써 그가 얼마만큼 동물을 애지중지 여기는지 확실히 설명된다. 모든 장면이 이를 암시하거나 강조하는 데 쓰인다. 〈어미 위를랑드가 없을 때, 조조를 달랠 수 있는 것은 파브르 씨의 모성애밖에 없습니다〉, 〈축사는 (……) 짚과 사랑으로 가득 채워져 있네요〉, 〈사육자는 모두를 쓰다듬고, 애정 어린 말을 합니다. 어린 동물들의 보호자 역시 아이들을 달리 다루지는 않을 겁니다〉.

* 〈부모〉라는 뜻이다 — 옮긴이주.

92

실제로 한 시간 내내 사육자들이 동물들에게 얼마나 정성을 쏟는지 잘 나타난다. 파브르 씨는 암소 위를랑드가 출산할 때, 그의 건강을 걱정한다(〈물론 위를랑드는 세심한 배려를 받을 자격이 있다〉). 파브르 씨는 〈위를랑드, 괜찮아? (……) 이렇게 하면 좀 낫지? 자, 이제 불편하지 않지, 그렇지?〉라고 묻는다. 바스크 지방의 암퇘지 카오리가 분만할 때, 내레이션에 따르면 사육자는 〈5성급 분만실〉에 해당하는 일급 고사리류로 자리를 만든다. 다큐멘터리 내내 사육자들은 동물의 안녕을 전적으로 책임지는 헌신적 후원자로 소개된다. 암말 위제트가 출산에 어려움을 겪자, 사육자는 출산 기구를 사용해서 망아지를 세상 밖으로 끌어내 주는 구원자가 된다. 〈망아지 이름은 에스푸아르Espoir*입니다. 60킬로그램이 나가는 건강한 에스푸아르는 파렁 씨의 헌신과 출산 기구의 도움이 없었더라면 세상에 태어나지 못했을 겁니다〉라는 내레이션이 이어진다. 사육자들이 있었기에 자연에서라면 죽음을 맞았을 존재들이 다행히 목숨을 건질 수 있었다는 말이다. 새끼 양들이 등장하는 장면은 더욱 감동적이다. 각자 이름 대신 〈경이로운〉 존재라고 불리는 새끼 양들은 태어나고 몇 달이 지나면, 솜므만의 ─ 밀물 때면 바닷물에 잠기는 ─ 방목장에 풀을 뜯으러 이동한다. 그러다 갑자기 새끼 양 한 마리가 물에 빠진다. 목동 무아트렐 씨가 급하게 달려든다. 〈무아트렐 씨는 미숙한 새끼 양의 귀를 잡아당깁니다. 그가 생명을 구한 것입니다〉라고 우리를 안내하는

---

* 〈희망〉이라는 뜻이다 ─ 옮긴이주.

목소리가 부드럽게 들린다. 잠시 후 또 다른 양이 진흙에 발이 빠진다. 이때도 역시 무아트렐 씨가 양을 구해 준다. 내레이션은 〈무아트렐 씨가 잠시라도 한눈을 팔거나 자비로운 영혼이 없었다면, 양은 목숨을 잃었을 것입니다. (……) 무아트렐 씨는 매일 발을 헛디딘 새끼 양들을 구해 줍니다. 그는 목동을 넘어선 양들의 수호천사입니다〉라고 덧붙인다. 목동이 이타적인 수호천사로 변신하면서, 영화의 시나리오는 절정에 달한다. 사실 모든 사육동물은 살이 찌면 값을 받고 팔릴 존재들이다. 사육자나 목동에게도 애정은 있을 것이다. 다만, 이들이 이해관계를 떠나 사심 없는 수호천사라는 건 순전히 거짓말이다.

영화 내내 동물들은 의인화된다. 〈조조는 장난꾸러기 녀석이네요〉, 〈카오리는 알뒤르 계곡 풍경에 감탄합니다. 그녀는 곧 출산할 새끼 돼지들을 헤아리며 잠이 듭니다. 카오리는 꿈을 꿉니다……. 녀석들이 몇이나 될까? 여덟 마리, 열 마리 아니면 열두 마리?〉, 〈오늘 카오리는 기분이 안 좋은 상태로 잠에서 깨어납니다〉, 〈오늘 아침 카오리는 고집불통이네요〉……. 감독은 동물들에게 확인할 수 없는 생각들을 부여한다. 그들이 인간과 얼마나 비슷한지 보여 주기 위해서다. 그 방식에는 이론의 여지가 있겠지만, 영화의 장점은 적어도 카메라에 잡힌 순간만큼은 동물들의 모습을 있는 그대로 담는다는 것이다. 농장 동물들에게 개성과 지능이 있으며, 서로 사회적 관계를 맺고, 어미와 새끼는 인간의 모성애에 견줄 만한 끈끈한 애정이 있다. 암소 위를랑드와 송아지 조조를 보면 분명히 드러난다. 송아지들은 하루에 두 번 어미 소의 젖을 빠는데, 3개월 된 송아지들이 함께 이 시간을 기다리는 장면이 나온다. 철창을 사이에 두고 새끼들과 분리된 어미 소들이 몇 미터 거리에 서 있다. 젖 빨기가 시작되면 송아지들은 일제히 어미젖을 향해 돌진한다. 아무 암소에게나 달려드는 게 아니다. 각자 자신의 어미에게로 향한다. 이후 소들이 들판에서 풀을 뜯어먹는 시간이 되면, 어미는 제 새끼를 데리고 나간다. 몇 시간 후 다시 떨어져야 하는 시간이 되면, 소들은 슬프게 울부짖는다. 이를 보고 동물에게 감정이 없다고 말하기는 힘들다.

이 영화의 또다른 장점은 소와 돼지들이 사육장에 갇혀 있지 않을 때 무엇을 하는지 보여 준다는 것이다. 암퇘지 카오리는 땅을 파헤치기를 좋아하고, 하루에도 몇 번씩 잠자리를 정리한다. 송아지 조조는 마치 운동장에서 뛰어노는 어린아이처럼 들판을 깡충깡충 뛰어다닌다. 내레이션은 〈햇살 가득한 들판에 나가는 건 자유를 향한 희망찬 발걸음〉이라고 힘주어 말한다.

그러나 동물 사육의 모든 과정을 속속들이 공개하는 경이로운 이 이야기는 4분의 3 지점에서 암초를 만난다. 우리가 내내 성장과정을 따라간 사랑스러운 아이들은 몇 달 후 무럭무럭 자라 살이 쪘고, 이제…… 곧…… 그다음 말을 잇기가 머뭇거려진다. 내레이션은 낮은 목소리로 〈조조, 40킬로그램으로 태어나 제대로 일어서지도 못하던 조조는 이제 함께 성장해 온 친구들과 새로운 생의 국면을 맞이합니다. 밤의 속삭임 속에 다소 긴 여정이 그들 앞에 놓여 있습니다〉라고 말한다. 푸르스름한 밤하늘에는 드문드문 별이 떠 있고, 그림자 연극에 한 무리의 동물들이 등장한다. 섬세한 그림 같은 은유다. 도대체 〈다소 긴 여정〉은 무엇을 의미하는 가? 〈밤의 속삭임〉은 무슨 뜻인가? 그건 도살장에 관한 이야기다. 하지만 내레이션은 결코 이를 분명히 말하지 않는다. 송아지들은 새끼 돼지나 양과 마찬가지로 고기로 소비될 운명에 처했다. 망아지의 운명은 다소 확률적이다. 다행히 송아지 조조에게는 행운이 따랐다. 내레이션은 〈조조는 성인이 되면 번식용 황소가 될 겁니다. 파브르 씨가 그렇게 결정했거든요. 달콤한 말로 상대를 유혹하는 것보다 더 흥미로운 일이 있을까요? 물론 없지요! 쥐라 지방의 초원을 달리는 망아지 에스푸아르 역시 번식용 말로서 운 좋은 삶을 살게 될 겁니다〉라고 전한다. 하지만 조조의 친구들은 그처럼 구원받지 못할 것이다. 영화는 예외적으로 구원받은 송아지 조조와 같은 동물의 운명만을 담을 것이다. 우리에게 소개되었던 나머지 동물들의 운명은 어떤가? 내레이션은 〈이듬해에는 암양들이 다른 새끼 양들을 데리고 또다시 솜므만을 찾을 것이고, 삶은 더 아름답게 나아갈 것입니다〉라는 미담으로 끝을 맺는다. 이로써 영화에는 죽음이 존재하지 않고, 〈더 아름답게 나아가는〉 삶만이 드러난다. 〈경이로운〉 양들이 몇 주 후면 모두 생을 마감하게 될 거란 사실은 빼고 말이다. 인터넷 사이트 Label-viande.com에는 솜므만에서 소금기가 있는 풀을 먹고 자란 새끼 양들이 몇 달밖에 살지 않는다고 적혀 있다. 〈새끼 양들은 몰리에르(소금기가 있는 습지)에서 도살장으로 바로 가거나, 필요에 따라 AOC* 규

---

* Appellation d'Origine Contrôlée. 프랑스에서 농산품과 식료품 분야의 명칭을 법규에 의해 통제하는 체계 — 옮긴이주.

격에 맞추기 위해 최대 42일 동안 다시 사육장으로 돌아가 특정 식품으로 만들어진다. 솜므만의 새끼 양들은 생의 절반 또는 최소 75일 이상을 몰리에르에서 보낸다. 이들은 무게 16킬로그램 이상의 4.5에서 12개월 된 양으로, 7월부터 2월까지 판매되는 계절 양이다〉라고 명시되어 있다.

내레이션은 〈바스크 지방의 새끼 돼지들이 카오리 위로 올라가 잠을 깨웁니다. 여전히 개구쟁이 짓을 하고 있네요〉라고 말하지만, 이는 사실이 아니다. 그 새끼 돼지들은 영화 촬영이 끝난 후, 바로 〈개구쟁이 짓〉을 멈췄을 것이다. 곧바로 알뒤드산 햄으로 가공되었을 것이기 때문이다. 새끼 돼지들은 몇 달을 살았을까? 사육자의 인터넷 사이트에는 〈바스트 돼지들은 직사광선으로부터 보호받는 나무숲에서 지낸다. 그들은 8개월 동안 도토리, 밤, 허브, 뿌리, 곡물을 먹고 자란다〉라고 적혀 있다.

영화에 등장하는 동물들을 실제로 기다리고 있는 것, 그 진실을 드러내는 것이 왜 그리 어려운가? 왜 낭만적인 이야기는 동물들의 목이 잘리기 직전에 끝나는가? 출생의 내밀한 순간을 보여준 것처럼, 왜 마지막 장면은 보여 주지 않는가? 그렇다면 모든 진실이 다 말해도 좋을 게 아니란 말인가? 물론 그렇다. 이 동물들의 죽음, 순수하고 우리와 가까운 이들의 죽음은 우리를 불편하게 한다. 우리는 이들의 죽음이 부당하다는 것을 마음속 깊이 느끼고 있다. 고기를 먹는 사람들 대부분이 여기에서 눈을 가리거나, 접시 위의 스테이크가 살아 있는 송아지나 새끼 양이었다는 걸 인정하지 않으려 도살 장면을 쳐다보지 못한다. 이들은 감수성이 있고, 익살스럽고, 장난치기를 좋아하고, 어미를 사랑하는 살아 있는 동물이었다. 이들에게서 베어 낸 살점, 그것도 몇 달 안 된 아주 어린 시기에 죽여서 얻은 고기 한 점. 게다가 도살은 극도로 끔찍한 시련이다. 사육 업계가 사람들을 설득하려는 것과는 달리, 평온한 도살장이란 존재하지 않는다. 도살장에 대한 보고서들에 따르면, 동물들은 극도의 스트레스에 시달리고 동물에 대한 가학 행위도 이루어진다. 동물들을 효과적으로 기절(동물의 목을 베기 전에 감각을 마비시키는 과정으로, 1964년에 법으로 의무화되었다)시키지도 않고, 동물에 대한 최소한의 존중 지시 사항도 거의 지키지 않는다. 게다가 간과할 수 없는 사실은, 이슬람의 할랄halal이나 유대의 율법 코셔kosher와 같은 의례적 기준을 따르기 위해 소나 양을 기절시키지도 않은 채 목을 베는 경우도 많다는 것이다. 영화는 우리가 볼 수 없는 **동물 도살 장면은 일체 숨기고,** 우리가 먹는 고기가 살아 있는 동물을 죽인 게 아니라고 믿게 만든 디즈니의 환상 세계에서처럼 정확히 이 영화에서는 동물들이 이름과 캐릭터를 가지고 인간과 함께 대화한다. 다만 영화가 끝나고 동물들은 정육점 갈고리에 매달릴 거라는 사실만 제외하면 말이다.

장편 영화의 마지막에는 감독의 진정한 의도가 분명하게 드러난다. 〈이 동화의 교훈을 우리는 샤를 페로Charles Perrault가 쓴 글에서 빌려 올 수 있습니다. 『장화 신은 고양이*Chat botté*』의 저자 샤를 페로는 오래전 《동물 본성에 대한 존중은 인간에게 유용한 것이다》라고 썼습니다. 300년이 지난 후에도 의심할 여지가 없는 말입니다. 농장 동물들은 자신들을 열정적으로 길러 주는 주인들에게 진정한 애착심이 있습니다.〉 이렇게 영화는 〈끝〉나고, 엔딩 크레디트가 올라간다.

우리를 52분 동안 끌고 간 영화는 이렇게 결론이 났다. 내레이션이 제공한 환상과는 달리, 이 이야기는 네 마리 동물의 운명에 관한 동화가 아니라 그들의 은혜로운 주인들을 그린 초상화였다. 영화의 마지막 대사는 무심코 던진 가벼운 수사는 아닌 듯하다. 내레이션은 사육동물이 우리의 식탁 위에 오르기 위해 길러지고, 도살장에 가기 전까지 그들을 먹이고 키워 주는 주인들에게 감사해 한다는 의미로 들린다. 영화는 이렇게 사육동물의 삶(그리고 죽음)을 행복하게 이야기함으로써, 고기를 먹는 모든 사람이 죄책감을 느끼지 않도록 한다. 사육동물이 호화롭고 한가한 삶을 누릴 수 있는 것은 우리가 고기를 먹어서 기회를 주었기 때문이므로 동물 사육은 좋은 것이다. 그런데 내레이션이 의식하지 못한 채 인정했듯이, 영화 속 모든 이야기는 그저 〈동화〉일 뿐이다.

엔딩 크레디트가 올라갈 때, 농업부, 전국농업경영자조합 총연맹FNSEA, 인터베브Interbev, 이나포르크Inaporc가 제작을 지원했다는 사실을 발견했다. 놀라울 건 없다. 다만 이 특별한 제작 지원자들을 잠시 살펴보자.

전국농업경영자조합 총연맹은 동물 사육자들을 지원하여 점점 더 크게 비난받고 있지만, 여전히 집약적 농업을 적극 장려한다. 이 연맹은 프랑스의 육류 산업 이미지를 개선할 필요를 절박하게 느꼈을 것이다. 특히 지난 몇 년 동안 수많은 방역 위기를 겪으며, 열악한 밀집 사육 조건을 고발해 온 몇몇 단체가 강력하게 급부상한 현재로서는 말이다.

인터베브는 프랑스의 쇠고기 및 육류 산업협회다. 이들의 웹사이트 첫 페이지에는 〈관련 산업과 직종에 가치를 부여하고, 그것을 전달하며, 소비자 접근성 및 제품 공급의 접근 가능성을 높이기 위해 적극적으로 소통한다〉는 것을 목표로 명시하고 있다. 이들의 소통 목표 가운데 하나가 특히 눈에 띈다. 〈소, 송아지, 양, 말 육류의 가치를 끌어올린다〉는 것이다. 아니, 이들은…… 우리 영화의 주인공들 아닌가? 그렇다면 이 단체가 유기농 사육을 열렬히 지지하는가? 그렇지는 않아 보인다. 〈모든 단계에서 경쟁력을 높이고, 시장의 변화에 적응하기 위해 혁신〉해야 한다고 쓰여 있는 것을 보니, 유기농이 우선순위는 아닌 것 같다. 사이트 첫 페이지에는 물에 빠진 양을 구하는 사진이 아닌 숫자 6.70이 적혀 있다. 이는 2016년 2월 프랑스 룽기 지방산 어린 양의 킬로그램당 유로 가격이다. 목가적이라기보다 상당히 실용적이다.

이나포르크는 돈육협회로, 프랑스의 돼지고기와 관련된 모든 산업 분야(사료, 사육, 도살 및 절단, 가공, 유통 등)에 관여한다.

농업부는 육류 소비를 촉진하기 위해 공공연하게 사실과 다른 주장도 마다하지 않는다. 한 예로, 2014년 1월 2일 공장식 밀집 사육에 대한 상원의원의 서면 질의에 대한 답변에서 농업부 장관 스테판 르 폴Stephane Le Foll은 〈식용육(소, 가금류, 양, 돼지, 어류 등) 사육은 불가피하다〉고 주장한다. 정말 그런가? 완벽하게 건강한 전 세계 채식주의자와 비건vegan 들의 수가 육식을 해야 할 어떤 당위성도 없다는 사실을 증명한다. 오히려 육류 소비는 심장 및 혈관 질환, 암과 같은 질환을 증가시킨다는 연구 결과들이 있다. 고기 소비를 촉진하려는 정부의 입장은 정치적·경제적 이유로 설명된다. 농업 종사자들을 달램으로써 가장 중요한 경제 영역을 위험에 빠뜨리지 않는 것이다. 프랑스는 유럽 내 소 생산 1위, 유제품 생산은 독일에 이어 2위를 차지하는 농업 강국이다.

영화의 또 다른 측면도 생각해 보자. 영화에서 주장하는 것과 달리, 어떤 살아 있는 존재도 이른 시기에 생명이 끊기는 것을 기뻐하지 않는다. 게다가 나는 다음과 같은 모순이 놀랍다. 농장 주인들이 송아지, 새끼 양, 새끼 돼지 들을 자신의 자식처럼 사랑한다면, 어떻게 그들을 도살장에 보낼 수 있는가? 어떤 부모가 돈을 받고 자신의 자식을 죽이게 내버려 둘까? 여론이 달라지고 있는 21세기 초 현재, 우리는 육류 관련 산업이 맞닥뜨린 난제를 잘 보고 있다. 지금까지의 육류 산업은 사육동물들이 특별한 생리적 욕구나 감수성이 없다고 부인하기만 하면 되었다. 하지만 이제 더 이상 눈 가리고 아웅 하는 식의 거짓말을 덮어놓고 믿을 사람은 아무도 없다. 육류 산업은 전략을 바꿀 필요성을 느꼈고, 사육자들이 동물들을 자식처럼 끔찍이 여기고, 그들의 지능과 감정을 충분히 이해하고 있다는 것을 대중에게 보여 줘야 했다. 그런데 그럴수록 마지막 도살을 정당화하기는 더 어려워진다. 앞뒤가 안 맞기 때문이다.

하나 더, 우리가 이 광고-다큐멘터리에서 가장 크게 비판할 부분은 사례로 선정된 농장들이 결코 프랑스 정육점에서 판매되는 고기들의 일반적 사육 조건을 대표하지 않는다는 것이다. 이 사실은 다큐멘터리에 명확하게 언급되지 않는다. 사육자들은 전략적으로 캐스팅되었다. 에릭 파브르는 유기농 농부이고, 피에르 오테자는 〈주로 소비자 직거래를 하는〉 농장 생산자이고, 소금기 있는 풀을 뜯고 자란 새끼 양들은 유럽 품질 기준 원산지 보호 지정AOP 기준에 따른 혜택을 누리는 양이다. 육류 생산에서 유기농은 지극히 일부(2014년 기준 젖소 2.9퍼센트, 암퇘지 0.8퍼센트, 수탉 1퍼센트, 산란계 7.6퍼센트)일 뿐이다. 프랑스 돼지 사육에서 야외 사육은 1퍼센트 이하다. 그리고 프랑스에서 생산된 새끼 양고기의 11퍼센트만이 품질 인증표를 받았을 뿐이다.*

사육동물들 #지옥같은삶

조조, 위를랑드, 카오리가 등장한 다큐멘터리는 우리에게 한 가지 진실을 말해 준다. 모든 동물은 고유하고, 이는 사육동물들도 마찬가지라는 점이다. 어떤 돼지도 결코 다른 돼지와 같지 않다. 각자에게는 고유한 기질과 개성이 있다. 모두 다 주관적인 방식으로 삶을 인식한다. 인간처럼, 당신의 개나 고양이처럼 말이다. 하지만 사육에서는 대부분 도살이 예정된 존재들의 독자성을 완전히 부인한다. 우리는 그저 돼지의 숫자, 몸무게, 수익을 높이는 데에만 관심이 있다.

* 프랑스 식품감독원에 따르면, 프랑스에서 생산된 450만 마리분의 새끼 양고기 가운데 〈10~15퍼센트만이 품질 인증〉을 받았다.

정육점 판매대나 냉동식품 셀로판 포장 속에서 한 조각으로 끝나는 돼지, 송아지, 암소, 양, 닭, 토끼 대부분의 실제 삶은 과연 어떤가? 나는 전작 『노 스테이크*No Steak*』에서 이에 관해 이야기한 바 있다. 이를 간단히 언급하며, **집약적인** 대량 산업 사육에 대한 내용을 보충한다. 유럽에서 소비를 위해 사육되는 동물의 80퍼센트는 집단 수용 상태로 지낸다. 이들은 움직일 자유도 없이 걷고, 달리고, 피하고, 땅을 파헤치고, 날개를 펴는 종 고유의 행동도 할 수 없는 공장식 밀집 사육 환경에서 길러진다.

프랑스에서 사육되는 돼지의 95퍼센트는 격자형 구조물에서 길러지고, 배설물은 바닥의 격자망 아래로 흘러내린다. 돼지들은 과잉 밀집되어 서로 꽉 끼어 움직이지도 못한 채 구조물 안에 함께 산다. 얼마 전부터 법으로 돼지 사육장에 건초나 톱밥과 같은 재료를 제공하여 사육 조건을 개선할 것을 명령했으나, 소수의 사육장만이 이를 따르고 있다. 돼지들은 서로 물고 상처를 입힌다. 이것만이 돼지들이 할 수 있는 유일한 활동이기 때문이다. 새끼 돼지들은 태어날 때부터 끔찍한 고초를 겪는다. 이가 갈리고, 꼬리가 잘리고, 수컷은 거세당한다. 이 모든 일이 정신이 말짱한 상태에서 이뤄진다. 새끼 돼지들이 자연적으로 젖을 떼는 시기는 생후 서너 달째지만, 사육장에서는 3~4주만 지나도 어미와 분리된다. 암퇘지들은 재생산 기계들로, 1년에 두 번 이상 인공수정을 당한다(임신 기간: 세 달 3주 3일). 암퇘지들은 몸을 돌릴 수도 없는 비좁은 개별 축사에서 1년에 몇 달씩을 보낸다. 새끼 돼지들은 여섯 달 만에 도살된다. 〈뚱보〉라 불리는 출산용 암퇘지들은 만 3년

이 되면 도살장으로 보내진다.

젖소들 또한 사육 규모가 어떻든지 간에 끔찍한 운명을 겪는다. 암소들은 우유 생산량을 늘리기 위해 반복해서 인공수정당한다(송아지가 없으면 우유도 없기 때문이다). 목표는 최대 생산이다. 오늘날 암소 한 마리가 생산하는 우유는 연 평균 8,500리터인데, 이는 1950년 마리당 생산량의 세 배에 달한다. 암소는 더욱더 많은 우유를 생산해야 할 기계에 불과하다. 이로 인해 암소들은 대부분 유방염으로 고통받다가 완전히 탈진한 상태로 생을 마감한다. 5~7년이 된 암소는 〈은퇴하여〉 도살장에서 스테이크용 고기가 된다. 버릴 게 아무것도 없다. 프랑스에서 사육되는 대부분의 젖소는 방목장을 이용하며 길러지지만, 우유 생산의 2퍼센트만이 유기농 기준에 부합한다. 설상가상, 현재는 집약적 밀집 사육으로 사육장 수 자체가 줄어들고 목축 자산 규모는 증가하는 추세다. 90년대 말 사육장당 평균 암소 개체수가 40마리였다면, 현재는 평균 60마리로 증가했다. 특히 미국이나 유럽 다른 나라에서 볼 수 있었던 거대 산업 사육이 솜므 지방의 〈1만 마리 암소 농장〉의 사례처럼 점점 발달하기 시작했다. 이런 공장식 밀집 사육장에서 암소들은 평생 갇혀 지내게 된다.

송아지는 태어난 지 며칠 또는 몇 시간 만에 어미 곁을 떠난다. 이별은 어미나 새끼 모두에게 고통이다. 어미는 울부짖으며 새끼를 찾는다. 앞에서 언급한 동물들의 이상적 삶을 다룬 다큐멘터리를 본 사람이라면 놀랄 것도 없다. 어미 위를랑드와 새끼 조조의 사랑, 관심, 슬픔의 장면들은 각색된 게 아니었으니 말이다. 송아지들은 축사에서 빛도 보지 못하고, 움직이지도 못한 채 살찌워지고(조조가 들판을 뛰어다니는 것을 얼마나 좋아했는지 떠올려보라) 몇 달 후에 도살장으로 보내진다. 프랑스에서 대부분의 송아지 고기는 기업식 사육으로 생산된다. 사육 염소들 또한 염소젖 생산을 위해 같은 시스템으로 길러진다.

달걀은 또 어떤가. 산란 닭의 70퍼센트가 자연광이 차단된 거대 사육장에서 한 번도 나오지 못하고 날개를 펴지도 못한 채 산다. 이런 곳 가운데는 8만 마리까지 수용이 가능한 경우도 있다. 닭들이 서로 물어뜯지 않게 하기 위해 (이런 비-정상적인 환경에서는 닭들도 비정상이 된다) 마취도 하지 않은 채 뜨거운 칼날로 부리를 자른다. 어쨌든 닭 따위이므로 엄청난 고통쯤은 겪어도 별 상관없다. 과잉 착취당하여 (닭들은 하루에 한 번 알을 낳는데, 이는 50년 전에 비하면 두 배의 횟수다), 닭들은 1년 만에 완전히 탈진한 상태로 죽임을 당한다. 대부분의 닭은 골다공증으로 고통받고 있으며 뼈가 으스러져 있다. 한편 산란 닭을 키우는 사육장에서 수컷 병아리들은 태어나자마자 분쇄기에 갈리거나 가스에 노출돼 몰살당한다. 쓸모없기 때문이다. 이들은 암컷과는 달리, 알도 못 낳고 닭고기로도 소비되지 않는다.

닭고기는 또 어떤가. 암탉은 보통 6년을 살지만, 공장식 밀집 사육장(닭 사육의 80퍼센트)에서 닭의 수명은 6주를 넘지 않는다. 닭은 태어나자마자 창문이 없는 거대 사육장 우리에 빼곡하게 들어가 ― 때로는 수만 마리에 이르기도 한다 ― 최대한 빨리 살을 찌운다. 닭의 뼈는 너무 빠르게 늘어나는 몸무게를 견디지 못하고, 닭들은 기관지 질환, 심장 질환, 이동 장애를 겪는다.

토끼는 사육 산업에서 거의 언급되지 않는다. 하지만 해마다 프랑스에서만 4000만 마리의 토끼가 산업적으로 사육되고, 이들의 대부분(99퍼센트)이 철창에서 전혀 움직이지 못한 채로 살아간다. 사육 환경이 너무나 열악하여 사육 토끼의 30퍼센트가 ─ 태어날 때 죽거나 사육자들이 〈가치 없다〉고 판단해 곧바로 죽이는 토끼들을 포함하여 ─ 도살 시점 당시 두 달 반도 되지 않은 나이에 죽는다. 동물보호단체들이 토끼 사육장을 몰래 촬영한 영상을 보면 토끼들은 감염과 괴사 등으로 고통받고 있지만 아무도 토끼를 신경 쓰지 않는다.

또한 우리는 물고기가 고통을 느끼고 스트레스를 받는 동물, 정확히는 척추동물이라는 점을 늘 간과한다. 식용 물고기의 절반가량은 과밀화된 어장이나 수조 등 양식장에서 사육된다. 예를 들어, 연어는 본래 장거리를 달리는 동물이다. 하지만 지금은 최대 5만 마리까지 가둘 수 있는 대규모 바다 양식장에서 밀집 사육된다. 과밀한 공간에서 스트레스를 받은 연어들은 신경질적으로 양식장을 돌며 서로 상처 입히고, 어류의 피부에 달라붙어 사는 기생충인 바다물이에도 쉽게 노출된다. 프랑스에서는 수백만 마리의 송어들이 비슷한 조건의 어장에서 양식된다.

프랑스의 전통이라고 자랑해 마지않는 푸아그라도 그냥 넘어갈 수 없다. 프랑스는 전 세계에서 생산되는 푸아그라의 4분의 3을 생산하며 세계 1위의 푸아그라 생산국이라는 오명을 안고 있다. 사육자들은 암컷 오리의 간에는 관심이 없다. 신경이 너무 많고, 작기 때문이다. 암컷 오리들은 태어나자마자 분쇄기에 갈려 전멸당한다. 살아남은 수컷 오리들은 식도 안에 꽂아 넣은 20~30센티미터의 튜브나 압축 펌프로 엄청난 양의 사료를 하루에도 몇 차례 강제로 투입당한다. 프랑스에서는 최근까지도 사료가 강제로 투입되는 오리의 4분의 3가량이 전혀 움직일 수 없는 개별 우리에 갇혀 지냈다. L214가 제공한 영상들에는 너무나 끔찍하고 견디기 힘든 고통을 견디는 오리들이 등장한다. 사료가 강제로 투입되는 기간의 오리 사망률은 나머지 기간에 기록된 사망률의 두 배 이상이다. 얼마 전부터 법률에 따라 집단 우리는 원칙적으로 개별 우리로 대체되었다. 하지만 L214의 브리지트 고티에르Brigitte Gothiere는 〈오리들에게는 집단 우리나 개별 우리나 별로 차이가 없다. 개체수에 맞추기 위해서 턱없이 비좁은 우리에 갇혀 지내야 하기 때문이다. 이 때문에 오리들은 서로 공격적이다. 사료 강제 투입은 또 다른 문제를 낳는데, 오리들은 우리 창살에 목이 꺾인 괴상한 자세로 꼼짝할 수도 없다〉고 말한다. 푸아그라 지지자들의 주장과는 달리, 사료 강제 투입은 동물들이 집단으로 이동하기 전에 필요한 자연적인 지방 축적과는 아무런 관련이 없다. 오히려 그로 인해 오리나 거위 간은 열 배로 늘어나고, 지방간에 시달린다. 푸아그라 생산자들이 말하는 또 다른 논거가 있다. 바로 오리나 거위가 사료 강제 투입을 좋아할 것이라는 주장이다. 나는 최근에도 시장에서 이렇게 말하는 상인을 만났다. 이들에게 L214의 영상이나 영국 배우 로저 무어Roger Moore가 내레이션을 맡은 국제동물보호단체 페타PETA의 영화를 한번 유심히 보라고 말하고 싶다. 영상에는 공포에 질려 달아나는 거위들, 사료 강제 투입 관을 피하려고 몸부림치는 거위들이 등장한다. 그로 인해 설사, 호흡 곤란 및 상처로 고통받는다. 새끼 오리를 재생산하는 방식에 대해서도 한마디 덧붙이자면, 새끼 오리들에게도 곧바로 사료 강제 투입이 시작된다. 수컷 오리들은 우리에 갇혀 있고, 또 다른 쪽에서는 암컷 오리들에게 강제로 인공수정을 한다. L214가 촬영한 영상에서 암컷 오리들은 지칠 대로 지쳐서 직원이 더 이상 쓸모없다고 판단한 한 마리를 잡아 목을 비트는데도 움직이지 못한다.

유럽 대부분의 나라에서 푸아그라는 동물 학대, 특히 사료 강제 투입을 금지하는 법에 따라 더는 생산되지 않는다. 프랑스가 푸아그라 생산 및 판매를 계속하도록 장려하는 것은 문화적 예외가 아니다. 그것은 인류의 예외다.

언젠가 고기가 우리 식탁에서 사라질 날이 반드시 오겠지만, 그때까지 소비자를 위한 의미 있는 진일보는 모든 고기 및 동물 유래 제품에 동물 사육 환경 및 도살 조건에 대한 등급 분류 표시를 의무화하는 데 있다. 현재 달걀을 품질에 따라 4등급으로 나누고, 공장식 밀집 사육부터 농장 장인 사육까지 숫자, 문자 및 색깔로 구분하는 등급 표시를 하고 있는 것처럼 말이다. 더 나아가 (이 두 번째 생각이 빨리 이루어질지는 의문이지만) 담뱃갑에 흡연으로 병에 걸린 환자 사진을 넣는 것처럼, 고기 포장지에 동물이 사육당하는 동안과 도살 직후의 사진을 싣는 것이다. 그저 현실을 있는 그대로 보여 주기만 하면 된다. 부끄럽지 않다면, 숨길 게 뭐 있나?

대학살

해마다 우리는 지구상에 이제까지 존재해 온 〈현생〉 인류보다 더 많은 수의 동물을 죽인다. 과학자들은 5만 년 전 이래로 지구상에 약 1000억 명의 호모 사피엔스가 존재해 왔다고 추정한다. 그런데 우리는 연간 700억 마리의 포유류와 조류, 1조 마리의 어류를 식용하기 위해 죽이고, 이에 더해 모피 생산을 위해 1억 5000만 마리, 동물 실험을 위해 1억 마리 이상(유럽에서 1000만 마리 이상, 프랑스에서 200만 마리 이상)의 동물을 희생시킨다. 야생동물 밀매는 매년 200억 유로가량의 수익을 내며, 마약, 위조, 인신매매에 이어 불법 거래 시장에서 네 번째 자리를 차지한다. 공정 라인에서 차갑게 죽어가는 수백억 마리의 운명은 철저히 외면당한다. 우리는 끊임없이 반복되고 여전히 진행 중인 집단 학살의 주체들이다. 집단 학살? 비교할 수 없는 것을 비교하자는 게 아니라, 단지 명사의 어원적 실체를 고려하면 그렇다는 말이다. 이 명사는 라틴어 〈caedere〉와 그리스어 〈γένος〉가 결합되어 만들어진 합성어다. 라틴어 〈caedere〉는 〈제거하다, 죽이다, 학살하다〉를 의미하고, 그리스어 〈γένος〉는 그리스어-프랑스어 사전인 바이Bailly에 따르면 〈창조된 모든 존재, 창조된 존재들의 모든 집단, 특히 공통 기원을 갖는 존재들(신, 인간, 동물, 사물)의 집단인 인종, 성별, 종족〉 등 다양한 의미가 있다. 그런데 우리는 〈집단〉, 〈종족〉, 〈동물〉들을 학살하는 것이다.

모피와 가죽

밍크, 여우, 토끼, 친칠라, 미국너구리, 비버, 검은담비, 소나무담비, 바다표범, 양뿐만 아니라 개와 고양이까지, 연간 수억 마리의 동물들이 모피로 만들어지기 위해 희생된다. 모피 산업의 규모는 연간 400억 유로 이상이다.

모피 사육장은 식용육 사육장의 끔찍함을 훨씬 넘어서는 혐오스러운 장소다. 그곳은 전 세계적으로 약간의 차이만 있을 뿐 거의 비슷하다. 모피 사육장에서 〈복지〉를 말하는 것을 들어 본 적이 있는가? 동물들은 비좁은 우리에 갇혀 종일 움직이지 못한다. 그들은 항문과 입에 두 개의 전극이 삽입되어 고통과 공포에 질린 채 감전사하거나 독가스로 살상된다. 때로는 산 채로 모피가 벗겨지기도 한다.

프랑스의 동물보호단체 원 보이스One Voice가 공개한 영상에서는 프랑스 어느 시골 마을의 산업적 밍크 사육장의 실태가 드러난다. 일렬로 늘어선 거대 차양 아래에 수백 개의 우리가 빼곡히 들어서 있다. 우리마다 밍크가 한 마리씩 들어 있고, 높이는 1미터가 채 되지 않는다. 비좁은 공간에서 밍크는 겨우 몸을 움직인다. 밍크들은 가혹한 수감 조건을 견디지 못하고, 감옥 안을 미친 듯이 빙빙 돈다. 야생 밍크는 반 수생 생활을 할 정도로 물에서 보내는 시간을 무척 좋아하기에, 이런 조건은 생활에 적합하지 않다. 그렇다면 유럽의 다른 나라에서는 상황이 좀 더 나을까? 그렇지 않다. 동물권리연합Animal Right Alliance은 스웨덴의 모피 사육장들을 오랫동안 지켜보고, 그 끔찍한 사육 환경을 고발했다. 우리에 여러 마리가 한데 밀집되어 서로 물어뜯고, 아물지 않은 상처에서는 피가 계속 흐른다. 그리고 오물이 방치된 비위생적인 사육 환경……. 인터넷에서 비좁은 감옥 창살에 매달려 처분되기를 기다리는 밍크 사진들을 한번 보시라. 이들은 마치 누구라도 덜 잔혹한 영혼이 자신들을 구해 내어 자유로운 야생 상태로 되돌려 주기만을 바라듯 간절해 보인다. 이곳 엘르바주 뒤 두élevage du Doubs 사육장에서도 역시 수천 개의 작은 우리마다 작은 흰색 밍크들이 다리를 들고 서서 자신의 감옥 문에 매달린 채, 오로지 이 지옥에서 벗어나기만을 바라고 있다.

이 지독한 광경은 종차별주의의 부끄러운 단면 중 하나다. 모피 산업에 희생되는 동물들은 하나같이 지능, 사회성, 감수성이 있고 활동과 자연이 필요한 야생동물들이다. 이들은 운명이 선사한 부드러운 털 때문에 시련을 겪는다. 우리가 털 인형으로 재현해서 아이들에게 포근히 안겨 줄 때 흐뭇해지는 바로 그 부드러운 털 때문에…….

이런 식의 산업적 모피 사육은 북유럽과 동유럽, 미국에서뿐만 아니라 전 세계 모피 생산 1위 국가인 중국에서도 발견된다. 원 보이스가 제공한 중국 모피 산업협회의 수치에 따르면, 중국은 모피 시장에 공급하는 물량의 70퍼센트를 담당한다. 중국의 모피 생산량이 증가하고 있다는 수치도 제시되었다. 중국은 2014년 공식적으로 6000만 개의 밍크 모피(연간 50퍼센트 증가), 1300만 개의 여우 모피(연간 30퍼센트 증가) 그리고 1400만 개의 미국너구리 모피(연간 16.7퍼센트 증가)를 생산했다. 원 보이스는 또한 죽음을 기다리며 철창에 갇혀 있는 개와 고양이 사진도 공개했다. 사육동물들뿐만 아니라 길에서 주워 왔거나 동물 보호소에서 넘겨진 동물들이다. 중국이나 태국에서 개와 고양이 들은 산 채로 가죽이 벗겨지고, 이 가죽은 전 세계로 수출된다. 프랑스에서 개와 고양이 모피는 2006년 이후 수입과 판매가 금지되었지만, 〈아시아 늑대〉라는 명칭으로 계속 팔리고 있다.

전 세계 모피는 4분의 3 이상이 사육 농장에서 생산된다. 나머지는 야생동물 포획으로 얻는데, 이 또한 과정이 끔찍하다. 먼저 야생동물들이 덫에 걸린다. 갑자기 자유를 박탈당한 데서 오는 괴로움과 몸통, 발, 얼굴을 옥죄는 고통 때문에 필사적으로 몸부림치지만, 그럴수록 털이 점점 더 조이면서 피부가 벗겨지고 뼈가 부서져 고통이 가중된다. 동물은 모피 사냥꾼이 시체를 수거하러 올 때까지 덫의 포로가 되어 몇 시간에서 며칠 동안 고통 속에서 서서히 죽어 간다. 야생동물 포획은 또한 수많은 〈제2의 희생자〉를 만들어 낸다. 덫에 걸린 동물의 5분의 4는 모피 사냥꾼이 찾던 동물이 아닌 다른 동물이다. 어린 바다표범의 절반가량은 여전히 의식이 있는 상태에서 목이 잘린다. 그들을 기절시키기 위한 곤봉이나 두개골을 절단하기 위한 **철심을 박은 특수 낫**hakapik으로 내리쳐도 의식이 남아 있다.

다시 한번 가죽은 단순히 고기를 얻고 난 부산물이 아니란 점을 명확히 짚고 넘어가자. 육식 사회에서 가죽 착용은 동물에게 고통을 더하지 않는다고 생각하는 경향이 있다. 어쨌든 이미 죽은 동물에게서 얻는다고 생각하기 때문이다. 하지만 이는 잘못된 생각이다. 우선 가죽 시장은 동물 착취의 선봉에 있다. 가죽 시장이 없다면, 고기 가격은 오를 것이다. 따라서 결과적으로 가죽 구매는 고기 산업을 지지한다. 게다가 가죽의 상당수는 인도나 중국과 같은 개발도상국에서 온다. 페타는 인도에서 벌어지는 극도로 잔인한 동물 학대의 실상을 밝혔다. 암소들은 — 주로 낙농업에서 나온 — 도살장까지 가기 위해 몇 날 며칠을 걸어야 한다. 지쳐서 걷지 못하면 구타당하고, 모진 고문을 받는다. 〈소를 모는 이들은 소들이 도살장으로 향하는 길에 주저앉으면, 소들을 강제로 일으켜 세우기 위해 꼬리를 뽑거나 눈에 고추나 담배를 문지른다. 도살장에서 소들은 의식이 있는 상태에서 목이 잘리고, 사지가 잘리고, 몸통이 부위별로 잘린다.〉

양모에 대해서도 한마디 언급하자면, 얼핏 보기에는 죽임을 당하지 않으니 굳이 거부할 이유가 없어 보인다. 하지만 현실은 우리가 생각하는 것과는 다르다. 미국과 호주의 양모 사육장들을 조사한 결과, 양털 깎는 과정에서 양들은 거칠게 다뤄지고 학대당한다. 동물을 존중해야 한다는 개념이 없는 일꾼들이 양털을 깎기 때문이다. 양의 머리를 때리거나 바닥에 내동댕이치며 발로 밟거나 양털 깎는 기계로 상처를 입히는 경우가 허다했다. 양만큼 온순한 동물도 없다. 하지만 양모 산업에서 양들은 다른 모든 동물 산업에서처럼 일상적으로 학대받는 피해자들이다.

서커스와 동물원

자연 상태에서는 어떤 동물도 채찍이나 휘파람에 따라 몸을 일으켜 세우거나 빙빙 돌지 않는다. 사자나 호랑이가 정육면체 위에 얌전히 몸을 가누거나, 두 앞발을 들고 서거나, 굴렁쇠를 뛰어넘을 리가 없다. 코끼리가 좁은 통 위에서 빙빙 돌거나, 작은 의자 위에 앉거나, 신호에 따라 앞발을 들고 일어설 리도 없다. 원숭이가 관객을 즐겁게 하기 위해 자전거를 타고 어릿광대짓을 할 일도 없다. 돌고래, 범고래, 물개 들이 관중 앞에 몸을 숙여 인사할 일도, 공중에서 완벽한 싱크로나이즈로 회전할 일도, 주둥이 끝에 인형이나 사물을 올려놓고 이리저리 돌아다닐 필요도 없다. 당신이 개, 고양이, 원숭이 앞에서 인형극을 해야 한다면 기분이 좋겠는가? 그런 굴욕적인 공연을 본 이들이 〈진짜 귀엽다!〉라고 외친다면?

인간은 맹수를 길들이고, 그들의 힘을 제압하고, 그들의 지능을 도구화한다. 우리의 전횡에 복종하는 동물 가운데 자신에게 닥칠 운명을 선택한 동물은 아무도 없다. 객관적으로 보자. 조련사들 대부분은 일상적으로 마주하는 동물들에게 분명히 진심 어린 애정이 있을 것이다. 하지만 잘못된 방법으로 사랑하는 일도 있다. 억누르고, 고통받게 하고, 정신적 충격을 주기도 한다. 〈상대가 진정으로 원하는 것은 무엇인가〉를 고민하지 않을 때, 사랑은 잘못된 방식으로 상대에게 고통을 준다. 상대가 온전히 자신의 존재를 드러내도록 허용하지 않을 때, 우리는 제대로 사랑한다고 할 수 없다. 자기 자신만 생각하고 사랑받아야 할 이를 고려하지 않는다면, 제대로 사랑하는 게 아니다.

동물 서커스의 프로그램은 동물을 위해서가 아니라, 이를 즐기는 인간들의 쾌락을 위해 고안되었다. 몇 평방미터짜리 상자에서 매일을 보내는 사자들처럼 서커스 동물들이 처한 비참한 조건을 고발하는 수많은 보고서가 있다. 페타는 〈서커스에 이용되는 모든 동물은 각자 고유한 생리적 특성이 있다. 사자와 같은 동물들에게는 따뜻한 기후가, 곰과 같은 동물들에게는 서늘한 기후가 필요하다. 또한 모든 동물은 공간, 활동, 사회성, 물, 충분한 음식이 필요하다. (……) 서커스 동물들은 비수기 동안 이동 상자나 간이 축사, 심지어 트럭이나 짐칸에 머문다〉라고 말한다. 동물을 배려하는 서커스, 동물 복지를 지키고 개선할 필요성을 강조할 수도 있다. 하지만 서커스에서 이를 기대하기는 어렵다. 서커스는 결코 야생동물들이 마음껏 능력을 펼칠 만한 장소가 아니다.

갇힌 상태에서 공격적으로 변하는 범고래의 사례를 잠시 살펴보자. 자유를 박탈당한 범고래들은 우울해하고, 스트레스를 받는다. 한마디로 불행하다. 영화 「블랙피시Blackfish」 또는 2006년 샌디에이고 시월드에서 조련사 켄 피터스를 공격한 범고래 카삿카Kasatka의 동영상에서, 우리는 범고래의 고통을 이해하게 된다. 카삿카는 예정된 쇼를 펼치는 대신 몇 분 동안 조련사 켄의 발바닥을 밀고, 그를 공중에 내던지고, 입으로 그의 한쪽 발목을 물고 수조 바닥으로 끌고 갔다가 다시 숨을 쉬도록 물 밖으로 데리고 나왔다 하기를 몇 차례나 반복한다. 10여 분 동안 카삿카는 자신의 포로인 켄을 놓아주지 않고 가지고 놀았다. 조련사들은 이후에야 비로소 카삿카가 분노한 이유를 알아차린다. 바로 옆 수조에 있던 그의 새끼 칼리아의 울음 때문이었다. 조련사들은 오후 내내 카삿카가 자신의 새끼에게 화를 냈고, 예정된 쇼를 위한 수조에 도착해서도 음성으로 〈대화〉를 이어갔다고 말했다. 쇼가 진행되는 동안 카삿카가 들은 칼리아의 울음은 고통스러운 절규였을 것이다. 카삿카는 한 살에 아이슬란드에서 포획되어 엄마와 갑작스럽게 이별해야만 했는데, 자신이 처한 상황에 대한 반발심에 더해 인간들이 칼리아에게도 똑같은 상황을 겪게 하는 데 분노한 것이다. 카삿카는 주인에게 자신이 원한다면 조련사도 자신의 노예가 될 수 있다는 것을 보여 주고자 했다. 그는 조련사를 죽일 수도 있었지만, 살려 두기로 선택한다. 경고하는 데 그친 것이다. 범고래들은 고도로 지능적이고, 자신들의 행동을 정확히 인지한다. 페타는 2016년 2월, 그로부터 이전 3개월 동안 시월드에서 범고래들이 너무 어린 나이에 죽었다는 사실을 고발한다. 유리 상자에 갇힌 바다 포유류들은 무기력하기만 하다.

2015년 2월, 프랑스 센에마른주의 리유생시는 야생동물 서커스를 법으로 금지했다. 리유생시는 〈서커스 공연은 동물들에게 본성에 반하는 훈련을 강제하는 내용을 담고 있다〉, 〈동물 구류 및 조련 조건은 동물들에게 명백한 병리학적 상태를 유발한다〉, 〈순회하는 서커스 공연의 성격상, 최소한의 기준도 준수되기 어렵다〉는 입장을 밝혔다. 리유생시는 다른 수많은 나라의 전례를 따랐다. 전 세계적으로 야생동물의 권리가 본격적으로 고려되기 시작했음을 보여 주는 사례다. 프랑스는 이 문제에서 여전히 한참 뒤처져 있다. 2010년 투우를 금지하기로 결정한 스페인의 카탈루냐주는 2015년 7월 야생동물을 서커스에 투입하는 것을 금지하는 법을 가결했다. 이와 비슷하거나 보충적 또는 부분적 금지는 이미 30여 개 나라에 존재한다. 이 나라들은 오스트리아, 벨기에, 볼리비아, 불가리아, 키프로스, 코스타리카, 크로아티아, 덴마크, 핀란드, 그리스, 헝가리, 인도, 이스라엘, 리투아니아, 리비아, 몰타 공화국, 멕시코, 네덜란드, 페루, 포르투갈, 싱가포르, 슬로베니아, 스웨덴 등이다. 이들 가운데 일부에서는 야생동물뿐만 아니라 모든 동물(예를 들어 개와 말)의 서커스를 금지하고 있다.

동물을 이용하는 서커스는 구시대의 산물이다. 동물 서커스는 우리가 사촌종들의 감수성과 지능을 아직 모르던 시대에 시작되었다. 이제 동물들의 품위를 전락시키는 공연들은 더 이상 존재할 이유가 없다. 진정한 서커스는 곡예사들을 시적으로 아름답게 승화시키는 공연이다. 태양의 서커스 같은 환상적인 공연 말이다. 여기에서는 동물을 서커스에 사용하는 대신, 인간의 신비한 능력을 보여 준다. 동물 서커스는 살아 있는 생명을 복종시키는 우월한 인간 종이라는 한물간 시각을 확인해 줄 뿐이다. 반면, 재해석된 서커스는 인간과 자연 구성 요소인 물, 공기, 불, 흙의 조화를 시도한다. 인간의 한계와 이를 넘어설 방법을 고민한다. 이것이 21세기 서커스다. 비인간 동물이 여기에서 이용당할 일은 없다. 동물원 역시 마찬가지다.

아이들의 기분을 좋게 하려고 데려가는 이 감옥들이 오늘날 무슨 소용이 있을까? 2011년 여러 시민 단체가 유럽 의회에 제출한 보고서는 〈프랑스 동물원들은 동물 종 및 생태 다양성 보전에 크게 기여하지 못하며, 동물원 동물들의 건강과 안녕에 대한 충분한 책임을 다하지 못한다〉라고 작성되었다. 이 보고서는 유럽 다른 나라의 동물원들에 대해서도 같은 결론을 내린다. 동물원은 교육 장소라는 주장은 거짓말이다. 철창과 울타리에 갇힌 동물들에게서 우리는 무엇을 배우는가? 우선 비 자연스럽고 강제적인 환경에 처한 동물들로부터 우리가 이끌어 내는 정보들은 부분적이거나 잘못되었다. 관람객은 견본 동물들에게 지극히 제한된 정보밖에 얻지 못한다. 동물원은 자신들의 운명에서 뿌리 뽑힌 동물들의 불행 앞에서 아이스크림을 먹으며 기분 전환하는 가족의 나들이 장소일 뿐이다. 물론 오늘날 동물원에 사는 대부분의 동물은 수감 상태에서 태어났기에, 그들이 원래 몸담았을 야생 세계를 알지 못한다. 동물들이 우리에서 태어나고 자라기에 편안한 삶을 누릴 것이라 짐작할 수도 있다. 하지만 동물원 동물들에게는 공간, 자율성, 본능과 관련된 본질적 욕구가 부정된다는 문제가 있다. 본능적으로 자유를 갈망하는 감수성을 가진 모든 존재를 감금시키는 행위는 윤리적으로 결코 정당화될 수 없다. 어떤 노예가 자신의 가족, 마을로부터 강제로 분리되어 매매된 게 아니라 노예 상태에서 태어났다 해도, 그의 노예 상태가 허용될 수 없다는 점은 변함이 없다. 게다가 실제로 동물원이 동물들의 안녕을 보장하는 장소라면, 2014년 코펜하겐 동물원이 왜 한 살 반의 건강한 새끼 기린 마리우스Marius를 죽였는지 설명해야 할 것이다. 동물원장은 새끼 기린들 사이의 근친교배를 막기 위한 의도적 결정이었다고 주장했다. 새끼 기린은 그 동물원에서나 다른 협력 동물원에서나 번식을 위한 좋은 유전자를 지니지 못했던 것으로 보인다. 그렇다면 그를 거세해야 하는가? 동물원장은 〈거세는 새끼 기린에게 좋지 않았을 것이다〉라고 답했다. 그렇다면 자연으로 되돌려 보내야 하는가? 〈너무 복잡하다〉, 따라서 죽였다. 이런 식의 결정으로 동물원의 지배적인 작동 논리를 여실히 드러낸다. 동물원은 표면적인 취지와는 무관하게 상업적 논리를 따르는 동물 감금소다.

동물을 사랑하고 동물에 대해 제대로 알기를 원한다면 탁월한 동물학 서적들을 탐독하거나 몇 달에 걸쳐 동물의 뒤를 좇으며 자연에서의 삶을 보여 주는 흥미로운 다큐멘터리를 보는 편이 낫다. 그편이 동물에 대해 훨씬 더 많은 것을 알려 줄 것이다. 방마다 무기징역에 처한 자들로 채워진 동물 수용소를 여기저기 기웃거리는 것보다는 말이다.

야생동물

1970년에서 2010년 사이 지구상의 척추동물은 절반으로 줄었다. 최근 40년간, 전 세계 포유류, 조류, 파충류, 양서류, 어류의 절반이 사라진 것이다. 세계자연기금에 따르면, 지구상의 총 생물 개체수의 39퍼센트가 줄어들었고, 담수생물의 76퍼센트, 해양생물의 39퍼센트가 감소했다. 그런데 이 모든 게 보편적 무관심 속에 묻힌다. 전 세계가 충격에 휩싸이고, 몇 주에 걸쳐 언론에 대대적으로 보도되며, 국제 단체들이 긴급회의를 열 만한 사안인데도 말이다. 하지만 그렇지 않았다. 몇몇 신문에서 단신으로 다루고, 뉴스 채널에서는 간략히 소개하고 곧장 다른 보도로 넘어간다. 대중 매체는 인간의 소비를 위해 사육장에서 〈제조된〉 동물들의 죽음은 다루지 않고, 대신 자연에서 행복한 삶을 누린다고 생각하는 동물들만을 보여 준다. 인류가 어느 날 갑자기 절반으로 줄어들었다고 가정해 보자. 40억 명의 죽음, 우리의 짧은 역사에서 최악의 참사가 아닌가?

「아, 그래도 그게 같은 문제는 아니지요…….」

「왜 그렇죠?」

「뱀, 물고기, 곰은 사람이 아니니까요…….」

「그럼 특정 집단의 대량 절멸은 덜 심각한가요?」

「음…… 아무래도 그렇지요…….」

이는 종차별주의다.

지구상에 생명이 출현한 이후, 어떤 종은 멸종했고, 또 다른 종은 새로이 생겨났다. 생명은 이렇게 순환한다. 지구상의 모든 생물 종은 몇백만 년 존재하고 사라지는 제한된 생명 주기를 갖는다. 이렇게 지구상에 출현했던 생명체의 99퍼센트가 사라졌다. 그런데 1세기 전부터 인간의 활동은 생물 종의 자연 소멸률을 100에서 1,000배까지 증가시켰다. 인류가 활동하기 시작한 후부터 사라진 동물 종은 13만 종에 달한다.

국제자연보전연맹IUCN이 작성한 적색 목록에 따르면 현재 포유류의 25퍼센트, 양서류의 41퍼센트, 조류의 13퍼센트가 멸종 위기에 처해 있다. 최근에 과학 잡지 『네이처Nature』에 실린 발표에 따르면, 지금으로부터 2200년까지 현존 생물 종의 75퍼센트가 완전히 사라질 수 있다고 한다. 지구 역사의 여섯 번째 대멸종이다.

이러한 멸종의 주요 원인은 인간이다. 사냥, 어류 남획, 인간 활동(산림 벌채, 도시화, 인구 증가, 관광, 에너지 추출)에 따른 서식지 손실 및 파괴, 기후 변화 그리고 불법 거래⋯⋯. 인간이 파괴적 논리를 바꾸지 않는다면, 지구상에 야생동물은 더 이상 존재하지 않을 것이다. 우리가 양심을 지키기 위해 보존하기로 선택한 몇몇 종을 제외하고는 말이다.

야생동물 불법 거래는 증가하고 있다. 특히 수백여 개의 웹사이트에서는 살아 있는 동물이나 동물의 신체 기관 또는 2차 제품을 판매하는 일이 급증하고 있다. 코뿔소 뿔이 정력에 효과적이라는 잘못된 속설 때문에 해마다 점점 더 많은 코뿔소가 희생당한다. 코뿔소의 코는 킬로그램당 6만 유로에 거래된다. 이는 금 가격보다 높고, 코카인 가격과 거의 같다. 코뿔소 밀매 조직들이 기승을 부리지만, 부과되는 벌금은 마약 거래보다 훨씬 약한 수준이다. 코카인 밀매는 몇 년의 징역형이 선고되는 반면, 코뿔소 밀매는 몇천 달러만 내면 된다. 코뿔소 밀렵꾼들의 범죄 수위 역시 심각해서, 지난 10년 동안 밀렵꾼들에게 살해당한 단속 관리자는 적어도 1,000명에 이른다. 밀렵꾼들에게는 코뿔소 뿔이 인간의 생명보다 더 중요한 셈이다. 세계자연기금과 국제형사경찰기구 Interpol에 따르면, 아프리카의 테러리스트들이나 반대파 무장 세력들은 재정을 마련하기 위해 우간다, 수단, 소말리아 등에서 밀매를 행한다고 한다.

100년 전, 아시아에는 10만 마리의 호랑이가 살고 있었다. 오늘날 야생 상태에 남아 있는 호랑이는 3,200마리 이하다. 97퍼센트가 감소한 것이다.

아프리카에서는 코끼리 상아를 노리는 밀렵꾼들에 의해 매년 2만 마리 이상의 코끼리가 죽임을 당한다. 1989년 이후 코끼리 상아 거래는 전면 금지되었지만, 밀매는 여전히 계속되고 있다. 100년 전, 아프리카에는 2000만 마리의 코끼리가 살았지만, 현재는 50만 마리밖에 남지 않았다. 97.5퍼센트가 감소한 것이다. 100년 전, 아시아에는 10만 마리의 코끼리가 있었지만, 현재는 그 절반인 5만 마리밖에 남아 있지 않다.

100년 전, 20만 마리였던 아프리카 사자는 현재 4만 마리로 줄었고, 이보다 훨씬 적다고 추정하기도 한다. 최소 80퍼센트가 줄었다는 말이다. 특히 서아프리카에서는 거의 사라졌다.

1970년대 중반까지, 해마다 5만 마리의 표범이 모피 때문에 희생되었다. 현재는 약 20만 마리밖에 남지 않았다.

우리가 매년 죽이는 상어의 숫자는 1억 마리에 달하는 것으로 추정된다. 주로 상어 지느러미 요리를 위해서다. 이를 위한 사냥 방식은 잔인하다. 잡힌 상어를 배로 옮겨 산 채로 지느러미를 잘라 낸 후, 그대로 다시 바다에 버린다. 지느러미가 잘린 상어들은 바다에서 고통스럽게 죽어 갈 것이다.

우리는 백상아리의 95퍼센트를 죽였다.

지난 30년 동안 유럽에서 조류 개체수는 4억 마리 이상 감소했다. 한 세기 동안 침팬지 수는 100만 마리에서 22만 마리 이하로 줄어들었다. 제인 구달은 〈우리가 아무것도 하지 않는다면, 침팬지들은 분명 멸종하거나 근친교배를 피하기 힘든 소집단밖에 남지 않을 것이다〉라고 한다. 모든 대형 유인원들이 멸종 위기에 처해 있다. 국제자연보전연맹은 크로스강의 고릴라와 수마트라오랑우탄을 〈심각한 멸종 위기종〉으로 분류했다. 이들의 멸종 원인은 삼림 파괴와 야생동물 밀매다.

위기의 야생동물 목록은 계속 늘고 있다.

동물생체실험

2011년 유럽에서 1150만 마리의 동물이 생체실험으로 희생되었고, 그중 200만 마리 이상이 프랑스에서 죽었다. 연구자들의 가장 많은 관심을 끄는 불운한 동물은 설치류다. 유럽 실험실에서 생체실험에 사용되는 동물의 60퍼센트 이상은 생쥐mouse이고, 14퍼센트는 쥐rat 그리고 3퍼센트 이상이 토끼다. 뿐만 아니라 매년 6,000마리의 영장류 동물과 3만 마리가량의 개와 고양이가 희생된다.

페타는 에어프랑스가 모리스섬에서 원숭이를 수입하는 것을 막기 위한 캠페인을 벌인다. 미국동물생체실험반대협회NAVS는 유럽 및 미국 등 전 세계 실험실에 보내지기 전까지 철창에 갇혀 지내는 원숭이들이 생활하는 끔찍한 장면을 공개했다. 협회에 따르면, 2012년 모리스섬에서 영국으로 보낸 원숭이는 1,000마리다. 이렇게 수입된 원숭이들은 신경 테스트와 같은 고통스러운 실험에 사용되기 위해 뇌에 전극이 꽂힌다. 원 보이스는 전 세계적으로 열대 아시아 원숭이들이 실험에 사용되는 연구 분야들을 상세히 보고한다. 우주항공 연구, 에이즈 및 각종 바이러스 연구, 유전자 치료, 장기 이식, 파킨슨병 연구, 알츠하이머 연구, 통증 연구, 정신분열증 연구, 신약 개발, 화학물질 자극성 테스트…….

동물생체실험을 계속해야 하는가, 폐지해야 하는가? 화장품이나 청소 위생용품 분야의 동물생체실험은 당연히 폐지되어야 한다. 제품 유해성 여부를 판단하기 위해 동물의 피부나 눈에 제품을 발라 고통을 주거나 죽음에 이르게 한 립스틱이나 유리창 청소액이 어떻게 정당화될 수 있겠는가. 화장품의 동물 실험은 이제 유럽에서 공식적으로 금지되었다.

그렇다면 건강 분야는? 동물에게 신약 제품을 먼저 실험해 봐야 하지 않겠는가? 의무론적 입장의 대답은 부정적일 것이다. 인간의 수명을 연장하기 위해 또는 질병의 고통을 줄이기 위해 다른 동물에게 고통을 가해서는 안 된다고 보는 시각이 의무론적 입장이다. 기본 전제부터 먼저 검토해 보자. 동물생체실험이 동물의 고통이나 죽음과 맞바꿀 만큼 과연 유용한가?

해마다 프랑스에서는 약물 부작용으로 2만 명에 가까운 사람이 죽고 15만 명이 입원한다. 이는 비인간 동물생체실험에 충분한 적합성이 없다는 증거다. 별로 놀라운 일도 아니다. 인간은 다른 동물 종과 유사하면서도 전혀 다른 종이기 때문에 당연히 화학물질에 대한 반응도 달리 나타날 수밖에 없다. 전 프랑스국립과학연구원CNRS 물리학자이자 동물생체실험 폐지를 위해 싸우는 유럽 해독제 단체장인 클로드 레이스Claude Reiss는 〈인간의 질병을 극복하기 위해 쥐나 침팬지로 실험하는 것은 의미가 없다. 왜냐하면 동물 종마다 전혀 반응이 다르기 때문이다〉라고 말한다. 예를 들어, 유럽 해독제 단체는 사이트에 〈비소화합물은 양에게보다 인간에게 훨씬 더 독성이 강하고, 포름알데히드는 생쥐에게보다 쥐에게 훨씬 발암률이 높다. (……) 인간의 질병 및 치료 연구에서 다른 동물은 적합한 대상이 아니다〉라고 명시했다.

동물생체실험 찬성자들의 입장은 모순적이다. 그들은 동물에 가하는 실험이 불가피하고 신뢰할 만하다는 이유로 실험을 정당화한다. 찬성자들은 생쥐, 개, 원숭이와 같은 비인간 동물이 인간의 사촌종이라는 생각을 받아들인다. 동물생체실험에서 비인간 동물은 인간에 상응하는 고통과 부작용 반응을 보일 거라 여기기 때문이다. 찬성자들은 이를 당연하다고 생각한다. 그렇지 않으면 비인간 동물에게 가하는 실험의 모든 원칙은 수포로 돌아간다. 다만 그렇게 확신한다면 찬성자들은 인간에게 가하는 것과 같은 고통을 비인간 동물의 피부에, 눈에, 신경에 준다는 것을 인정하는 셈이므로, 동물생체실험은 용납하기 어려운 잔인한 고문 행위다. 그렇게 여기지 않는다면, 찬성자들은 비인간 동물의 고통이 인간의 고통보다 덜 중요하다고 여기는 셈이다. 그렇다면 어쩔 도리 없이 이들은 명백한 종차별주의자다. 하지만 동물생체실험 연구자들은 자신들이 종차별주의자라는 사실을 온전히 받아들이지 않는다. 이제 유럽에서는 적어도 대형 유인원에 대한 동물생체실험은 더 이상 벌어지지 않으니 말이다. 대형 유인원에 대한 동물생체실험이 금지된 것은, 비록 그것이 인간을 위한 연구에 도움이 된다고 해도 이들에 대한 고문이 부당하다는 사실을 인정했기 때문이다! 그런데 왜 대형 유인원에만 그치는가? 인간의 동물생체실험에 계속 이용당하는 다른 영장류들은 고통을 덜 느낀단 말인가?

이제는 살아 있는 동물 대신 실험실에서 배양한 인간 세포 또는 인공 피부를 사용하거나 동물의 반응을 본뜬 컴퓨터 모델링을 활용하는 방법 등 다양한 대체 실험법이 개발되고 있다. 그러한 연구 개발을 위해 더 많은 예산이 지원되어야 한다. 최소한의 정치적 의지가 있다면, 동물생체실험을 거치지 않고도 연구를 발전하는 것이 충분히 가능하다. 유인원뿐만 아니라 설치류를 비롯한 모든 동물이 고통 속에 희생되지 않도록, 동물생체실험을 중단하는 것은 가능하고 또 필요하다.

분열증

프랑스에서 사는 반려동물의 수는 6300만 마리에 달한다. 거의 프랑스 인구 한 명당 한 마리에 해당한다. 종류별로는 고양이 1270만 마리, 개 730만 마리, 새 580만 마리, 물고기 3420만 마리, 작은 포유동물 280만 마리로 집계된다. 반려동물을 돌보는 데 지출하는 비용도 점점 늘어나고 있다. 2010년 반려동물에 지출된 비용은 450만 유로로, 1990년에 비해 1.5배 증가했다. 우리는 반려동물을 정성껏 돌보고 애지중지한다. 반면 반려동물을 우리나 유리 상자에 가두어 동물들에게 가해지는 고통을 제대로 인식하지 못하는 경우도 많다. 새, 물고기, 작은 포유동물 등 그 어떤 동물도 비좁은 철창이나 유리 상자에서 움직임이 제한된 채로 살도록 태어나지는 않았으니 말이다.

그리고 또 다른 동물이 있다. 바로 우리가 먹는 동물들, 우리가 살, 피부, 털, 창자를 취하는 동물들, 우리가 실험실에서 고문을 가하는 동물들, 우리가 사냥하는 동물들, 우리가 투우장에서 죽음을 무대에 올리는 동물들, 우리가 동물원에 가두는 동물들 그리고 우리가 아무렇지 않게 학대하는 동물들.

이렇게 지구상에는 인간에 의해 〈먹기 좋은〉 동물, 〈착취해도 좋은〉 동물, 〈보호해야 할〉 동물이 구분된다. 그리고 우리는 언제나 그래 왔다는 듯, 이를 아주 당연하게 여긴다. 하지만 이것은 그리 단순명료하지 않다. 나는 동물을 대하는 태도와 관련하여 인간의 분열적 성향을 나타내는 점을 짚어 보려고 한다.

서양에서 개와 고양이는 많은 사람이 자식처럼 소중히 여기고 사랑하는 동물이다. 하지만 아시아나 아프리카 일부 지역에서는 여전히 식탁에 오르고, 다른 동물과 마찬가지로 시장에서 고기로 판매된다. 오늘날 개고기 스테이크를 먹거나 고양이 가죽을 걸치는 것을 꺼리는 서양인들에게는 이것이 끔찍해 보일 수 있다. 그런데 오늘날 서양에서 가장 선호하는 반려동물인 개와 고양이도 역사적으로 항상 사랑받는 대상이었던 것은 아니다. 프랑스와 독일에 지난 세기까지도 개고기를 파는 정육점이 존재했다는 사실을 기억하는 사람이 몇 명이나 될까? 개는 인간이 길들인 최초의 동물이다. 개는 초기에는 늑대였다. 개는 주로 물건을 실어 나르거나 사람을 태운 수레를 끄는 동물로 이용했고, 이는 20세기 중반까지도 계속되었다. 무엇보다 오늘날까지도 개들은 여전히 연구 실험실에서 사용된다. 프랑스에서는 해마다 성질이 사납거나 공격적인 개들이 아닌, 비글과 같이 온순한 개들이 신약 제품이나 화학제품 유해성 실험에 수천 마리씩 희생된다. 온순한 성격 때문에 가장 큰 피해자가 되었다는 사실이 더욱 안타깝다. 동물생체실험에 비글을 가장 많이 사용하는 이유는 학대당하거나 실험당해도 잘 견디고 사람을 계속 잘 따라서 다루기 쉽기 때문이다.

고양이의 경우는 오랫동안 혹독한 수난을 겪었다. 문에 못으로 박히고, 불태워지고, 익사당했다. 고양이가 집 안에 들어오기 시작한 것은 14세기부터였다. 당시 인간은 고양이의 유용성을 발견했는데, 바로 페스트를 옮기는 쥐를 잡는 것이었다. 그리고 17세기부터는 부르주아들 사이에서 사랑받는 반려동물의 반열에 올랐다. 하지만 수천 년 전 이집트인들에게 고양이는 숭배의 대상이었다.

서양에서는 암소를 대수롭지 않게 조롱하지만, 인도에서는 성스러운 동물로 숭배의 대상이다. 인도에서 암소는 **가오 마타**Gao Mata, 즉 어머니와 같은 존재다. 암소가 모두에게 젖을 주기 때문이다. 게다가 암소는 아시아, 아프리카 및 고대 이집트 등 역사적으로 서로 다른 문명권과 종교에서 각별한 숭배의 대상이었다. 그러나 오늘날 인도에서 소들이 처한 상황은 우리가 생각하는 것처럼 그리 이상적이지는 않다. 일단 수많은 소가 먹이를 찾아 도시 골목골목을 돌아다니다 보니 사고의 위험에 노출되어 있다. 이렇게 떠돌아다니는 소 가운데 일부는 인간에게 잡혀 불법 도살장에서 생을 마감하고 밀매당한다. 인도는 물소 고기의 최대 수출국이자, 전 세계 소고기 수출 1위 국가이기도 하다(인도는 전 세계적으로 채식을 가장 많이 하는 나라인데도 말이다!). 인도에서 암소 고기는 돼지고기를 먹지 않는 무슬림들이 소비하지만, 인도의 수많은 주에서 암소 도살은 금지되어 있다. 인도 중부의 마드야 프라데시주에서는 몇 년 전 암소와 수소를 포함해 모든 종류의 소를 도축 및 판매·소비하는 것을 금지하고, 암소 도살자를 최고 징역 7년 형에 처하는 법안을 통과시켰다.* 인도는 동물권에 관심 있는 이들에게 특별히 주목받는 나라다. 인도에는 수많은 동물 보호소가 있고(비록 자금은 부족하지만), 헌법에 〈살아 있는 존재에 대한 연민은 시민들의 기본적 의무 가운데 하나〉라고 명시했다. 하지만 안타깝게도 현실은 그에 상응하지 못한다. 우리가 앞에서 본 것처럼, 암소들도 다른 동물들과 마찬가지로 가죽 산업을 위해 끔찍한 조건에서 죽는다.

말에 대해서도 짚어 보자. 우리는 보통 말에게 〈위엄 있다〉 또는 〈고귀하다〉는 찬사를 보낸다. 말은 인간과 아주 친밀한 관계를 형성해 온 동물이다. 따라서 많은 사람이 말에게 가하는 부당 행위에 분노한다. 특히 앵글로색슨족에게 말고기를 먹는 것은 금기이며, 이를 혐오스럽게 바라보는 시각이 존재한다. 프랑스인들이 개고기를 끔찍하게 바라보듯 말이다. 하지만 식습관이 변해서 프랑스인들 사이에서도 수십 년 전부터 말고기 소비가 눈에 띄게 줄

---

* 얼마 전 인도 서부 지역에서는 암소를 허가 없이 도축할 경우, 현행 7년 이하의 징역형을 종신형까지 선고할 수 있도록 법을 강화했다 ─ 옮긴이주.

어들었다. 그리고 이와 동시에 프랑스인들의 의식 속에 말은 고귀한 동물로 자리매김하게 되었다. 그런데 오늘날처럼 말에 대한 각별한 애정이 있기까지, 수백 년 동안 말들이 겪어야 했던 온갖 고초는 이루 말할 수 없다. 엄청난 인명 피해를 낳은 정복 전쟁마다 동원되어 희생당했고, 농업과 산업의 발달에 따라 착취당하고, 인간의 편의를 위해 혹사당하고 학대받았다. 얼마나 셀 수 없이 많은 말이 전쟁터에서 죽었는가? 1차 대전 동안에만 약 70만 마리의 말이 희생되었다. 탄광과 들판과 길에서 지쳐 쓰러진 말은 헤아릴 수도 없다. 자연과 동물을 사랑하는 한 지인은 말들이 마차를 끌며 당해야 했던 혹독한 고통을 자동차가 해결해 주었다는 점에서 자동차를 좋아한다고 말했다. 1851년 아르투어 쇼펜하우어 Arthur Schopenhauer도 〈철도의 가장 큰 효용은 바로 마차를 끄는 수백만 마리의 말을 비참한 조건에서 해방한 것이다〉라고 썼다.

오늘날 우리에게 말에 대해 경외심이 있다고 하지만, 프랑스에서는 여전히 해마다 1만 마리 이상의 망아지가 정육점에서 생을 마감한다. 매년 블로뉴에서 태어나는 220마리의 말 절반 이상은 출생 후 몇 달 되지 않아 도살장에 끌려가 정육점의 말고기로 끝난다. 더 이상 경쟁력이 없는 경주용 말들 역시 도살장에서 생을 마감한다. 이러한 끔찍한 조건에 대해, 프랑스와 다른 나라의 동물보호단체들은 계속해서 고발하고 있다. 프랑스에 수입되는 말고기의 60퍼센트를 차지하는 미국산 말들의 도살 실태에 대해 동물보호단체들은 이전부터 계속 문제를 제기해 왔다. 2007년, 미국의 말 도살장들은 문을 닫았다. 이 결정으로 미국인들은 인간

역사의 동반자인 말을 도살하는 행위는 더 이상 용납될 수 없다는 점을 보여 주었다. 그런데 이제 그 주인들이 기르던 말은 캐나다와 멕시코의 도살장으로 보내지고, 말고기는 유럽과 아시아로 계속 팔려 나간다. 어떤 문제를 근본적으로 해결하지 않고 눈앞에 닥친 것만 미봉책으로 치워 버린 셈이다.

오그르

우리는 사육동물들이 얼마만큼의 고통을 겪는지 제대로 모른다. 갇히고, 밀집되고, 햇빛이 차단되고, 산 채로 거세당하고, 부리가 잘리고, 목이 베일 때, 그들은 **견딜 만한** 고통을 받는가, **극심한** 고통을 받는가? 고통은 주관적 경험이다. 인간에게도 마찬가지다. 모두 같은 수준으로 고통을 느끼지는 않는다. 똑같은 폭력이 두 사람에게 가해져도, 각자가 느끼는 고통의 정도는 다르다. 또한 실제 고통의 정도는 이를 겪는 주체에 의해서밖에 평가될 수 없다. 따라서 고통에 대한 객관적 지표는 존재하지 않는다. 다만 우리가 일반적으로 공감할 만한 고통의 차원은 있다. 예컨대 넓적다리에 칼이 꽂힌다면 누구나 고통스러워할 것이다. 마찬가지로 포유류의 신경 시스템은 유사하므로 목이 베일 때 같은 고통을 겪으리라고 예상할 수 있다. 이와 관련하여 신뢰할 만한 과학 연구들은 소, 돼지, 양에 대해 의심하지 않는다. 또한 자주 언급되는 〈동물은 사람처럼 고통스러워하지는 않는다〉라는 주장은 타당성을 논할 여지가 없다. 이는 근거 없는 단순한 의견일 뿐이다. 반면,

과학자들은 학대받은 동물들에게서 고함, 흥분, 도피 등 불안과 기피 반응이 관찰된다고 한다. 이러한 외적 반응은 동물들의 생리학적 복잡성 때문에 나타난다. 비인간 동물도 정도의 차이는 있지만, 인간처럼 생리학적 복잡성을 가진 존재라는 말이다. 인간과 비인간 동물의 근본적 차이는 비인간 동물은 불안이나 고통을 표현하는 데 인간과 같은 방식으로 말하지 못한다는 점이다. 비인간 동물은 우리의 동정을 구해 자신들의 고통을 끝나게 해달라고 종종 눈으로 이야기한다.

우리가 사육하는 모든 동물은 고통을 느낀다. 가슴뼈가 부러진 닭에게 진통제를 투여하면 이후 닭의 행동은 달라진다. 80년대까지 우리는 물고기가 고통을 느끼지 못한다고 생각했다. 하지만 다양한 실험에서 그것이 오류였다는 게 밝혀졌다. 예컨대 송어 입 주위 산성 반응 실험에서, 송어들은 몸을 뒤흔들며 수족관 자갈이나 벽면에 신경질적으로 입을 비벼댄다. 게, 새우, 바닷가재 또한 자극 물질이나 전기 충격 실험 등에서 보인 것처럼 고통을 느낀다.

포유류뿐만 아니라 척추동물, 두족류, 갑각류도 고통 및 통증을 느낀다는 사실이 밝혀졌다. 다만 일부 곤충은 신체 절반을 잃어도 아무렇지 않게 살아가는 걸 보면, 곤충에게는 의문의 여지가 있다. 그렇다고 해도 현재로서는 메커니즘이 밝혀지지 않았으므로 곤충들이 아무런 고통도, 불편도 느끼지 못한다고 단정할 수는 없다. 고통을 느끼는 능력은 모든 종에게 이익이다. 고통은 신체의 완전성이 훼손당했다는 것을 알리는 신호이고, 즉각 보호해야 한다는 것을 알리는 경고이기 때문이다. 아무것도 느끼지 못하는 종이라면 빠르게 멸종하거나 아주 원초적 상태에 머무는 데 그칠 것이다.

우리가 죽이는 동물들에 대한 또 다른 분명한 사실은 그들에게 지능이 있다는 점이다. 어느 정도 수준인가? 단적으로 말하기는 아직 어렵다. 우리는 오랫동안 비인간 동물의 지능에 대해 궁금해하지도 않았다. 지금껏 비인간 동물은 멍청하고 지능이 없으며 고려할 가치도 없다고 확신했다. 이제 비인간 동물도 지능을 가진 존재라는 사실을 겨우 알아내기 시작했을 뿐이다. 또한 지능은 인간과 관련해서도 상당히 모호한 개념이다. 사육동물들은 복잡한 방정식을 풀거나 시를 쓸 줄 모른다. 하지만 비인간 동물들은 그들이 사는 방식에 대해 의식적으로 계획을 세우고 단순하게나마 결정을 내리고, 질서를 지키고, 동료들에게 명령을 내리고, 사회 조직을 따르고, 농담하고, 우울해하고, 장난치고, 욕망을 느낄 만큼 충분한 지능을 갖고 있다. 비록 인간의 눈에는 별것 아닌 수준으로 보일지 몰라도 말이다. 동물학자 마크 베코프는 〈동물 행동 연구 및 신경생물학 연구들에서 일관된 결과가 나타났다. (……) 동물들도 원초적 감정들, 우리가 공포, 분노, 놀람, 슬픔, 불쾌, 기쁨이라 부르는 본능적 반응을 보인다〉라고 썼다. 우리는 앞서 1장에서 공감 능력은 적어도 모든 포유류에게 존재한다는 사실을 살펴봤다.

이러한 특성들에 따라 동물들은 각자 고유한 삶과 개성을 가진 개체들이다. 10만 마리가 밀집된 닭 사육장에는 10만 마리의 개체가 존재한다. 그들은 모두 같은 종이고 같은 환경에 놓여 있어 서로 비슷해 보인다. 사육자는 이 닭들을 구분하지 않고 하나로 본다. 하지만 닭들은 제각기 다른 개별적 존재들이다. 이 특성을 보려고만 한다면, 누구나 알아차릴 수 있다. 우리는 어떤 추상적인 소고기, 닭고기, 돼지고기의 **총량 가운데 일부**를 먹는 게 아니다. 우리는 여우 모피 **총량 가운데 일부**를 걸치는 게 아니다. 우리는 죽기 전에 공포에 떨었던, 살아서 존재했던 **특정** 소의 **특정** 부위를 먹는 것이다. 우리는 하나의 개체였던 **바로 그** 닭을 먹고, 15년은 족히 살았을 **바로 그** 돼지의 삼겹살을 먹고, 짧은 삶을 보내다 항문에 전기 충격이 가해져 목숨을 잃은 **바로 그** 여우에게서 벗겨 낸 모피를 걸친다.

미국 심리학자 고든 갤럽Gordon Gallup은 70년대 거울 실험에서 동물들의 자기 인식 능력을 연구했다. 이 실험을 성공적으로 통과한 동물들이 있다. 거울 실험이란 어떤 동물에게 거울 앞에 비춘 평상시 자신의 모습에 익숙해지게 한 뒤, 이마에 색을 칠해서 이를 알아보는지 여부를 관찰하는 실험이다. 동물이 거울에서 색칠한 사실을 눈치챘다면(예컨대 이마를 만져 본다든지) 이는 평상시와 다른 거울 속 자신의 모습을 알아차린다는 의미이므로, 과학자들은 동물이 자기 인식 능력이 있다고 본다. 보노보, 침팬지, 돌고래, 코끼리, 오랑우탄, 범고래, 까치, 까마귀는 이 실험을 성공적으로 통과했다. 돼지 역시 거울 및 거울 속에 비치는 자신의 모습을 정확히 이해한다는 것을 보여 주었다. 물론 어떤 동물이 이 실험에서 실패했다고 하더라도, 그 동물에게 〈자기 인식〉 능력이 없다는 것을 의미하지는 않는다. 예를 들어, 개는 시각보다는 후각에 더 의지하기 때문에 거울 속에서 일어나는 일에 관심을 덜 보인다. 냄새 없이, 이미지만으로는 개의 특별한 관심을 끌지 않는 것이다.

그렇다면 인간은 어떤가? 이 글을 읽고 있는 당신은 당연히 아침마다 거울 속 자신을 알아볼 것이다. 술에 잔뜩 취한 경우가 아니라면 말이다. 하지만 한 살짜리 아이는 거울 실험을 통과하지 못한다. 18개월이나 2세 미만의 아이도 마찬가지다. 즉, 2세 미만의 아이는 자기 행동에 책임이 있는 독립적인 존재로서의 자기 인식이 없다.

2세 미만의 아이는 방정식을 풀지 못한다. 계획은 단기적이다. 자신의 고통을 구체적으로 표현할 만큼 언어를 자유자재로 구사하지도 못한다. 약하고, 스스로 방어하는 능력도 없다. 그들에게는 우리가 기르는 동물만큼이나 인지 능력이 없다.

한편, 우리가 먹는 동물들은 아주 어린 새끼들에 지나지 않는다. 돼지는 15년은 족히 살 수 있지만 6개월 만에 죽임당하고, 20년의 수명을 가진 송아지들은 5개월이면 도살된다. 5~6년을 살 수 있는 오리는 강제로 사료가 투입되어 80일 만에 생을 마감하고, 10여 년을 살 수 있는 닭들은 40일 후 닭고기로 인간의 식탁에 오른다.

우리가 먹는 동물들은 우리 아이들과 같은, 아니 더 높은 수준의 지능을 갖고 있다. 그리고 그들 또한 어리다.

고기를 먹는 사람은 아이들을 잡아먹는 거인, 오그르Ogre다.

3장
동물 착취의 종식을 위해

모두의 책임, 모두의 잘못

신은 한 번도 내 후견인인 적이 없었다. 추상적 관념, 문학적 형상, 전설에는 어김없이 등장하지만 결국 현실에는 없는 주인공일 뿐이었다. 성경의 하나님이 내 인생에서 중요했던 적은 없었다. 네덜란드 태생인 어머니에게 물려받은 개신교는, 교리와는 무관한 정신적 배경이었을 뿐 그 이상은 아니었다. 조르주 브라상의 노래와 장 조레스의 사유에 심취하셨던 아버지는 내게 모든 권위를 경계하라고 가르치셨다. 반면, 나는 꽤 이른 나이에 미미한 확률로 지구상에 태어난 인간이라는 존재에게는 특별한 의무가 있다고 확신했다. 우리는 단지 우리에게 유리하다는 이유로, 즐거움을 준다는 이유로 또는 편하다는 이유로 아무것이나 할 수는 없다. 〈오직 나를 위해〉를 좌우명 삼아 이기적인 방식으로 돈만 따라가며 이 세상을 살아갈 수는 없다. 그 특별한 의무를 〈책임감〉이라 한다. 책임감과 죄책감은 종종 우리를 괴롭히는 불편한 관계다. 모든 것에 죄책감을 느끼는 것은 잘못이지만, 아무것에도 죄책감을 느끼지 않는 것은 비겁하다.

우리 삶의 모든 행위, 선택 하나하나는 비록 아주 사소한 것일지라도 어떤 결과를 낳는다. 아침에 일어나는 순간부터 저녁에 잠자리에 들기까지 하는 모든 행동, 결정, 망설임은 무수한 세부 사건들의 원인이다. 길을 걷고, 버스를 타고, 동료와 이야기를 나누고, 영화관에 가고……. 우리에게는 타인과 상호작용하는 순간마다 그들의 세상을 변화시킬지도 모르는 가능성들이 존재한다. 당신이 무단횡단을 하는 바람에 달려오던 자동차를 급정거시킬 수도 있고, 버스에서 다른 승객과 부딪힐 수도 있고, 동료에게 무심결에 상처 주는 말을 할 수도 있고, 영화관에서 옆 사람의 팝콘을 통째로 뒤엎을 수도 있다. 이 정도에서 그친다면 양호한 편이다. 하지만 자동차가 당신을 피하지 못해 큰 사고로 이어질 수도 있고, 버스에서 당신과 부딪힌 승객이 넘어지며 뇌를 다칠 수도 있고, 당신의 말에 상처받은 동료가 증오심을 품고 사사건건 시비를 걸 수도 있고, 영화관의 옆 사람이 흥분한 나머지 몸싸움으로까지 번질 수도 있다. 이런 경우라면 우리 행동의 결과가 직접 드러나 바로 잘잘못을 따질 수 있다. 하지만 어떤 행동은 당장 보지도 생각하지도 못하는 훨씬 심각한 결과를 초래하기도 한다. 무단횡단의 예로 돌아가 보자. 당신은 제대로 주의를 기울이지 않고 길을 건넜고, 달려오던 자동차는 당신을 피하기 위해 급정거를 할 수밖에 없다. 그런데 이 자동차 뒤에 스쿠터 한 대가 따라오고 있었다고 가정해 보자. 앞서가던 자동차가 급정거하리라고 예상하지 못한 스쿠터는 자동차를 들이받는다. 스쿠터 운전자는 약간의 부상을 입었고, 스쿠터 엔진은 멈췄다. 그는 실업 상태에 있던 청년으로, 자신이 꿈꾸던 회사에 면접을 가는 길이었다. 청년은 그 일에 필요한 모든 자격을 갖추었으나, 면접을 미룰 수밖에 없다……. 하지만 이 청년에게 면접 기회는 결코 다시 오지 않을 것이다. 그날 회사는 다른 적임자를 뽑았기 때문이다. 경제적 어려움을 겪고 있던 청년에게 이는 슬픈 소식이다. 함께 가정을 꾸리고자 했던 여자 친구는 점점 인내심을 잃어 간다. 그녀는 남자 친구가 새로운 직장을 구해 경제적 안정을 찾기를 간절히 바라고 있었다. 하지만 그녀는 이것이 짧은 시간 내에 이루어지지 않으리라 생각하고, 결국 그를 떠나기로 결심한다. 청년은 절망한 나머지 자살한다. 이 모든 게 당신이 길을 건널 때 주의하지 않았기 때문에 벌어진 일이다.

일부러 상황을 극단적으로 몰고 가보았다. 사건의 발단이 된 주요 원인을 부각하기 위해서다. 우리의 모든 행동은 결과를 낳는다. 책임감은 행동하기에 앞서 행동의 결과를 헤아려 보는 데 있다.

책임 있는 시민, 각성한 인간이란 항상 행위의 결과를 따져 본다. 이는 동물에 대해서도 마찬가지다. 우리가 먹는 동물은 어떻게 길러졌고, 죽여졌나? 우리가 걸치는 가죽은 어디서 왔나? 땅, 물, 공기 오염과는 어떤 관련이 있나? 내가 먹는 스테이크, 푸아그라, 햄 조각을 위해서 또는 내가 걸친 가죽점퍼를 위해서 얼마나 많은 고통이 필요했나? 그러나 우리는 이 질문들을 굳이 던지지는 않는다. 그저 말끔히 손질된 고기를 사기만 하면 그만이기 때문이다. 고기 산업은 〈이건 고기지, **살아 있는** 동물이 아니에요…… 죽은 동물의 한 부위일 뿐입니다. **살아 숨 쉬던** 동물이 죽은 게 아니에요……〉라며 고기가 실제로 어디서 왔는지 지워 버린다. 즉, 당신이 하는 실제 행위를 생각하지 않도록 하는 게 목표다. 이는 당신에게도 편하다. 포장지에 담긴 냉동 스테이크, 깔끔하다. 동물의 피는 제거되었고, 동물의 비명은 당신이 한 번도 발을 들여놓은 적 없는 숨은 도살장에서 이미 증발했다. 하지만 고기를 먹는 이들이 알아야 할 사실이 있다. 직접 손대지는 않았지만, 그들도 동물 살해에 가담했다는 사실이다. 그에게는 책임이 있다. 〈어쨌든 이미 죽임을 당한 동물을 소비할 뿐〉이라는 변명으로 자신은 무고하다고 정당화해서는 안 된다. 이 동물들은 고기를 사줄 사람들이 있기 때문에 죽여진 것이다.

만일 당신이 직접 손에 권총을 들고 누군가를 쏜다면, 그 행위의 결과는 곧바로 눈에 보인다. 그가 당신 눈앞에서 거꾸러지고, 당신의 다리로 그의 피가 흐를 것이다. 당신이 살인자라는 사실은 부정할 수 없다. 하지만 당신이 다른 누군가에게 권총을 주고 몇 킬로미터 떨어진 곳에서 대신 쏘라고 요구한다면, 당신에겐 죄가 없는가?

윤리라는 이름의 전차

전차 한 대가 경사진 선로 위를 전속력으로 달린다. 브레이크는 작동하지 않는다. 몇백 미터 전방 경사 아래쪽에는 다섯 명의 인부가 작업 중이다. 그런데 선로 양쪽으로 몸을 피할 충분한 공간이 없다. 다행히 선로가 두 갈래로 나뉘어 있어 불행한 참사가 벌어지기 바로 직전에 방향을 틀어 다른 선로로 갈 수 있다. 하지만 문제는 또 다른 선로 위에도 역시 같은 상황에 놓인 한 명의 인부가 있다는 것이다. 당신이 전차의 선로 변경 조정석에 있다면 어떻게 하겠는가? 방향을 바꾸지 않고 그대로 달려 다섯 명을 죽이겠는가, 아니면 레버를 돌려 한 명을 희생시키겠는가? 이것은 1967년에 철학자 필리파 풋Philippa Foot이 던진 유명한 도덕철학 사고실험* 중 하나다. 이제 당신에게는 생각할 시간이 몇 분 남지 않았다.

〈전차 딜레마〉 질문을 받은 대부분은 다섯 명을 구하기 위해 방향을 틀어 한 명의 목숨을 희생시키는 것이 도덕적으로 허용된다고 대답한다. 다섯 명의 목숨을 살리고 한 명을 희생시켜 네 명의 목숨을 구한다(5-1=4). 의도적 행동(레버 작동)과 비-개입(아무것도 하지 않음)에 따른 각각의 책임을 구별해야 하지만, 그럼에도 이 선택은 합리적으로 보인다.

이번에는 병원의 외과 의사가 죽음을 앞둔 환자 다섯 명을 치료하고 있다고 가정해 보자. 다섯 명의 환자들은 각자 하나의 장기만 이식받으면 모두 살 수 있고, 각기 서로 다른 장기(심장, 신

---

* 머릿속에서 생각으로 진행하는 실험을 말한다. 조건을 단순하게 가정하고 이론을 바탕으로 일어날 현상을 예측해 보는 실험으로, 〈만약 ……라면, 무슨 일이 발생할 것인가〉라는 가설적 질문으로 시작한다.

장, 간 등)가 필요하다. 그런데 가벼운 질환을 앓고 있는 환자 한 명이 병원에 도착한다. 만일 외과 의사가 그를 죽여 장기를 얻는다면, 죽음을 앞둔 다섯 명의 환자를 모두 살릴 수 있다. 전차 딜레마와 마찬가지 비율로, 5-1=4명의 목숨을 구할 수 있다. 하지만 여기서 한 명을 희생시킨다는 생각은 훨씬 더 충격적이다. 왜 그럴까?*

문제를 좀 뒤틀어 보자. 이번에는 전차가 다리 밑을 지나고 있고, 당신은 전차의 방향 조종석이 아니라, 다리 위 난간에 서 있다. 그 옆에는 몸을 앞으로 내밀고 전속력으로 달려오는 전차를 내려다보는 거구의 남자가 서 있다. 이 남자는 체격이 워낙 비대해서, 당신이 그를 선로 위로 밀어 넘어뜨리면 전차를 막아 멈춰 세울 수 있다. 당신은 선택해야 한다. 이 남자를 밀어뜨려 전차를 멈추고 다섯 명의 생명을 구할 것인가(한 명을 희생시킴으로써), 아니면 아무것도 하지 않을 것인가. 이런 상황에서 보통 사람들은 거구의 남자를 밀어 떨어뜨리지 않는다. 그렇다면 여기에 정보를 추가해 보자. 당신은 이 남자가 나쁜 사람이고, 고문관이며, 심지어 전차 브레이크를 고장 낸 장본인이라는 사실을 알게 된다. 이런 상황이라면, 어떤 결정을 내리겠는가?

이제 다시 반대편 선로 위에서 혼자 일하고 있는, 우리가 다섯 명의 목숨을 구하기 위해 희생시키려 했던 인부에게로 돌아가 보자. 만일 그가 당신이 모르는 누군가가 아니라, 당신의 형제나 친

---

* 주디스 자비스 톰슨Judis Jarvis Thomson이 제안한 사고실험.

구라면? 혹은 버락 오바마라면? 당신은 여전히 다섯 명의 목숨을 구하기 위해 그를 희생시키는 것에 동의하는가?*

친구들과 함께 긴 겨울 저녁을 재밌게 보낼 수 있는 또 다른 사고실험을 소개한다. 이것은 미국 철학자 톰 레건Tom Regan이 제안한 것으로, 이번에는 동물이 주제다. 구체적으로는 개와 관련 있다. 바다 한복판에 구명보트가 떠 있다. 구명보트에는 네 명의 사람과 한 마리의 개가 타고 있다. 그런데 구명보트가 감당하기에는 무게가 너무 무거워서 보트는 가라앉기 직전이다. 네 명의 사람을 구하기 위해 개를 보트 밖으로 내던져도 좋은가? 개의 목숨이 사람의 것보다 덜 중요하다고 생각한다면, 대답은 물론 〈그렇다〉일 것이다. 반대의 경우라면, 도덕적으로 무엇이 최선인지 결정을 내리기 쉽지 않다. 그런데 이 개가 지진 잔해에서 수십 명을 구해 낸 구조견이라고 해보자. 반면 네 사람은 평생 단 한 명도 구한 적이 없다. 이제 당신이 옳다고 생각하는 답이 바뀌었나? 더 나아가 네 사람은 잔인한 범죄를 저지른 나치 장교들이다. 그래도 여전히 네 사람의 목숨을 구하기 위해 개를 희생시킬 것인가? 올바른 결정은 무엇인가?

당신은 실험 도덕철학의 한가운데 놓여 있다. 철학자 루벤 오지앙Ruwen Ogien은 이러한 실험 도덕철학을 〈인간과 동물 사회의 도덕적 규범의 기원에 대한 과학적 연구와 이러한 규범의 가치에

---

* 설명된 모든 사고실험은 루벤 오지앙의 『크루아상 냄새가 인간의 선에 미치는 영향L'Influence de l'odeur des croissants chauds sur la bonté humaine』(Grasset, 2011)에 소개되어 있다.

대한 성찰을 결합한 학문〉이라고 설명한다. 어떤 상황에서 올바른 행동은 어디에 있는가? 우리는 왜 다른 선택이 아닌 그 선택을 하도록 끌리는가? 똑같이 도덕적으로 받아들일 수 있는 다른 반대 입장도 존재하는가?

이는 내게 가장 흥미로운 철학 분야, 즉 〈도덕〉 철학 또는 〈윤리〉 철학에 해당한다. 어떤 철학자들은 이 두 용어를 서로 다른 의미로 사용하고, 또 어떤 이들은 동의어로 취급한다. 나는 간결함을 지지하는 사람들 편에서 앞으로 이 두 단어를 똑같이 사용하겠다. 내게 〈윤리〉라는 단어는 〈도덕〉에 비해 덜 엄격하고, 전근대적인 성질이 모두 빠진 긍정적 의미이지만 말이다. 윤리는 해방적이고 창의적인 반면, 도덕은 준엄해 보일 수 있다.

우리는 윤리적 판단을 내리기 위해 **도덕적 직관**과 **사고 관계**를 사용한다. 〈도덕적 직관〉은 자명하고, 누구나 받아들이는 이치다. 예를 들어, 아이가 물에 빠져 있다. 그를 가라앉게 내버려 두는 것은 도덕적인가? 누구라도 〈아니오!〉라고 답할 것이다. 왜 그런가? 이는 너무 당연해서 논쟁의 대상도 아니다. 죽을 위험에 처한 아이를 구하러 가는 건, 인간이라면 당연히 생각하는 선한 태도다. 그런데 도덕적 직관마저도 의심스러운 상황이야말로 흥미로운 지점이다. 과연 도덕적 직관은 무엇을 따르는가? 역사적·문화적 맥락으로 설명되는가? 인간과 비인간 동물의 관계에서 오늘날 일반적으로 널리 퍼져 있는 도덕적 직관은, 비인간 동물들은 학대받아서는 안 된다는 것이다. 하지만 이는 우리의 실제 행동과는 항상 어긋난다.

〈사고 관계〉는 훨씬 더 복잡하다. 사고 관계는 여러 직관을 종합해서 고전적 추론 법칙에 따라 체계화하기 때문이다. 그 결과들이 당혹스러울 때도 있다. 피터 싱어에 따르면, 기근에 맞서 싸우는 단체에 돈을 기부하지 않는 것은 마치 눈앞에서 아이를 익사하게 내버려 두는 것과 마찬가지다. 당신은 굶주림으로 죽어 가는 아이들이 있다는 것을 알고, 도울 수도 있는데, 수천 킬로미터 떨어진 곳에 있다는 사실만으로 도덕적 책임을 피할 수는 없기 때문이다. 이 비교가 과장되어 보이는가? 어쨌든 이는 복잡한 도덕적 성찰에 대한 논쟁을 불러일으킨다.

윤리학은 오늘날 거의 언급되지 않는 철학의 한 분야다. 오늘날처럼 의식이 높아진 현대 사회에서 윤리는 유대 관계에 필수적인데도 말이다. 사실 현재는 근본적으로 도덕이 결여되어 있다. 경제 체제에서는 윤리 규칙들이 거의 부재하고, 정치 모델에서는 스스로 윤리를 만들어 내느라 고역을 치르고, 인간관계에서도 대부분 부족하다. 우리는 윤리를 인류 계획의 핵심으로 되돌려 놓아야 한다. 공동체 차원에서 우리 행동의 도덕성을 두고 문제를 제기하는 측면이 있지만, 그런 경우는 극히 드물고, 보통은 인간의 출생과 죽음을 둘러싼 의학의 주제로 다뤄진다. 안락사를 합법화해야 하는가? 그렇다면 어떤 상황에서 인정해야 하는가? 다른 여성의 자궁을 빌려 수정란을 착상시키는 대리 출산을 허용해야 하는가? 이성애 커플에게 인공수정이 가능하다면, 동성애 커플에게도 확대해야 하지 않을까? 대리모 임신·출산은?

그러나 이제는 인간중심주의적인 질문들을 넘어서야 할 때가 왔다. 21세기의 주요 쟁점 가운데 하나는 동물을 비롯한 생명체 전체에 대한 우리의 책임감을 확립하는 것이다. 이를 위해서 우리는 무책임, 비일관성, 비겁함과 대비되는 날카로운 도덕적 분석을 받아들여야 한다. 모든 형태의 동물 착취는 더 이상 우리가 스스로를 안심시키려는 단순한 목적하에 과소평가할 수 없는 결과들을 낳는다. 이는 엄청난 고통을 가져올 뿐만 아니라, 우리가 지양해야 할 도덕적 비일관성에 기대 있기에 더더욱 심각하다. 이와 관련해서 싱어는 다음과 같이 말한다. 〈윤리적으로 살기 위해서는 자신만 생각하지 않고 자신의 행동이 타인에게 미칠 영향도 고려하면서 살면 된다. 이것은 황금률이다. 우리가 타인의 입장이라면 어떨지 가늠해 보는 것이다. 이는 성경에도, 공자의 말에도, 힌두교에도…… 나오는 말이다. 각자는 그저 다른 사람 가운데 한 명일 뿐이고, 자신의 고통이 타인의 고통보다, 그것이 인간이든 동물이든지 간에, 결코 더 중요하지 않다는 것을 깨달아야 한다.〉

동물 윤리학

동물 윤리학은 요약하면 개별적 비인간 동물에 대한 인간의 도덕적 책임에 관한 연구다. 정확히 말해서, 동물 윤리학은 종이 아니라 개체로서의 동물에 대한 우리의 의무를 강조한다. 코끼리나 사자 종의 생존이 아니라 종을 구성하는 각각의 개체에 대한 우리의 태도와 관련된다. 프랑스 피레네산맥에서 2014년에 집계된 29마리의 갈색곰 개체군을 예로 들어 보자. 고전적인 생태주의적 접근법은 곰 집단 전체, 즉 우리가 생물 다양성을 고려하여 보호하기로 한 〈대표 종〉에 대한 우리의 책임을 강조한다. 곰의 총 개체수 가운데 일부가 죽으면, 다른 곳에서 새끼 곰을 데려와 개체수를 채울 것이다. 개별 곰에 대한 관심은 적다. 갈색곰 **집단 전체**를 지키는 게 관건이지, **특정** 곰을 살릴 필요는 없다. 반면, 동물 윤리학은 각 개체가 가진 개성, 역사, 감정, 욕구 및 필요를 강조하기 때문에 곰 한 마리 한 마리를 고려한다.

동물 윤리학은 **환경 윤리학**과 혼동되어서는 안 된다(환경 윤리학에는 다양한 흐름이 있기에 〈환경 윤리학들〉이라 하는 게 오히려 맞을 것이다). 환경 윤리학은 살아 있는 감수성을 가진 동물들뿐 아니라 생태계 전체에 관심을 기울인다. 또한 자연 공간의 보전 및 감수성이 있거나 혹은 없는 생물 종의 보전을 위해 싸운다. 죽음과 고통은 자연의 일부에 속하므로 그 자체로 환경 윤리학의 관심은 아니다. 반면, 동물 윤리학은 죽음과 고통에 대한 관심에서 출발하며 법, 동물학(자연환경에서의 동물 연구), 철학, 유전학 그리고 물론 생태주의를 가져오기도 한다. 환경 윤리학의 중요한 선구자로는 미국의 생태학자 알도 레오폴드(한때 사냥꾼이었다) 외에도 이 책의 후반부에 다시 만나 볼 랠프 월도 에머슨, 헨리 데이비드 소로, 존 뮤어, 아르네 네스 등이 있다. 또한 환경 윤리학을 대변하는 입장으로 뉴질랜드 철학자 리처드 실베인 라우틀리 Richard Sylvane Routely와 인간 우월주의에 대한 비판, 미국 철학자 제이 베어드 캘리콧J. Baird Callicott과 **생태주의 철학**을 들 수 있다.

동물 윤리학은 1970년대에 등장한 최근 학문이며, 오늘날 영국, 미국, 캐나다, 호주 등 주로 영어권 국가에서 활발히 연구되고 있다. 프랑스에는 철학자 코린 펠뤼숑, 플로랑스 뷔르가, 장-바티스트 장젠 빌메르, 조르주 샤푸티에, 잡지 『레 카이에 반종차별주의자』의 편집진 이브 보나르델, 다비드 올리비에, 에스티바 뢰가 있고 최근에는 스트라스부르 대학교에 동물권과 동물 윤리학 과정이 개설되기도 했지만, 여전히 잘 알려지지 않은 분야다. 동물 윤리학에서 프랑스가 더딘 이유는 몇 가지가 있다. 우선 프랑스의 인본주의 전통 때문이다. 〈인본주의〉는 두 가지로 해석된다. 인권의 수호와 인간중심주의적 입장, 즉 모든 상황에서 인간을 우선순위에 두는 것이다. 문제가 되는 건 물론 이 두 번째 경우다. 프랑스 농업의 역사 또한 프랑스가 동물권에 관심이 적은 이유와 무관하지 않다. 프랑스는 중요한 축산업 국가다. 프랑스 문화의 핵심인 육류 중심의 요리 전통에 대해 문제를 제기하면 언제나 사람들의 분노를 산다.

동물 윤리학은 이미 정해진 정답지를 제시하는 독단적인 학문이 아니다. 그보다는 이제 막 펼쳐진 성찰의 장이다. 따라서 반종차별주의자들이 서로 동의하지 않는 경우가 있다. 인간에게 감수성을 가진 모든 동물에 대한 의무가 있다는 점에는 모두가 동의하지만, 의무의 성격을 두고 입장이 크게 두 가지로 나뉜다. 바로 **복지론**과 **폐지론**이다.

복지론자들은 원칙적으로 동물을 이용하는 것에 반대하지는 않는다. 그들은 〈동물 복지〉(〈복지〉를 뜻하는 영어 〈welfare〉에서 온 말)에 관심을 갖는다. 또한 동물 사육 및 동물 실험 조건을 최대한 개선하여 동물들이 불필요한 모든 고통에서 벗어나 〈행복한〉 삶을 살기를 바란다. 싱어는 복지론의 입장에 있는 대표적 인물이다. 그는 완전 채식주의자인 **비건***이다. 그는 자신이 꿈꾸는 이상적인 동물 사육은 존재하지 않는다고 생각한다. 그러나 고기를 먹는다는 생각 그 자체가 정도에서 벗어난 것은 아니라고 말한다. 동물이 행복한 삶을 살았고 고통받지 않았다는 것을 확신할 수 있다면, 그는 닭다리 한 조각 정도는 먹을 수 있다고 했다.

반면 폐지론자들은 〈행복한 사육〉은 어떤 동물도 인간을 위한 수단이 되지 않아야 존재할 수 있다고 보고, 모든 형태의 동물 착취를 끝내야 한다고 주장한다. 폐지론자들은 동물은 사물이 아닌 고유한 생명으로서 권리를 누려야 한다고 생각한다. 〈폐지론〉이라는 용어는 몇 세기 전 펼쳐졌던 노예제 폐지 운동과 연결된다. 나중에 다시 보겠지만, 노예 폐지론과 동물 착취 폐지론의 원리는 사실 매우 비슷하다. 폐지론의 대표적인 인물로는 『동물의 권리 *The Case for Animal Rights*』의 저자인 미국 철학자 톰 레건과 미국 법률가 게리 프란치오네Gary Francione가 있다.

하지만 복지론과 폐지론 사이의 경계는 그리 명확하지 않다. 중간적인 입장을 가져도 된다. 즉, 모든 생명은 원칙적으로 존중받아야 한다고 여기고, 동물 착취의 종식을 위해 싸우고, 그러고도 선택이 필요하다면 사자의 죽음이 생쥐의 것보다 더 심각하다고 여길 수 있다. 또한 동물 학대가 완전히 끝날 때까지는 복지주

---

* 비건은 모든 동물 및 동물성 제품(우유, 달걀)을 먹지 않는다. 또한 가죽이나 모피와 같은 동물 유래 제품도 거부한다.

의 단계를 거쳐야 한다고 생각하는 폐지론자들도 있다. 페타는 비거니즘 운동을 벌이지만, 동물의 고통을 불러일으키는 현 시스템을 종식시키는 대신 줄이기로 한 결정들을 환영하기 때문에 **신복지주의**로 여겨진다. 페타는 맥도널드가 햄버거의 패티로 쓰이는 동물의 사육 조건을 개선하겠다고 결정하자 맥도널드에 대한 반대 캠페인을 중단했다. 또한 2011년 미국이 말 도살 금지 정책을 철회했을 때 말들이 캐나다나 멕시코의 도살장으로 가는 길에 겪는 엄청난 고통은 줄었다는 점에서 결정을 환영했다.

　1970년대 후반 미국의 동물권 운동가인 헨리 스피라Henry Spira는 화장품 회사들의 드레이즈 실험Draize test(화학물질이 동물의 눈에 미치는 유해성·자극성을 알아보는 실험)에 반대하는 운동을 벌였고, 그 결과 1981년 레블론 및 다른 회사들의 드레이즈 실험을 중단시키고 대체 연구를 개발하도록 하는 데 성공했다. 이로써 드레이즈 실험으로 희생되는 토끼 수는 크게 줄었다. 하지만 완전히 사라진 것은 아니었다. 몇 년 후, 스피라는 동물생체실험을 이유로 여러 동물 운동 단체에게 공격의 대상이 된 프록터&갬블을 옹호했다. 이 회사가 지난 몇 년 동안 이 부분을 개선하기 위해 상당히 노력했기 때문에 동물생체실험을 감행했다는 이유로 손가락질받아서는 안 된다고 강조했다. 그의 전략은 착취당하는 동물들의 삶의 조건을 개선하고, 그 수를 최대한 줄이는 것이었다. 그리고 실제로 이 전략은 꽤 성공을 거두었다.

　공장식 축산업이나 동물생체실험실에서 사용되는 동물들의 복지 조건을 즉각 개선한다는 조건으로 이들과 타협해도 좋은가?

레건은 이러한 접근법을 비판한다. 그는 〈당신이 불의를 개선한다는 건, 내가 보기에는 불의를 연장하는 것이다〉라고 말한다. 그에 따르면 어떤 상표가 동물의 감수성을 적극적으로 헤아린 제품이라고 선전하고, 이것이 소비자들의 양심을 자극해 동물 유래 제품의 판매를 높이는 한, 모든 타협은 동물권 운동에 결국 불리하게 될 것이다. 따라서 닭들이 넓은 우리에서 사육되도록 요구할 것이 아니라 사육이 중단되도록 싸워야 한다. **폐지론자들**은 이를 위해 노예제도를 예로 든다. 〈행복〉한 노예제도로 바꾸거나 점진적으로 노예제도를 사라지게 한다는 것은 말도 안 된다는 것이다. 이는 동물 착취에 대해서도 마찬가지라고 폐지론자들은 말한다.

요약하면 반종차별주의자들은 두 가지 근본적 쟁점에 따라 구분된다. 첫째, 모든 형태의 동물 착취를 끝내자고 주장하는가, 아니면 꼭 사육에 반대하지는 않되 최선의 동물 복지를 위해 싸울 것인가? 둘째, 목표에 이르기 위한 전략은 무엇인가?

이러한 구분 이면에는 규범적 윤리에 대한 두 가지 접근 방식이 있다. 바로 **결과론**과 **의무론**이다. 복지론자들은 **결과론적**이고, 폐지론자들은 **의무론적**이다. 이는 서로 다른 두 가지 철학적 입장이다. 결과주의자들은 행위의 결과에 주목하고, 의무론자들은 상황에 상관없이 절대적인 도덕 원칙들에 따라 행동해야 한다고 생각한다.

이러한 철학적 개념은 지루하거나 모호해 보일 수도 있지만, 모든 개인적 혹은 집단적 결정의 토대가 되므로 흥미로운 토론의 장을 마련한다. 따라서 바로 이어지는 글에서 나는 이에 관해 이야기하고자 한다. 철학적 입장에 대한 설명이 반종차별주의를 이해하는 데 도움이 되지만 반드시 필수적이지는 않으므로 아래에 나오는 내용을 건너뛰고 바로 그다음으로 넘어가도 무방하다. 그렇지 않고 개념적 설명이 궁금하다면 연필과 노트를 준비해도 좋다. 다음 글은 짧은 도덕철학 보충 수업으로, 두 부분으로 나눠 진행될 것이다.

네가 원치 않는 바를 돼지에게 행하지 말라

결과론, 공리주의 그리고 복지론

복지론자는 결과론자라기보다 **공리주의자**다. 일반 윤리학에서 결과론자는 어떤 행동은 그 결과에 따라 판단되어야 한다고 생각한다. 〈행동의 결과로 악보다는 선이 더 많이 생겼는가?〉 오직 이러한 결과가 중요하다. 결과론의 접근 방식에서는 많은 질문이 도출된다. 〈행동의 결과에 누가 관련되는가?〉〈선과 악의 정도를 어떻게 측정하는가?〉 등 서로 다른 이론들이 대립한다. 개인 또는 개인적 이익을 우선시하는 결과론적 입장이 있는 반면, 집단을 중시하는 또 다른 결과론적 입장들도 있다. 결과론의 대표적 사상인 **공리주의**는 최대 다수의 최대 행복을 추구한다. 공리주의의 창시자는 18세기 영국의 철학자이자 법학자인 제러미 벤담Jeremy Bentham으로, 그의 사상은 다음 세기에 존 스튜어트 밀John Stuart Mill 그리고 최근에는 피터 싱어로 이어진다. 벤담에 따르면, 입법의 동기는 대다수에게 긍정적 영향을 미치는 것이어야 한다. 대다수란? 고통을 느끼는 비인간 동물을 비롯해 모든 감수성이 있는 존재를 포함한다. 동물권 운동가들은 루소에게서 영감을 받은 벤담의 유명한 문구를 기억한다. 〈문제는 《동물들이 사고할 수 있는가?》 또는 《말할 수 있는가?》가 아니라, 《그들이 고통을 느낄 수 있는가?》이다.〉

공리주의는 논리적으로 환경생태주의의 동반자처럼 보인다. 지구상에 거주하는 각각의 개체들보다는 균형을 이룬 **전체**가 세계의 미래에 더 중요하기에 그렇다. 이런 관점에서 자원 고갈, 오염, 다른 종의 멸종은 일차적으로 중요한 문제다. 그러나 사안은 그리 단순하지 않다. 어떤 행위가 적절한지를 효용으로만 따지는 것은 치명적인 결과를 초래할 수도 있다. 의무나 우정과 같은 중요한 요인들은 왜 소홀히 하는가? 우리가 행동하기 전에 따져 봐야 하는 이유는 무엇인가? 더구나 행복이나 즐거움의 양을 측정하기 위한 믿을 만한 방법은 없다. 경제학자들에게 공리주의는 돈을 행복의 측정 도구로 만든 자본주의를 위한 도구가 될 수 있다. 이러한 공리주의는 단 하나의 결과를 가질 뿐이다. 측정의 도구인 GDP를 증가시키는 것이다. 여기서 〈최대 다수의 최대 행복〉은 최대 생산성을 추구하게 하고, 그 해법은 무절제한 소비 사회에서 찾게 한다.

철학자 루벤 오지앙이 공리주의를 비판하는 주장에 나도 동의한다. 그는, 공리주의에 따를 경우, 특권층이 부를 누리는 수준이 가난한 개인들이 겪는 고통의 크기를 능가한다면 모든 부를 소수가 갖고 나머지는 비참한 상태에 두는 것을 선택하는 사회도 가능하다고 말한다. 게다가 이는 아마도 신자유주의가 실제로 시도하는 바일 것이다. 어쨌든 결과론의 한계 중 하나는 좋은 결과가 무엇인지를 어떻게 결정하느냐다.

공리주의(또는 결과주의)가 갖는 또 다른 문제적인 측면이 있다. 물론 어떤 문제를 연구하고, 행동의 결과에 따라 채택해야 할 태도를 평가한다는 기본 원칙은 일관되어 보인다. 따라서 실용주의가 엄격한 도덕 원칙보다 앞선다. 그러나 과연 〈누가〉 이러한 결과들을 판단할 능력이 있는가? 대부분은 너무나 복잡해서 논란의 여지가 많으며, 따라서 결과를 정확하게 예측하기 어렵다. 인도주의를 구실로 하는 군사 개입이 이를 가장 잘 보여 준다. 정권에 위협받는 국민을 보호한다는 명목으로 비-개입, 즉 정권 유지의 결과보다 훨씬 더 많은 희생자를 발생시킬 수 있다. 우리가 좋은 결과를 예상하면서 행동할 때도, 막상 그 결과는 끔찍한 재앙이 될 수 있다. 이는 초기 분석의 한계 때문이다. 2011년 카다피에 대한 국제 사회의 개입이 이를 분명히 드러냈다. 독재자는 무너졌지만, 이슬람 테러리즘은 더욱 강력해졌고, 이라크의 사담 후세인 붕괴 직후 그랬던 것처럼 심각한 난민 위기가 초래되었다. 니콜라 사르코지Nicolas Sarkosy와 그의 공식 지지자인 베르나르-앙리 레비의 결정으로 수십만 명의 희생자가 발생했다. 이것이 군사 개입의 권리나 의무의 한계다. 군사 개입은 명백하게 생명을 구할 목적으로만 사용해야 한다.

공리주의와 결과주의는 이처럼 세 가지 중요한 결점이 있다.

이를 주장하는 사람들에게는 비범한 분석 능력이 필요하다. 또한 예기치 못한 결과를 초래할 수 있다. 마지막으로 우리에게 좋은 결과가 무엇인지 항상 알려 주지는 않는다.

의무론과 폐지론

폐지론자들은 **의무론자**와 비슷하다. 의무론자는 어떤 상황에서도 우리가 따라야 할 도덕적 의무가 있다고 생각한다. 따라서 결과에 상관없이 행위 그 자체에 주목한다. 이는 이마누엘 칸트Immanuel Kant의 정언 명령에 해당한다. 우리는 상황과 무관하게 원칙을 세우고 이를 지킨다. 이러한 도덕적 의무란 무엇인가? 칸트는 〈네 의지의 준칙이 항상 보편타당한 입법이 되는 것처럼 행위하라〉 그리고 〈너 자신과 다른 모든 사람의 인격을 결코 수단으로 취급하지 말고 언제나 동시에 목적으로 대우하도록 행위하라〉고 말한다. 난처한 상황에서 벗어나기 위해 거짓말을 하거나 거짓 약속을 할 수 있는가? 아니다. 나는 거짓말이 보편 법칙이 되기를 원치 않기 때문에 할 수 없다. 칸트의 엄격함은 여러 차례 비판받았다. 너무 비현실적이거나 극단적인 게 아닌가? 거짓말을 할 (또는 하지 않을) 권리는 칸트와 뱅자맹 콩스탕Benjamin Constant 사이의 논쟁거리였다. 콩스탕은 항상 진실만을 말하는 인간들이 모인 사회는 상상할 수 없다고 반박했다. 만일 우리가 상대방에 대해 생각하는 대로 솔직히 말한다면 함께 사는 것이 불가능할 것이다. 또한 사람들의 감정을 상하지 않게 하려면 예절이 필요하다. 콩스탕의 반박은 철학과 학생들에게는 잘 알려진 결의론의 문제에서 그 중요성이 드러난다. 당신은 암살자들이 찾는, 예컨대 나치 당원들에게서 도망치는 레지스탕스를 집에 숨긴다. 이윽고 나치가 당신 집의 문을 두드리며 레지스탕스가 지나가는 것을 보았는지 묻는다. 어떻게 하겠는가? 레지스탕스의 목숨을 구하기 위해 거짓말을 할 것인가? 아니면 진실의 원리를 충실하게 지켜 그를 고발할 것인가? 이에 대한 대답은 칸트적 입장의 복잡성을 드러낸다. 또 다른 문제도 있다. 만약 내가 도덕적 의무에 따라 행동하기를 원한다면, 이는 어떻게 정의할 것인가? 우리는 선과 악을 어떻게 확신할 수 있는가?

다행히도 모든 질문이 거짓말의 사례처럼 까다롭지는 않다. 동물에 관해서 의무론자들은 폐지론의 입장이다. 그들은 어떤 경우에도 먹기 위해 또는 가죽을 얻기 위해 살아 있는 존재를 죽이는 것을 정당화할 수 없다고 보기 때문이다. 어떤 경우든 불필요하게 동물의 목숨을 **빼앗는** 것은 악이다.

결과론과 의무론 사이의 이러한 도덕적 이항 분류는 판단의 동기를 이해하는 데 필요하지만, 때로는 동물 권리를 위해 싸우는 운동가들 사이에 인위적인 장벽을 만들기도 한다. 둘 중 어느 입장에 서야 할지 선택하기가 쉽지 않고, 어느 한쪽만을 지지하는 것이 불가능하기에 토론 자체가 어렵다. 100퍼센트 의무론자가 되는 것은 사실상 어렵다. 이는 결과론자가 행동의 결과를 따져보기 이전에 자신의 도덕적 견해를 내비치는 것과 마찬가지다. 각자 두 가지 논리 중 하나를 주로 사용하지만, 상황에 따라 다른 쪽 논리도 갖다 쓰기 마련이다.

독일의 사회학자 막스 베버Max Weber는 의무론과 결과론의 대립을 한쪽은 **신념의 윤리** 그리고 다른 쪽은 **책임의 윤리**로 구분했다. 또한 전자는 책임의 부재를 의미하는 것이 아니며, 후자(베버의 입장)는 신념의 부재를 의미하는 것은 아니라고까지 친절히 설명한다. 그리고 그는 선택이 필요할 때 둘 중 하나가 우선한다고 말한다.

아울러 베버는 규범적 윤리의 두 가지에 이어 세 번째 접근법도 덧붙인다. 바로 **덕목의 윤리**다. 이는 행동의 성격이 미덕이냐 악덕이냐에 따라 행동을 결정하는 것이다. 미덕(용기, 정직, 온유 등)이냐 악덕이냐? 여기에는 여전히 덕목을 어떻게 결정할지의 문제가 한계로 남는다.

마지막으로 우리의 짧은 도덕철학 수업을 마무리하기 전에, 도덕적 직관들의 근거가 되고, 모든 종교와 문화가 공유하는 상호주의의 윤리라 불리는 황금률을 되새겨 보자. 이는 도덕 규칙들 가운데 가장 유명하고 모든 사람이 인정하지만 종종 어기거나 잊어버리는 것이다. 바로 〈네가 원치 않는 바를 남에게 행하지 말라〉이다.

반종차별주의는 이 황금률로 요약된다. 왜 동물을 죽이거나 학대하면 안 되는지 이해하기 위해서는 이 격언을 머릿속에 새기는 것으로 충분하다. 당신이 결코 종차별주의자이거나 모든 비인간 동물은 인격체, 즉 〈타인〉이라는 생각을 받아들일 수 없다 하더라도 이 격언을 잊지 않고 농장에서 통용되는 버전인 〈**네가 원치 않는 바를 돼지에게 행하지 말라**〉로 기억하기만 하면 충분할 것이다.

살기 그리고 살도록 내버려 두기

고통을 주지 않기

싱어는 모든 동물에게는 〈이익〉, 그중에서도 즐거움을 느끼고 고통을 피함으로써 얻는 〈이익〉이 있다고 보았다. 이익은 각 존재가 소중하고 중요하게 생각하는 것으로, 싱어에게는 고통을 피함으로써 얻는 이익이 특히 중요하다. 그는 감각 있는 모든 존재의 고통을 최소화해야 한다고 말한다.

사실 인간 사회는 고통을 피하는 것을 최우선으로 여긴다. 보건부 사이트에서도 이런 점이 나타난다. 〈공중 보건의 실질적 과제는 건강 체계의 질과 발전 기준, 고통의 평가와 관리다. 환자의 권리 및 건강 체계의 질에 관한 2002년 3월 4일 법률은 고통 완화를 모든 사람의 기본적 권리로 인정한다. 고통에 대한 대책은 2004년 공중보건법에 적힌 공중 보건의 우선순위이기도 하다〉라고 명시되어 있다. 공중보건법 제 L.1110-5조를 포함하는 전체 입법 조치는 〈(······) 모든 사람은 고통을 덜기 위해 치료받을 권리가 있다. 고통은 어떤 경우에도 예방·평가·고려되고 치료되어야 한다〉라고 되어 있다.

모든 사람은 고통이 얼마나 참기 힘든지 알고 있다. 우리는 고통을 피하거나 줄이기 위해 무엇이든 한다. 화상, 상처, 충격, 물림, 조임, 두통, 치통, 요통 등 가장 빈번한 통증만 들어 보아도 우리가 얼마나 민감한지 알 수 있다. 고통의 치료가 〈모든 사람의 기본적 권리〉이고, 우리가 이용하는 동물들 역시 〈인격체〉로서의 특성을 갖는다면, 동물에게도 이 기본권을 부여하는 것이 타당하다. 물론 동물 〈복지〉를 보장하기로 한 문서들이 존재하기는 한다. 하지만 그것이 효과가 없다는 것을 차차 살펴볼 것이다.

따라서 싱어가 제안한 출발점은 매우 적합하다. 우리는 이러한 접근법을 〈감정중심주의pathocentrisme〉라 부른다. 감정중심주의는 고통을 느낄 수 있는 능력을 권리 부여의 기준으로 본다. 싱어는 개가 고통을 피함으로써 얻는 이익과 인간이 고통을 피함으로써 얻는 이익은 같고, 암소가 고통을 피할 때 얻는 이익과 개가 고통을 피할 때 얻는 이익은 같다고 보았다. 여기서 종은 아무 상관이 없다.

따라서 인간과 비인간 사이에 **이익 평등 고려 원칙**을 세우는 게 관건이다. 이익에 대한 평등한 고려가 동등한 대우를 의미하는 것은 아니다. 종 간에는 생물학적 차이가 있고, 복지 조건도 모두에게 같지 않다. 인간에게 필수적인 것이 다른 종에게 반드시 필요하지는 않다. 인간은 읽고 쓰는 법을 배워야 하지만, 돼지는 그렇지 않다. 마찬가지로 돼지는 땅을 파헤치고, 장난치고, 다른 돼지들과 의사소통해야 하지만, 뱀은 그렇지 않다. 하지만 이러한 정신 능력의 수준이 고통 허용의 기준이 될 수는 없다. 그렇다면 지적 장애가 있는 인간의 고통은 덜 중요하다고 여길 텐데, 이는 잘못된 생각이다. 이론의 여지없이 확실한 기준은 고통을 느끼는 존재가 무엇이냐가 아니라 고통 그 자체다.

반면 싱어에 따르면 종 간의 지적 차이에 따라 다른 종보다 더 살 가치가 있는 종이 나뉜다. 즉, 계획을 세우고, 자기 인식이 있고, 과거와 미래를 생각하고, 복잡한 의사소통을 하고, 행복이나 슬픔과 같은 감정을 느끼는 능력에 비례하여 삶의 가치가 올라간다. 따라서 삶의 가치는 인간 > 고릴라 > 돼지 > 물고기 등으로 순서가 정해진다. 자신의 능력을 온전히 갖춘 인간의 생명은 개나 쥐의 생명보다 더 중요하다. 〈우리는 당연히 어떤 존재들이 지닌 특성들로 인해 그들의 생명이 다른 존재들의 생명보다 더 가치 있다고 생각할 수 있다.〉 싱어의 논리에 따르면 동물 실험은 금지되지 않는다. 100명의 인간을 구하는 것이 확실할 때, 열 마리의 원숭이는 희생당해도 된다. 다만 명확히 해야 할 것은, 싱어가 삶의 가치를 결정하는 것은 종 자체가 아니라 관련 개체의 정신 능력이라는 점이다. 따라서 지적 능력을 온전히 갖춘 침팬지, 개 또는 성인 돼지의 생명은 〈손상된 뇌〉를 가진 지적 장애인의 생명보다 더 가치가 있다. 이 점에서 싱어는 인간 종에게 항상 우위를 부여하지는 않으므로 반종차별주의 입장을 견지한다고 볼 수 있다. 그렇다고 싱어가 지적 장애인을 죽이는 것이 정당하다고 말한다고 오해해서는 안 된다. 그는 도덕적 기준을 아래에서가 아니라 위로 상향 조정하기를 바란다. 비인간 동물의 생명에 대한 중요성이 높아지기를 요구하는 것이다. 〈우리는 비슷한 정신 수준을 가진 동물의 생명을 인간의 생명만큼 존중해야 한다.〉

한편, 싱어는 동물에게 고통을 가하지 않는 것이 확실하다면 사육과 도살도 용납하기에 생명 그 자체를 신성하게 보지는 않는다.

싱어는 절대적으로 동물권에 기여했고, 그의 책 『동물 해방』은

40년 전에 이미 동물권 보호 운동의 논거를 마련했다. 그의 의견은 반드시 참조해야 할 기준이고, 오늘날에도 여전히 가치가 있다. 하지만 싱어가 보인 두 가지 입장은 내게 의문의 여지를 남긴다. 나는 다른 생명보다 더 가치 있는 생명은 존재하지 않는다고 생각하며, 생명은 특정 조건하의 예외를 제외하고는 그 자체로 신성하다고 보기 때문이다.

생명 존중

모든 생명은 존중되고 지켜져야 한다. 가능하다면 그리고 생명이 스스로를 누릴 수 있다면 말이다. 나는 이것이 우리의 행동을 이끌어야 하는 불가침의 도덕 규칙이라고 생각한다. 아시아적 지혜의 정신적 접근, 철학, 법의 다양한 사유가 이 같은 결론에 이른다.

정신적 접근 방식은 자이나교에 의해 전개되고 톨스토이, 간디, 슈바이처가 주창한 비폭력 사상이다.

실로 끔찍한 것은, 동물의 고통과 죽음뿐만 아니라, 인간이 아무런 필요성도 없이 [동물들을 죽임으로써], 인간의 가장 높은 정신적 능력인 살아 있는 존재에 대한 동정과 연민의 능력을 스스로 짓밟고 스스로의 감정을 침해하면서 잔인해진다는 사실이다. 생명을 빼앗지 말라는 계명이 인간 내면 깊숙이 뿌리 박혀 있음에도 불구하고 말이다.

레프 톨스토이Lev Tolstoy, 『첫걸음』

참된 도덕적 인간에게는, 인간의 관점에서 볼 때 하찮아 보일지라도 모든 생명이 신성하다. 그는 반드시 필요할 때만 판단해야 하는데, 특히 두 생명 가운데 어떤 생명을 보존하고 희생시켜야 할지 선택해야 할 때 말이다. (……) 어린 시절부터 동물 보호에 애착을 가져 온 나는 생명 존중의 보편 윤리가 모든 살아 있는 생명에 대한 연민으로 드러나는 것을 특별한 기쁨으로 느낀다. 이는 종종 감성적 태도로 치부되지만, 사상가가 피할 수 없는 진정한 의무다.

슈바이처, 『나의 생애와 사상Aus meinem Leben und Denken』

살아 있는 생명 가운데 가장 보잘것없는 존재에 대해 아무것도 바라지 않고 동정할 수 있는 사람들은 우리에게 신의 능력을 이해할 수 있게 해주는 인류의 누룩과 같아서, 인류를 그의 목표로 인도하는 길을 밝혀준다. 우리는 우리가 창조할 수 없는 생명을 파괴할 권리가 없다.

간디, 『젊은 인도Young India』

불교, 힌두교 및 자이나교는 아힘사ahimsa 개념을 발전시켰다. 이는 마하트마 간디Mahatma Gandhi에게 대단히 중요한 개념으로, 모든 폭력을 거부하고 모든 형태의 생명을 존중하는 것이다. 아힘사는 넓은 의미로 이해되어야 한다. 이는 단지 상처 입히거나 죽이는 것을 금하는 것이 아니다. 간디는 〈비폭력은 우리를 미워하는 자들을 사랑하는 순간부터 시작된다〉라고 썼다. 비폭력은 진리에 대한 사랑과 인간관계를 인도하는 연민을 수반한다. 간디는 〈만일 우리가 누군가를 속여 그가 실패하는 것을 개의치 않는다면, 우리가 폭력적이지 않다고 할 수 없다〉라고만 한다.

사랑, 연민, 진실과 같이 종교 메시지에 적합한 단어들은 내가 앞서 예찬한 이성적 반종차별주의와는 거리가 먼 것처럼 보인다. 하지만 알베르트 슈바이쳐Albert Schweitzer는 〈생명 존중 사상은 윤리적 신비주의다. 이것은 윤리적 행위로 우주와 결합하게 하며 그 기원은 합리적 사고에 있다〉라고 쓰며 겉으로 보이는 모순을 해결한다.

여기서 동물 윤리와 그 두 가지 흐름인 결과론과 의무론으로 되돌아가 보자. 결과론은 동물 복지 향상을 위해 싸우며 의무론은 동물 착취의 종식을 주장한다. 간디는 〈아힘사 정신을 행하는 자는 최대 이익이 최대 다수에게 이롭다는 공리주의적 공식을 받아들일 수 없다. 그는 이상을 위해 자신의 목숨을 희생할 것을 각오하고, 반드시 모든 사람의 최대 선을 위해 싸울 것이다〉라고 한다. 간디는 벤담의 공리주의를 비판함으로써 동물 착취의 종식을 주장한다. 그는 대다수에게 유익하다는 명분으로 누군가 고통받아야 한다는 것을 받아들이지 않는다. 모든 개인의 안녕은 똑같이 보장되어야 한다. 간디는 〈공리주의적 공식〉을 비판한다. 싱어의 공리주의적 접근이 완전히 만족스럽지 않은 부분이 바로 여기다.

먼저 싱어가 〈살 이익〉들의 목록에 따라 생명의 상대적 가치를 판단한 것은 매우 주관적이다. 어떤 객관적인 요인들로 가치 목록을 만들 수 있을까? 물론 의식이 높고 인지 능력이 발달하면 감정과 성취가 월등해질 수 있다. 그렇다면 비인간 동물에게서 이러한 의식과 인지 능력의 실제 수준을 판단할 수 있어야 한다. 그러나 이러한 판단은 인간만의 고유한 지성과 감정 기준에 의존하기에 인간중심주의적일 수밖에 없다. 또한 우리는 다른 동물에게 고유한 감각 능력과 정신 능력을 아직 제대로 모른다. 어떤 종이 100까지 셀 줄 모른다고 해서 인간에 견줄 만한 뛰어난 정신 능력이 없는 것은 아니다. 다른 종들은 실제로 또 다른 형태의 능력이 있을 수 있다. 박쥐는 어떤 장애물에 부딪히면 되돌아오는 초음파를 느껴서 완벽한 정밀도로 이동한다. 또한 철새들은 지구 자기장을 이용해서 수천 킬로미터를 이동하며 인간에게는 없는 능력을 동원한다. 이러한 능력들이 인간의 능력보다 가치가 덜한가? 종차별주의자가 아니라 해도 그렇게 말하기는 힘들 것이다. 그런데 싱어는 〈우리가 종차별주의적 입장에 서지 않기 위해서, 개를 죽이는 것과 자신의 능력을 온전히 갖춘 한 인간을 죽이는 것을 똑같이 중요하다고 여길 필요는 없다〉라고 한다. 즉, 싱어는 개의 생명은 〈자신의 능력을 온전히 갖춘〉 인간의 생명보다 가치가 덜하다고 본다.

이 문제에서 싱어의 논리는 매끄럽지 못하다. 자신이 설명하는 가설을 성립시키기 위해 그는 항상 불완전한 인간 능력(어린이, 지적 장애)을 예로 들고, 우리의 기준에서 지적으로 매우 고등한 동물(침팬지, 돼지, 개……)과 비교한다. 하지만 싱어는 쥐나 비둘기의 생명이 인간(어린이, 지적 장애인이라고 해도)의 생명보다 더 가치 있다고는 말하지 않는다. 그 동물들은 싱어에게 너무 〈어리석은〉 동물이기 때문이다. 또 다른 문제는 지적 장애인의 이익이 개나 침팬지의 이익보다 낮아지는 지점을 어떻게 평가하느냐다. 어떤 인간이 전신이 마비되거나 뇌가 손상되어 휠체어에서 움직일 수도 없고 의사소통도 불가능한 반면 개나 침팬지는 자유로운 상태에서 자신들의 삶을 맘껏 누리는 복잡한 상황은 차치하고, 지적 장애인의 존재가 여타의 비인간 존재보다 가치가 덜하다고 판단할 근거를 찾기란 어렵다. 게다가 이는 논리적으로 다른 인간보다 더 살 가치가 있는 인간들이 존재한다고 여길 여지를 남긴다. 여기에서 곧바로 파시스트들이 사용한 논리와 같은 위험성이 등장한다. 하지만 분명히 짚고 넘어갈 점은 싱어에게 쏟아졌던 거센 비난과는 달리 실제로는 결코 그렇지 않다는 것이다. 그는 단한 번도 일말의 모호한 의도를 내비친 적이 없다. 다만 싱어의 접근법에 허점이 있을 뿐이다. 우리가 반종차별주의자이며 모든 인간의 생명은 다른 이의 생명만큼 가치 있다고 여긴다면, 모든 동물의 생명은 다른 동물의 생명만큼 가치가 있다고 해야 한다. 종은 차별을 정당화하기 위한 고려 기준이 될 수 없으니 말이다.

싱어는 서로 다른 동물 사이에 존재하는 실제 특성 차이를 고려하면서 동물에 대한 성찰을 진전시키려 하면서도, 종의 위계에 대한 서구의 문화적 선입견을 넘어서는 것은 망설인다. 결과적으로 그는 종차별주의에 노출된 불완전한 체계(⟨이익들⟩의 체계)를 제안한다.

객관적이지 않은 여러 가지 이익에 근거하여 생명의 가치를 결정하는 대신, 모두에게 절대적이고 수량화할 수 없는 하나의 이익인 **⟨살 이익⟩**만을 고려하는 게 더 낫지 않을까? 이 힘은 어떤 값을 치르고서라도 존재하고자 하는 힘, 모든 살아 있는 존재를 생동하게 하는 힘이다. 식물의 경우는 의식이 없기에 **살 이익**이 아니라

살고자 하는 욕구라고 하는 게 더 적합할 수 있다. 그러나 모든 의식을 가진 존재는 특별히 병적인 경우를 제외하고는 자신의 존재를 완성하거나 가능한 한 최대한 실현하기를 바란다. 이는 쇼펜하우어의 〈생의지〉다. 의식을 가진 살아 있는 존재의 생명을 박탈하는 것은 그에게 가장 소중한 것을 빼앗는 것이기에 헤아릴 수 없이 막대한 피해를 입힌다.

이 규칙에는 물론 예외가 있다. 이는 생명이 지속되는 경우이므로 생명을 유지하는 게 도저히 여의치 않다면, 오히려 헛된 고통만 낳을 뿐이다. 마지막 순간에 다다른 환자 또는 사고로 표현 능력과 의사소통 능력을 상실한 환자에게는 더 이상 살지 않는 것을 선택할 권리가 있어야 한다. 그리고 우리는 그들이 존엄사를 선택할 수 있도록 해줘야 한다. 프랑스가 몇 년 뒤처진 또 다른 주제인 낙태에 관해서도 오해가 없어야 한다. 태어날 권리는 없다. 임신 첫 몇 달 동안 태아는 잠재적 존재로 의식도 신경계도 없는 상태로 머문다. 생명에 대한 존중은 존재할 생명에 대해서가 아니라 현재 여기 살아 있는 존재의 생명을 위한 것이다. 이것이, 낙태가 피임과 마찬가지로 기본적 권리이며 태아에게는 부적합한 환경에서 태어나지 않도록 함으로써 생명을 근본적으로 존중하는 수단이기도 한 이유다.

따라서 동물을 고통받지 않게 하는 것만으로는 충분하지 않다. 동물을 죽이는 것 또한 하지 말아야 한다. 고통은 인간에게든 비인간 동물에게든 같다는 것을 인정한다면, 어떤 종도 다른 종보다 〈살 권리〉에서 우선하지 않는다는 사실 또한 받아들여야 한다. 사람, 암소, 개, 토끼, 물고기, 즉 종과 관계없이 존재하는 모든 것은 가치가 똑같다. 존재는 유일하고 모든 개체는 자기를 실현할 수 있기 때문이다. 우리의 생명이 우리에게 소중한 것과 마찬가지로, 암소에게는 암소의 생명이 귀중하다. 게다가 의식을 가진 모든 살아 있는 존재는 자신의 생명과 자신의 종이 무엇보다 중요하다. 어떤 개, 어떤 돼지, 어떤 닭이든 인간의 생명보다 자신의 생명이 더 가치 있다고 여긴다(유일한 차이점은 비인간 동물들은 이러한 관점을 인간처럼 표현하지 않는다는 것이다. 비인간 동물들에게 자신의 존재에 부여된 우선권은 무의식적인 생존 반응이다. 이는 우월감이 아니라 우선감[感]이다).

따라서 암소가 인터넷 서핑을 하거나 친구들과 술 마시러 가는 대신 풀을 뜯으며 시간을 보낸다고 해서 그 죽음이 〈호모 사피엔스〉의 죽음보다 덜 중요한 것은 아니다. 어떤 존재가 다른 존재보다 더 가치 있다고 볼 수는 없다.

생명의 서로 다른 존재 방식을 서열화하기 위한 또 다른 가능성은 각 종이 우리의 공동체인 지구에 얼마나 기여하는지 비교하는 것이다. 어떤 기준을 고려해야 할까? 생명은 자신의 발전 외에는 다른 목적이나 의미는 없다는 무신론적 관점에서, 우리는 각자 모든 종이 생태계 전체의 생명을 보존하는 데 기여하는 역할을 따져 볼 수밖에 없다. 이 기준을 취한다면, 꽃식물 수분의 80퍼센트를 책임지는 꿀벌이 랭킹 1위에 오를 것이다. 지렁이도 토양의 상태를 높인다. 꿀벌이나 지렁이 가운데 하나라도 없어진다면 오늘날 우리가 알고 있는 생태계에 심각한 영향을 미칠 것이다. 반면,

같은 기준에 따르면 인간 종은 가장 낮은 순위를 차지하게 된다. 인간이 내일 사라진다고 해도 지구의 생명 주기에 아무런 영향을 미치지 않을 뿐만 아니라, 인간은 오히려 지구상에서 가장 많은 생명을 파괴하는 종이기 때문이다. 인간은 가장 해로운 동물로서, 기여도에 따른 종의 가치로 따질 때 근절되어야 한다. 하지만 이는 분명 내가 바라는 바가 아니다.

인간이 다른 종보다 더 가치 있다는 것을 주장할 수 있는 또 다른 방법이 있다. 지구상의 생명체가 그 자체로 존재하는 것이 아니라 특정 목표를 달성하기 위해 사명을 수행하고, 인간의 사명이 다른 종의 사명보다 더 우월하다는 것을 증명하면 된다. 그러면 인간은 다른 동물보다 더 가치 있는 셈이다. 이러한 인식은 창조론에서 나타난다. 창조론은 초월적 존재가 세계의 탄생을 기획했고, 목적을 부여했으며, 모든 종에게 서로 다른 기능을 분배했다고 가정한다. 이것은 인간의 파괴적인 분노를 정당화할 유일한 가능성이다. 인간은 경이로운 자신의 운명을 실현하기 위해 가능한 모든 방법을 동원할 것이다. 어디까지 가능할지는 아무도 모른다. 하지만 이것은 가정일 뿐이다. 더구나 지식과 기술이 진보하면서 우리는 성경의 하나님으로부터 점점 더 멀어지고 있다. 다만 〈죽이려는 의지〉가 끝도 없이 이어지는 생산 위주의 인간 사회에서, 왜 〈살려는 의지〉가 더 중요한 기준으로 받아들여지지 않는지는 알 수 있다. 인간이 살아 있는 것을 볼모로 잡고 있기에, 〈호모 사피엔스〉에게 남은 유일한 정신적 구원은 그를 능가하는 임무를 위임받았다고 믿는 것이다. 종차별주의자들은 따라서 스스로 의식하지 못한 채 자신에게 특별한 힘을 부여한 신을 믿는 유신론자들이다. 모든 반종차별주의자가 무신론자는 아니지만, 반종차별주의자만이 무신론자다.

지구상의 생명을 설명하는 데 가장 합리적 접근인 우연의 이론에 따른다면, 인간의 생명은 토끼나 개구리의 생명보다 더 의미가 있지는 않다. 인간이 생각하고 발명하는 능력을 지녔다고 해서 달라질 건 아무것도 없다. 지구상에 출현하는 모든 존재는 자신의 여정을 처음부터 끝까지 온전히 누릴 똑같은 권리가 있다.

호킹 박사에 따르면 지구는 우주에서 유일하게 생명체가 사는 곳이 아니다. 이렇게 생각하면 쉽다. 지구는 태양계의 여덟 개 행성 중 하나다. 은하에는 태양과 같은 별이 2000억 개 있다. 그리고 우주에는 1000억 개 이상의 은하가 있다(2000억? 혹은 3000억? 정확한 숫자는 모른다). 광활한 우주에서 먼지보다 작은 지구가 어찌 생명체가 탄생한 유일한 곳이겠는가? 상식적으로 외계인이 존재한다고 생각할 수밖에 없다. 이 책의 첫 장을 우주적 관점에서 접근하고자 했던 것을 기억할 것이다. 다시 이러한 관점으로 돌아가 보자. 왜냐하면 동물 윤리는 우리가 항해하는 우주의 무한한 광활함을 이용해서도 주장할 수 있기 때문이다.

우주에서 생명은 또 다른 어떤 형태로 육화했을까? 우리의 제한된 경험으로 이를 말하기에는 상상력이 부족하다. 우리가 꿈에서도 접해 보지 못한 기술이나 능력을 보유하고 있다면? 우리보다 훨씬 오래전부터 발달해 왔고 수십억 년이나 앞서 있는 지능적 존재들일 가능성도 충분하다. 그런 생명체들이 내일 우리를 발견한다면, 그들에게 우리는 작은 개미만도 못한 존재로 보일 것이다. 어쩌면 우리가 너무 진화가 덜 된 존재여서, 무시해도 된다고 여길 수도 있다. 지능이 뛰어난 외계인들이 내일 지구에 상륙해서 우리를 멸종시키거나 잡아먹기로 하고, 그들의 지적 우월성을 들어 이러한 대학살을 정당화한다면, 우리는 꽤 문제라고 느끼지 않을까? 우리가 사랑하는 사람들이 노예가 되고 학살당하는 것을 보고 견딜 수 없지 않을까? 외계인들도 그들 나름의 논리가 있을 것이다. 우리 땅을 이용할 필요가 있거나, 먹거나(인간도 돼지처럼 구우면 먹음직스러울 것이다) 또는 즐기기 위해서(그들에게 인간은 호기심의 대상일 것이기에, 아마도 인간을 상자에 넣고 그들의 아이들이 보도록 전시할지 모른다).

인간에게 호의적이지 않을 이런 미래를 예상해 보면, 우리가 원치 않는 것을 왜 다른 종이 겪게 해서는 안 되는지 쉽게 이해할 수 있다. 이러한 사고실험이 아직 검증되지 않은 가설(고등 생명체의 존재)에 근거하고 있다고 해서, 이로부터 이끌어 낼 원칙과 논증의 도덕적 타당성을 무효화하지는 않는다. 돼지, 닭 또는 송아지처럼 우리를 위협하지 않는 다른 종의 개체를 착취하고 죽인다면, 이 또한 과도한 우월감에 의한 것이다. 인간은 결코 그런 운명을 겪지 않을 것이라고 확신하는 것은 환상이다. 이론적으로는 전혀 반갑지 않은 초록색 녀석들이 내일 당장이라도 지구에 도착할 수 있다. 하지만 위협적인 종은 지구상에서, 바로 우리 곁에서 생겨날 수도 있다. 진화의 법칙, 기후 변화, 균형을 뒤흔들 다른 현상들에 의해서 말이다.

부정적인 영향을 최소화하기

현재 생명 존중과 지구상의 어떤 존재도 죽이지 않는 것은 큰 어려움에 부딪혔다. 인간의 존재는 필연적으로 지구에 매일 파멸을 가져온다. 걷고, 호흡하고, 운전하고, 건물을 짓고, 땅을 경작하고, 먹으며, 우리는 최소한 아주 작은 동물, 하다못해 식물이라도 죽이고 있다. 어떤 생명도 파괴하지 않는 유일한 방법은 인간이 존재하지 않는 것이지만, 계속해서 살고 싶은 사람들에게는 곤란한 방법이다.

이 딜레마를 어떻게 해결해야 하는가? **생명에 대한 부정적인 영향을 최소화**하는 수밖에 없다. 환경보호 운동가들이 〈생태 발자국〉을 최대한 줄이려고 노력하는 게 여기에 포함된다. 지구를 걱정하는 사람은 오염이 가장 적은 이동 수단을 찾고, 적게 소비하려고 노력한다. 마찬가지로 동물 착취 폐지론자는 감각 있는 생명에게 가해지는 고통을 가능한 한 줄이려고 노력해야 한다. 그리고 이는 가장 사소한 고통에서부터 출발한다.

먼저 육류, 우유, 달걀, 가죽, 모피 등 동물 착취에서 비롯된 제품을 사용하지 않는 게 중요하다. 고통을 겪지 않는다고 보는 식물 제품만 먹고 입는 것이다. 물론 식물도 〈삶의 의지〉나 〈힘의 의지〉에 따라 다른 생명에게 해를 끼치기도 한다. 또한 〈지능〉도 있다. 식물들은 공격을 감지하고 그에 반응하기도 한다. 남아프리카에서는 아카시아가 의사소통을 하고 방어 전략을 세운다는 사실이 밝혀졌다. 아카시아 잎은 주로 〈영양〉이 뜯어 먹는데, 일정 수준 이상으로 먹히면 종의 보존을 위해 이웃 아카시아 나무에 가스 신호를 보내어 잎을 뜯어 먹으려는 동물에게 독소를 분비한다. 이 전략은 몇 가지 면에서 주목할 만하다. 아카시아는 일반적으로 아무런 해를 입히지 않고 초식 동물에게 〈먹히기〉 때문에, 이것이 자기방어 전략이라고만 볼 수는 없다. 아카시아 잎은 많은 동물의 먹이다. 아카시아가 부족해지면 생태계는 교란될 것이다. 아카시아 잎이 갑자기 〈먹을 수 없는〉 상태가 되면, 육식 동물 역시 다른 곳으로 이동하여 먹이를 찾을 수밖에 없다. 놀라운 집단 안녕 체계다. 또 다른 예로 **미모사 푸디카**_Mimosa pudica_가 있다. 이 식물은 손으로 잎을 건드리면 마치 수줍어하는 것처럼 잎을 오므리는 예민한 식물이다. 이 또한 공격을 막는 방법이다. 식물들도 기억을 한다. 그러나 식물에게 쓰는 〈지능〉이나 〈기억〉이라는 용어는 동물에게 쓰이는 것과 같은 의미는 아니다. 식물은 두뇌도 신경 세포도 없기 때문에 이는 은유적인 표현이다. 식물들은 필요한 반사 작용을 기억해 두지만, 공격당했다는 사실은 기억하지 못한다. 신경계가 없으므로 의식을 가지고 통증을 느낀다는 증거는 없다. 모든 증거는 오히려 그 반대를 향한다. 우리가 언젠가 새로운 식물 신경계를 발견할 수도 있겠지만, 그렇다 해도 식물이 느끼는 것은 가장 덜 진화한 수준의 동물이 느끼는 만큼도 되지 않을 것이다. 식물에 가까운 동물들, 예컨대 홍합이나 굴은 의식이 없고 고통을 느끼지 못하는 것으로 알려졌는데, 이 경우에는 먹을 수 있다.

의식이 있는 존재를 결코 죽이지 말라는 규칙을 어디까지 지켜야 하고 지킬 수 있는가?

그 한계는 우리 스스로의 생명을 보존하는 데 있다. 생명이 위협당하지 않는 한, 죽이는 것을 정당화할 근거는 없다. 나를 없애려는 의도가 분명한 인간 또는 비인간에게 공격받는다면, 당연히 스스로를 방어해야 한다. 그렇더라도 살생은 최대한 피하고, 무력화하는 방법을 택해야 한다. 이런 극단적인 경우가 아니더라도 인간은 일상의 수많은 상황에서 잠재적 살해자의 위치에 있다. 집에 출현한 쥐에게, 살을 깨무는 곤충에게, 옷을 갉아 먹는 좀에게 우리는 어떻게 하는가? 각각의 경우에 우리가 겪는 불편한 정도에 따라 이에 대응하는 방법은 달라져야 한다. 대부분은 지나친 폭력을 행사하지 않고도 문제를 해결할 수 있다. 생쥐의 목을 치기위해 덫을 놓을 필요는 없다. 생쥐들과 함께 살고 싶지 않은 마음은 충분히 이해하지만, 생쥐도 설치류로서의 삶을 누릴 권리가 있으므로 그저 밖으로 내보내면 될 문제다. 곤충도 마찬가지다. 파리 끈끈이 종이는 끔찍하다. 창문을 열거나 자연 퇴치법을 사용하는 것으로 충분하다. 나방은 월계수나 라벤더를 싫어한다. 물론 특정 곤충이 대거 침입해 방역이 필요할 때도 있다. 시도 때도 없이 공격해 대는 빈대들이라면 생각할 가치도 없다. 가차 없이 제거하는 수밖에. 모기는 좀 고려해 보자. 모기를 잡을 것인가 말 것인가? 슈바이처는 유럽에서는 모기를 죽이지 않았지만, 아프리카에서는 잡았다. 말라리아를 옮기는 원인이었기 때문이다. 나에게는 슈바이처의 지혜가 부족하여 모기가 내 허락도 없이 피를 계속빨면, 모기에게 건강 진단서를 보여 달라고 요구하기도 전에 손이 먼저 날아간다. 따끔거리는 공격에 반응했을 뿐인 그 상황에서조차 나는 마음이 편치 않다. 모기가 일부러 나를 문 건 아니기 때문이다. 모기는 살아남기 위해 다른 생물의 피가 필요하다. 자연이 그렇게 만들었다. 그렇게 남의 피를 자신의 먹이로 구하여 〈살고자 하는 의지〉에 따르는 모기를 어찌 비난할 수 있겠는가. 기본적으로 위험하지 않다면 모기에 물리게 두는 슈바이처가 옳다. 물론 병을 옮기고 건강을 위협하는 곤충을 제거한다고 해서 윤리적으로 비난받을 수는 없다.

생명에게 부정적인 영향을 끼치는 것을 최소화하는 것, 이것이 가장 인간적인 철학이다. 간디도 그 이상을 제안하지는 않았다.

인간은 의식적이든 아니든 간에 한시도 물리적 폭력을 저지르지 않고는 살 수 없다. 살고, 먹고, 마시고, 움직이는 것은 필연적으로, 그것이 아무리 작더라도 어떤 형태로든 생명을 파괴한다. 그럼에도 그가 모든 행동을 연민에 따라 행하고, 모든 살아 있는 것을 최대한 보호하고, 아주 사소한 생물까지도 구하고, 이런 방식으로 폭력의 치명적 굴레에서 벗어난다면, 그가 비폭력의 원칙에 충실하다는 사실에는 변함이 없다. 그의 헌신과 연민은 계속 성장할 것이나, 모든 외부 폭력에 대해서는 결코 완전무결할 수는 없을 것이다.

간디, 『간디 자서전*Autobiography*』

폐지론자

어떤 생명도 죽고 싶어 하지 않는다. 모든 생명은 살기를 원한다. 생명은 성장하고, 발전하고, 계속 존재하고자 하는 욕구로 표출된다. 이와 같은 생각은 세 명의 철학자가 미묘한 차이를 보이며 다음과 같이 표현했다.

- 스피노자의 〈코나투스, 자기 보존 능력〉: 어떤 사물도 자기 스스로를 파괴하거나 자신의 존재를 제거하려 하지 않는다. 이와 반대로 생명은 자신의 존재를 없애려 하는 모든 것에 대항하며, 결과적으로 자신의 존재 안에 실재하고자 노력한다. 이것이 증명되어야 했던 것이다.
- 쇼펜하우어의 〈생의지〉: 모두가 존재를, 가능하다면 유기체적 존재, 즉 생(生)을, 일단 발현된 이상 가능한 최대한 도약하는 생을 열망하고 이를 위해 노력한다. 동물의 본성에서 생의지가 존재의 근본적 특징이며, 불변하고 절대적인 유일한 속성이라는 것이 분명하다.
- 니체의 〈힘에의 의지〉: 나는 생명을 발견한 곳에서, 지배하고자 하는 의지를 발견했고, 노예의 의지에서조차도 주인이고자 하는 의지를 발견했다.

간디는 같은 생각을 다음과 같이 표현할 것이다. 〈생명은 열망이다. 그의 사명은 완성, 즉 자기실현을 향해 나아가는 것이다.〉

지구상에 태어난 모든 동물은 하루살이처럼 며칠밖에 살지 못하는 생명이든 거북이처럼 200년 이상 사는 생명이든 자신의 동물적 삶을 살길 원한다. 따라서 다음과 같이 질문해 볼 수 있다. 우리는 왜 인간과 마찬가지로 자기실현을 추구하는 생명을 박탈할 권리를 스스로에게 부여하는가?

우리는 인간 종에 대해서는 생명의 신성함을 인정했다. 살인은 원칙적으로 금지되어 있고, 세상에 태어난 모든 인간은 존재할 권리를 누린다. 이 점에 있어 왜 다른 종의 구성원이라고 다를까?

우리는 모든 동물은 개체 또는 인격체라는 것, 즉 자신의 정신세계, 주관, 감정을 느끼는 능력과 많든 적든 충분히 계획을 세우는 능력이 있는 존재란 것을 알고 있다. 모든 동물은 자신의 선호, 취향이 있고, 사랑하거나 미워하는 동족이 있다. 그들 각자는 목표를 세우고(먹이를 찾는 데서부터 시작하여), 전략을 짜고, 도구를 사용하기도 하고, 의사 결정을 내리며 또한 학습 능력이 있다. 물론 모든 종이 이러한 정신세계의 발달이나 인지 능력의 수준이 똑같지는 않고, 특히 곤충에게는 제한되어 있다. 하지만 이는 중요하지 않다. 모든 존재는 같은 원칙에 따라 움직이며, 그에 따라 살 권리가 있기 때문이다. 모든 감각 있는 생명을 존중해야 하는가? 대답은 분명하다. 그렇다. 인간은 동물의 가치를 존중할 윤리적 의무가 있다.

- 모든 동물이, 우리처럼, 살고자 하는 의지가 있기 때문에,
- 대부분의 동물이, 우리처럼, 고통과 괴로움을 느끼기 때문에,
- 다른 종과 인간 사이에는 정도의 차이만 있을 뿐 본질적 차이는 없기 때문에,
- 과학 연구가 계속될수록 인간과 비인간 동물의 사이가 점점 좁아지고 있기 때문에,
- 우리가 이 세상에 태어나는 모든 인간 동물의 생명은 보호되어

야 한다고 동의하기 때문에,

⋯→ 이성은 우리에게 이야기한다. 인간은 불가피한 경우를 제외하고는 비인간 동물에게 고통을 가하거나 죽일 권리가 없다.

과연 우리는 실제로 어떤가?

우리는 살기 위해 동물을 먹을 필요는 없다

인간의 몸이 채식주의와 비거니즘 식단에 완전히 적응되어 있다는 것은 수천 년 동안 증명되었다. 믿을 만한 영양학자들은 인간이 동물 제품을 섭취하지 않아도 영양 상태에 문제가 없다고 말한다. 연구 결과에 따르면 채식주의자들이 육식주의자들보다 더 오래 사는데, 이는 육류가 심혈관 질환이나 특정 암과 같은 다양한 병을 유발하기 때문이다. 육류를 다루는 대부분의 공장식 축산업 시스템이 놓인 열악한 위생 조건을 감안한다면, 질병 유발 위험성은 더욱 높아진다. 최근 몇 년간 수많은 전염병이 공장식 사육장들의 **비정상적** 생산 방식에서 발생했다는 점을 무시해서는 안 된다.

공장식 축산업을 종식하고 유기농 사육자를 육성하자는 요구는 점점 거세지고 있다. 여기에는 환경 보전, 고기 질, 동물 복지 개선이라는 세 가지 장점이 두드러진다. 특히 동물 복지 개선 요구가 눈길을 끈다. 하지만 동물 사육장에서 복지는 신기루일 뿐이다. 이는 두 가지 이유에서다. 첫째, 우리가 아무리 달리 보려 해도, 결국 동물 사육은 항상 목적이 같다. 즉, 상품을 생산하고 이익을 내는 것이다. 이익에는 언제나 동물의 희생이 따른다. 둘째, **복지는 잘 사는 것**, 즉 어떤 존재가 사실상 그의 존재 방식이라 **여겨지는 상태**로 머물 수 있음을 의미한다. 따라서 동물 복지를 말하려면, 전제로 그 동물이 자연스러운 상태에 놓여 있어야 한다. 즉, 자유로운 상태에서 무리 또는 집단을 이루고, 그곳에서 사회관계를 맺고, 사육자가 아닌 부모에게 교육받는 자녀를 데리고 사는 자연스러운 상태 말이다.

한편 산업식 동물 사육을 대체하여 소규모 농장들이 발전하게 되면 80억 인구에게 매일 고기를 공급할 수 없기 때문에, 고기 소비는 급격히 감소할 것이다. 결국 어떤 결과가 초래될 것인가? 고기는 분명 값비싼 고급 품목이 될 것이고, 특권층에게만 제공될 것이다. 유기농 사육을 촉진함으로써 결국 먹거리의 특권층화를 마련하는 계기가 되는 것이다. 한쪽에는 비싼 고기를 더 이상 소비할 수 없는 가난한 사람들이, 다른 한쪽에는 고급 스테이크를 즐기는 부자들로 말이다. 이는 중요한 도덕적 문제를 불러일으킨다. 다중 층위의 식품 경제 수립을 받아들일 것인가? 산업식 동물 사육은 모든 이들에게 고기를 공급할 수 있는 유일한 방법이다. 이 점에서는 가장 민주적이다. 고기가 필수품이라면, 산업식 동물 사육을 지속시켜야 한다. 하지만 고기가 필수 먹거리가 아니라면 형평성의 문제에 따라 고기 생산 자체를 전면 중단해야 한다.

이 지점이 중요하다. 모두(유기농 사육자들과 그 지지자들까지도)가 고기를 먹지 않아도 살 수 있다고 말하면서, 왜 계속 고기를 먹는가? 고기 한 조각 먹는 것은 결코 별것 아닌 행위가 아니다.

소비자는 모든 것을 잊지만, 돼지고기 가공식품 한 조각 이면에는 엄청난 고통과 강탈당한 생명이 있다. 이를 어떻게 정당화할 것인가? 이에 대해 육식 지지자들은 먹는 즐거움과 전통이라는 두 가지 이유를 든다.

먼저 〈전통〉이라는 명분은 정당한 근거가 될 수 없다. 노예제도는 수천 년 동안 전통이었다. 할례는 전통이다. 돌을 던져 죽이는 투석 형벌은 전통이다. 강제 결혼은 전통이다. 아마도 간직해야 할 좋은 전통들도 있을 것이다. 전통은 역사를 실어 담고 모으는 구심점이 되기 때문이다. 하지만 야만적인 관행이 단지 오래된 관습이라는 이유만으로 계속되어서는 안 된다. 부당한 변명에 대해서는 논할 이유가 없다.

또 다른 이유인 먹는 즐거움, 〈**고기는 정말 맛있어, 난 고기를 사랑해**〉. 하지만 이 또한 도덕적 관점에서는 성립될 수 없는 근거다. 어떤 행동도 즐거움이라는 이유만으로 정당화될 수는 없다. 연쇄 살인범은 사람들을 죽이면서 희열을 느낀다. 강간범은 강간을 쾌락으로 삼는다. 하지만 법정에서는 이들 모두 용서받지 못한다. 극단적인 폭력 상황과 비교할 것도 없이, 일상에서도 개인적 즐거움만으로는 정당화될 수 없는 수많은 상황이 있다.

예 1. 나는 음악 감상을 무척 좋아한다. 가슴을 울리는 베이스의 강렬한 비트는 나를 전율하게 한다. 찌르는 듯한 고음을 뽑아내는 기타의 선율도 짜릿하다. 내 고막에 와닿는 드럼의 폭발적 에너지는 내 감각을 흥분시킨다. 그렇다 하더라도! 새벽 3시에 볼륨을 최대로 높여 이웃 사람들의 잠을 방해할 권리가 있는가?

예 2. 당신을 짜증 나게 하는 녀석이 있다. 당신은 그의 얼굴부터 발끝까지 모든 게 마음에 들지 않는다. 그는 허무맹랑한 소리도 많이 한다. 게다가 거만하고 건방지기까지 하다. 얼굴에 주먹을 한 대 날려 주고 싶다. 그러면 속이 다 후련해질 것 같다. 하지만 당신에게는 그럴 권리가 없다.

예 3. 좀 더 심각한 경우다. 당신은 담배 없이는 못 살 정도로 담배 애호가다. 아침에 카페에서, 사무실 컴퓨터 앞에서, 커피 한 잔을 마시며 담배를 피우는 순간은 누구도 빼앗을 수 없는 기막히게 즐거운 시간이다. 그럴 수 있나? 이제는 더 이상 아니다. 사무실에서 흡연이 가능했던 2007년 이전에는 어땠는가? 동료들은 내가 담배 연기에 알레르기 반응을 보여도, 내 얼굴에 대고 신나게 담배 연기를 뿜어댔다. 숨쉬기조차 곤란했던 사무실. 나는 골초 동료들에게 불편한 기색을 내비쳤으나, 간접흡연 피해의 심각성은 제대로 전달되지 않았다. 아무것도 달라지지 않고 매번 같은 대답만 돌아올 뿐이었다. 〈네가 내 **자유를 침해할 수는 없어! 일할 때 담배 피우는 건 내 즐거움이야! 우리더러 밖에 나가서 담배 피우라고 강요하지 마!**〉 그들은 내 자유, 불편하거나 아프지 않을 자유는 결코 문제 삼지 않았다. 철학자 미셸 세르Michel Serres는 비흡연자 앞에서 담배를 피우는 사람은 공기를 자신의 것으로 점유하므로 비흡연자의 자유를 침해한다고 정확히 짚었다. 흡연자는 〈공기는 내 것이지, 다른 사람의 것은 아니다〉라고 생각한다. 이는 공기가 공공재인가라는 권리의 문제다. 어쨌든 법은 결정을 내렸다. 흡연자들은 이제 나가서 담배를 피워야 하고, 일할 때 담배를 피우는 게 즐겁다는 이유로 권리를 주장할 수는 없다.

이제 우리가 먹거리를 위해 그 어떤 동물이라도 죽이는 것을 정당화할 근거는 없다. 동물 사육은 중단되어야 한다. 유제품과 달걀 사육장도 고통과 죽음을 초래하기는 마찬가지다. 우유를 생산하기 위해 젖소들은 강제로 인공수정되고, 송아지들은 도살장으로 보내진다. 산란 닭을 얻기 위한 사육장에서 수컷 병아리들은 쓸모없기 때문에 바로 분쇄기에 갈려 없어지고, 암컷 병아리들만 살아남는다. 우유가 건강에 미치는 해로운 영향도 밝혀졌다는 사실에 주목하자. 당연히 인간은 성인이 되어서까지도 계속 우유를 마시도록 만들어지지 않았다. 다른 종의 동물은 말할 것도 없다. 젖을 뗀 후에도 계속 우유를 마시는 포유동물은 아무도 없다. 게다가 다른 종의 우유를 가져다 마시는 포유동물이 어디 있나?

런던으로 유학 온 젊은 간디는 고기를 먹지 않겠다고 자신의 어머니에게 했던 약속을 지켜야 했다. 처음에는 약속을 지키는 것이 힘들었다. 하지만 헨리 S. 솔트Henry S. Salt의 『채식주의를 위한 변명 *Plaidoyer pour le végétarisme*』을 발견하고 깊은 감동을 받아 진정한 채식주의자가 되기로 결심한다. 간디는 〈이번에는 결심을 했다. 나는 채식주의를 택했고, 그때부터 채식주의 전파는 내 사명이 되었다〉라고 썼다. 그는 채식주의에 관해 닥치는 대로 전부 읽었다. 그의 논리는 빠르게 정립되었고, 이는 그의 삶 전반에 걸쳐 지속된다.

(……) 나는 식단을 바꾸기 시작했다. 또한 채식주의를 다루는 작가들이 종교, 과학, 실천 및 의학의 관점에서 접근하며 이를 매우 철저하게

다루고 있음을 알게 됐다. 윤리적 관점에서, 그들은 다른 하위 동물들에 대한 인간의 우위가 다른 동물들을 먹이로 삼는 데 있지 않고 고등한 종으로서 하위 종을 보호하는 데 있으며, 인간이 인간을 대하는 것처럼 그들 간에 상호 협력이 있다고 결론 내렸다. 그들은 이렇게 인간이 즐거움을 위해서가 아니라 살기 위해 먹는다는 사실을 강조했다.

간디, 『간디 자서전』

나는 이 글에 전반적으로 동의하지만, 간디가 먹는 즐거움은 의미가 없다고 언급한 대목에 대해서는 그렇지 않다. 먹는 순간은 즐거워야 한다. 간디는 성적 금욕 또한 필요하다고 했으나, 그리 적절한 것 같지는 않다. 비거니즘은 자기 조절이 필요한 이념이지만, 금욕주의는 아니다. 오히려 채식 요리법에 관심 있는 사람들에게는 놀라움으로 가득한 감각의 향연이다. 우유와 달걀조차도 과자를 음미하는 데 전혀 손색없는 식물성 재료로 대체될 수 있다. 예를 들어, 달걀흰자 거품은 병아리콩즙으로 대체할 수 있다. 정말 그렇다! 내가 직접 만들고, 맛을 보고 만든 머랭 쿠키는 완벽했다. 맛을 보여 준 유명 파티시에도 전혀 눈치채지 못했다. 채식 요리법은 끊임없이 새로운 가능성을 실험하고 발견하며 눈부시게 성장하고 있다.

우리는 살기 위해 동물의 가죽이나 모피를 걸칠 필요는 없다

밍크, 여우 또는 토끼 모피를 어깨에 걸치는 게 무슨 소용이 있나? 우리는 선사인도, 수렵인도, 19세기 알래스카 원주민도 아니고, 빙하 위에 사는 것도 아니다. 동물의 가죽을 훔치지 않고도 의복을 마련할 수천 가지 방법이 있다. 비동물성 재료도 따뜻하고 포근하다. 〈알아, 하지만 모피는 멋있잖아!〉 모피 애호가들이 내놓는 유일한 이 근거는 논의할 필요도 없다. 정당하지도, 세련되지도 못하다. 모피를 입는 사람들이 〈이게 진짜일까?〉 하는 의문을 갖는 것은, 그만큼 합성재료와 모피를 구분하기 쉽지 않다는 말이기도 하다. 모피 판매는 80~90년대에 감소했지만, 10여 년 전부터 다시 증가 추세로 돌아섰다.

고문으로 얻은 결과를 패션 액세서리로 착용하는 걸 받아들이는 사회는 세련된 사회가 아니다. 모피용 동물 사육은 영국을 필두로 여러 나라에서 금지되었다. 캘리포니아의 작은 도시인 웨스트할리우드에서도 2013년 모피 판매를 금지하는 결정을 내렸다. 물론 지역 상공회의소는 불만을 토로했다. 프랑스는 이에 대해서도 한발 늦었다. 이제 모피나 가죽을 걸치는 것을 정당화할 수 있는 근거는 없다. 모피나 가죽을 생산하는 사육장은 폐쇄되어야 한다.

우리는 살기 위해 동물을 죽이는 장면을 즐길 필요는 없다

투우는 중단되어야 한다. 이 관습은 동물에 대한 잔혹 행위를 금지하는 일반 법 조항에 따라 프랑스에서는 금지되었다. 그런데도 투우가 〈명맥을 잇는 전통〉이라고 주장하는 몇몇 지역에서는 여전히 허용된다. 그리고 이러한 지역에서는 투우가 잔혹 행위로 여겨지지 않는다. 즉, 덩케르크 사람들은 투우를 잔혹 행위로 보지만, 님 사람들은 그렇게 보지 않는다. 프랑스 의회는 이러한 터

무너없는 상황을 신경 쓰지 않는다. 투우 지지자들이 내놓는 어떤 근거도 용납이 안 된다. 황소가 고통스러워하지 않을 거라는 주장도 말이 안 된다. 황소의 목 근육을 자르기 위한 투우 창, 등에 꽂히는 작살, 몸을 관통하는 검, 뿜어져 나오는 피, 머리를 가르는 단검, 20여 분 동안 이러한 가학적 공격을 받는 황소가 아무런 고통을 느끼지 않겠는가? 게다가 황소는 대부분 경기를 위해 멀리서 오기에, 이미 지칠 대로 지친 상태에서 투우장에 들어선다. 황소의 뿔은 마취되지도 않은 채로 잘리고, 그 밖에도 여러 방법으로 황소의 힘을 뺀다.

전통이라고 해서 폭력이 정당화될 수는 없다. 프랑스에서 오늘날과 같은 투우(스페인 기원)는 겨우 1853년에야 등장했다. 당시 나폴레옹 3세는 스페인계 부인인 외제니 드 몽티조Eugénie de Montijo를 기쁘게 해주고자 투우 경기를 열었다. 게다가 1951년 특별법으로 투우가 재조명되기 전까지 프랑스에서 투우는 오랫동안 공식적으로 금지되어 있었다.

투우는 마치 인간과 황소 사이에 공정한 대결을 치르는 것처럼 소개된다(또는 종과 종 사이의 대결로 비추거나 간혹 예술적 차원으로 언급하는 가짜 미학 논의에서는 나도 넘어가는 경우가 있다). 하지만 공정한 대결이라면, 어째서 사고를 제외하고는 항상 투우사가 승리하는 것인가? 또한 투우사가 황소 뿔에 들이받혀 부상을 입거나 목숨을 잃으면 엄청나게 경악하면서 왜 황소가 죽으면 박수갈채를 받으며 마무리되는 것인가? 실제로 공정한 대결이라면, 황소가 투우사를 넘어뜨릴 때 황소에게도 박수갈채를 보내야 한다. 자, 이제 충분히 즐겼다. 이 모든 것은 거대한 가장무도회다. 프랑스인 대부분이 반대하는 이 행사에는 공적 자금이 지원된다. 민주주의가 우리를 저버리는 순간이다……. 이 죽음을 가져오는 열정의 배후에는 투우사(고액 연봉자다), 투우 기획사 그리고 황소 판매자들이 놓치고 싶지 않은 이익이 있다.

우리는 살기 위해 동물 쇼를 보거나 동물을 가둘 필요는 없다

따라서 우리는 동물 서커스, 수족관 및 동물원을 없앨 수 있다.

우리는 살기 위해 동물들을 경쟁시키고 이를 즐길 필요는 없다

우리는 경마, 경견 그리고 승마 시합을 비롯하여 동물을 사용하는 모든 경주를 없앨 수 있다.

우리는 살기 위해 동물을 사냥할 필요는 없다

프랑스에서는 매년 3000만 마리가량의 조류 및 포유류가 사냥꾼들에게 희생된다. 부상당하는 수천만 마리의 동물은 제외하고 말이다. 환경, 에너지, 해양부 장관이 말하듯 〈사냥은 22억 유로의 중요한 경제적 가치를 지닌다〉. 언제나 그렇듯 역시 돈이다. 이렇듯 사냥꾼들이 밀렵도 서슴지 않는 것은 처벌이 경미하기 때문이다. 환심을 사는 데에만 급급한 국회의원들이 선출된 지역에서 사냥꾼들의 정치적 영향력은 말할 것도 없이 크다.

사냥은 투우와 마찬가지로 부도덕한 즐거움이다. 프랑스에는 공식적으로 130만 명의 사냥꾼이 있다. 이제는 방아쇠 애호가들이 일요일에 할 일을 찾아봐야 할 때가 되었다. 책을 읽든, 축구를 하든, 텃밭을 가꾸든, 텔레비전을 보든, 카드놀이를 하든, 뜨개질을 하든지 할 것이지, 조용한 산책자들이나 자전거 타는 사람들을 방해하는 건 이제 그만하기를. 즐거움을 위해 총을 겨누는 짓은 멈춰야 한다.

아, 혹시 사냥꾼들이 생물 종의 균형을 조절하는 데 이바지하고 있는 것인가? 정말로 필요하다면(나는 그렇다고 보지 않는다), 사격보다 효과적인 방법들이 있다. 그리고 무엇보다 이러한 임무는 정부에서 공인된 전문가들이 맡아야지, 해마다 100여 건의 사건·사고와 10여 명의 희생자가 발생하는 아마추어들이 책임져서는 안 된다.

이 〈취미〉는 이제 〈자연을 발견하고자〉 하는 도시인들을 끌어들인다. 자연은 긴장을 푸는 휴식의 장소, 실컷 누비며 맘대로 방아쇠를 당기는 곳이 아니다. 사냥꾼들은 오해하고 있다.

동물에게 어떤 권리가 있나

동물 윤리학 분야에서 동물의 권리를 법적으로 규명하고자 하는 논쟁이 벌어졌다. 즉, 우리가 비인간 동물에게 어떤 법적 지위를 부여할 것인가 하는 문제다. 어떤 권리를, 어떤 동물에게 부여할 것인가? 서로 상충하기도 하고 상호 보완적이기도 한 다양한 입장과 제안을 여기에서 요약하지는 않을 것이다. 개리 프란치오네, 파올라 카발리에리, 수 도널드슨과 윌 키믈리카, 기타 다른 모든 사람의 주장을 비교하는 데에는 수백 페이지가 필요할 것이다. 관건은 이 뜨거운 논쟁에서 〈세계인권선언을 확장하는 적극적인 방향을 따를 것인가 아니면 소극적인 방향을 따를 것인가?〉이다.

1948년 세계인권선언문은 지구상의 모든 인간에게 적용되어야 할 기본적 권리를 정의했다. 아래 세 개의 조항은 감각 있는 비인간 동물에게도 바로 적용할 수 있다.

제3조

모든 사람은 자신의 생명과 신체의 자유와 안전에 대한 권리를 가진다.

제4조

어느 누구도 노예 상태 또는 예속 상태에 놓여지지 아니한다. 모든 형태의 노예제도와 노예매매는 금지된다.

제5조

어느 누구도 고문, 또는 잔혹하거나 비인도적이거나 굴욕적인 처우 또는 형벌을 받지 아니한다.

단어 하나도 바꿀 필요가 없어 보인다. 다시 말하지만, 모든 동물은 개체이고, 이 선언문 조항들에는 인간에게만 해당한다고 한정하는 문구가 없다. 〈비인도적〉 취급은 잔인한 행위를 가리키는 것으로, 그것이 적용되는 대상이 무엇이냐는 상관이 없다.

의인화 과정을 피하고 단순화하면, 오늘날 모든 감각 있는 동물들에게 부여되어야 할 네 가지 기본적 권리를 다음과 같이 요약할 수 있다.

1. 살 권리. 따라서 죽임을 당하지 않을 권리
2. 감금당하지 않을 권리
3. 고문당하지 않을 권리
4. 재산이 되지 않을 권리

동물들에게 이러한 권리를 부여하는 것을 어떻게 정당화할 것인가? 이것이 이제부터 우리가 살펴볼 내용이다.

현행 법제의 모순

모든 반종차별주의자가 동물권 제정을 주장하는 것은 아니다. 일부는 동물 복지 향상은 법적 권리 없이도 가능하다고 생각한다. 하지만 이는 동물행동학, 분자생물학, 신경과학이 밝힌 최근 연구 결과들을 모르는 의견이다. 인간과 다른 동물 종 간의 연속성은 우리가 수십 년 전에 생각하던 것을 이미 뛰어넘었고, 이러한 생물학적 사실에 비추어 법의 영역을 더 이상 지나칠 수는 없다. 인간과 비인간 동물에게 공통되는 몇 가지 기본적인 권리들을 계속 부인하는 것은 부당한 종차별주의다. 비록 우리가 이를 받아들이지 않는다 하더라도, 법적으로는 이미 동물을 보호하기 시작했다. 그러나 다른 나라에서처럼 프랑스의 다양한 동물보호법에는 모순과 비일관성이 있다. 따라서 비인간 동물의 법적 지위는 전면 재검토해야 한다.

우리는 동물을 여러 범주로 나누고, 그에 따라 다른 법적 지위를 부여했다. 가축, 반려동물, 사육동물, 야생동물, 보호동물, 유해 동물, 실험동물⋯⋯. 이 모든 범주에서 유사하거나 같은 생리적·심리적 특성을 가진 종임에도 그 종의 구성원들은 똑같이 보호받지 못한다. 우리가 앞서 본 것처럼, 개와 돼지는 비슷한 정도의 지능과 감각 능력이 있다(돼지가 지능이 좀 더 높다). 그러나 개는 반려동물로 우리의 관심과 보호를 받는 반면, 돼지는 사육동물로 부당한 대우를 받는다. 또한 같은 종의 동물이 서로 다른 범주에 속하기도 한다. 개는 반려동물이자 실험동물이다. 토끼는 반려동물, 사육동물, 야생동물이고, 생체실험에도 이용된다. 게다가 같은 개체가 상황에 따라 다른 범주로 이동하기도 한다. 개는 사육장에 있을 때는 수익을 내는 동물이고, 사람에게 판매되면 반려동물이 된다. 그러다 탈출하면 유기견이 되어 떠돌아다니다 보호소에서 안락사로 생을 마감할 수도 있다. 『땡땡의 모험 *Les aventures de TinTin*』의 주인공 땡땡 씨가 사육장에서 개 밀루를 산 다음 의무를 소홀히 하면(제대로 보살피지 않고, 음식도 주지 않는 등), 750유로의 벌금이 부과될 것이다. 땡땡이 밀루를 유기할 경우, 동물에 대한 심각한 학대 및 가혹 행위에 해당해 3만 유로의 벌금형 또는 2년의 징역형이 내려진다. 만일 누군가 실수로 밀루에게 상처를 입히거나 밀루를 죽이면, 그에게는 450유로의 벌금이 부과될 것이다. 반면, 땡땡이 밀루를 잃어버리고 되찾지 못하면, 밀루는 유기견이 되어 보호소에 들어가고, 땡땡이 밀루를 찾지 않거나 아무도 입양하지 않으면 법으로 안락사가 허용된다. 동물의 생명에 상당 가치를 부여했다가 이를 다시 부정하는 법적인 모순 아닌가. 어제는 개에게 상해를 입히는 것을 금지하고, 오늘은 안락사를 허용하는 건 무슨 논리인가. 또 다른 비일관성은 일반적으로 금지된 관행들을 특정 지역에서 전통이라는 이름으로 허용하는 경우다. 투우와 닭싸움이 단적인 예다. 이와 마찬가지로, 법은 원칙적으로 동물을 도살하기 전에 기절시키도록 의무화하고 있으면서도, 죽이기 전까지 동물을 기절시키지 않는 도살 의식인 할랄과 코셔는 허용하고 있다.

동물을 보호하기보다는 인간에게 이로운 권리들

유럽 및 프랑스의 여러 조항은 동물 보호의 틀을 규정하고 있다. 프랑스 법에서 몇몇 조항은 동물에게 상당히 호의적인 틀을 제안하는 것처럼 보인다.

모든 동물은 감각 있는 존재로서 그 소유자는 동물 종의 생물학적 필요성에 적합한 조건을 마련해 주어야 한다.

농지법 L214-1조

공개적이든 아니든 길들이거나 포획된 가축에 대한 심각한 학대나 잔인한 행위에 대해서는 2년의 징역형 또는 3만 유로의 벌금형에 처한다.

형법 제521-1조

식품, 양모, 가죽, 모피 또는 기타 농업용 생산을 위한 사육동물이나 보유 동물, 말과의 가축, 반려동물 및 그에 준하는 동물들은 본 법령의 부록 I에 따르는 건강 및 보존 상태로 유지되어야 한다.

동물 사육, 관리 및 보유에 관한 법령 제1조

1982년 10월 25일

이 법령의 제 1조에서 정의된 동물의 사육, 관리 및 보유로 인해, 동물의 유전자형 및 생물표현형 특성과 관련하여, 어떤 피할 수 있는 고통이나 건강에 해로운 영향도 초래되어서는 안 된다.

동물 사육, 관리 및 보유에 관한 법령 제2조

1982년 10월 25일

현실에서는 이러한 규정들이 제대로 지켜지지 않는다. 규정이 문자 그대로 지켜졌다면, 모든 종류의 동물 착취는 즉시 중단되었을 것이다. 실제로 어떤 사육동물도 〈그 종에 부합하는 생물학적 조건〉에 놓여 있지 않으며, 모든 사육동물은 〈피할 수 있는 고통〉을 겪는다. 문서상의 권리와 현실 간의 괴리다. 리모주 대학교의 동물권 전문가인 루시 부아쏘소빈스키Lucille Boisseau-Sowinski 교수에 따르면, 프랑스 법제의 문제는 〈인간중심주의적 접근에 따라 동물을 구분하고, 동물 종이나 감각 능력과 관련해서가 아니라 인간과의 관계에 따라 동물을 파악한다〉는 것이다.

부아쏘소빈스키 교수는 인간에 대한 동물의 유용성을 법적으로 크게 세 가지 범주로 구분했다.

- 반려동물: 인간의 즐거움을 위해 이용되는 동물
- 가축: 돈을 벌기 위해 이용되는 동물
- 야생동물: 예외적인 경우를 제외하고, 인간에게 경제적 이익도 없고, 인간이 보호하지도 않는 동물

야생동물은 환경법의 고려 대상이다. 하지만 환경법은 야생동물의 감각 능력을 인정하지 않고 개체로서가 아닌 종으로, 즉 유해 종 또는 보호 종 등으로 여긴다. 반면, 동물원이나 서커스에 갇힌 야생동물의 감각 능력은 인정된다. 그러나 이들이 우리를 벗어나면, 그 역시 더 이상 법적 고려의 대상이 아니다. 야생동물에 대한 배려가 부족한 것은 우연이 아니다. 입법자들은 선거에 무시할 수 없는 영향력을 끼치는 사냥꾼들에게 그들이 심각한 학대나 잔인한 행위로 기소될 걱정 없이 원하는 동물을 살해할 수 있도록 허락했다.

오늘날 동물법은 이와 같은 모순과 오해 속에 놓여 있다. 동물법은 동물을 위하는 취지 같지만, 실제로는 동물에 대한 인간의 이익에 유리하게 제정됐다. 논리적으로는 동물의 **감각 능력**만을 고려하여 동물의 권리를 강조할 것 같지만, 실제로는 우리가 동물에게 부여하는 **유용성**만이 고려된다. 어떤 개나 고양이의 생명은 우리가 그 동물과 애정 관계를 맺을 때 비로소 가치가 있다. 반려동물은 우리를 행복하게 해준다는 유용성 때문에 보호받는 혜택을 누린다. 유럽 문서들에 정의된 사육동물 복지 기준은 구금 상태가 고통을 초래하여 생산에 악영향을 미치지 않는 범위 내로 한

계를 정하고 있다. 그럼에도 그 기준들은 종종 무시된다.

복지론자들은 종, 감각 능력, 상황 등을 고려하여 동물보호법을 점진적으로 개정해 나가는 것을 고려할 것이다. 또한 복지론자들은 비인간 동물에게 인격체나 재산 범주에 추가되는 제3의 범주를 생성하는 것도 고려할 수 있다. 긍정적 방향으로 나아가는 이러한 첫걸음을 기각해서는 안 된다. 하지만 이러한 개혁은 동물 착취 그 자체를 문제 삼지 않고, 근본적인 모순을 해결하기에는 불충분하다.

> 동물은 감각 능력이 있는 살아 있는 존재다. 동물보호법에 따라, 동물은 재산권의 적용을 받는다.
>
> 민법 제515-14조

풀리지 않는 의문이다. 같은 법 조항 내에서, 동물은 감각 있는 존재이자 동시에 재산으로써 상품화할 수 있는 대상이 된다. 감각 능력 있는 존재와 물건 사이의 넘을 수 없는 모순은 바로 여기에 있다. 동물이 이익을 내기 위해 생산되는 대상인 한, 동물 본연의 고유성이 존중될 여지는 없다. 최대 이익의 논리는 최소한으로 제한된 복지 기준을 가져오기 마련이다. 이것이 최근 개정된 민법 조항에서 동물의 감각 능력이 인정되었다고 해도, 동물의 운명에 근본적인 변화를 가져오기는 힘든 이유다. 이는 부분적 개정이다. 오히려 정치인들이 동물 복지가 개선되었다고 주장할 수 있는 좋은 구실이 되거나 더 이상 아무것도 바꾸지 않을 근거로 남을 우려가 있다.

폐지론적 접근 외에는 동물보호법으로 동물을 보호하는 데 한계가 있다. 법은 정의의 규칙을 정하는 것을 의미한다. 모든 형태의 동물 착취는 부당하다. 현재 동물보호법은 불의를 규제하는 데 그칠 뿐이다.

2014년 12월, 아르헨티나 법원은 부에노스아이레스 동물원에 갇혀 있는 30세의 암컷 오랑우탄 산드라Sandra를 불법으로 자유를 박탈당한 비인간 인격체로 인정해 자연보호구역으로 옮기라고 명령했다. 동물권리보호단체가 그를 대신해 인신 보호 영장을 요구했고, 법원은 산드라에게 자유롭게 살 기본적인 권리를 인정한 것이다. 이 결정으로 앞으로 나아가야 할 방향이 보인다.

바꿔야 할 것은 간단하다. 동물을 자원으로 취급하지 않고, 모든 동물의 〈내재적 가치〉를 인정하고, 모든 감각 있는 비인간 동물에게 〈비인간 인격체〉의 법적 지위를 부여해야 한다.

비인간 인격체를 위한 기본적 권리

비인간 인격체로서 동물에게는 네 가지 기본적인 권리가 주어져야 한다. 죽임을 당하지 않을 권리, 감금당하지 않을 권리, 고문당하지 않을 권리, 상업의 대상이 되지 않을 권리다. 이것은 인간에게만 한정될 이유가 전혀 없다. 그리고 앞서 비인간 동물이 인격체로서 이러한 권리를 누릴 수 있는 감각 능력과 인지 능력을 지닌다는 것도 살펴보았다.

— 좋다. 하지만 권리를 누리기 위해서는 의무도 이행해야 한다.

즉, 호혜성이 있어야 한다. 권리는 〈계약〉에서 발생한다. 하지만 비인간 동물은 계약서에 서명하거나 의무를 이행할 수 없다.

그렇지 않다. 아동, 지적 장애인, 노인은 권리만 있을 뿐 의무는 없다. 이들은 도덕적 수동자지 행위자가 아니다. 〈도덕적 행위자〉로서의 인간은 선과 악을 구분하고 그에 따라 행동한다. 그는 자신의 행동과 결정에 책임질 의무가 있다. 〈도덕적 수동자〉는 합리적으로 판단을 내리지 못하므로 자신의 행동으로 처벌받을 수 없다. 도덕적 행위자의 공격을 방어할 개인적 수단 역시 없다. 감각 있는 비인간 동물은 아동, 지적 장애인, 노인과 같은 권리를 누려야 하는 도덕적 수동자다.

— 그렇다면 감각 있는 비인간 동물을 아동이나 지적 장애인으로 간주해야 하는가?

법적 관점에서 볼 때 그렇다. 그것이 올바른 정의일 것이다. 성인 침팬지는 2세 아동보다 인지 능력이나 사회성이 뛰어나고, 고통을 느끼는 정도는 적어도 2세 아동과 같다. 왜 침팬지의 권리가 더 적어야 하는가?

— 좋다. 하지만 아동은 어른이 되어 가는 존재다. 우리는 아동이 다른 종의 동물보다 훨씬 지적으로 뛰어난 존재가 되기에 보호하는 것이다.

지능이 잠재적이냐 현재적이냐는 기본권이 주어지는 기준이 아니다. 우리는 이를 잘 알고 있다. 우리는 이미 지적 능력과 상관없이 중증 지적 장애인들에게도 기본권을 부여하고 있다.

— 예외를 제외하고, 모든 동물에게 권리를 부여해야 하는가?

폐지론자들은 일반적으로 〈주관 감각체sentiment〉로 간주되는 모든 동물에 대한 권리를 주장한다.

— **〈주관 감각체〉?**

이는 신조어로, 프란치오네는 주관 감각체를 〈고통(과 즐거움)을 주관적으로 경험하고, 이러한 고통을 겪지 않는 이익(또는 즐거움을 느낄 수 있는 이익)을 주관적으로 경험하는 것〉이라고 정의했다. 개인적으로는 〈감각 능력이 있는 존재〉라는 표현으로도 충분할 것 같다.

— **하지만 어떤 동물이 〈주관 감각체〉인지 또는 감각 능력이 있는지를 어떻게 알 수 있나?**

과학은 이미 우리가 이용하는 모든 동물이 주관적인 경험을 하거나 감각 능력이 있다는 것을 밝혔다. 곤충처럼 좀 더 단순한 동물은 어떻게 고통을 느끼는지 정확히 알려져 있지 않아서 주관적인 감각 경험이 제한적이다. 하지만 다른 모든 동물, 즉 포유류, 조류, 척추동물에게 고통을 느끼는 능력과 정확한 인식 능력이 있다는 것은 분명하다. 무척추동물에게서 우리는 점점 더 많은 것을 발견하고 있다. 이런 이유로 우리는 동물계에 대해 매우 신중해야 한다. 여전히 수많은 동물 종의 인지 능력이나 신경계에 대해서 모르고 있기 때문이다. 모든 생명에 대한 존중이라는 일반 원칙이 가장 우선되어야 하는 이유가 여기 있다. 지능과 감각 능력의 서열화는 우리가 생명에 〈해로운 영향〉을 최소화하고자 하는 범위 내에서 의미가 있다. 가능한 한 최소한의 생명에게만 해를 끼치도록 노력해야 한다. 나로서는 선택이 필요한 경우라면, 고통 능력과 인식 능력이 가장 큰 생명을 먼저 보호하려고 한다.

── 그런데 이러한 기본적 권리가 모든 동물에게 부여된다면, 우리가 사육하는 동물들은 어떻게 될 것인가?

우리의 소비를 위한 생산은 중단되고, 사육동물은 더 이상 존재하지 않을 것이다.

── 더 이상 사육동물로 태어나지 않게 함으로써 동물을 보호하려는 것인가?

물론이다. 어떤 개체를 사용 목적으로 출산하고 끔찍한 삶을 살도록 하는 것은 어떤 윤리적 근거도 없다. 어떤 부부가 아이들의 장기를 팔 목적으로 출산한다고 상상해 보라(장기 판매 수익이 양육비를 상쇄하고도 남을 정도다). 이 행위를 용납할 수 있나? 한편 인간은 이미 피임으로 적절한 조건에서 양육하기 힘들다면 아이를 낳지 않을 수 있다. 해마다 수백만 명의 태아가 부모의 뜻에 따라 세상에 태어나지 않는다. 하나, 둘 또는 세 명의 자녀가 이미 있고, 부부가 더 이상 아이를 원치 않는다고 결정한다고 해서 이들이 비난받는가?

──그렇다면 현재 우리가 이용하는 동물 종들은 사라질 것인가?

그렇지는 않을 것이다. 우선 이행기 동안에는, 이미 사육장에서 태어난 동물들을 책임져야 한다. 다만 인공수정은 멈출 것이다. 이후 새로 태어나는 동물들은 점차 자연으로 돌아갈 것이다. 우리가 그들의 조상을 만났던 들소와 멧돼지 상태로 말이다. 그들은 점차 새로운 환경에 적응하고 다시 야생종이 될 것이다. 동물들을 풀어 주기 전에 개체수 과잉 문제를 고려하여 필요하다면 피임이나 불임 수술의 도움을 받아야 한다.

— 그렇다면 이는 동물들의 이익에 반하는 것 아닌가?

그렇지는 않다. 개체수가 너무 많으면 인간뿐만 아니라 먹이 때문에 동물들에게도 문제가 된다. 생명이 태어나는 것을 억제하는 것과 생명을 죽이는 것은 서로 다른 문제다. 현재 지구상의 인간 개체수 팽창은 심각한 수준에 이르러, 인간도 해를 입기 시작했다. 우리는 인구수 또한 줄여야 한다. 물론 엄격한 도덕적 관점에서 볼 때, 인간이 선험적으로 어떤 동물을 대신해서 자식을 낳지 못하게 하는 것이 문제가 될 수 있다. 그러나 이는 실제로 동물에 대한 우리의 책임이다. 아동에게 부여한 권리와 동등한 권리를 동물에게 부여해야 한다면, 동물의 이익이라는 관점에서 그들 대신 결정을 내릴 수도 있다는 원칙 또한 받아들여야 한다.

— 당신은 모든 동물은 비인간 인격체의 지위를 얻어야 한다고 말한다. 그렇다면 이들이 인간 삶에 참여하는 시민이 되어야 하는가?

예컨대 동물 진행자가 출연하는 텔레비전 프로그램은 어떤가. 암소들이 보컬로 나오는 「들소의 아이들」이라는 제목의 뮤직 쇼.

— ?????

아니, 농담이다. 인간과 비인간 동물을 동등하게 보려는 폐지론자들의 시각을 풍자적으로 과장해 본 것뿐이다. 인간과 다른 종 사이에는 분명한 차이가 있고, 이러한 차이들을 부정하려는 게 아니다. 예컨대 동물에게 운전면허증을 주자는 게 아니다. 〈시민〉의 지위는 비인간 인격체의 개념을 확장해 넓은 의미에서 논의할 수 있다. 시민에 준하는 지위를 만들고, 그에 따른 다른 규칙들을 정해야 한다. 동물과의 공존에 대해서는 이렇게 상상해 본다. 현재 가축으로 사는 동물들은 야생으로 돌아갈 것이다. 그들은 어쨌든 지금보다는 훨씬 수가 적을 테니 말이다. 야생동물들처럼 숲, 자연공원 등 그들에게 주어진 공간에서 살게 될 것이다. 우리는 현재의 자연 공간을 보호하고, 어쩌면 새로 만들어야 할 것이다.

— 한쪽에는 인간, 다른 한쪽에는 비인간 동물이 사는가? 둘 사이에 더 이상 관계는 없나? 개나 고양이 같은 반려동물은 어떻게 되는가?

우리는 계속해서 동물과의 관계를 맺어 나가야 한다. 그들이 살 공간은 인간에게 열려 있을 것이다. 공간을 점차 다 같이 공유해야 한다. 인간이 시멘트로 둘러싸인 도시 안에 스스로를 가두지 않는 한, 교류는 막을 수 없다. 인간 사회의 안전과 구성을 위해 멧돼지와 늑대가 침입하지 않을 최소한의 인간 거주지는 확보해야겠지만 말이다. 새들이야 항상 그렇듯 자유롭게 자신들이 원하는 대로 오갈 것이고. 폐지론자들은 모든 동물 착취의 종식을 주장한다. 일부는 인간과 비인간 동물 사이는 반드시 인간에게 유리한 지배 관계로 끝날 거라고 생각한다. 이들은 우리의 심리적 위로를 위해 이용하는 반려동물이 사라져야 한다고 생각한다. 하지만 나는 그렇게 보지 않는다. 인간과 동물 사이에는 틀림없이 수많은 행복한 협력 관계가 있다. 내 인생에는 여러 마리의 개와 고양이가 있었다. 우리는 서로 도왔고, 강한 애정 관계를 맺었다. 반려동물들은 아이의 정서 발달과 성인의 심리적 안정에 큰 도움을 주고, 그들은 대가로 안전, 음식, 애정을 누린다. 이는 지극히 정당한 계약이다. 물론 반려동물 목록은 재검토할 필요가 있다. 땅거미, 뱀, 거북이 등 몇몇 동물은 유리 상자에 갇혀 생활에 적합한 조건을 누리지 못한다. 장식용 오브제로 쓰이는 물고기나 우리에 갇힌 햄스터, 기니피그도 마찬가지다. 이 동물들에게는 공간이 필요하다. 반려동물은 개나 고양이처럼 적응된 몇몇 종에 한정해야 한다. 돼지, 염소, 말도 포함될 수 있다. 반려동물 관리도 철저히 재검토해야 한다. 소유자들은 능력 증명서, 즉 자신이 선택한 동물을 기를 수 있는 모든 조건을 검증받았다는 허가서를 발급받아야 한다(개는 12평방미터 아파트에서 살 수 없고, 토끼는 매일 우리에 갇혀 지낼 수 없다). 반려동물 주인도 더 이상 **소유자**가 아닌 **보호자**가 되어야 한다. 실험동물 매매 및 사육 제도는 폐지되어야 한다. 감각 있는 존재의 생명과 이익을 맞바꾸는 행위도 금지되어야 한다. 개, 고양이 및 다른 반려동물은 비영리 국가 기관에서 관리 감독해야 한다. 이 단체는 반려동물의 시민권을 담당하여 반려동물이 사는 곳과 그들의 보호자가 누구인지를 파악할 것이다. 반려동물이 낳은 새끼를 죽이는 것은 금지될 것이다. 반려동물들은 관리 감독 기관과 연계하여 배치되어야 한다. 동물의 보호자가 반려동물의 새끼들을 맡을 보호자를 찾지 못할 경우, 주요 도시마다 배치된 보육 및 입양 센터에서 이들을 수용해야 한다. 그곳에서 동물들은 새로운 보호자를 찾을 때까지 돌봄을 받고, 건강한 동물의 안락사는 물론 금지될 것이다. 이곳은 동물을 입양하고자 하는 이들을 위한 **입양 센터**가 될 것이다. 여기서도 개체수 조절을 위해 피임 및 불임 수술을 시행할 수 있다. 미래의 보호자들은 동물을 입양하고 싶다면 수천 유로의 금액을 지불해야 한다. 이러한 새로운 기관에서 동물들은 주인의 소유물이 아니라 본인에게 속한 고유한 존재로, 다만 그를 책임질 누군가에게 맡겨질 것이다. 상당 금액을 받고 동물을 맡기는 이유는 보호자에게 책임을 물리려는 것이다. 한편, 보호자는 반려동물이나 그의 새끼를 팔아 수익을 낼 권한이 없다.

이런 식으로 모든 예방 조치를 거쳐 인간과 비인간 양쪽 당사자에게 이롭고 합리적인 관계를 유지하는 것은 가능하고 또 바람직하다. 인간과 비인간 동물의 상호호혜적인 관계를 원칙적으로 부정하는 태도야말로 또 다른 종차별주의적 태도다. 서로 애정을 느끼는 두 존재의 우정을 종의 차이라는 이유로 부인할 수는 없다. 반려동물이 동의했는지를 물어보는 이들도 있다. 분명한 것은 우리는 동물이 동의한다는 것을 알 수 있고 때로는 주도권을 행사하는 쪽이 동물인 경우도 빈번하다. 고양이 한 마리가 당신 집 정원에 도착한다. 그는 떠나지 않고, 점점 당신의 공간에 눌러앉는다. 입양되는 쪽은 바로 당신이다. 밖에서 하루 종일 돌아다니다가 밤이 되면 슬쩍 들어오는데, 고양이의 동의 여부에 무슨 말이 필요하겠는가? 나는 비인간 동물을 인간 사회에서 떼어 놓으려는 생각에는 반대한다. 모든 종을 하나로 연결하는 생물학적 연계성에도 맞지 않고, 자연에서 서로 다른 종들 사이에 분명히 존재하는 협력과 공생 관계에도 어긋나는 생각이다. 모든 동물을 자유롭게 풀어 보자. 그들 가운데 몇몇은 금방 다시 인간에게로 다가올 것이다. 그리는 이는 대단히 반가운 소식이다. 인간이 다른 종들보다 우월한 종이 아니라는 증거 중 하나일 테니 말이다.

극단적 비건이 종차별주의적인 이유

〈카롱 씨, 계속해서 동물권을 주장하는데, 적어도 비건이기는 합니까?〉 이 질문을 나는 수백 번은 들었다. 이전 책에서 아직 가죽 신발을 완전히 없애지 못했다고 언급한 것을 조롱하는 사람, 푸아그라를 먹는다는 헛소문을 퍼뜨리는 사람, 심지어 동물들을 이용한 텔레비전 오락 프로그램에 나갔다고 비난하는 사람들도 있었다. 실은 그날 무대 장치로 유리 상자 안에 곤충들이 있었고, 배경에 뱀과 호랑이가 쓰였을 뿐이었다……. 하지만 이를 비난했던 사람들은 정작 중요한 사실에 대해서는 눈을 감았다. 나는 그날, 동물보호협회 측 팀장으로 출연해서 1만 3,000유로를 모금했고, 이례적으로 가장 큰 공중파 채널의 황금 시간대에 방송되는 쾌거를 달성했다. 이런 행동이 동물들에게 미칠 영향에 대해서는 보지 못하는 게 안타깝다.

무턱대고 비난하는 사람과 헛소문을 퍼뜨리는 사람 들 사이에서 동물권 지지층의 당당한 일원이 되는 일은 쉽지 않다. 당신은 그만한 자격을 갖추지 못했고, 따라서 동물권을 주장할 만한 인물이 아니라는 것을 증명하려는 듯 호시탐탐 불쾌한 강박관념을 드러내는 일부 활동가가 있다. 모두가 그런 법정의 위험을 직감한다. 반종차별주의자가 된다는 건 20~30개의 정해진 행동 강령에 서명한다는 의미가 아니다. 말과 행동이 일치해야 하고 앞으로 여러 숙제도 함께 풀어야 한다. 피터 싱어와 톰 레건은 둘 다 반종차별주의자지만, 그렇다고 같은 결론을 내리지는 않는다. 앞에서 이미 언급했듯이, 반종차별주의자가 동물을 먹지 않고(이 부분에서 이미 싱어가 보인 미묘한 입장 차이를 보았다), 동물의 고통이나 죽음에서 유래한 어떤 제품도 사용하지 않는 것은 당연해 보인다. 따라서 반종차별주의자는 가죽이나 모피를 착용하지 않고, 동물원 폐쇄, 투우 중단, 사냥 종식을 외친다. 그렇다고 모든 반종차별주의자가 모든 동물 유래 제품, 즉 우유(와 버터) 및 달걀까지도 거부하는 완벽한 비건인가는 다른 문제다. 나는 앞에서 이에 대해 단호한 입장을 밝혔다. 하지만 미묘하게 의견이 다를 수도 있다.

사안을 하나씩 따져 보자. 먼저, 산업적 동물 사육에서 생산된 제품은 이 시스템이 동물들에게 고통을 가하는 원인이 되는 한 당연히 받아들일 수 없다. 유기농 농장 사육이 덜 폭력적으로 보일지 몰라도 우유를 생산하기 위해 젖소나 염소에게 인공수정을 실행해야 한다는 사실은 변함이 없다. 또한 새끼들은 어미 곁을 떠나 도살장으로 보내지고, 우유는 인간의 소비를 위해 수거된다. 따라서 상업적인 우유 생산은 농장의 규모와 상관없이 고통과 죽음을 초래한다. 그러나 어떤 동물도 도살장에 보내지 않는 작은 농장을 상상해 보자. 동물들은 자연적으로 태어나고 각자는 자연 수명을 다하고 죽는다. 이런 농장이라면 인간이 우유를 좀 가져다 마신다 해도 굳이 비난할 이유가 없다. 젖소도, 송아지도 이로 인해 고통을 겪지 않을 테니 말이다. 이런 상황은 현재로서는 유토피아처럼 보이지만, 가까운 미래에는 불가능하지 않을 것이다. 물론 이는 우유가 더 이상 대량 생산되지 않으므로 값비싼 제품이 된다는 것을 의미한다. 다만 여전히 의문은 남는다. 우유를 마시는 게 무슨 이득일까? 그토록 많은 사람이 동물 우유에 부작용 반응을 보이는 것은 우연이 아니다. 인간, 더구나 성인은 포유류의 우유를 마시지 않게 되어 있다. 또한 동물성 우유는 식물성 음료(콩, 귀리, 스펠트밀, 쌀, 개암 등)로 대체될 수 있다. 나는 오래전부터 이렇게 식물성 음료를 마셔 왔다. 하지만 달걀은 이야기가 좀 다르다. 시골에는 닭을 자유롭게 풀어 키우는 작은 농장들이 있고, 생산성이 떨어진다고 닭을 학대하거나 죽이지 않는다. 달걀을 가져다 먹지 않을 이유가 있나? 어떤 고통도 가해지지 않았고, 암탉들은 달걀을 주는 대신 인간에게 먹이를 얻고 포식자로부터 안전한 잠자리도 제공받는다. 달걀은 인간에게 단백질 공급원이기도 하다. 어쨌든 내게는 문제가 없어 보인다.

가죽에 대해서도 생각해 보자. 최근에 나는 가죽 지갑을 선물해 준 친구에게 내가 그 지갑을 사용할 것 같지 않아 되돌려 줌으로써 그 친구의 마음을 아프게 했다. 내가 가죽 액세서리를 거부한 지는 거의 25년이 되어 간다. 만족스러운 대안을 찾지 못해 오랫동안 계속 착용하고 있는 벨트를 제외하고는 말이다. 반면, 신발에 대해서는 내 약점을 인정한다. 나는 여전히 가죽 신발 몇 켤레가 있다. 그 이유는 오늘날 여전히 매장에서 비건 신발을 찾기가 쉽지 않기 때문이다. 비건 신발을 판매하는 웹 사이트들이 있지만, 마음에 드는 신발을 찾는 데는 실패했다. 신발을 사기 전에 한 번 신어 보고 사는 게 첫 번째 원칙이기도 하다. 하지만 시간문제일 뿐이다. 곧 내 아파트에는, 돌부리에 무뎌진 내 발 가죽만 빼면, 죽은 동물의 가죽은 더 이상 없을 것이다.

어느 누구도 완벽하지 않다. 다만 우리는 언제나 지금보다 더 잘할 수 있다. 그러나 진영에서 벗어난 이들을 단두대로 보내고, 자신들은 순결의 증표를 얻으려는 동물 권리 운동가들은 잘못된 길을 택한 것이다. 동물 착취에 맞서 싸우는 모든 사람은, 그 사람의 말과 행동에 대놓고 모순이 있지 않는 한, 모두 인정받을 가치가 있다. 채식주의자나 플렉시테리언*의 약점을 지적하기 전에, 무관심한 육식주의자들에 비해 그들이 기울이는 노력을 먼저 인정해야 한다. 또한 오랫동안 혀에 각인된 미각을 하루아침에 버리기가 쉽지 않다는 점도 인정해야 한다.

나는 윤리적 신념으로 고기를 끊으려고 부단히 노력하면서도, 오랜 식습관 때문에 고기를 완전히 끊지 못하는 사람들을 알고 있다. 그렇다고 이들이 고기를 먹는 데서 즐거움을 느끼느냐 하면 그렇지 않다. 나 같은 경우는 아주 오래전부터 스테이크나 햄 한 조각도 전혀 먹고 싶지 않다. 고기에 대한 욕망이 일어나지 않으니 먹지 않는 데서 오는 좌절감도 없다. 치즈는 좀 묘하다. 말랑말랑한 치즈 한 입, 단단한 치즈 한 조각, 치즈를 좋아하는 이들이라면 끊기가 만만치 않다. 나도 어려서부터 치즈를 무척 좋아했기에 아주 잘 알고 있다. 그리고 이따금 염소 치즈나 양 치즈를 먹는 이행기의 비건들과 가깝게 지내고 있다. 그렇다고 그들과 교류를 끊어야 하는가? 전혀 그렇지 않다. 한편, 구입하는 모든 제품에 동물 유래 성분이 몰래 숨어 있지 않은지 구성 성분을 하나하나 미처

---

* 일주일에 며칠간 채식을 하는 사람을 〈플렉시테리언 flexitarian〉이라 하는데, 이들은 때때로 육류를 섭취한다.

살펴보지 못한 이들을 극렬히 비난하는 일부 비건도 있다. 샴푸나 치약처럼 예상하지 못한 제품에서 동물 유래 성분이 발견되기도 한다. 비건 규율을 철저히 지키려면, 아주 소량이라도 동물 유래 성분을 포함하고 있는 모든 소비재를 거부해야 한다(모든 제품의 구성 성분을 꼼꼼히 검토해야 한다). 뿐만 아니라 동물 실험을 거친 제품도 거부해야 한다. 의문의 여지가 있는 제품은 구매 전에 세부 사항을 확인하고 상담을 요청해야 한다. 먹거리, 화장품, 가정용 제품 모두에 대해 이렇게 따진다면, 엄청난 시간이 필요하다. 다른 사람에게 왜 충분히 시간을 들이지 않느냐고 항상 따질 수는 없다. 동물 착취 제품이 만연한 사회에서 90~95퍼센트 비건으로 산다는 건 이미 그가 상당한 노력을 기울이고 있다는 뜻이다. 게다가 온갖 정성을 다 기울여도, 가장 엄격한 비건들조차 동물을 억지로 삼키거나 죽인다. 사실 빵, 잼, 파스타, 초콜릿, 과일 주스 또는 수프에도 곤충 성분이 들어 있다. 모든 사람은 자신도 모르는 사이 매년 약 500그램의 곤충을 먹고 있다. 엄격한 비건들이 먹는 채소와 곡류를 기르는 데도 작은 곤충들이 불가피하게 희생되고, 이러한 농업 방식이 동물 개체수에 영향을 미친다는 사실은 말할 것도 없다. 운전을 한다면, 매번 수백 마리에서 수천 마리의 곤충을 죽인다. 더욱 난처한 사실은 우리가 이용하는 고속도로를 건설하기 위해 생태계가 파괴되었고, 수많은 작은 동물이 죽었다는 것이다. 마찬가지로 순결을 고집하는 비건은 더 이상 종이로 만든 책은 읽지 말아야 한다. 이 종이를 생산하기 위해 나무들을 베었고, 그곳에 터를 잡고 살았던 수없이 많은 생명체들이 고통을 겪었을 것이기 때문이다.

혁명의 순수성에 대한 주장은 그것이 비록 고귀한 의도를 포함하고 있다 하더라도 역사적으로 공포 정치나 공산주의 숙청과 같은 최악의 두려움을 가져왔다. 가장 보편적인 이상은 종종 소수의 광기, 어리석음, 야망에 의해 타락했다. 반종차별주의 및 동물 해방과 관련된 입장 차이, 새로운 시도를 무턱대고 공격하는 것은 두 가지 이유에서 용납될 수 없다. 첫째, 비생산적이다. 동물의 이익을 고려하기 위해 기꺼이 준비되어 있던 사람이라도 공격을 받으면 도망치기 마련이다. 또한 공격적인 태도는 무엇보다 동물 권리 운동과 떨어질 수 없는, 공감이라는 측면과 양립되지 않는다. 동물 권리를 주장하는 사람이 동물에 대한 그의 사랑을 앞세워 선의를 가진 다른 인간을 공격하는 것은 매우 미숙한 태도다. 그런 어리석음에 자신을 내맡기는 자는, 인간의 가장 못된 본성을 이용하여 남을 판단하고 배제하는 일을 되풀이하고 있다는 사실을 깨닫지 못하고 있다.

더 나아가 순결한 비건이 아니라고 다른 이들을 공격해 대는 극단적인 행동가들은 사실은 종차별주의적이다. 동물 권리 보호 운동에는 실제로 온건한 이들부터 가장 급진적인 이들까지 다양한 스펙트럼이 존재한다. 그런데 관용이 없는 일부 급진주의자는, 자신들이 남들보다 더 지적이고 더 감수성이 있는 우월한 존재처럼 행세하며 다른 사람을 무시한다. 이런 태도야말로 뭔가 생각나게 하지 않는가? 반종차별주의자는 차이를 무시하지 않는다. 그들은 차이를 인정한다. 물론 그 출발은 인간에서부터다.

내 침대

전 세계 여러 나라를 여행하면서 나는 한 가지 사실을 발견했다. 북미는 침구의 대륙이라는 사실이다. 북미 사람들은 뭐든 큼직큼직한 것을 좋아하고 안락함을 선호하기 때문에 두툼하고, 엄청나게 큰 사이즈의, 탄탄한 스프링이 받쳐 주는 침대에서, 게다가 보기만 해도 폭신해서 당신을 품고 감미롭게 속삭이며 꿈나라로 데려다줄 것 같은 이불을 덮고 잔다. 미국이나 캐나다의 호텔에서 자보지 않은 사람은 자고로 좋은 침대가 뭔지 모를 것이다. 이 탁월한 밤의 가구에 담긴 비밀은 특히 매트리스 위에 깔고 자는 도톰한 요 매트, 공기와 재료로 속을 촘촘히 채워 넣어 당신의 지친 몸을 포근히 감싸 안아 주는 토퍼에 있다.

뉴욕에서의 일정을 마치고 돌아올 때, 나는 이 마법 매트를 파리로 가져가 미국에서 청했던 꿀잠의 기억을 고스란히 재현하고 싶었다. 다행히 인터넷에서 그 매트리스 토퍼 모델을 금방 찾을 수 있었다. 주문 단계로 넘어가기 전, 나는 토퍼 구성 재료를 유심히 살펴보았다. 그리고 알아 버린 불편한 진실, 〈솜털 10퍼센트, 천연 오리털 90퍼센트〉. 뜨악!

패딩 옷이나 침구 용품에 사용되는 가금류 깃털은 어떻게 만들어지는가? 거위 털은 산 채로 뽑히든지 사후에 뽑히든지 둘 중 하나다. 첫 번째의 경우, 거위들은 짧은 생에서 2~4회 깃털이 뽑힌다. 당연히 유쾌한 경험이 아니다. 목, 가슴, 등에서 있는 대로 깃털이 뽑힌다. 세심한 배려는 기대할 수 없는 마구잡이식 깃털 뽑기로 거위들은 대부분 상처 입는다. 이 과정은 거의 고문에 가깝다. 참고로 현재 유럽 연합에서는 산 채로 깃털을 뽑는 것이 금지되었다. 두 번째의 경우, 식용 고기를 위해 거위가 도살된 후 깃털이 뽑힌다. 이 상황에서는 적어도 고통은 느끼지 못한다. 상업적 논거로 동물 복지에 신경을 쓰는 육류 업계는 이미 죽은 동물의 깃털을 제품에 사용한다는 사실을 강조한다. 하지만 이 정보를 얼마나 신뢰할 수 있을까 하는 의문이 든다. 더러 동물의 운명은 안중에 없는 하청업자들(예를 들어 중국)도 있기 때문이다. 오리털은 좀 더 확실치 않다. 관련 업체 협회 측에서는 오리들이 산 채로 깃털이 뽑히는 경우가 없다고 하지만, 몰래 이뤄질 가능성도 있다. 어쨌든 어떤 형태의 동물 고통도 거부하는 사람들은 사육동물에서 온 재료가 쓰이는 한 결코 마음이 편하지 않다. 사육동물들이 얼마나 짧고 비참한 삶을 사는지 잘 알기 때문이다. 자연적으로 죽음을 맞이한 늙은 거위나 오리의 몸에서 채취한 깃털이라면, 물론 사정은 전혀 다를 것이다. 혹은 더 나은 상황으로 거위나 오리의 자연 털갈이 시기에 동물의 몸에서 자연적으로 바닥에 떨어진 깃털들을 주워 모았을 뿐이라면, 어떤 윤리적 문제도 제기되지 않을 것이다. 하지만 실제로는 그렇지가 않다.

이런 상황에서 제일 간단한 방법은 오리털 토퍼를 포기하고 합성소재 매트를 택하는 것이다. 공기 함유량과 열용량이 덜해서 좀 덜 포근할지 몰라도 별로 중요하지 않다. 적어도 두 다리 쫙 펴고 맘 편히 잘 수 있을 테니 말이다.

4장
반종차별주의는
새로운 휴머니즘이다

신 코페르니쿠스 혁명

1543년, 폴란드의 천문학자 니콜라우스 코페르니쿠스Nicolaus Copernicus는 『천체의 회전에 관하여On the Revolutions of the Heavenly Spheres』에서 아리스토텔레스와 프톨레마이오스의 지구중심설이 틀렸다고 주장하며 당대의 모든 확신을 뒤흔들었다. 지구는 움직이며 우주의 중심이 아니라는 것이다. 코페르니쿠스의 지동설은 피타고라스학파의 우주론을 계승하고, 17세기에는 케플러와 갈릴레이로 이어져 지구가 태양 주위를 도는 다른 행성들 가운데 하나일 뿐이라는 사실을 밝혔다. 하지만 코페르니쿠스의 이러한 주장은 당대에 격렬한 비난을 샀다. 당시 교회는 지구가 우주의 중심이라는 천동설만을 인정했고, 세상의 중심이 되고자 했던 당시 교회에 코페르니쿠스의 지동설은 인정해서는 안 되는 주장이었다.

과학적 사고는 기독교 도그마에 승리를 거두며 인간과 인간이 거주하는 세계에 대한 개념을 바꾸어 놓았다. 맹신과는 달리, 이성의 측면에서 우리는 우주의 중심이 아니며 모든 것은 〈우리를 중심으로 돌지 않는다〉는 사실을 인정하고, 우리는 돌아가는 회전목마에서 하나의 목마일 뿐이라는 것을 받아들일 수밖에 없다. 코페르니쿠스 혁명은 천동설(지구가 우주의 중심)에 대한 지동설(태양이 우주의 중심)의 승리이며, 인간의 사고 체계를 완전히 뒤엎은 혁명적 전환이다. 17세기는 종교적 몽매주의에 대해 과학이 승리를 거둔 세기로 기록된다.

해박한 과학적 전문 지식 없이는 그 이름에 걸맞은 철학도, 정치도 나올 수 없다. 다양한 과학 분야는 우리의 편견과 오류를 극복하게 하는 도구다. 과학이야말로 공동생활의 기반이 되는 윤리적 노선의 방향을 제시한다. 자신이 속한 세계에 대한 물리적·생물학적 사실들을 정확히 이해하지 못하고 어떻게 인간에 대한 모순되지 않는 미래를 구상할 수 있겠는가?

과학적 지식과 개인적 선입견이 어긋난다면, 자신의 판단을 지식에 맡겨야 한다. 오늘날에도 여전히 자신을 하나님의 자녀라 믿으며, 하늘에서 흙을 빚어 인간을 창조하신 전능하신 하나님의 말씀을 문자 그대로 따르려는 사람들이 있다. DNA도, 빅뱅도, 전자기파도 알려지지 않았던 시기에, 누가 기록했는지도 모르는 성경을 말이다. 과학자들이 해야 할 임무가 여전히 막중하다. 어쩌겠는가? 꿋꿋이 나아가는 수밖에 없지 않은가. 그러나 불행히도 맹신은 언제나 살벌한 광신도들을 낳았고, 우리 시대도 여전히 여기에서 벗어나지 않았다. 오늘날 잘 알려진 과학적 사실들이 무색할 정도로, 종교적 몽매주의는 기독교인들을 비롯하여 모든 집단에 영향을 미치고 있다.

진화론은 다윈, 월리스, 라마르크의 연구 그리고 19세기 이후에도 계속해서 새로운 관찰로 충분히 보완되었지만, 여전히 많은 사람이 이를 부정하고 있다. 2008년 미국에서 실시된 설문 조사에 따르면 미국인의 44퍼센트는 창조론자다. 오늘날에도 몇천 년 전처럼 하나님이 인간을 창조했다고 믿는 사람들이 미국인의 44퍼센트에 달한다는 것이다. 이들은 지구가 450만 년 전에 출현했다는 사실을 부정한다. 또한 미국인의 36퍼센트는 인간이 수백만 년에 걸쳐 진화한 끝에 오늘날과 같이 되었다고 생각하지만, 이 진화의 설계자는 하나님이라고 믿고 있다. 마지막으로 설문 조사에 참여한 미국인의 14퍼센트만이 인간은 원시 생명체에서 시작해 수백만 년에 걸쳐 진화해 왔고, 이는 하나님과는 무관하다고 답했다. 2011년 『사이언스』에 발표된 설문 조사에 따르면, 미국 공립학교 생물 교사의 13퍼센트가 진화를 믿지 않고, 이들 가운데 60퍼센트는 진화론과 창조론(또는 진화론이기는 하지만 하나님이 설계했다는 〈유신론적 진화론〉) 가운데 결정을 내리지 못한다고 답했다. 2012년에 실시된 또 다른 설문 조사에 따르면, 개신교 목회자의 72퍼센트가 진화론을 부정하고, 82퍼센트가 〈아담과 이브는 실제로 존재했다〉고 말하는 것으로 드러났다. 2014년 새로운 연구에 따르면, 〈우주는 138억 년 전 빅뱅과 함께 탄생했다〉는 명제에 대해 미국인의 절반이 〈전혀 확신할 수 없다〉 또는

〈별로 확신할 수 없다〉고 대답했다. 같은 조사에서 응답자의 31퍼센트만이 지구상의 생명은 〈자연 선택 과정을 따른다〉고 답했다. 따라서 미국 공화당 예비선거 후보자의 다수가 창조론을 주장한다는 것은 놀랄 일도 아니다. 2015년 이 중 한 명은 이를 분명하게 밝혔다. 〈나는 하나님이 천국과 지상을 창조하셨다고 믿는다. 추호도 의심하지 않는다.〉 또한 2011년 프랑스 오르세 대학교 생물학과 학생들을 대상으로 설문 조사한 결과, 32퍼센트가 진화론을 기정사실이 아닌 하나의 가설로 여기는 것으로 드러났다.

그렇다면 그 밖에 다른 나라들에서는 어떤가? 2011년 여론조사 기관인 입소스는 인간은 신이 창조했고, 다른 종에서 진화한 결과가 아니라고 믿는 창조론자 비율을 국가별로 집계했다. 결과는 대단히 놀랍다. 사우디아라비아 75퍼센트, 터키 60퍼센트, 인도네시아 57퍼센트, 남아프리카공화국 56퍼센트, 브라질 47퍼센트로 조사되었다. 설문 조사에 참여한 23개국(유럽 국가 포함) 응답자의 28퍼센트가 창조론자이며, 31퍼센트는 잘 모르겠다고 답했다.

종차별주의는 그 자체로 근대적 몽매주의다. 2,000년 전, 성경은 인간이 다른 동식물 위에 무자비하게 군림해도 좋다고 상정했다.

하나님이 자기 형상 곧 하나님의 형상대로 사람을 창조하시되 남자와 여자를 창조하시고 하나님이 그들에게 복을 주시며 하나님이 그들에게 이르시되, 생육하고 번성하여 땅에 충만하라 땅을 정복하라 바다의 물고기와 하늘의 새와 땅에 움직이는 모든 생물을 다스리라 하시니라.

「창세기」 1장 27~28절

땅의 모든 짐승과 공중의 모든 새와 땅에 기는 모든 것과 바다의 모든 고기가 너희를 두려워하며 너희를 무서워하리니 이것들은 너희 손에 붙였음이니라. 모든 산 동물은 너희의 먹을 것이 될지라 채소같이 내가 이것을 다 너희에게 주노라.

「창세기」 9장 2~3절

사람이 무엇이기에 주께서 그를 생각하시며 인자가 무엇이기에 주께서 그를 돌보시나이까. 그를 하나님보다 조금 못하게 하시고 영화와 존귀로 관을 씌우셨나이다. 주의 손으로 만드신 것을 다스리게 하시고 만물을 그의 발 아래 두셨으니 곧 모든 소와 양과 들짐승이며 공중의 새와 바다의 물고기와 바닷길에 다니는 것이니이다.

「시편」 8장 4~9절

종교적 교리는 코페르니쿠스의 발견과 다윈의 발견에 족쇄를 채웠고, 오늘날에도 여전히 현재 진행형이다. 물론 프란치스코 교황이 보이는 생태계에 대한 관심과 참여는 살아 있는 생명체에 대한 구시대적 관점을 바꾸는 데 상당히 기여했다. 프란체스코 교황 이전에도 다시시 프란체스코d'Assisi Francesco는 종의 구별 없이 지구상의 모든 생명체에 대해 자비를 베푼다는 기독교적 신념이 있었다. 현대에 와서는 슈바이처와 테오도르 모노Théodore Monod가 생명에 대한 존중 사상을 강력히 설파했다. 슈바이처는 루터교 목사이자 신학자, 아프리카 선교사, 1952년 노벨 평화상 수상자, 훌륭한 오르간 연주자이자 바흐 전문가였다. 모노는 슈바이처의 영향을 받았고, 그 또한 자유주의 신학자, 동물학자, 자연주의자, 사막 전문가, 평화주의자였다. 그는 알제리 전쟁, 빈곤, 인종차별, 환경 파괴에 맞서 싸우고, 동물 권리를 외쳤으며, 채식주의자였다. 모노는 성경에서 영감을 받았는데, 특히 〈산상 설교〉에서 모든 인간 및 비인간 존재를 연민과 관대함으로 대하라는 아름다운 구절들을 소명으로 삼았다. 사실 성경에서 반종차별주의자적인 구절은 극히 드물다. 동양 사상에서는 인간과 자연의 합일, 이로부터 나오는 책임 의식을 강조했지만, 성경은 환경과 비인간 동물에 대한 무분별한 착취에 힘을 실었던 것이다. 인도 사상에 영향을 받았던 쇼펜하우어는 동물들의 불행에 서양 종교가 크게 작용했다고 보았다. 그의 천재성은 다윈을 예견한 데 있다. 1859년에 『종의 기원On the Origin of Species』이 출간되기 몇 년 전에, 쇼펜하우어는 당대 유럽의 신념 체계에서 벗어나 과학적으로 검증된 세계가 도래할 것이라고 정확히 읽어 냈다.

기독교의 또 다른 근본적 결함은 (……) 다음과 같다. 기독교는 자연에 반하여, 인간이 본질적으로 동물계의 일부인데도 불구하고 인간을 동물계로부터 끌어내고, 동물을 완전히 물건으로 취급하며, 홀로 돋보이고자 한다. 반면, 브라만교와 불교는 진리에 입각해서 인간과 자연 전체, 특히 종종 동물 본성과의 명백한 유사성을 단호하게 인정하고, 이를 동물계와 밀접히 연관된 윤회나 다른 양상으로 끊임없이 드러낸다.

쇼펜하우어, 「종교에 대하여」

쇼펜하우어의 통찰력, 과학적 사고의 현대성 및 철학의 타당성에 경의를 표하게 된다. 2016년 프랑스에서는 여전히 백인종의 진실에 대해 논쟁 중인데, 150여 년 전 쇼펜하우어는 이미 그러한 개념이 어리석다고 언급했다. 〈(……) 내가 보기에 흰색은 인간에게 자연적이지 않고, 인간의 피부는 원래 조상인 아프리카인처럼 검정색이나 갈색이었을 것이다. 그리고 본래 자연적으로 백인이 나온 것이 아니라 백인종은 없었고, 어찌되었든 모든 백인은 변색된 인간이다.〉 이는 고인류학자 이브 코펜스Yves Coppens의 설명과 거의 일치한다. 코펜스는 인간은 열대 아프리카 우림에서 탄생했고, 〈흰색 인간은 존재하지 않는다. 다만 변색되었을 뿐이다〉라고 말한다.

종차별주의자들은 코페르니쿠스와 다윈을 비난했던 눈먼 신자들과 비슷하다. 그들은 인류학, 고인류학, 천체물리학, 분자생물학이 인간과 그를 둘러싼 생명의 세계에 대해 알려 주는 사실을 보려 하지 않는다. 인간은 동물이며, 인간의 사촌 종형제인 동물들 역시 생각하고, 고통을 느끼고, 즐기고, 괴로워하고, 사랑하고, 미워하고, 집착하고, 우울해하고, 용기 있고, 비겁하고, 공감하고, 나누고, 이기적이고, 유혹하고, 신의를 지키거나 저버리기도 한다는 사실을 의심하면서 근대적 몽매주의에 사로잡혀 있다. 인간과 비인간 동물 사이에는 본질적 차이가 아닌 정도의 차이만 있을 뿐이라는 사실을 부인하는 이들도 여전히 상당수다. 바로 동물회의론자라 불리는 사람들이다. 이들이 17세기에 살았다면 지구는 우주의 중심이며 태양은 지구를 중심으로 돈다고 계속 우겼을 것이다. 이러한 비교는 그냥 하는 말이 아니다. 우주와 그 물리적·생물학적 메커니즘을 이해할 때 인간의 본질을 규명할 수 있다.

천동설에서 지동설로의 전환은 우리 자아에 대한 명백한 모독이었다. 그런데 이는 시작에 불과했다. 그다음에는 태양이 우주 전체의 중심이 아니라 수십억 개의 은하 가운데 단지 하나에 불과할 뿐이라는 사실을 받아들여야 했으니 말이다. 이로써 우리 존재는 훨씬 더 상대화되었다. 19세기에는 다윈이 인간과 동물이 다르다는 것은 오류라는 걸 증명했고, 특히 인간이 신의 창조물이라는 데 의문을 제기했으며, 게다가 인간이 다른 생명체보다 더 완성된 존재가 아님을 보여 주었다. 두 번째 모독이었다. 지그문트 프로이트Sigmund Freud는 이 두 개의 사건을 〈인류의 나르시시즘의 상처〉로 규정했다. 이 두 가지 사건은 인간중심주의에 반하는 과학적 사실을 밝혀 주었기 때문이다. 코페르니쿠스가 안겨 준 상처는 **우주적** 차원이고, 다윈이 안겨 준 상처는 **생물학적** 차원이었다.*
프로이트는 두 번째 사건을 인류 역사의 결정적 순간으로 설명하며, 반종차별주의의 중요한 연결고리가 되는 구절을 언급한다.

---

* 프로이트에게 세 번째 나르시시즘의 상처는 심리적 차원이다. 이는 정신분석학의 탄생 및 무의식의 발견에 해당한다. 이로써 〈자아는 자신의 집에서 주인이 아니다〉, 즉 인간은 자신의 생각과 충동의 주인이 아님이 드러났다.

인간은 문화적 진화 과정에서 자신의 동류인 동물 종을 지배하는 역할로 올라섰다. 그리고 이러한 우위에 만족하지 않고, 동물과 인간 사이에 심연을 파기 시작했다. 인간은 동물의 이성을 부정했고, 스스로에게 불멸의 영혼을 부여했으며, 동물계와의 모든 연대를 부정하는 신성한 자손임을 과시했다. (……) 우리 모두는 찰스 다윈과 그의 동료 그리고 그들의 선임자들의 연구를 통해 겨우 반세기 좀 전에 비로소 인간의 자만은 끝났다는 것을 알고 있다. 인간은 동물보다 나을 게 전혀 없는, 동물 외에 다른 게 아니며, 인간 자체가 동물의 연속으로, 일부 동물 종과는 좀 더 가깝고, 다른 동물 종과는 좀 더 먼 위치에 있다. 겉으로 보기에는 인간이 장악한 것 같지만, 신체 구조뿐만 아니라 심리적 경향에서도 드러나는 동등성의 증거는 지우지 못했다. 그러나 바로 이것이 두 번째 인간의 나르시시즘의 굴욕, 즉 생물학적 굴욕이다.

프로이트, 『정신 분석학의 난제Eine Schwierigkeit der Psychoanalyse』

다윈 이후 생물학은 동물행동학의 발전 및 분자생물학의 출현과 함께 큰 발전을 거두었다. 위대한 다윈이 인간을 동물의 세계로 데려갔다면, 동물행동학과 분자행동학은 동물들을 인간의 세계로 데려온다. 이로써 인간은 대형 유인원에 속해 있다는 것과 비인간 동물에게도 지능과 감각 능력이 있음을 발견했다.

인간과 비인간 동물 사이는 이제 공통 기원의 문제뿐만 아니라 공동 운명의 문제도 다뤄져야 한다. 동물은 인간처럼 인격체, 더구나 복잡한 인격체다. 이것은 다윈이 안겨 준 상처 이후에 인간이 겪은 나르시시즘의 상처로, 이번에는 **법적** 차원을 내포한다.

인간과 비인간 동물이 유사한 신경생리학 및 심리학 모델로 작동된다면, 모두가 기본적인 권리를 누려야 하기 때문이다. 감각 능력 있는 비인간 동물에 대한 모든 착취를 금지하고, 처음부터 새로운 세계를 다시 만들어야 한다. 이것이 바로 반종차별주의가 신(新) 코페르니쿠스 혁명을 요구하는 이유다. 자신의 안온한 체계가 흔들릴까 두려워 지킬 수 없는 것을 끝까지 부여잡으려 애쓰는 전통의 수호자들에 대해서 말이다.

인간 대 동물?

〈동물, 좋다. 그런데 인간들 문제부터 우선 해결하고 보자.〉 동물권을 지지하는 발언이나 행동을 해본 사람이라면 누구나 한 번쯤 들어봤을 반론이다. 〈세상에 굶주림으로 죽어 가는 사람들이 얼마나 많은데, 동물이 우선순위는 아니지〉 혹은 〈인간의 운명보다 동물의 운명에 더 관심이 있다니, 웬 인간 혐오인가?〉라고 말하기도 한다.

이런 반론들은 여러 가지로 설명된다. 우선 이렇게 생각하는 사람들은 비인간 동물이 실제로 어떤지 아직 제대로 이해하지 못하고 있을 가능성이 있다. 이들은 인간과 비인간 동물 사이의 유전적 관계에 대해 모르고 있거나 동물들의 심리가 실제로 얼마나 복잡한지에 관심이 없다. 또한 이들은 자신들이 이해하지 못하는 투쟁을 벌이는 사람들을 공격함으로써 무관심에 대한 죄책감을 떨치고자 한다. 이들이 동물에 가해지는 폭력에 눈감는 무관심에는 정당성이 필요하다. 동물보호론자들을 비난하는 이들은 대부분 ─ 이는 결코 우연이 아닌데 ─ 이 지구상의 남성과 여성의 운명을 개선하기 위한 투쟁에도 관심이 없다. 이들은 아무것도 하지 않는다. 이제 이런 기만을 떨쳐 내고, 동물권 투쟁은 인도주의적 문제라는 사실을 받아들여야 할 때다.

동물권 투쟁은 약하고 힘없는 자들을 보호하는 일반적이고 보편적인 일이다. 여기에는 경계가 없다. 부당함과 폭력이 지배하는 곳이라면 어디든 저항하고 맞서는 것은 당연하다. 철학자 코린 펠뤼숑Corine Pelluchon은 〈폭력에 대한 고발은 꼭 필요하다. 그러나 지배 관계에서 발생하는 피해자들, 여성, 아동, 빈자, 인종차별이나 또 다른 형태의 차별을 겪은 자들과 동물 간에 피해자 경쟁을 하지 않도록 주의해야 한다. 왜냐하면 모든 폭력은 연관되어 있기 때문에, 즉 악에 대한 경향이라는 같은 기반에 뿌리를 두기 때문이다〉라고 말한다. 19세기 혁명 운동의 주요 인물, 아나키스트이자 페미니즘 운동의 선구자인 루이즈 미셸Louise Michel이 동물을 사랑하고 동물에 가하는 고통에 대한 증오에서 약자를 위한 투쟁의 의지를 다진 것은 우연이 아니다. 그녀는 〈강자들에 대한 나의 저항의 저변에는 동물들에게 가해진 끔찍한 고문 장면들이 있다. 농부들이 개구리를 반으로 잘라 상반신을 태양 볕에 뒹굴게 내버려 두어 두 눈이 불쑥 튀어나오고 두 팔은 부들부들 떨면서 땅속으로 도망치려고 허우적대는 모습, 두 다리를 못으로 박아 꼼짝 못 하게 한 거위, 거머리들을 붙인 채 기진맥진하거나 황소 뿔에 들이받히는 말까지, 가련한 짐승들은 인간 때문에 극심한 고통을 겪는다. 인간이 짐승에게 가혹할수록, 짐승들은 자신을 지배하는 인간 앞에 더욱 비굴해진다〉라고 썼다. 이로부터 몇 년 후, 20세기 초의 사회주의 혁명가 로자 룩셈부르크Rosa Luxemburg는 『로자 룩셈부르크의 옥중서신Letters from Prison』에서 〈나는 종종 인간이 아닌, 인간의 형상을 한 새나 다른 동물 같다는 느낌이 든다〉라고 썼다. 〈나는 기필코 내 직분에서, 길 위의 투쟁에서 또는 형무소에서 죽기를 희망한다. 그러나 마음속 깊은 곳에서는 나는《동지들》보다 푸른 박새에 더 가깝다.〉

미셸과 룩셈부르크가 예외적인 사례는 아니다. 오히려 그 반대다. 노예제 폐지 운동의 선봉장들은 종종 동물 보호 운동의 선구자들이었다. 영국 노예제 폐지 운동의 선구자 가운데 한 명인 윌리엄 윌버포스William Wilberforce는 세계 최초의 동물보호단체인 영국 동물학대방지협회RSPCA의 공동 창설자 중 한 명이었다. 프랑스에서 노예제를 전면 폐지하는 법령의 시초가 된 빅토르 쉘쉐 Victor Schoelcher는 아동 보호, 여성 해방, 사형제도 반대에도 적극 참여했고, 동물 보호 운동 또한 지지했다. 미국 작가 헨리 데이비드 소로Henry David Thoreau는 노예제를 격렬히 반대했고, 1859년 반역죄 및 반란 선동죄로 유죄를 선고받고 교수형당한 노예제 폐지 운동가 존 브라운John Brown을 공개적으로 지지하기도 했다. 또한 소로는 다음과 같이 말하며 채식주의를 옹호했다. 〈물론 [인간은] 광범위한 수준에서 다른 동물을 먹이로 삼아 살고, 살아갈 수 있다. 그러나 이는 슬픈 방식이다. 덫을 놓아 토끼를 잡거나 어린양의 목을 베는 사람이라면 누구나 알고 있다. 인류의 은인은 더 선량하고 경건한 식단에 만족하도록 인간을 가르치는 사람일 것이다. 내 행동 방식이 어떻든 간에 나는 점차 발전해 가는 인류가 고기를 섭취하지 않을 것이라고 확실히 믿는다. 원시 부족들이 더 문명화된 사람들과 접촉하면서 인육을 먹지 않게 된 것처럼 말이다.〉 영국의 박애주의자 앤서니 애슐리쿠퍼Anthony Ashley-Cooper 초대 섀프츠베리 백작은 하원의원으로서 특히 노동자와 아동의 권리를 진전시켰고, 또한 동물 실험에 반대하는 영국생체실험반대협회NAVS 회장을 지냈다.

빅토르 위고Victor Hugo는 1882년에 창설된 최초의 프랑스 생체실험반대연합의 초대 명예 회장이었고, 1850년에 제정된 프랑스 최초의 동물보호법인 그라몽법을 지지한 사람 중 한 명이었다. 위고는 프랑스의 가장 유명한 작가지만, 그의 동물에 대한 앙가주망engagement*을 비롯하여 사형제도 반대나 다른 투쟁에 대해 아는 사람은 거의 없다. 그의 인격에서 왜 이렇게 중요한 부분은 알려지지 않았을까? 여론을 형성하고 이야기를 풀어 가는 사람들은 이런 특별한 투쟁을 별로 중요하지 않은 전기적 세부 사항으로밖에 보지 않기 때문이다. 에밀 졸라Emile Zola도 마찬가지다. 사람들은 졸라의 작가적 역량, 인간주의적·사회 참여적·예술 평론가적 자질이나 화가 및 음악가 들과의 교류에 찬사를 보내지만, 그의 성격에 깔린 동물 사랑에 대해서는 간과한다. 졸라는 항상 동물들에 둘러싸여 살았다. 개들의 이름은 베르트랑, 라통, 팡팡, 바타유, 보리오 그리고 팽팽이었다. 팽팽은 졸라가 영국으로 강제 추방당

* 정치 또는 사회 문제에 관심을 갖고 이에 대해 의견을 표현하거나 행동하는 일 — 옮긴이주.

해 혼자 남게 되었을 때, 스스로 버려졌다는 슬픔에 젖어 세상을 떠났다. 졸라가 다시 돌아왔을 때, 그 또한 팽팽의 죽음으로 마음 속 깊이 상처를 입었다. 메당에 있는 자신의 집에서 졸라는 말, 소, 닭, 비둘기, 토끼 그리고 고양이 가족으로 구성된 작은 농장을 꾸리고 살았다. 1896년 드레퓌스 사건으로 〈나는 고발한다〉라는 기사를 쓰기 2년 전, 그는 『르 피가로Le Figaro』에 「동물에 대한 사랑」이라는 제목의 사설을 쓴다. 그는 여기에서 〈동물의 고통은 왜 이렇게 나를 뒤흔드는가? 겨울밤, 고양이 물잔이 채워져 있나 확인하려고 잠자리에서 일어날 만큼, 왜 나는 동물이 고통을 느낄지 모른다는 생각에 견딜 수 없어 하는가? 왜 창조된 모든 동물은 내 가까운 친척들이며, 왜 그들에 대한 생각만으로도 나는 자비, 관용, 부드러움으로 벅차오르는가? 왜 동물들은 모두, 인간처럼, 인간과 같은 내 가족인가?〉라고 쓴다.

그러나 미셸이나 위고처럼 졸라에게서도 이 기본적인 인격은 여전히 무시된다. 마치 이 점이 다른 모든 것보다 더 불편한 부분이기라도 하듯 말이다. 노예, 아동, 여성, 동물 등 모두가 약자에 대한 강자의 착취에 맞서 싸운다는 같은 문제의식에서 출발한다. 수많은 지식인이 지난 수 세기 동안 동물 착취의 종식을 요구하거나 적어도 동물에 대한 가장 야만적인 취급을 중단하라고 요구했다. 미셸 몽테뉴Michel Montaigne와 루소는 **동물 보호 운동**의 선두에 섰던 인물들이며, 톨스토이, 마르그리트 유르스나르Marguerite Yourcenar — 그녀는 〈단말마의 고통을 삼키지 않기〉 위해 채식주의자가 되었다 — 그리고 로맹 가리Romain Gary가 쓴 글도 논해 볼 수 있다. 1956년 공쿠르상 수상작이자 최초의 생태주의 소설로 여겨지는 『하늘의 뿌리*Les racines du ciel*』에서 그는 자연 파괴 및 생태계 동물에 대한 위험을 알렸다. 소설은 상아를 얻을 목적으로 대량 학살당하는 아프리카코끼리를 구하는 데 온 힘을 바치는 모렐의 이야기다. 가리는 〈우리는 다르지만 그렇다고 열등하지 않은 다른 동물 종들을 훨씬 더 겸손하고 더 많은 이해심으로 대해야 한다〉라고 썼다. 소설은 비평가들로부터 찬사를 받았고, 공쿠르상의 명예를 안겨 주었다. 그런데 이 상을 가리에게 수여한 사람들 가운데 몇 명이나 소설가의 권유를 실행에 옮겼을까? 프티푸르 한입을 먹고 샴페인 거품이 증발할 때쯤 이 글을 자기 위안으로 삼는 것 말고 작가의 메시지는 거의 남지 않는다. 〈**아, 그렇지, 로맹 가리가 60년 전에 한 말을 보라! 그의 말이 옳았다. 역시 통찰력이 보통이 아니다! 당연히 그의 시각을 따라야 한다! 게다가 공쿠르상까지 받은 걸 보면 그가 당대에 얼마나 신뢰를 받았는지 알 수 있다!**〉 단지 말뿐이다.

이것이 특히 동물 보호 운동의 문제 그리고 일반적으로 생태 운동의 문제 가운데 하나다. 많은 사람이 동물 보호 운동이나 생태 운동에 대해 거만한 자세를 취하고 비꼬는 식으로 바라보지만, 각각 정당한 근거에 토대를 둔 주장이라는 것을 인정해야 한다. 오늘날 사람들이 동물의 고통이나 생태계 파괴에 무관심하다고 함부로 말하기는 어렵다. 게다가 동물사육업자나 정육업자도 논쟁에서는 〈나 역시 동물을 사랑한다!〉로 운을 뗀다. 그리고 바로 덧붙여 〈하지만〉이 따라 나온다. 〈**나는 동물을 사랑한다. 하지**

만……〉 또는 〈나는 자연을 사랑한다. 하지만……〉. 이는 마치 인종 차별주의자가 〈나는 아랍인들에게 아무런 감정도 없다. 하지만……〉 이라고 말하는 것과 마찬가지다.

광범위하게 합의된 위선이 모두를 만족하게 하는 것 같다. 동물의 고통 위에 번창하는 수많은 사람, 고기 및 각종 동물 유래 제품을 생산하는 기업, 유통, 상인, 동물 실험을 수행하는 제약 회사, 동물을 기반으로 한 물건이나 식품의 소비자, 특히 자신들의 습관을 바꾸기를 꺼리는 사람들, 동물원·서커스·투우 운영자 및 관중, 사냥꾼, 그리고 여기에 관계된 모든 압력 단체의 비위를 맞추기 위해 아무런 말도 못 하는 정치인들까지도 말이다.

반종차별주의는 인간에게서 다른 동물보다 상위 종이라는 지위를 박탈하므로 때로는 **반휴머니즘**으로 여겨진다. 그러나 반휴머니즘은 인간에 대한 반발에서 나온, 인간의 이익에 반하여 작용하는 철학 사조다. 따라서 반종차별주의가 반휴머니즘이라는 것은 잘못된 해석에서 나온 완전한 오해다. 물론 동물권 지지자들 가운데 일부는 인간에게 죄책감을 돌리는 식으로 폭력성을 띠는 인간혐오주의자다. 인간이 동물에 가하는 학대의 진상을 파고 들어가다 보면 인류에 대한 환멸을 느끼기도 한다. 단지 먹기 위해 동물을 죽이는 수준이 아니다. 견디기 힘든 구타, 학대, 참수, 생체실험의 끔찍한 장면들, 조금도 움직일 수 없는 비좁은 우리에서 고통스러워하는 존재들, 주인들이 휴짓조각 버리듯 유기하거나 학대하는 동물들, 집단 여우 사냥에서 승리감에 도취해 자신이 죽인 동물 사진을 보란 듯이 인터넷에 올리는 사냥꾼을 말한다. 동물뿐만 아니라 인간까지도 부정하고 증오하는 인간의 능력을 볼 때, 인간을 믿지 못하게 되는 것도 이해가 된다. 전쟁과 폭정에서 비롯된 수억 명의 죽음은 또 어떤가. 인간이란 존재는 얼마나 비정하고 참혹한가. 〈호모 사피엔스〉에 대한 집착, 다른 종을 서열화하고 지배하려는 강박관념을 버리기가 그리 어려운가. 인간은, 인간이건 아니건 간에, 자신과 다른 모든 존재를 복종시키거나 제거하려는 성향이 있다. 따라서 인간에 대한 희망을 포기한 이들을 탓할 수만은 없다.

그러나 반종차별주의는 조금이라도 인간을 부정하려 하지 않는다. 게다가 정의상 인간을 부정할 수 없다. 바로 종과 관련된 차별에 맞서 싸우기 때문이다. 반종차별주의가 인간의 가치가 다른 종의 가치보다 낮다고 평가한다면, 그 자체로 모순이다!

반종차별주의는 다른 종이 마땅히 누려야 할 권리를 누리도록 인간과 비인간 동물 간의 관계를 재정립하기를 바란다. 이 점에서 인간중심주의적인 휴머니즘의 제한된 시각을 거부한다.

반종차별주의는 인간과 다른 종의 관계를 새롭게 세우고, 휴머니즘을 새롭게 정의하기를 제안한다. 즉, 인간에게 부여된 절대적 우위가 아니라 감각 능력 있는 모든 비인간 동물 종에게로 이익의 범위를 확장하는 것이다. 인간의 권리를 제거하지 않고 새로운 주체들에게도 권리를 부여하자는 것이다. 반종차별주의는 우리의 〈도덕적 고려의 범위를 확장하기〉를 요구한다. 이런 의미에서 새로운 휴머니즘은 **아뉴머니즘**anumanisme이다.

도덕적 고려의 범위를 확장하기

불과 얼마 전까지만 해도 서구에서는 백인, 남성, 이성애자인 인간이 우월한 지위를 차지하고 있었다. 일부 호모 사피엔스의 열등한 지위를 인정했던 법규들은 최근에야 비로소 폐지되었다.

그리스와 로마 시대에도 이미 존재했던 노예제도(아리스토텔레스는 노예제도를 옹호했으니, 그가 현명한 말만 했던 것은 아니다)가 폐지된 것은 200년도 채 되지 않았다. 프랑스는 대혁명 이후 1794년에 식민지에서 노예제도를 폐지했으나, 나폴레옹이 1802년에 부활시켰고, 1848년에야 공식적으로 금지되었다. 세계 대부분의 나라에서 노예제도를 더 이상 용납하지 않고 폐지한 것은 19세기 들어서였다. 영국 식민지에서 1833년, 네덜란드 식민지에서 1863년, 미국 전역에서 1865년(미국 남북전쟁 이후), 포르투갈 식민지에서 1869년, 브라질에서 1888년에 노예제도가 폐지되었고, 모리타니에서는 1981년이 되어서야 노예제도가 금지되었지만 여전히 지속되고 있다. 1948년 세계인권선언은 노예제도 폐지를 선언했지만, 오늘날에도 여전히 남성, 여성 및 아동들은 다른 형태로 최소한의 권리도 없이 착취당하거나 팔리고 있다. 미국에서는 흑인이 1868년에 미국 시민권을 얻었고, 1870년에 투표권을 획득했다. 그러나 아프리카계 미국인에 대한 인종 분리 정책이 사라진 것은 20세기 중반 시민권 운동이 시작되면서였다. 히스패닉과 아메리카 원주민 또한 같은 시기에 평등한 권리를 요구했다. 그러나 싸움이 끝나려면 아직 멀었다. 우선, NGO인 워크프리Walk Free에 따르면, 전 세계적으로 4000만 명의 노예, 즉 인신매매나 강제 노동의 피해자가 여전히 존재한다. 또한 인종차별주의는 끈질기게 지속되고 있다. 오늘날 흑인들은 미국에서 여전히 명백한 차별을 받고 있다. 만일 당신이 흑인이라면, 백인보다 적게 벌고, 덜 좋은 직업을 갖고, 덜 좋은 지역에 살 것이다. 반면 당신이 감옥에 갈 가능성은 더 높다. 아프리카계 미국인은 전체 인구의 13.6퍼센트에 불과하지만, 전체 수감자의 40퍼센트를 차지한다.

2016년 미국의 민주당 소속 대통령 후보였던 버니 샌더스Bernie Sanders는 선거 집회에서 미국의 흑인 신생아 네 명 중 한 명이 감옥에 갈 가능성이 있다고 언급했다. 이에 대해 〈그건 단지 흑인이 백인보다 훨씬 더 많은 범죄를 저지른다는 증거일 뿐이다!〉라고 결론을 내릴 수도 있다. 터무니없는 소리다. 최근 한 연구에 따르면, 경찰에 의해 사망한 흑인은 백인보다 21배나 많다. 이는 흑인이 21배 더 위험해서가 결코 아니다. 미국 사법부만 봐도 판단의 불공정성이 드러난다. 최근 사례 중에는 흑인 소년 타미르 라이스를 쏜 백인 경찰관 티모시 로먼에 대한 불기소 결정이 있다. 2014년 11월 오하이오주 클리블랜드에서 12세의 흑인 소년 라이스는 길에서 혼자 장난감 총을 가지고 놀고 있었다. 신고를 받고 출동한 경찰 로먼은 도착 후 확인도 하지 않고 즉시 총을 쏘았고, 소년은 그 자리에서 숨졌다. 미국에서 흑인은 항상 백인보다 형을 선고받을 위험이 더 크다. 통계에 따르면, 모든 살인 사건 피해자의 절반가량이 흑인인데, 1976년 이후 미국에서 사형을 당

한 사형수의 피해자 가운데 4분의 3 이상은 백인이다.[*]

프랑스에서는 1944년에야 비로소 여성에게 선거권과 피선
거권을 부여했다. 부부 관계에서 아내가 남편과 동등해진 것은
1965년부터인데, 이때 1804년에 제정된 결혼 제도(〈아내는 남
편에게 복종해야 한다〉)가 수정되었다. 이로써 여성은 일하고,
계좌를 개설하고, 재산을 관리하는 데 남편의 허락을 받을 필요
가 없어졌다. 〈가장〉(물론 남편에게 유리한 개념)이라는 개념
도 1970년에야 공동 친권이라는 개념으로 바뀌었다. 특정 직종
에 대한 접근성, 임금 등과 관련하여 개선해야 할 사항은 여전히
많다.

동성애는 80여 개국에서 여전히 불법이며 일부 국가에서는 사
형 죄에 해당한다. 인류 역사에서 자신의 성적 취향 때문에 폭행
당하고, 직업을 잃고, 투옥되거나 죽임을 당한 동성애자들은 수없
이 많다. 이 가운데 1895년에 2년의 강제노동형을 선고받은 오스
카 와일드Oscar Wilde의 사례는 유명하다. WHO 정신질환 목록에
서 동성애가 삭제된 것도 1990년의 일이다. 미국에서는 2011년
까지 동성애자의 군 복무가 공식적으로 금지되었다. 프랑스에서
는 1960년 샤를 드골Charles De Gaulle이 법 개정안으로 동성애를
〈사회악〉으로 규정했고, 1981년까지 동성애자 명단이 따로 존재
했었다. 1982년에야 동성애는 처벌 대상에서 제외되었다. 그마

---

[*] 피해자가 백인이냐 흑인이냐에 따라 사법 판단이 달라질 수 있음을 보여 준다.
즉, 피해자가 백인이라면 가해자는 형량이 높을 가능성이 크고, 피해자가 흑인이라면
가해자가 꼭 형을 선고받지 않는다는 의미다 — 옮긴이주.

저도 쉽지 않았다. 나중에 총리를 지낸 프랑수아 피용François Fillon 과 대통령을 지낸 자크 시라크Jacques Chirac는 당시 동성애 처벌금 지법에 반대표를 던졌다. 지난 30년간 상당한 진전이 있었음에도 프랑스에서는 최근까지 동성애 결혼 합법화를 둘러싸고 논쟁을 벌이며 여전히 동성애자를 위한 권리 투쟁과 편견이 끝나지 않았음을 보여 준다.

인간들 사이의 평등을 위한 투쟁은 여전히 갈 길이 멀다. 인종 차별주의, 성차별주의, 동성애공포증은 지역에 따라 많든 적든 여전히 존재한다. 그러나 의식 있는 활동가들 덕분에 편견은 점차 사라지고 있고 형평성을 확립하기 위한 법적 장치도 마련되고 있다. 반종차별주의는 개인들의 평등을 위한 투쟁의 연장선에서 과학자들이 새롭게 인정한 사실, 즉 모든 비인간 동물은 고통을 느끼고 삶에 대한 내재적 권리를 지닌 개체들이라는 점을 고려할 것을 요구한다. 우리의 **도덕적 범위를 확장**해야 하는 이유도 바로 여기에 있다.

도덕적 범위는 몇 세기 전까지 최소한으로 제한되어 있었지만, 최근에는 상당히 넓어졌다. 서구 사회에서 처음에는 그리스인과 로마인만이 고려 대상이었고, 다른 민족은 야만족으로 여겨졌다. 이후 이방인들도 동등하게 간주되었으나 다른 피부색을 가진 인종은 제외되었다. 흑인들은 백인과 동등한 권리를 갖기 위해 투쟁했고, 그다음에는 여성과 동성애자들이 목소리를 내기 시작했다. 동물 권리 운동은 이미 시작되었다. 이제 확장되는 길만 남았다. 지금까지의 확장은 다음의 그림과 같이 표현할 수 있다.

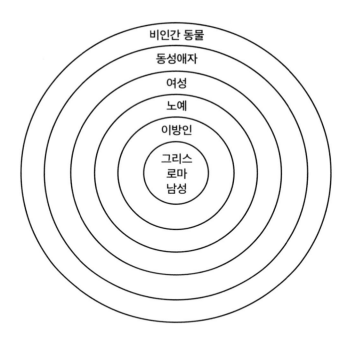

그런데 반종차별주의에는 다른 투쟁들에는 수반되지 않는 문제가 있다. 바로 스스로 권리를 주장할 수 없는 개체들의 권리를 내세운다는 점이다. 비인간 동물들은 집회를 열거나 텔레비전 토론에 대표자를 내보낼 수 없다. 반란을 일으킬 수 있는 노예와 달리, 조직을 구성하고 자신의 요구를 전달할 수 있는 여성이나 동성애자와 달리, 자신들의 목소리를 직접 전할 방법이 없다. 사육장, 도살장, 실험실에서 동물들은 고통, 불편함, 불만을 표시하는 명확한 신호들을 보내지만, 대개는 쉽게 무시된다. 어떤 동물이 공공장소에서 자신들의 고통을 호소하기 위해 발언하겠는가? 자기 자신이 아닌 타인의 권리를 위해 싸우는 것은 고귀하다. 전적으로 사심 없는 투쟁이기 때문이다. 동성애자의 권리를 위해 싸우는 동성애자는 일차적으로 자신의 역사와 운명을 개선한다는 동기가 있다. 그리고 이는 지극히 정당하고 또 필요하다. 그런데 이성애자가 동성애자의 권리를 외칠 때, 그는 개인적으로 기대하는 것 없이 이상적 가치를 위해 목소리를 내는 것이므로 더 아름답다. 여성이나 이주자의 권리를 위한 투쟁도 마찬가지다. 자신이 피해자 범주에 속하지 않지만, 공동체 연대의 이름으로 투쟁에 참여할 때 그의 행동은 더욱 빛난다.

따라서 비인간 동물을 보호하기 위해 참여하는 모든 인간은 자신을 초월해서 인식하기에 성장하게 된다. 약한 존재들에 대한 동류의식에는 겸손함이 필요하지만, 이 과정에서 더 높은 차원에 있는 자신을 발견하게 되는 역설적인 결과를 낳는다.

반종차별주의자는 의식 있는 자다

반종차별주의는 과학과 도덕 간의 건강한 결합에서 나온 결과다. 이것이 앞서 우리가 이 두 영역을 오랫동안 살펴본 이유다. 과학과 도덕 둘 다 가치적 사고를 위해 없어서는 안 된다. 칸트의 묘비에는 보편적 격언이 되어야 할 경구가 쓰여 있다. 〈생각하면 할수록 새롭고 무한한 감탄과 존경을 불러일으키는 두 가지가 있다. 머리 위에 별이 빛나는 하늘과 내 가슴 속의 도덕률이다.〉 별이 빛나는 하늘은 우주와 우주에 대한 지식이며, 도덕률은 선과 악에 대한 개념이다. 지식과 도덕은 우리의 정신을 높이고 우리 자신을 뛰어넘게 한다. 안타깝게도, 공적 토론에서는 종종 둘 다 매우 부족하다.

비난하기를 좋아하는 몇몇 사람은 반종차별주의를 감상에 젖은 표현이라거나 밀교 같다고 폄훼하지만, 실은 정반대다. 반종차별주의자는 맹목적 **믿음**에 자신을 내맡기는 종차별주의자와는 달리, **이성**에 기댄다. 종차별주의자는 집단적 권위를 막무가내로 따른다. 그는 지식이 아니라 믿음의 영역에 속해 있다. 그는 인간이 〈동물을 먹도록 만들어졌다〉고 **믿고**, 동물이 고통을 당하지 않는다고 **믿으며**, 비인간 동물에게 권리를 부여하려는 생각이 우습다고 **믿는다**. 그는 오로지 인간만이 중요하다고 **믿는다**. 그러나 그 믿음은 증명될 수 없다. 실제로 **아는** 바가 없기 때문이다.

톨스토이는 〈삶은 미지의 것을 탐구하고 새롭게 얻은 지식을 행동으로 옮기는 데 있다. 이것이야말로 인류의 삶이자 개인의 삶이다〉라고 했다. 반종차별주의는 과학으로 〈새롭게 얻은 지식〉을 바탕으로 논증을 발전시킨다. 이것은 지식의 업데이트고 그 결과에 대한 고려다. 그러나 오늘날 대중에게 잘 알려진 평론가, 작가, 사상가 중에 인간과 세계에 대한 새로운 지식에 정말로 관심을 갖는 사람은 누구인가? 그들은 대부분 대학에서 배운 지식에 머물러 있고, 자기만족에 젖어 자신들의 문헌을 반복해서 들여다보기만 한다. 그리고 이는 그들이 말하고, 평론하고, 또 말하고, 무엇이든 말하고, 그저 말하는 데에 전혀 방해를 받지 않는다.

언론은 빈자리를 그대로 둘 수 없어 이 자리를 평론으로 채운다. 평론은 분석의 형태를 취하려고 하지만, 그 요구를 제대로 충족시키지는 못한다. 라디오나 텔레비전 평론의 장점은 여러 가지다. 우선 정보의 가독성을 높여 그 자체로 의미를 창출한다. 또한 비용이 전혀 또는 거의 들지 않는다. 초대된 이들은 평판을 얻기 위해 무료 또는 적은 출연료를 받고 출연한다. 이들에게 30분 동안 말할 시간을 주는 것이 30분 분량의 다큐멘터리를 제작하는 것보다 훨씬 비용이 적게 든다. 이는 결코 무시할 수 없는 요인이다. 수익성을 고려해야 하는 보도 채널에서 토론 프로그램이 그렇게 많은 비중을 차지하는 것은 바로 이런 이유 때문이다. 게다가 평론은 오락 기능도 담당한다. 같은 사안을 두고 언론 매체마다 〈찬성〉 측과 〈반대〉 측의 토론자를 초대하여 결투 장면을 연출한다. 고의적 의견 충돌, 상대편 논거에 대한 반박 그리고 이에 대한 응수는 웃음과 충격, 유혹의 대사들이 이어지는 촌극의 한 장면처럼 진행된다. 그렇다면 이러한 토론에는 주제와 가장 관련성이 높은 사람들이 초대되는가? 학식이 높은 사람? 현명한 사람? 아니다. 방송에 가장 적합한 사람들이 초대된다. 즉, 그들에게 위임된 역할을 가장 잘 소화해 내는 사람들이다. 토론자는 침착하고, 재치 있고, 확고한 의견이 있어야 하며, 몇 분 만에 사안이 다뤄진다는 원칙을 받아들여야 한다. 그들이 토론 주제에 관해 진지하게 연구했을까? 아니다. 기껏해야 기사 몇 개 찾아보고, 그것도 개인적 경험과 자신의 시각을 대입해 읽고, 이것으로 토론자로서의 의견이 완성되고, 이를 마치 확증된 사실처럼 변론하기에는 충분하다. 이렇게 그들은 이슬람 테러리즘, 브르타뉴 동물 사육, 유럽의 기능과 경제 정책, IMF, 영국 여왕, 럭비 월드컵에 대해 쉽게 말한다.

이런 사람들은 대부분 기자, 정치인, 활동가 대표, 기업가, 홍보 담당자, 변호사 들이다. 그러나 이런 사람들 가운데 지위가 독특한 사람도 있다. 소위 〈지식인〉이라 불리는 인물들이다. 이들은 식견 있는 철학자, 사상가 또는 작가이며, 잡지나 인기 프로그램에서 초대 손님의 자리를 차지하는 스타들이다. 앞서 말한 토론자들과는 달리, 이들의 말에는 권위가 있고, 우리는 그들의 생각이 다른 이들보다 뛰어나다고 믿는다. 미셸 위노크Michel Winock는 이들을 〈직업적 지식인〉이라 부른다. 이들은 인문학적 소양을 표출하며, 일부는 사르트르, 카뮈, 페기, 바레스를 인용하지만, 정작 자신들이 쓴 책은 부차적인 저작물이다. 위노크의 분석에 따르면 그들은 공통적으로 달변가이며, 자기애가 무척 강하다. 그들에게 가장 중요한 주제는 자기 자신이므로 그들은 토론에서 다루는 질문들에 문제를 제기할 의도가 전혀 없고 그저 자신들의 확신을 강조하는 계기로만 쓴다. 가끔 예외적으로 새로운 지식에 관심을 표현할 뿐이고, 무엇보다 우리의 이해를 높여 주는 새로운 과학적·기술적·사회학적 지식들에는 관심이 없다. 공화당의 패배에 목이 쉬도록 언성을 높이는 극단적 보수 인사들이 하는 〈**요즘 젊은이들은 제대로 배우는 게 하나도 없고, 공교육은 자유방임적이고, 교사들은 더 이상 권위가 없다**〉는 말은 듣기에는 그럴듯하다. 물론 학교가 처참한 경제 사회 정책의 실패를 보완해 주지는 못한다. 그러나 〈오늘날 젊은이들은 아무것도 배우는 게 없다〉는 한탄만 반복하는 그들은 어떤가. 그들 스스로도 역량을 키우기 위한 지식을 업데이트하려 하지 않는다.

오늘날 언론에 등장하는 지식인 중에 누가 동물 윤리, 자연 또는 전쟁이나 노동에 대해 진지하고 혁신적인 성찰을 보여 주는가? 우리 시대에 맞는 새로운 모델을 제안하면서 민주주의에 대해 질문하는 사람은? 없다. 텔레비전과 라디오가 마이크를 건네는 이들은 대부분 이에 대해 언급하려 하지 않는다. 그들은 오로지 자기 자신을 알리는 데에만 관심이 있다. 그들은 단순하고, 단순화시키며, 우리 감각 촉수를 자극하는 담론의 효과를 알고 이를 이용한다. 〈우리는 민주주의를 가져다주기 위해 전쟁에 나서야 한다! 우리에게는 이민자 문제가 있다! 우리는 프랑스의 가치를 잊어버렸다!〉 이런 진부하고 또 사실에 반하는 주장들도 진지한 태도로 아는 척하며, 종종 왜곡된 문학적 인용과 교훈이 될 만한 역사적 사건의 연대를 인용해서 부드럽게 포장하기만 하면 충분하다! 사회학자 지젤 사피로Gisèle Sapiro는 이에 대해 다음과 같이 말한다. 〈언론에 등장하는 지식인들의 특징은 무엇에도 전문가가 아니지만, 모든 것에 대해 말할 수 있다는 것이다. 그들은 자기 자신의 중요성에 취해서 모든 주제에 확신을 갖고 의견을 내놓는데, 계속해서 다른 사람의 눈에 띄어야 하기 때문이다. 언론에 모습을 드러내는 것은 주어지는 게 아니라 만들어지고, 유지되는 것이기 때문이다. 따라서 그들은 언론과 대중에 숨 돌릴 틈을 주지 않기 위해 지체하지 않고 서로를 공격한다. 모리아크와 카뮈 사이의 대결과 같은 위엄과는 거리가 멀다는 게 분명한데도 말이다.〉

이것이 바로 우리 시대의 비극 가운데 하나다. 텔레비전에서 거드름 피우는 이들이나 잡지에서 현학적으로 세상을 설명하는 이들은 지난 수십 년간의 과학적 진보에 대해 아는 바가 없다. 이들은 **자기 편견의 포로들**이다. 400년 전 프랜시스 베이컨Francis Bacon이 정신의 〈우상〉이라 부른 편견에 갇힌 자들이다. 몇 년 전 나는 한 저명한 논설 기자에게 인간은 동물이라고 말했다가 노골적으로 비웃음을 당했다. 〈동물회의론자〉의 전형이었다. 베이컨은 새로운 생각이 등장하는 것을 가로막는 편견들을 네 가지 형태의 〈우상〉에 비유했다. 종족의 우상, 동굴의 우상, 시장의 우상 그리고 극장의 우상이다. 〈동굴의 우상〉은 교육이나 습관에서 비롯한 개인의 고정된 시각에 자신을 가둔다. 〈극장의 우상〉은 기존의 학문 체계를 무비판적으로 수용하는 데서 오는 편견으로, 과거의 사유에 우리를 가둔다. 17세기 초반 베이컨의 분석은 오늘날의 많은 언론 관계자를 묘사하는 것 같다. 그에 따르면, 과학자의 역할은 세계를 이해하는 데 방해가 되는 모든 것을 걷어내는 것이다.

철학자들이 다양한 과학 분야에 상당히 관심을 가졌던 시기가 있었다. 17세기로, 베이컨과 토머스 홉스Thomas Hobbes가 대표적이며 파스칼, 데카르트, 라이프니츠는 이 시기에 수학자를 겸했다. 18세기에 사유의 혁명을 가져온 칸트는 수학과 물리학을 공부했다. 그렇다고 자연에 대한 이들의 시각이 오늘날에도 여전히 합당하다는 말은 아니다. 그럼에도 이들은 당대의 방법론에서 자신을 둘러싼 세계에 대한 과학적 지식과 세상에 대한 이해를 연결하려고 노력했다. 아리스토텔레스의 사유 또한 당대의 과학 분야에 대한 깊은 조예에서 비롯되었다. 1880년 다윈은 맹신에 대해 과학을 옹호하는 글을 쓰며 이와 같이 말했다. 〈나는 모든 주제에 관하여 생각의 자유를 강력히 지지하지만, 기독교나 유신론에 반대하는 직접적인 논거들은 대중에게 거의 영향을 미치지 않고(옳건 그르건 간에), 생각의 자유를 높이는 가장 좋은 방법은 과학의 진보로 인한 인간 정신의 점진적 깨달음인 것 같다. 따라서 나는 항상 종교에 관한 글쓰기를 피하려고 노력했고, 과학에만 몰두했다.〉 그러나 불행히도 프랑스 대혁명 이후, 철학은 인간과 정치에만 주로 관심을 기울였고, 세상의 중요한 비밀을 푸는 것으로 여겼던 과학은 소홀히 했다.

과학과 철학 사이의 역사적 단절은 프랑스 교육 체계에서도 확인되는데, 현재 겪고 있는 이데올로기적 위기를 어느 정도 설명해 준다. 2007년 『에스프리Esprit』와의 인터뷰에서 이반 일리치Ivan Illich의 뒤를 잇는 철학자인 장피에르 뒤피Jean-Pierre Dupuy는, 사르트르 이후의 〈프랑스적 지식인〉이 물리학, 화학, 정보공학, 경제학에 문외한이고, 원자력 발전소의 작동 원리도 모르고 있다는 사실에 실망을 드러냈다. 2011년 호킹은 〈철학은 현대 과학, 특히 물리학의 발달을 따라오지 못하고 죽었다〉고 선언했다. 그의 이 말 덕분에 싱어는 급부상했고, 도덕철학이 여전히 살아 있음을 보여 주었다. 현대 철학자 가운데 싱어는 지식을 바탕으로 혁신적인 형이상학을 제시하는 철학자다. 따라서 호킹의 비난을 싱어에게 가할 수는 없다. 또한 오늘날 살아 있는 것에 대해 더 알려진 지식의 결과를 자신의 사고에 반영시키는 사상가들이 있고, 그들 중 일부는 이 책에서 인용된다. 동물 윤리나 환경 윤리를 대변하는 이들도 존재하고, 그들의 생각은 매우 인상적이다. 그러나 우리는 언론에서 결코 그들의 목소리를 듣지 못한다. 너무 복잡하고, 섬세하고, 위험하고, 심각하고, 새롭고, 무엇보다 〈텔레비전에 충분히 적합〉하지 않기 때문이다.

미셸 푸코Michel Foucault는 특정 영역의 전문가들인 〈특수적 지식인〉의 역할을 강조한다. 이들은 하나의 문제의식을 모든 각도에서 연구하고 파악한다. 이들은 자신이 모르는 분야에 경솔하게 접근하지 않는다. 보편적 지식인과 달리 철학이나 문학을 표방하지 않는다. 그는 천체물리학자, 사회학자, 의사, 지리학자, 민족학자일 수도 있지만, 중요하지는 않다. 특수적 지식인의 특징은 자신이 무엇을 말하는지 알고 있다는 것이다. 오늘날 우리에게는 특수적 지식인이 필요하다. 자신이 안다고 믿는 사람이 아니라, 제대로 아는 사람의 말이 필요하다. 그들의 목소리를 다 같이 동시에 들어야 한다. 그들이 소통하면서 서로의 양분이 되어야 한다. 산업화 시대는 제작 과정을 여러 단계로 쪼개고 각자 다른 사람에게 맡기는 작업 라인을 만들어 냈다. 산업화 시대는 사유 체계 또한 분리했고, 문학, 철학, 자연과학, 사회과학, 법, 정치, 수학과 같은 형식 과학을 서로 협력이 없는 단절된 학문으로 쪼갰다. 이로써 우리가 세상을 보는 시각도 단편적으로 쪼개지고 실제와는 멀어져 버렸다.

반종차별주의자와 아미스타드

싱어와의 인터뷰에서 도킨스는 각자가 이성적으로 따져 보면 고기를 더 이상 먹지 않을 것이라고 말한다. 그러면서 예전에 우리가 노예제도의 현실을 감추고, 정당화될 수 없다는 것을 알면서도 궁색하게 관행을 이어 갔던 것처럼 현재 사육을 행한다고 말한다. 〈노예제도의 역사적 전례와의 비교는 좋은 예다. 200년 전에는 노예제도가 단지 의례적 규범이었다. 모든 사람이 노예제도를 행했고, 때로는 토머스 제퍼슨Thomas Jefferson처럼 별다른 의도가 없었다. 나도 어쩌면 그저 사회가 하는 대로 그렇게 따랐을 수도 있다. 노예제도는 정당화될 수 없었지만, 모두가 따라 했다.〉 제퍼슨에 대한 언급은 매우 적절하다. 미국의 3대 대통령이자 미국 독립 선언서의 작성자인 그는 노예제도를 〈가증스러운 범죄〉라고 말했으면서도 평생 노예를 소유했다.

동물 착취와 노예제도 간의 비교는 단순한 요약이 아니다. 두 현상 모두 지능과 감각이 있는 존재를 노예화하는 정확히 같은 메커니즘이다. 두 경우 모두 기만적인 논거를 들어 정당화한다. 둘 다 그 반대자들을 〈폐지론자〉라 부르는 것은 우연이 아니다. 유일하게 주목할 만한 차이점은 피해자가 한쪽은 인간이고, 다른 한쪽은 비-인간이라는 점이다. 그러나 그 외에는 모두 똑같다. 동물은 노예처럼 〈물건〉으로 취급되고, 사용가치밖에 없으며, 학대받고, 구타당하고, 자유가 박탈되고, 기본적 욕구가 무시되고, 지능은 비하된다. 노예와 동물의 정체성은 부정당한다. 노예가 인간이 아니었듯이, 비인간 동물은 고통받지 않아야 할 감각 있는 존재로 인정받지 못한다. 18세기 말에 벤담은 이미 두 가지 사건의 연속성을 확인했다. 〈인간을 제외한 다른 동물들이, 폭군이 아니고서는 그들에게서 결코 빼앗을 수 없었던 권리를 획득할 날이 언젠가 도래할 것이다. 프랑스 사람들은 피부가 검다는 것이, 한 인간에게 고통을 주고도 보상 없이 방치할 이유가 되지 않는다는 것을 이미 깨달았다. 다리 수, 피부의 털, **꼬리뼈**의 생김새가 감각 있는 존재를 같은 운명에 처하게 할 만한 충분한 이유가 아니라는 사실을 우리는 언젠가 인정할 것이다.〉

미국의 싱크탱크인 독립 연구소의 정치학 연구원 로버트 힉스 Robert Higgs는 18~19세기에 전개되었던 것처럼 〈노예제도를 폐지하지 않을 열 가지 이유〉를 작성했다. 아래에서 살펴보자. 그리고 이것이 사육 찬성자들의 논거와 얼마나 비슷한지 비교해 보자.

1. 노예제도는 자연스럽다.

   ⋯▶ **자연에서 우리는 잡아먹거나 잡아먹힌다.**

2. 노예제도는 항상 존재해 왔다.

   ⋯▶ **고기를 먹는 것은 전통이다.**

3. 지구상의 모든 사회에는 노예가 존재한다.

   ⋯▶ **인간은 어디서든 고기를 먹는다(이는 사실과 다르다).**

4. 노예들은 스스로를 돌볼 능력이 없다.

   ⋯▶ **동물들은 그들을 돌봐 줄 사육자가 필요하다.**

5. 주인이 없다면, 노예들은 생존하지 못할 것이다.

   ⋯▶ **동물을 먹기 위해 키우지 않으면, 그들은 생존하지 못할 것이다.**

6. 완전히 자유로운 곳에서 노예의 삶은 갇혀 있을 때보다 더 비참하다.

…▶ 사육되는 동물들은 머물 곳이 있고 먹이를 제공받지만, 야생에서는 위험에 처하고 스스로 먹이를 찾아야 한다.

7. 주인들이 결코 노예를 해방시키려 하지 않으므로 노예제도를 폐지하면 많은 문제가 발생할 것이다.

…▶ 사육이 폐지되면 사육자를 비롯해 많은 사람이 실업자가 되기 때문에, 수많은 문제가 발생할 것이다.

8. 노예제도가 폐지되면, 해방된 노예들은 도둑질하고, 죽이고, 강간하는 범죄자가 될 것이다. 따라서 사회 질서를 유지하기 위해 노예제도 폐지에 반대해야 한다.

…▶ 사육이 폐지되면, 동물들은 어떻게 될 것인가? 그들이 길이나 자연을 돌아다니면서 이루 말할 수 없는 혼란을 초래할 것이다.

9. 노예제도를 폐지하려는 것은 유토피아적이고 비현실적이다. 논의에 시간을 낭비할 필요가 없다.

…▶ 사육을 끝내려는 것은 유토피아적이고 비현실적이다. 논의에 시간을 낭비할 필요가 없다.

10. 노예제도를 폐지한다는 생각은 잊어버려라. 노예들이 잘 먹고, 잘 입고, 잘 자는지 또는 종종 자신들의 노예 상태를 잊을 만한 오락 거리를 즐기는지 신경을 쓰는 편이 훨씬 낫다.

…▶ 사육을 폐지해서는 안 되고, 단지 사육동물이 제대로 다루어지고 있는지에 대해 신경을 써야 한다. 즉, 산업식 사육 환경을 개선하고, 동물들이 도살장으로 끌려갈 운명이라는 것을 잊을 수 있는 소규모 유기 농장을 장려해야 한다.

노예와 사육동물은 주인이 모든 권리를 갖는 〈물건〉으로서의 지위뿐만 아니라 처우 면에서도 매우 유사하다. 흑인들을 아메리카 대륙으로 데려가는 노예선에서 노예들은 사슬에 묶여 채광도 통풍도 되지 않는 좁은 공간에 최대한 적재되고, 두들겨 맞고, 죽지 않을 만큼의 적은 음식만 먹었다. 노예가 너무 빨리 죽으면 수익은 줄어든다. 이것이 오늘날 우리 식탁에서 삶을 마감하는 대부분의 동물이 겪는 일이다.

　노예제도와 동물 착취 간에 또 다른 놀라운 유사점은 두 가지 상업 모두 거짓과 은폐에 기대고 있다는 점이다. 사람들은 노예제도가 존재한다는 걸 알고 있었지만, 모든 과정이 인간적으로 진행될 거라고 생각했지, 그 정도로 가혹한 취급을 당하리라고는 상상하지 못했다. 뭔가 생각나지 않는가? 18세기 영국의 노예제 폐지론자 토머스 클락슨Thomas Clarkson은 노예제도의 실상을 여론에 알리기 위해 방대한 정보를 조사했다. 그 과정에서 1788년에 중요한 문서를 손에 넣었는데, 바로 **브룩스** 노예선의 도면이었다. 아프리카에서부터 노예들을 싣고 몇 달 동안 항해하는 노예선에 사람이 얼마나 빼곡하게 실렸는지 그 실상을 적나라하게 보여 주는 자료로, 최초로 대중에게 노예제도의 비인간성을 충격적으로 보여 주었다. 클락슨은 폐지론자들의 주장이 과장이나 감성에 호소하는 게 아니라 합리적 주장임을 증명하고자 끝까지 밀고 나갔다. 여기서도 유사한 점이 눈에 띈다. 동물 권리 투쟁은 사육장과 도살장에 몰래 가져간 카메라로 촬영된 영상 덕분에 크게 진전했다. 이 자료들은 생산자와 제조업자가 〈행복한 농장〉으로 포장해 고기 소비자들을 속이고 있다는 사실을 깨닫게 해주었다. 실제로 이런 자료 때문에 육식을 그만둔 사람들이 상당수다.

노예제도는 19세기에 유럽과 미국에서 공식적으로 폐지되었으니, 몇 세기 후에는 적어도 일부 나라에서 축산업이 사라질 거라고 예상할 수 있다. 오늘날 몇몇 정부에서 생산이 금지된 제품들이 있다. 대표적인 예가 푸아그라로, 이로 인해 경제가 크게 타격을 입지는 않는다. 그러나 동물 착취를 종식하기 위한 운동에는 특별한 어려움이 있다. 노예들과 달리, 사육동물들은 자신들의 해방을 위한 운동에 나설 수 없다.

고대로부터 시작된 노예들의 반란, 스파르타쿠스Spartacus의 유명한 일화 같은 노예들의 반란이 없었더라면 18세기와 19세기에 펼쳐진 노예제 폐지 운동은 결실을 맺지 못했을 것이다. 오늘날 역사가들은 노예제도의 종식에 큰 역할을 했지만 아직 제대로 알려지지 않은 중요한 노예 반란들에 주목한다. 1791년 산토도밍고에서 흑인 노예들은 대농장주들을 일부 살해해 해방되었고, 13년 뒤에는 혁명의 결과로 아이티 공화국이 탄생했다. 19세기 전반, 미국 남부에서는 노예들의 반란 운동이 급증했고, 소유주들은 불안감에 휩싸였다. 가장 유명한 사건(적어도 스티븐 스필버그가 영화로 다룬 이후로)은 1839년에 일어난 **아미스타드**Amistad 반란이다. 시에라리온에서 53명의 흑인들을 싣고 쿠바의 플랜테이션 농장으로 향하던 스페인 노예선 아미스타드호에서 반란이 일어난다. 흑인들은 배를 장악하고, 항해를 도울 선원 두 명을 제외한 모든 백인을 살해한다. 이들은 육지에 도착해서도 재판이 끝나 마침내 해방되기까지 오랫동안 법적 투쟁과 언론 투쟁을 이끌게 된다.

사육동물들은 반란을 일으키거나 소유주를 공격할 수 없다. 암탉들이 동시에 닭장을 부수고 나와 사육사에게 달려들어 부리로 쪼아 그를 죽이지는 않을 것이다. 트럭에 실려 도살장으로 끌려가는 돼지들이 단체로 운전자를 공격하지는 않을 것이다. 암소들이 떼로 몰려들어 사육사를 바닥에 눕혀 짓누르자고 결정하지는 않을 것이다. 게다가 인간이 사육하기로 선택한 동물들은 가장 온순한 동물들이기에 반란의 위험은 더더욱 없다. 양! 우리가 〈양처럼 온순하다〉고 말하는 이유는 실제로 양이 그렇기 때문이다. 황소를 제외하고 농장에서 위험한 동물은 찾아볼 수 없다. 우리가 사자, 치타, 코뿔소를 먹지 않기로 한 것은 우연이 아니다.

한편 **아미스타드** 반란의 이면에 주목해 보자. 노예선을 점령한 후에도 반란자들은 아프리카에 도착하지 못한다. 그들은 고향으로 돌아가는 중이라 믿었지만, 항해사는 반란자들을 속이고 밤을 틈타 배를 미국 해안가로 몰고 가 결국 두 달 후 미국 함대의 검문을 받게 한다. 흑인들은 코네티컷 해안에서 붙잡히고 선원들을 살해한 혐의로 감옥에 갇힌다. 그러나 그러고 나자 또 다른 문제가 발생한다. 그들은 영어를 할 줄 모르고, 그들의 언어를 아는 사람은 아무도 없었던 것이다. 역사가 마커스 레디커Marcus Rediker는 〈재판받기 위해 수감된 불운한 이들은 자신을 변호하기 위해 단 한마디도 할 수 없었다〉고 말한다. 몇 주 동안, 실제로 아무도 그들을 이해하지 못했다. 〈그때 노예 출신으로 국제 문화를 이해하고 여러 언어를 구사하는 존 페리, 찰스 프랫, 제임스 코비가 등장하여 반란자들은 자신들의 이야기를 전할 수 있었다.〉 그들은 처음에 자신을 방어할 수 없었다. 말은 했지만, 아무도 알아듣지 못했기 때문이다. 그들은 자신들이 누구고, 어디에서 왔고, 어디에서 붙잡혀 노예가 되었는지, 전혀 전달할 수 없었다. **아미스타드**의 반란자들은 다행히도 해병 통역사의 도움을 받았고, 이후에는 영어를 배워 직접 대화하기에 이르렀다. 하지만 아무도 말하는 사람이 없었다면, 이들은 여전히 똑같은 노예 무리로 남았을 것이다. 의사소통이 불가능했다면, 그들이 자신들의 소송에서 이길 수 있었을까? 언어가 없이 그들이 누군지, 그들의 고통이 어떤지 어떻게 전할 수 있겠는가? 정의를 어떻게 얻을 수 있겠는가?

우리가 사육하는 동물들은 인간의 언어를 모르고, 우리는 그들이 표현하는 바를 들으려 하지 않는다. 만일 이 동물들이 인간의 언어로 그들의 고통, 슬픔, 고뇌, 삶의 의지를 말할 수 있다면, 만일 그들이 자유롭고 싶고, 동료들과 놀고 싶고, 사랑하는 이들 곁에 머물고 싶다고 소리칠 수 있다면, 만일 그들이 이 모든 것을 우리의 언어로 말할 수 있다면, 과연 지금처럼 그들을 계속 학대하고 죽일 수 있을까? 반종차별주의자는 **아미스타드**의 통역자들이다.

돈 문제

노예제도와 동물 착취는 같은 동기로 시작되었다. 바로 이익이다. 노예제도는 15세기부터 면화, 설탕, 커피, 코코아, 금 등으로 더 많은 부를 얻기 위해 신대륙으로 떠난 유럽 식민지 개척자들에게 값싼 노동력을 제공했다. 수많은 아메리카 원주민은 식민지화와 질병으로 인해 목숨을 잃었고, 침략자들은 생존자만으로 만족하지 못했다. 노예제도 자체는 어떤 형태로든 그 이전부터 존재해왔지만, 대규모 상업으로 전환된 것은 이때가 처음이었다. 흑인노예 무역이 등장한 것이다. 추정에 따르면 1200만~2000만 명의 아프리카 흑인이 부유층에게 사치품을 제공하고 그들의 부를높일 목적으로 가족과 나라에서 강제로 떨어져 나와 프랑스, 스페인, 포르투갈, 네덜란드, 영국으로 흩어졌다. 일부 특권층에게 생명과 직접 관련성도 없는 소비 물자를 제공하기 위해 다른 사람을물건 상태로 전락시킨 노예제도의 절대적 불합리성과 부도덕성을 기억해야 한다.

미국 저널리스트이자 베스트셀러『세상과 나 사이*Between the World and Me*』의 저자인 타네이시 코츠Ta-Nehisi Coates는 노예제도의 실질적인 이유를 다음과 같이 설명한다. 〈1860년대에 미국에는 400만 명의 아프리카계 미국인 흑인 노예가 있었다. 이들의 경제적 가치는 당시 돈으로 47억 달러에 달했다. 이 가치는 당시 부를생산할 수 있는 다른 모든 경제 주체, 즉 철도 회사, 공장, 은행, 조선소를 합친 것 이상이었다. 국가 경제 활동의 60퍼센트는 면화가 기반이었고, 이는 흑인들의 손을 거쳐 제품으로 탈바꿈했다. 미국은 노예제도 없이는 상상할 수 없는 나라였다.〉 미국인들은왜 노예제도를 두고 둘로 나뉘었는가? 북쪽의 경제 체제에서는노예들에 대한 의존도가 낮았기 때문에 노예제도 폐지에 큰 문제가 없었다. 반면 남부에서는 노예들이 면화 대농장을 책임지고 있었고, 값싼 노동력을 없애는 것은 파멸에 이르는 길이었다. 따라서 북쪽의 폐지론자들과 남쪽의 찬성론자들은 전쟁을 시작했다.

카롤린 우댕바스티드Caroline Oudin-Bastide와 필리프 스타이너 Philippe Steiner는 공저 『계산과 도덕Calcul et Morale』에서 프랑스에서 노예제도 폐지에 관한 논쟁이 어떻게 이뤄졌는지를 부분적으로 다룬다. 특히 식민지에서 노예 노동력과 자유 노동력 사이의 비교 비용에 관한 경제적 문제에 주목한다. 구체적으로 무엇이 더 수익성이 높은가? 노예냐 임금 노동자냐? 도덕적 이유에서 노예제도에 반대했던 몇몇 폐지론자는 노예제 찬성론자들을 설득하기 위한 근거로 경제적 이유를 들기 시작했다. 식민지 개척자들이 노예들을 그들의 〈게으름〉을 이유로 비난하는가? 폐지론자들은 그들의 노예 상태로 인해 생산성이 감소한다고 답한다. 주인은 적이므로 노예는 주인을 제대로 섬길 수 없다. 노예는 자신의 생명이 걸려 있기에 너무 무거운 벌을 받지 않도록 딱 필요한 만큼만 일한다. 즉, 노예는 열심히 일할 이유가 없고, 최대한 많이 먹고 최소한으로 일하는 게 좋다. 노예제 폐지론자들은 노예들이 해방되면 자신들의 생활 조건을 개선하기 위해 열심히 일할 거라고 주장한다. 일부 폐지론자는 자신들의 주장을 뒷받침하기 위해 복잡한 계산까지 했다. 한 명의 노예를 구매하는 비용은 얼마인가? 그를 대체하기까지 시간이 얼마나 걸리나? 〈유지 비용〉은 얼마나 드나? 윤리적 폐지론자인 마르키 드 콩도르세Marquis de Condorcet는, 노예제 폐지를 위해 경제적 논거를 내놓은 사람들 중 하나로, 노예제도가 시장 경제를 저해한다고 주장한다. 생산 방식을 완전히 바꾼 산업 혁명에서 소유주들도 수많은 노예의 반란으로 곤란해진 노예제도의 경제적 효율성에 대해 질문하기 시작한다. 동시에 사탕수수를 대체한 사탕무의 생산으로 설탕 시장이 커지면서 식민지가 덜 중요해졌다. 경제학자들은 경제 성장에 제약이 된 노예제도의 종말을 분명하게 예견한다. 이들 가운데 애덤 스미스는 자유노동과 비교하여 노예노동의 빈약한 성과를 강조한다. 그는 〈모든 시대와 나라의 경험은 일치한다. 노예들이 하는 작업에는 비록 그들의 생계비만 들어가는 것 같지만 결국에는 모든 것 중에 가장 비싸다〉라고 썼다. 루소, 몽테스키외, 디드로와 볼테르는 경제적으로 유리한 맥락 없이는 결코 자신들의 주장을 관철시키지 못했을 것이다. 식민지 노예제도를 경제적으로 비효율적이라고 판단하지 않았더라면, 오늘날에도 여전히 노예제도가 존재할 것이다. 한편 1848년 레위니옹, 마르티니크, 과들루프, 기아나 그리고 세네갈에서 노예제도가 폐지되었을 때, 식민지 정착민들은 프랑스 정부에서 보상금을 받았다. 이는 분명한 사실이다. 노예제 찬성론자들은 자신들의 손해에 대해 프랑스 정부에서 보상금을 받았다! 노예들과 그들의 후손들은 여전히 기다리고 있는데 말이다.

동물 착취를 폐지하는 것은 경제적으로 중대한 영향을 미칠 것이고, 이는 동물 권리를 주장하는 이들의 권위를 실추시키거나 일부는 교조주의나 심지어 테러 가능성이 있는 이들로 소개할 만반의 준비가 되어 있음을 뜻한다. 2015년 12월 파리에서 개최된 파리기후협약 기간 동안, 프랑스 정부는 생태 운동가들을 거주지에 머물도록 하고 가택 수색도 서슴지 않았다. 생태 운동가들은 아무런 이해관계 없이 수년 전부터 기후 변화의 문제점을 지적해 왔다. 정부는 이런 의식 있는 개인들이 중요한 국제회의를 방해하거나 아무 일도 하지 않고 멋진 사진들만 남겼던 대규모 기후 대책 소동에 훼방을 놓지 않도록 그들을 얌전히 붙잡아 두는 조치가 필요했던 것이다. 깨끗한 공기를 위해 목소리를 내는 것으로도 당신은 용의자가 되는데, 하물며 동물 착취의 종식을 요구하는 이들은 어떻게 여겨질지 상상이나 되는가!

육류와 동물성 제품은 엄청난 매출을 창출한다. 유엔식량농업기구FAO에 따르면, 축산업은 전 세계 약 15억 명의 사람들을 먹여 살린다. 프랑스는 유럽에서 목축 자산이 가장 큰 나라로 약 2000만 마리의 가축을 기르고, 40여 개국에 육류 및 소과의 가축을 수출하는 최대 수출국이다. 2013년 프랑스 본토에는 45만 2,000개의 농장이 있으며, 그곳에서 일하는 사람은 85만 명 이상으로 조사되었다. 여기에는 농장 외에 육류 산업에 종사하는 이들도 고려해야 한다. 2015년 6월 축산 연구 단체인 엘르바주 드 맹Élevages Demain은 프랑스 축산업 분야에 70만 3,000개의 상근직 총 88만 2,000명이 고용되어 있다고 조사했다. 여기에 임시직을 추가하면, 축산업 관련 일자리는 72만 4,000개로 프랑스 전체 일자리의 0.32퍼센트에 달한다. 예를 들어, 육류 생산 및 가공 분야에서 선두를 달리는 브르타뉴 지방에는 5만 5,000개의 일자리가 육류 부문과 관련되어 있다. 노르망디 지방에서는 2010년 우유 부문이 3만 2,000개의 일자리를 차지하고 있다. 게다가 이 수치를 제공하는 프랑스 통계청 인세Insee는 유제품 산업의 장비 제조, 제품 보관, 수의사, 교육 및 연구에 따르는 일자리는 고려하지 않았다. 2014년 프랑스의 육류, 생선 및 유제품 산업은 매출액이 650억 유로에 달한다.

동물 착취와 관련된 일자리 수를 보면, 프랑스의 지난 정부들이 왜 아무것도 바꾸려 하지 않고 오히려 계속해서 육류와 유제품을 소비하도록 장려했는지 절박함이 이해된다. 더구나 프랑스 농업 부문은 일자리가 점점 줄고 있다. 25년 전에 농장 규모는 두 배였고, 2차 세계 대전 이후에는 농민이 경제 인구의 3분의 1을 차지했었다. 그러나 프랑스 농민들은 사육 및 농업에서 생산성과 외국 경쟁력 증가의 피해자들이다.

이것이 세계 육류 산업의 미래다. 소규모 농장은 사라지고, 기업식으로 경영되는 농장과 다국적 기업의 시장 지배력은 점점 더 강력해지고 있다. 세계에서 가장 큰 사육장 주인은 8만 5,000마리의 소, 7만 마리의 돼지, 1200만 마리의 가금류를 매일 도살할 수 있다. 브라질 회사인 JBS는 미국의 라이벌 회사인 타이슨 푸드를 제치고 세계 최대의 육류 생산 및 가공 회사가 되었다. JBS는 네슬레에 이어 세계에서 두 번째로 큰 식품 회사다. 총 매출액이 400억 달러에 이르고, 전 세계에 20만 명이 넘는 직원들이 일하고 있으며, 150여 개국에 동물성 단백질을 가장 많이 수출하는 공급 업체다. 최근 몇 년 동안 JBS는 미국, 호주 및 유럽의 기업을 인수했다. 처음에는 소고기로 시작하여 가금류 시장으로 확장했고, 이어서 돼지고기 분야에도 투자했다. 이 회사의 인터넷 사이트에는 놀랍게도 단 한 마리의 동물도 보이지 않는다. 와이셔츠를 입고 사무실 컴퓨터 앞에 앉은 남성들과 몇 개의 햄버거 사진만이 등장한다. 회사의 모토는 〈신뢰〉, 〈결단력〉, 〈체계〉, 〈유연성〉, 〈최상의 제품과 최고의 서비스〉다. 여기서도 그들이 생산하는 소, 닭, 돼지에 대한 언급은 전혀 없다. 한편으로 JBS는 〈가죽, 바이오디젤, 콜라겐, 금속 포장 및 청소 제품〉 분야로도 사업을 확장하고 있다. 이 모든 게 단 하나의 기업, 초반 50년대에 매일 동물을 몇 마리씩 죽이며 성장해 온 회사가 오늘날 손대고 있는 분야들이다.

추세는 인수 합병과 분야(사육, 도살, 가공) 및 동물 종의 다양화로 나타난다. 항상 최소 비용 최대 생산을 추구한다. 돈은 예전에 노예들에게 그랬듯이, 동물 고통의 근본 원인이다.

사육자들의 이익을 위한 사육 폐지

농업은 이제 인류를 건강하게 먹여 살려야 한다는 본래의 목적과 멀어졌다. 보건 또는 교육 서비스처럼 국가의 관리하에 수행되어야 하는 공공 서비스로서 역할하는 대신, 투기적이고 경쟁적인 방식의 볼모로 잡혔다. 고기, 곡류, 과일 및 채소가 유통되는 시장에서는 유로화와 주식을 사용하고 있다.

안타깝게도 생산자는 완성된 제품을 유통하는 중대형 마트나 고기 가공 업체와는 운명이 다르다. 즉, 유통 마트나 가공 업체는 더욱 부유해지고, 돼지나 소를 키우는 생산자는 점점 가난해진다. 사육자들의 상황은 결코 달갑지 않다. 동물 복지 문제가 제기되자

마자 사육자들은 가장 먼저 원인 제공자로 지목당했다. 그들이 동물의 삶을 책임지므로 이는 합당해 보인다. 하지만 오늘날 사육자들이 실제로 통제할 수 있는 것은 거의 없다. 그들 역시 생산주의 시스템의 피해자로, 끔찍한 악순환에 빠진 무력한 꼭두각시다. 많은 사육자가 주장하듯, 그들이 동물을 정말로 사랑하는가? 이 질문은 실제로는 아무런 의미가 없다. 고통에서 벗어나기 위해 사랑하는 존재를 죽이는 경우는 없다. 그들을 고통에서 해방시키려는 경우를 제외하고는 말이다. 그렇다고 사육자들이 동물들을 도살장에 보내기 전까지 배려하지 않는다는 말은 아니다. 하지만 사육자들은 점점 더 대책 없이 궁지에 몰리고 있다. 기업가들은 동물의 삶을 개선할 만한 합리적 가격을 지불하지 않는 한편, 사육자들은 동물을 대하는 방식과 오염 문제로 비난받는다. 그리고 그 가운데 사육자들을 이해하지 못하고, 굼뜨며 불공평한 행정 정책에 그들을 가두는 정부가 있다.

사육자들은 악랄한 고문관이 아니다. 그들은 대부분 대를 이어 고기를 생산하는 농가에서 자랐고, 폐지론자들의 논거를 이해해야만 비로소 방향을 전환한다. 그들 입장에서는 자연스러운 식습관을 유지하는 것뿐인데, 힘들게 일하면서도 정당하게 보상받지 못한다는 느낌을 받는다. 여전히 사육자들이 제대로 인식하지 못하고 있지만, 그들 또한 고기 시장의 피해자들이다. 이는 돼지고기, 소고기나 우유를 생산 가격 이하로 구매하는 악덕 기업들의 횡포 때문이다. 하지만 사육자들에게는 탈출구가 없다. 생존을 위해, 그들은 언제나 더 많이, 더 싼 가격으로 생산하라고 요구받는다. 이는 비극적 결과를 초래하는 불가능한 임무다. 지난 10년간 노동 시간은 길어지고, 수입은 급감했다. 특히 유제품과 소고기 농가에서는 자살률이 높아졌다.

따라서 나는 폐지론자들의 주장에 대한 그들의 혼란을 이해한다. 사육자들은 폐지론자들이 자신들을 실업 상태로 만들려 한다고 생각한다. 그러나 절대 그렇지 않다. 우리는 다만 그들이 직업을 바꾸기를 바랄 뿐이다. 그리고 어쨌든 그들이 상상하는 것과 같은 직업은 더 이상 거의 존재하지 않는다. 이제 하나의 주체가 동물 사육(돼지 생산 비용의 70퍼센트)부터 도살과 절단까지 전 과정을 담당하는 모델로 바뀌고 있기 때문이다. 이런 상황에서 사육자는 최고의 성능을 발휘해야 하는 직원일 뿐이다. 이 때문에 프랑스에서는 이미 어이없는 모순이 생기고 있다. 쿠펠Cooperl 협동조합은 프랑스 돼지 사육자들의 가장 큰 협동조합(2,700명의 조합원)이다. 그러나 쿠펠은 도살 및 절단 업체이기도 하므로 수출 경쟁을 위해 조합원들에게 고기를 너무 비싸게 팔지 말라고 압박하며 그들에게 고기를 사들인다! 따라서 독립적 생산자들은 이미 내부적으로 서로 경쟁 관계에 있는 협동조합 생산자들과 경쟁하는 것이다!

사육자들은 고기 산업의 제공자이면서 고기 산업의 노예가 되고 있다. 바로 이런 이중의 비극에 주목해야 한다. 즉, 동물은 사육자의 노예고, 사육자는 기업가의 노예다. 사육장은 인간과 동물이 고통을 공유하는 장소일 뿐이다. 이제 농민들은 거의 다 고사했고, 마지막 남은 자들은 저항하거나 죽어 가고 있다. 농민들은 동물 착취를 위해 착취당하는 사육자들로 대체되었다. 이 피해자 중에는 5만 명의 도살장 직원들도 포함된다. L214가 몰래 촬영한 영상에 등장하는 몇몇 도살장 직원은 동물들을 학대하거나 폭력적으로 던지거나 재미로 동물들에게 전기 충격을 준다. 그들은 자신들이 죽이는 동물보다 더 야만적으로 변했다. 그들은 감당해야 할 비인간적인 업무에 잠식당해 자신의 운명을 견디기 위해 스스로 비인간적으로 변한 것이다. 이런 운명을 개의치 않을 소수의 가학적 변태들을 제외하고는 아무도 이 직업을 원한다고 할 수 없을 것이다. 죽음의 직업을 가진 이들은 하나같이 잔인한 업무에서 오는 괴로움을 호소한다. 나는 대부분의 도살업 종사자들이 단 하나만을 바라고 있다고 확신한다. 바로 다른 직업을 구하는 것이다. 그렇다면 이를 멈춰야 한다는 가장 확실한 증거가 아닌가? 고기 공장은 괴물 공장이다.

그렇다면 어떻게 해야 하는가? 피해자들이 단합해야 한다. 사육자들은 현재 자신의 노예 생활을 끝내기 위해 동물 착취 폐지 운동에 동참해야 한다. 그들은 함께 **탈육 농업**, 즉 모든 동물의 육체를 착취하는 것을 배제한 농업으로 전환해야 한다. 반종차별주의자들이 현재 사육자들에게 제안하는 것은 바로 새로운 활동으로의 전환이다. 일부는 새로운 직업을 찾거나 새로운 꿈을 시도할 기회를 얻을 것이고, 원하는 이들은 농부로 남아 곡물 생산, 경작, 채소 혹은 삼림 재배, 균 배양 등 새로운 분야로 전환할 것이다.

유엔식량농업기구는 2016년을 콩의 해로 선언했다. 아마도 이를 웃어넘기는 이들도 있을 것이다. 그러나 유엔식량농업기구는 이로써 중요한 메시지를 전달하고 있다. 렌즈콩, 강낭콩, 잠두콩, 완두콩, 대두 등 모든 콩은 고기를 대체하는 탁월한 대안으로 훨씬 저렴한 비용으로 재배할 수 있다. 콩과(科) 식물은 풍부한 미네랄과 비타민을 공급하며, 20~25퍼센트의 단백질을 함유하고 있고, 특히 대두는 단백질 함유량이 40퍼센트를 차지한다(고기보다 높은 비율이다). 한 가지 짚고 넘어갈 점은 현재 대두는 전 세계적으로 많이 재배되고 있지만, 주로 가축을 먹이거나 식물성 대체 연료를 생산하기 위한 목적이며, 유전자 조작이 많다는 것이다.

유엔식량농업기구의 〈콩과 식물 프로젝트〉 책임자인 마르셀라 비야렐Marcela Villarreal은 오늘날 여전히 많은 사람이 잘 모르는 콩과 식물의 영양적 가치를 재조명했다. 〈곡류와 콩의 조합은 동물성 단백질과 비슷한 수준의 고품질 단백질을 낮은 비용으로 제공한다.〉 콩과 식물은 또한 환경적으로도 이롭다. 콩과 식물은 공기에서 질소를 붙잡아 뿌리를 통해 토양에 뿌림으로써 주변 식물을 먹이고, 비료 사용량을 줄이며, 온실가스 배출도 감소시킨다. 게다가 개화 기간이 매우 길어 벌에게도 유익하다. 콩류는 식이 섬유가 많고, 지방이 적으며 콜레스테롤이 없다.

이러한 모든 장점에도 불구하고 콩과 식물은 오늘날 전 세계적으로 외면받고 있다. 콩과 식물의 유럽 재배 면적은 2퍼센트 미만이다. 곡물 생산이 더 수익성이 높기 때문이다. 더욱이 당국은 이 명백한 해결책에 대해 지금 당장은 관심이 없다. 하지만 인류 역사에서 콩과 식물은 오랫동안 식생활의 필수 요소였다. 콩과 식물의 생산은 기원전 8000년까지 거슬러 올라간다. 왜 렌즈콩 생산에 정부 보조금이 없는가? 보다 수익성 있는 품종을 찾기 위한 연구가 없는 이유는 무엇인가? 이러한 보완책들이 이뤄지고 진행되어야 한다. 정부가 전환의 조건들을 책임지는 한, 사육자들도 쉽게 바꿀 수 있을 것이다. 150년 전 프랑스 정부는 노예제 폐지 당시 자유노동으로 전환한 노예를 가진 노예주들에게 높은 보상금을 지불했다. 전도유망한 농업 개혁 프로그램이라면 정부는 농민들에게 보상금 및 훈련을 지원하고 새로운 시설을 충당하는 데 필요한 모든 것을 투자해야 한다.

세계는 점점 증가하는 인구를 먹여 살리기 위해 앞으로 더 많은 농민이 필요하다. 유엔식량농업기구는 현재 모델에 따르면 2050년까지 세계 육류 소비량이 두 배로 증가할 것이라 예상했다. 이는 가축 개체수가 소과의 가축만 해도 15억 마리에서 26억 마리로 증가한다는 것을 의미한다. 사육이 환경에 미치는 영향을 고려하면 상당히 심각한 전망이다. 동물 생산 부문은 온실가스 배출에서 큰 부분을 차지한다. 최근 유엔식량농업기구가 발표한 수치에 따르면, 인간 활동에서 발생하는 총 배출량의 14.5퍼센트가 동물 생산 과정에서 나온다. 이는 프랑스와 미국의 배출량을 합친 것보다도 높다. 여기에는 사료 생산 및 가공 (총 배출량의 45퍼센트), 소화(39퍼센트), 분뇨 분해, 제품 가공 및 운송이 포함된다. 축산업은 또한 심각한 결과를 낳는 삼림 벌채(아마존 산림 벌채의 80퍼센트)의 기원이기도 하다. 또한 동물 배설물이나 동물 사료에 사용된 비료 및 농약에 의한 물 오염(예를 들어 질산염 오염), 산성비의 책임, 토양 비옥도 저하, 식물 및 동물 종 소멸도 주목해야 한다. 유엔식량농업기구에 따르면, 〈사육 분야는 물 오염, 부영양화 및 산호초 퇴화를 초래하며, 이미 고갈된 수자원에 가장 치명적인 해를 끼치는 부문이다. 주요 오염 물질은 동물 노폐물, 항생제 및 호르몬, 제혁 화학 물질, 사료 작물에 뿌려지는 비료 및 살충제다. 산재한 과다 방목은 물의 순환을 방해하여 지하수와 표층수의 복원을 제한한다. 사료 생산에는 물이 상당량 들어간다.〉 소고기 1킬로그램을 생산하는 데는 1만 5,000리터 이상의 물이 필요하고 — 소과 동물은 매일 최대 100리터의 물을 마신다 — 돼지고기 1킬로그램당 5,000리터, 닭고기 1킬로그램당 4,000리터가 필요하지만, 쌀 1킬로그램에는 3,000리터면 충분하다. 오염 외에도 동물성 칼로리 1을 생산하려면 식물성 칼로리 3~11이 필요하다는 점 또한 기억해야 한다(닭은 돼지보다 적은 양분을 쓰고, 돼지는 소보다 적은 양을 먹는다). 전 세계 농지의 4분의 3은 동물 사료 재배 혹은 방목 등 고기를 생산할 목적으로 쓰인다. 2050년 세계 인구가 20억 명이 증가한다는 점을 안다면, 상식적으로도 고기 식단 대신 인구수에 훨씬 적합한 채식 식단을 채택하는 것이 바람직하다.

모든 환경적·보건적·도덕적 논거는 동물 착취의 종식을 확립하기에 충분하다. 그러나 노예제와 마찬가지로, 합리적 이성만으로는 정치권이 곧바로 반응하도록 할 수 없다. 그렇다면 사육의 경제적 타당성 문제를 들어 보자. 당장 눈에 드러나는 사실은 사육이 실제로 수익성이 없다는 것이다. 사육자들의 생존은 상당 부분 보조금에 의존한다. 프랑스 농민을 위한 유럽 지원액은 연간

100억 유로 이상이며, 여기에 국가 보조, 세금 면제 및 공제가 추가된다. 장크리스토프 뷰로, 리오넬 퐁타네와 세바스티앙 장이 경제분석위원회CAE 보고서에서 강조한 것처럼 농민들은 농작물 수입에 대해서 관세 보호라는 비가시적인 방법으로도 지원을 받고 있다. 경제분석위원회 보고서는 2013년 경제적 지원이 평균 농장 소득의 84퍼센트를 차지하고 있다고 밝힌다. 농민들 가운데 이러한 경제적 지원에 가장 의존하는 이들은 구체적으로는 사육자들로, 낙농업이 소득의 89퍼센트, 소고기 부문이 169퍼센트를 차지한다! 이 보고서는 알프스의 소 사육 사례를 들며, 〈1만 9,000유로 이하의 순수입을 창출하기 위해, 5만 9,000유로의 공적 자금이 지원된다〉고 언급한다. 분명히 농업은 민간 부문에 속하면서도 공적 개입으로 수혈받아 생존하고 있다. 정부와 유럽이 지원하는 이 돈은 우리의 세금이다. 즉, 우리는 원하든 원치 않든 간에 육류 산업을 지원하고 있다는 말이다. 우리 모두는 동물이 생산되고 희생되는 데에 돈을 지불하고, 이것은 결국 기업가와 주주 들에게 돌아간다.

공적 자금으로 농업을 지원한다는 사실 자체는 전혀 문제가 되지 않는다. 오히려 지원해 주는 것이 맞다. 문제는 농업에 대한 재정 지원이 더 이상 인정되지 않는다는 데에 있고, 또한 정부에서 농업을 진정한 국가 토론 주제로 상정하고 의미 있는 결과를 도출하지 못한다는 점이다. 왜 우리의 대표자들은 다른 생산 부문에는 국민의 세금을 투자하기로 결정하지 않는가? 왜 정치인들은 농민과 농업 종사자 들을 굴복하게 하는 축산업 부문을 지키려고 애쓰는가? 왜 유럽공동농업정책CAP의 정책들은, 그 결과가 우리 일상에 중대한 영향을 미치는데도, 선거 기간 동안 절대 언급되지 않는가? 국가 정체성이니 국적 박탈이니 하는 흥미 없고 비생산적인 주제들로 국민들의 정신을 마비시키는 대신, 정치인들은 중요한 사안에 대해 우리에게 정보를 제공하고 우리의 의견을 물어야 한다. 특히 농민들에 대한 지원 체계가 불공정하고, 복잡하고, 불투명한 만큼 이러한 과정이 더욱 요구된다. 게다가 유럽공동농업정책의 지원 대상자 명단은 오랫동안 비밀에 부쳐졌다. 유럽 제1의 가금류 산업 수출 업체인 두Doux와 경쟁 업체인 티이-삽코Tilly-Sabco에 수년간 수천만 유로가 지원됐다는 사실이 알려졌을 때 엄청난 충격이지 않았는가. 그 결과, 기업인들은 부를 축적하고, 피고용자들은 착취당하고, 동물들은 학대당한다. 공적 자금으로 농·산업 모델을 지원했는데 말이다.

모든 것을 결정하는 것이 돈이라면, 공공 부채 감소가 최우선 과제로 부각되는 시점에서, 공동체에 대한 고기 산업의 실질 비용을 고려해야 한다. 앞서 언급한 오염은 당연히 재정적 영향을 미치며, 그 비용은 생산자나 기업가가 아닌 시민이 부담한다. 공권력뿐만 아니라 육류 업계는 이 점에 대한 보고서를 제출해야 한다. 경제분석위원회의 보고서는 〈(농업에 관련된) 질소 오염 비용은 질소 비료 사용 덕분에 농업 생산의 경제적 가치가 높아진 것과 맞먹는 규모일 것이다〉라고 설명한다. 다시 말해, 질소 오염 비용은, 질소 비료 사용으로 생산자가 벌어들이는 이익이다. 정말 기막힌 상황 아닌가. 납세자인 우리는 우리가 결정하지 않은 비용을 두 번 지불한다. 우선 우리가 지지하지 않는 농업 관행에 보조금을 지불하고, 그 결과를 해결하기 위해서도 돈을 내는 것이다! 이 가운데 수분 조절 곤충과 해충을 조절하는 종의 개체수 감소는 〈사회적으로 수십억 유로에 해당하는 잠재적 비용을 의미한다〉.

생물 다양성의 감소는 아무도 언급하지 않는 경제적 재난을 초래한다. 생태계는 식물, 동물, 미생물과 그들이 사는 환경을 포함하는 복합적 전체라는 점을 이해해야 한다. 예를 들어, 초원에 사는 곤충, 꽃, 풀, 가축 및 토양은 생존을 위해 다른 요소를 취해 순환하는 생태계다. 이러한 생태계는 인간에게 재화와 서비스를 제공한다. 재화에는 목재, 연료, 섬유, 식품 또는 약품 제조에 필요한 물질의 절반을 제공하는 식물과 같은 물질이 포함된다. 서비스에는 공기 정화(탄소를 포획하는 식물의 광합성 작용), 기후 변화 완화, 작물 수분*, 종 조절, 작물의 자연 재순환, 토양 형성뿐만 아니라 문화적·정신적 서비스 등이 포함된다. 자연은 우리를 편하게 해주고, 예술가와 엔지니어 들의 영감의 원천이 되는 휴식의 장소다. 즉, 우리가 마땅히 누려야 하는 선물이다.

이 모든 서비스의 가치는 환산이 불가능하다. 그러나 경제학자들이 가격과 이익에 따라 모든 것을 수치화하듯이, GDP에 대한 생태계의 기여도를 평가해 봐야 한다. 전 지구적 차원에서 생태계 서비스의 연간 가치는 125조 유로로 추정된다. 곤충들이 담당하는 수분만으로도 연간 1500억 유로 이상의 가치가 있다. 그러나

---

* 우리 먹거리의 3분의 1은 꿀벌, 박쥐 및 새와 같은 수분 매개자에 의존한다.

농약, 삼림 벌채, 남획 및 해양 오염은 모두 생태계 서비스에 악영향을 미친다.

몬트리올시의 도시 확산을 예로 들어 보자. 이곳에서는 새로운 인프라를 건설하기 위해 지난 60년 동안 농지의 20퍼센트와 숲의 28퍼센트를 줄였다. 이로 인해 자연에 의해 제공되는 서비스의 손실은 120억 달러로 평가되었다.

세계적인 수준에서 생태계 서비스의 손실은 연간 500억 유로로 추산된다. 육지 생물 다양성의 감소만 해도 2050년에 GDP의 7퍼센트가 소요될 수 있다(해양 생물 다양성을 고려하면 더 증가한다).

조류 독감처럼 반복되는 보건 위기 또한 상당한 재정적 손실을 끼친다. 2016년 초 조류 독감으로 인한 푸아그라 생산 손실액은 3억 유로에 달했다. 그러나 누가 이 비용을 치르는가? 정부, 그러니까 당신과 나다. 2009년 20여 개국으로 확산된 유행성 독감 A(H1N1)는 어떤가. 시작은 분명 산업식 돼지 사육장이었다. 먼저 멕시코에서 한 장소가 확인되었고, 이후 미국 당국은 문제가 되는 사육장이 아시아에 있을 가능성이 더 높다고 발표했다. 확실한 점은, 산업식 돼지 사육장이 바이러스 확산에 결정적으로 작용했다는 것이다. 프랑스만 해도 이 방역 위기에 대응해 예방 백신 접종으로 적어도 6억 6000만 유로의 막대한 비용이 들었다.

사육과 관련된 기하급수적인 비용은 여전히 계산되지 않았다. 이를테면, 수년 동안 여러 만성 질환이 급증했다. 그중 일부는 우리의 먹거리에 책임이 있는데, 특히 육류 및 유제품 소비가 그 원인이다. 프랑스에서는 암뿐만 아니라 심혈관 질환 및 위험으로 연간 사회보장금에서 약 450억 유로가 지출된다. 이 수치는 인구 고령화로 인해 점점 급증할 것이다. 항생제 저항, 즉 특정 항생제에 저항성을 가진 박테리아가 생겨 약으로 치료되지 않는 사례도 크게 늘고 있다. 유럽에서는 2만 7,000명의 사망자가 발생했고, 2015년에는 전 세계적으로 70만 명이 사망했다. 특히 동물 생산 단계에서 동물에게 투입되는 항생제가 원인이다.

한편, 사육과는 약간 다른 문제지만, WHO에 따르면 2012년에 대기 오염으로 인한 사망자 수가 전 세계적으로 700만 명에 이른다고 한다. 또한 OECD는 도시 대기 오염으로 인한 비용이 회원국들의 경우 연간 1조 7000억 달러, 즉 OECD 회원국들의 GDP 중에서 4퍼센트에 해당하고, 중국의 경우 1조 4000억 달러(중국 GDP의 16퍼센트), 인도의 경우 5000억 달러(인도 GDP의 14퍼센트)에 달한다고 평가한다. 무책임한 선택의 경제적 결과를 고려하게 하는 또 다른 문제는 바로 2011년 3월의 후쿠시마 재해다. 5년 후, 그 비용은 최소 870억 유로(파괴 비용, 오염 제거 비용, 피해 보상금)로, 일본 GDP의 2.3퍼센트로 평가되었다.

더 이상 아무도 동물 제품을 먹지 않는다면, 공동체로서는 얼마나 많은 돈을 절약할 수 있는가? 그리고 잘못된 보건 정책의 피해를 왜 여전히 납세자가 부담해야 하는가? 정부가 광고 보조금을 지원하거나 구내식당에서 채식을 금지하면서 고기 소비를 장려하기보다는 시민의 건강과 신념을 존중하는 책임 있는 정책을 이끈다면 훨씬 명예로울 것이다. 하지만 그들은 이를 원치 않는다. 권력을 차지한 사람들은 내일의 세계를 구상하려 하지 않고, 그저 자신의 성공을 관리한다. 이들은 과감하고 논쟁의 여지가 있는 변화를 주도하기보다는 강자의 만족을 우선시하며 이들의 분노를 사지 않으려 한다. 그러니 동물을 살찌워서 부를 얻는 기업가들을 화나게 할 필요는 더더욱 없다. 또한 일자리 창출과 성장만 고려되는 정치 체제에서 공해와 질병은 오히려 성장에 유리하다. 물이 새면 곤란하지만, 배관공은 먹고살 수 있다. 이빨이 부러지면, 치과 의사를 찾아간다. 구두 굽이 부러지면, 구두 수선공에게 맡긴다. 옷에 얼룩이 지면, 세탁소를 찾는다. 아프면, 의사가 고쳐 준다. 같은 방식으로, 오염을 처리하기 위한 대책이 경제 활동을 창출한다. 오염은 그 자체로 성장의 원동력이므로 오늘날 일자리를 창출하는 원천이다! 그러니 아무것도 바뀌지 않도록 그대로 두자! 하지만 이것이 진정 우리가 원하는 것인가?

현재 시스템은 유권자에게서 모든 힘을 빼앗아 버렸다. 대기업과 재정에 의해 운영되는 사회에서 시민은 더 이상 아무런 영향력이 없다. 소비자가 그 자리를 차지했다. 시장 점유율을 높여 논쟁을 끝내고 시민을 재앙으로 이끈 **신군주제**를 뒤흔들 때까지, 우리는 비판적 소비자의 자리에 서야 한다. 동물 해방을 촉진하기 위해 동물 제품을 보이콧하고, 동물 착취의 내막을 밝히는 정보 제공 캠페인을 벌이고, 채식과 비건 제품에 대한 큰 시장이 존재한다는 것을 보여 주자. 동물의 지위를 완전히 재고하는 경제 시나리오도 구상해 보자. 얼마나 많은 일자리가 생겨나겠는가? 얼마나 많은 새로운 직업이 창출되겠는가? 식물성 제품에 중요성이 부여되는 새로운 식단의 경제력은 얼마나 될까? 사육에 새나가는 비용을 상쇄한다면 실이익은 얼마나 될까? 기업인들이 그들에게 다가올 재정적 기회를 알아차린다면, 그들 또한 동물 해방에 동참할 것이다.

사안의 중대성을 감안할 때, 오늘날 대대적인 공개 토론이 필요하다. 우리는 자신의 먹거리를 취하는 방식을 표현할 권리가 있다. 살충제, 항생제, 동물 사료, 호르몬, 유전자변형식품, 감각 있는 존재의 고통에 기대어 번성하는 농업을 장려하는 것에 동의하는가? 농민들이 영혼 없는 기업의 하수인으로 전락하는 것에 동의하는가?

먹거리는 삶의 필수 동력이다. 먹는 것은 사치도, 환상도 아니다. 우리는 대형차를 사거나, 테니스를 치거나, 정장을 입거나, 휴가를 떠나거나, 담배를 피우고 술을 마시는 것은 선택하지만, 먹을지 말지를 선택하지는 않는다. 음식은 생명에 필수 조건이다. 우리는 거주지 없이 또는 옷 없이 살아남을 수는 있지만, 먹지 않고는 생존할 수 없다. 우리 조상들이 쉬지 않고 주력했던 가장 최우선의 필수 조건을 오늘날 어떻게 소홀히 간주할 수 있는가? 먹는 것은 우리를 건강하게 하기도 하지만 우리를 아프게 하거나 심지어 죽일 수도 있다. 먹거리 문제는 너무나 중요해서 탐욕에 눈이 멀어 공공선을 기만하는 사적 행위자들에게만 맡겨 둘 수는 없다.

5장
초인으로서의 반종차별주의자

불평등에 대한 동의

모든 인간은 생존하기 위해 의식주의 세 가지 기본 조건이 충족되어야 한다. 오래전에는 의식주 문제를 해결하는 데에 온종일 시간을 써야 했다. 오늘날 우리는 농업, 산업 및 건축 분야의 발달로 훨씬 수월하게 이 문제를 해결할 수 있게 되었다. 하지만 여전히 지구상에는 음식이 없고, 길에서 생활하고, 누추하게 사는 사람들이 존재한다는 것을 어떻게 설명할 수 있을까? 자연재해라는 특별한 경우를 제외하고, 이 문제를 불러일으킨 것은 우리가 의식적으로 선택한 우리의 체제다. 전 세계적으로 매년 500만 명의 아동이 굶어 죽고, 9억 명이 영양실조로 고통받는다. 기후 변화로 인해 이 수치는 2080년까지 6억 명으로 증가할 것이다. 왜 그런가? 우리가 지구상의 모든 사람을 먹여 살릴 만큼 생산하지 못해서인가? 아니다. 지구상에는 초당 40톤 이상의 음식물이 쓰레기로 버려지고 있고, 매년 식량의 3분의 1이 낭비된다. 따라서 문제는 부의 **생산**이 아니라 **분배**에 있고, 그것은 정치적 선택에서 나온다.

빈곤과 불평등은 우리가 이에 동의하기에 존재한다. 왜냐하면 우리는 자원을 공유하고 싶어 하지 않고, 약자를 착취하는 선택을 하고, 지구 반대편에 사는 사람들에게 지불해야 할 가격은 고민하지 않은 채 자신의 편의만을 추구하기 때문이다. 서양인들이 누리는 삶의 방식은 부분적으로 현대적 노예제에 기반한다. 수천 킬로미터 떨어진 열악한 환경에서 더 나은 미래에 대한 전망 없이 사는 노동자 때로는 아이들이, 우리를 위해 턱없이 낮은 보수를 받고 우리 일상의 편리를 위한 물건들을 만들고 있기 때문이다.

그럼에도 한 가지 수치는 낙관적이다. 전 세계적으로 빈곤은 감소하고 있다. 2015년 세계은행이 발표한 자료에 따르면, 현재 빈곤선(현재 하루 1달러 90으로 평가된) 이하로 사는 인구는 7억 200만 명으로, 세계 인구의 9.6퍼센트에 해당한다. 이는 2012년의 13퍼센트보다 낮고, 1999년의 29퍼센트보다 훨씬 낮은 수준이다. 다만, 사하라 사막 이남 아프리카에서는 극심한 빈곤층이 여전히 인구의 35.2퍼센트를 차지한다.

세계 빈곤의 전반적인 하락 추세는, 경제 자유주의자들이 보기에, 규제 없는 시장이 사회주의로 대표되는 국가 개입주의보다 공동체 행복에 훨씬 더 효과적인 수단임을 입증하는 것이다. 이들은 개발도상국에서 경제 성장 속도가 매우 **빠른** 것에 주목한다. 중국, 인도, 아프리카 국가들이 그 예다. 80년대 초반부터 시장 경제의 발전으로, 중남미 및 아시아 국가 들에서 서양 국가와 같은 삶의 수준을 가진 중산층이 출현했다는 것은 분명한 사실이다. 하지만 이는 경제적 자유주의와 공존하는 또 다른 추세와 관련해서 보아야 한다. 즉, 지구상에 점점 더 많은 슈퍼리치가 등장하고, 21세기 초 이래로 불평등은 심화되고 있다는 사실이다. 경제학자 토마 피케티Thomas Piketty나 역사학자 피에르 로장발롱Pierre Rosanvallon은 이 문제에 집중했다. 피케티는 소수에 의한 자본 축적 및 집중 논리가 2차 세계 대전 이후 일시적 소강 상태를 보이다가 30년 전부터 본격적으로 다시 시작되었다고 한다. 몇몇 수치로 이를 확인할 수 있다.

- 2015년에 세계에서 가장 부유한 62명이 보유한 재산의 총합과 가장 가난한 35억 명이 보유한 재산의 총합이 같다. 2010년에는 전 세계 상위 388명에 해당했다.
- 2010년 이후 상위 62명의 부는 40퍼센트 이상 증가한 반면, 하위 35억 명의 부는 같은 비율로 감소했다.
- 지구상에서 가장 가난한 절반이 가진 재산은 이제 전 세계 부의 1퍼센트 미만이다.
- 세계 부의 절반은 최상위 1퍼센트가 갖고, 세계 인구의 99퍼센트가 나머지 부의 절반을 나누어 갖는다.
- 2013년 세계에서 가장 부유한 10퍼센트가 세계 부의 86퍼센트를 보유했다.
- 1988년에서 2011년 사이, 전체 경제 성장의 46퍼센트가 가장 부유한 10퍼센트에게 돌아갔다.

- 중국, 포르투갈, 미국에서 가장 부유한 1퍼센트는 1980년에서 2012년 사이 소득이 두 배로 증가했다.

- 유럽인이 보유한 사유 재산의 총합이 56조 유로를 넘은 적은 없었지만, 2019년에 처음으로 80조 유로에 달할 것으로 예상되어 40퍼센트가 증가하게 된다. 유럽 전체 가구의 10퍼센트가 이 재산의 절반 이상을 차지한다.

- 프랑스의 상위 0.01퍼센트는 1998년에서 2005년 사이에 42.6퍼센트의 실질 소득 증가율을 보인 데 반해, 하위 90퍼센트 가구의 실질 소득 증가율은 4.6퍼센트였다.

- 프랑스의 백만장자 수는 2019년에 2014년 대비 70퍼센트가 증가할 것으로 예상된다.

- 미국에서는 소득의 상위 10퍼센트가 2010년에 전체 소득의 50퍼센트를 차지했다. 이 비율은 1982년에는 35퍼센트였다.

- 30년 동안 미국인 90퍼센트의 임금은 15퍼센트밖에 증가하지 않은 반면, 상위 1퍼센트의 임금은 150퍼센트가 상승했고, 상위 0.1퍼센트의 임금은 300퍼센트 이상 상승했다. 부자들은 덜 부유한 시민들에 비해 소득 대비 세금을 덜 내고, 정치적 영향력을 행사해 경제 규칙을 자신들에게 유리하게 활용할 수 있기 때문이다. 선출된 미 의회 의원 절반은 백만장자다.

- 2015년 『포브스Forbes』는 전 세계적으로 억만장자가 1,826명이라고 발표했다. 이것은 30년 이래 최대 기록이다. 이들의 전 재산은 전년 대비 10퍼센트 증가했다. 억만장자들이 이렇게 부유하고 많았던 적은 결코 없었다.

• 2013년, 스위스 은행 금융 그룹의 연구에 따르면, 전 세계에 달러화 기준으로 3500만 명의 백만장자가 집계되었고, 2019년에는 1800만 명이 더 늘어날 것으로 예상했다. 보스턴 컨설팅 그룹 보고서와 같은 다른 연구에서 2013년 6월에 발표된 전략 자문 보고서에서는 전체 백만장자 숫자가 더 적지만 그 추세는 확인할 수 있다. 백만장자의 숫자는 급증하고 있다.

로장발롱은 『평등한 이들의 사회 La Société des égaux』에서 〈도덕적 또는 인류학적〉 위기를 드러내는 〈불평등에 대한 동의〉에 주목한다. 몇몇 경영자가 받는 거액의 보너스나 수백만 유로의 월급처럼 대놓고 뻔뻔한 경우들만 빼면 부의 불평등 문제는 더 이상 대대적인 파장을 일으키지 않는다. 압도적 다수가 불평등 해소를 우선순위로 여기지만 말이다. 로장발롱은 다음과 같이 상반된 여론 조사를 인용한다. 프랑스 국민의 90퍼센트가 소득 격차를 줄여야 한다고 말하지만, 동시에 57퍼센트는 소득 불평등은 역동적 경제에서는 불가피하며, 85퍼센트는 소득 차이는 〈서로 다른 개인적 자질에 대한 보상일 경우 받아들일 수 있다〉고 이야기한다. 이는 불평등의 성격이 변화했고, 대체로 불평등을 더 잘 수용하게 되었다는 뜻이다. 정치 철학 교수이자 불평등연구소 Observatoire des inégalités 소장인 파트릭 사비당 Patrick Savidan은 다음과 같은 설명을 덧붙인다. 〈앙시앵 레짐 ancien régime의 폐쇄적 사회 경계들이 무너졌을 때, 대규모 차원에서 인간 상호 간 비교가 가능해졌다. 과거에는 사람들이 같은 신분 안에서만, 예를 들어 농부는 농부를 상대로 비교했다. 이제는 각자 다른 모든 이와 견줄 수 있게 되었다. 법적으로 당신은 프랑수아 올랑드Francois Hollande나 베르나르 아르노Bernard Arnault와 동등한 자격이다.〉 알렉시 드 토크빌Alexis de Tocqueville의 분석에 따르면, 부러움은 이론적으로 모두의 사회적 진보를 가능하게 하는 민주적 제도에 의해 고취되는 감정이다. 이제 개인들은 자신을 남과 비교하고, 자신이 제대로 인정받지 못한다고 여긴다. 즉, 우리는 상사의 배려 부족, 너무 낮은 임금, 주어지지 않는 기회 등을 아쉬워한다. 모두는 일반적으로 자신이 더 가치 있다고 생각하고, 옆 사람보다 더 대우받기를 바라며 다른 사람과 동등해지기를 원하지 않는다. 게다가 소비주의 이념은 소수 기득권 집단과 동일시하는 재화를 소유함으로써 대중과 구별되도록 자극한다. 우리는 암암리에 불평등한 시스템을 지지한다. 시스템에서 이득을 보기를 바라기 때문이다. 가장 단적인 사례는 학교 교육에서 나타난다. 평등한 구조를 주장하는 사람들 가운데 일부는 자신들의 자녀를 최고 명문 학교에 진학시키기 위해 학군을 변경하는 것도 서슴지 않는다. 많은 사람은 말로는 사회적 다양성을 인정하지만 실제로 현실에서는 이를 인정하려 하지 않는다. 또한 실업 급여를 받는 사람들이나 낮은 사회적 지위에 있는 사람들을 의혹의 눈초리로 바라보는 분위기도 존재한다. 그들이 정말로 다른 사람들만큼 노력했는가? 자신들의 상황에 스스로의 책임이 있지 않은가?

우리 시대는 정상에서 벗어나 있다. 이는 기만하는 자들에게 통치를 허용했기 때문이다. 사르트르가 말하는 식의 자기기만이 아니라, 칸트가 말했을 법한, 즉 도덕법보다 자신의 사적 이익을 앞세우는 야비하고 저열한 사람 말이다. 사기꾼들이 권력을 얻었다.

1980년대 이래 고삐 풀린 이기주의는 신자유주의 이데올로기 덕분에 정상적 규범인 것처럼 보이는 데 성공했다. 나는 이것이 우리 세대를 망치고, 그 자체로 혼돈의 씨앗인 도덕적 타락의 기호라고 본다. 세계경제포럼WEF은 2014년 다음과 같이 경고했다. 〈가장 부유한 사람들과 가장 가난한 사람들의 소득 격차는 다음 10년 동안 세계에서 가장 심각한 피해를 유발할 수 있는 위험 요소다.〉 신자유주의가 예고하는 비극 외에도 〈나〉와 〈항상 더〉를 외치는 풍조는 회복 불가능할 정도로 심각한 수준이다. 하지만 우리의 이기적 개인주의는 사회 계약의 조건들에 따라 제한될 수밖에 없다. 우리가 원하거나 이익을 얻는다고 해서 뭐든 다 할 수 있는 것은 아니기 때문이다. 길을 가다가 다른 사람에게서 내가 원하는 최신 유행의 휴대전화를 빼앗을 수는 없다. 이는 사유재산법에 위배된다. 다행히도 우리의 욕망은 공동의 이익을 위한 합법적이고 도덕적인 틀 안으로 제한된다. 이는 무한 경쟁을 바라면서 동시에 질서 정연한 사회를 요구하는 극단적 자유주의자들이 초래한 모순이다. 아무런 제약 없이 자기 자신을 위해서라면 무엇이든 허용하는 무한 경쟁 사회냐, 아니면 모두가 기본권을 누리도록 한계를 정하는 권위의 틀 안에서 유지되는 사회냐, 둘 중 하나를 선택해야 한다. 오늘날 경영자들은 19세기에 임금 노동자들이 어렵게 획득한 모든 보호 장치를 깨려고 노력하며, 이들을 쉽게 대체 가능한, 손가락만 까딱하면 해고 가능한 존재로 전락시키려 한다. 대기업 경영자들은 자신들의 요구에 충성스러운 정치권의 전폭적인 지지를 얻는다. 좌파든 우파든 상관없다. 공식적으로 사회당 정부의 경제 장관이 눈 하나 깜박하지 않고 노동 시간 단축은 〈잘못된 생각〉이라거나 〈초과 근무 수당을 거의 인상하지 않는〉 결정을 내리거나 〈억만장자가 되기를 원하는 프랑스 젊은이들이 필요하다〉고 말하거나 〈기업가의 삶은 직장인들의 삶보다 더 힘들다. 왜냐하면 기업가는 모든 것을 한 번에 잃을 수 있으므로 보장된 것이 더 적기 때문이다〉라고 주장하는 것을 어떻게 이해할 것인가? 특히 마지막 문장이 여운을 남긴다. 2016년 1월, 카르푸 직원이 실수로 5.32유로에 해당하는 맥주 한 팩과 두 개의 비닐봉지를 계산하지 않아 해고된 사건*에 대해 어떻게 생각할지 궁금하다. 참고로 카르푸의 최고 경영자인 조르주 플라싸Georges Plassat는 2014년에 연봉으로 370만 유로를 받았으며, 매년 수십만 유로의 퇴직금을 쌓고 있다. 남성과 여성, 그들이 흘린 땀의 대가로 백만장자들의 부는 축적되지만, 피고용자는 하루아침에 쫓겨나는 신세가 되는 극단적 폭력, 가치 없고 불필요하다고 확인받는 폭력, 세상은 개인을 그가 하는 일로 정의하기에 더 이상 아무런 존재도 아닌 게 되어 버리는 폭력, 더 이상 가족을 먹여 살리는 존재가 아니라는 폭력에 시달린다. 이것이 오늘날 자유주의의 현실이며, 절대 다수의 자유를 담보로 잡은 소수의 자유만을 위한 예

---

* 이후 격렬한 항의로 경영진은 해고된 직원에게 복직을 제안했다.

찬이다. 극단적 자유주의자들이 외치는 권위란 소수 지배 집단의 이익을 보호한다는 유일한 목적밖에 없다. 그들에게 경찰, 군대, 형법은 피지배자들, 즉 우리 개개인이 시도하는 모든 저항을 억누르기 위해 존재할 뿐이다.

한 가지 의문이 든다. 왜 직장인들은 그렇게나 많이 자살하는데 반해*, 대기업 경영자들은 자살하지 않는가? 모순이 있지 않은가? 최고 경영자는 그가 맡은 책임과 직위가 막중하다는 이유로 엄청난 연봉을 받는다. 그런데 어떤 최고 경영자도 자살하지 않는다는 것은, 조직 구조가 조직의 말단에 있는 직원들에게 무거운 압력을 행사하고, 대기업 경영자의 자리가 하룻밤 사이에 직위를 박탈당하거나 해고당할 수 있는 직원에 비해 스트레스를 덜 받는다는 말 아닌가. 실직당한 직장인은 앞날이 캄캄하지만, 최고 경영자는 실패하거나 그의 잘못으로 회사가 돈을 잃어도 인맥을 활용해 다시 고임금 직위로 옮겨 갈 수 있다.

이것은 우리 시대의 모순으로, 우리가 빠져 있는 교착 상태를 단적으로 드러낸다. 한편으로 우리는 역사에서 어렵게 획득한 도덕적 성취들에 자부심을 가지면서도, 다른 한편으로는 사회적 폭력을 용납할 수 있는 규범으로 여긴다. 〈우리〉에는 경영자나 정치인뿐만 아니라, 앞서 설명한 이유로 반대 의견을 드러내지 않는 시민들도 포함된다.

따라서 오늘날 사회 불평등에 맞서 싸운다는 것은 절대 실현되

---

* 일례로 2008년과 2009년에 프랑스 텔레콤에서 발생한 35건의 자살 사건이 있다. 당시 최고 경영자인 디디에 롱바르는 이를 〈유행〉이라 표현했다.

지 않는 선거 구호일 뿐이다. 프랑스 좌파는 확실하게 이 부분을 포기했고, 이제는 그저 가장 심각한 빈곤 문제를 수정하는 데 그칠 뿐이다. 사실 우리는 계몽주의적 이상과는 단절된 이데올로기 시대로 들어섰다. 이것은 처음이 아니다. 로장발롱은 19세기 말 자본주의 및 최초의 세계화 영향으로 인한 〈첫 번째 평등의 위기〉를 언급한다. 당시의 민족주의, 보호주의, 외국인 혐오, 이 모든 것이 합쳐져 무엇을 초래했는지 우리는 알고 있다. 오늘날 우리는 비슷한 상황을 다시 겪고 있으며, 재단장한 극우 이데올로기의 확산이 이를 증명한다. 사회 정의, 연대, 재분배의 원칙이 다시 공격받고, 이러한 위기의 해결책이 마치 위기의 요인인 것처럼 언급된다.

평등에 대한 요구는 프랑스 혁명이 내건 주요 기치 중 하나였다. 자유와 평등은 둘 중 하나의 문제가 아니라, 둘 다의 문제였다. 이제 상황이 변하여, 평등의 추구가 마치 자유를 가로막는 장애물처럼 기만적으로 소개되곤 한다. 모든 제약에서 벗어난 무한 경쟁을 옹호하는 경영자와 금융가 들의 논리가 최근 새로운 신학으로 부상했다.

그리고 이는 비인간 동물을 위한 투쟁에 결코 반가운 소식이 아니다. 우리가 앞서 보았듯이 동물권 투쟁은 불의, 특히 약자에 대한 불의에 맞서는 보편적 투쟁이다. 이런 의미에서 **반종차별주의는 사회적 투쟁**이다. 〈사회적〉이라는 말은 〈사회 개개인들의 관계에 관한〉이라는 의미를 갖기 때문이다. 비인간 동물들 또한 개체로서 우리 사회를 함께 구성한다. 반종차별주의는 노예제 폐지를 위한 투쟁, 여성과 동성애자의 권리 투쟁처럼 평등을 위한 투쟁이다. 비록 우리 시대가 여전히 남녀 차별 문제를 안고 있지만, 불평등을 우리 삶의 정상적 규범 혹은 필수적 요소로 받아들이는 것은 비인간 동물에게 결코 유리하지 않다. 실제로 비인간 동물들이 겪는 부당함은 모든 사회에 내재된 부당함이므로 받아들일 수 있다고 여기는 사람들이 있다.

사기꾼에 대한 보상

유럽에서 겪고 있는 심각한 위기는 일반적인 생각과는 달리 경제적 위기에서 비롯된 게 아니다. 이는 일차적으로 도덕적 위기다. 금융 자유주의는 윤리적 장벽들이 점차 무너지면서 등장했다. 부패, 특혜, 소소한 타협, 거대 이해관계들이 정치적 활동과 이에 달린 모든 부문을 타락시킨다. 그러나 공식적으로 권력을 쥔 자들, 즉 의사를 결정하거나 여론을 형성하는 국회의원, 경영자, 금융가, 언론만을 탓하기는 너무 쉽다. 이 세상은 모든 악의 기원인 〈강자〉와 명백한 피해자인 〈약자〉라는 두 개의 범주로 명확히 구분되지 않는다. 현실에는 좀 더 미묘한 차이가 있다. 어떤 〈강자〉들은 관대하고 헌신적인 반면, 어떤 〈약자〉들은 이기적이고 악하다. 다들 한 번쯤은 별 볼 일 없으면서 불쾌한 회사원이나 까칠하고 부도덕한 교사를 만난 적이 있을 것이다. 역사적으로 소인배나 대인배는 사회 계급으로 결정되지 않았다. 반면 우리가 권력을 부여해 온 방식은 반칙, 배신, 부패를 조장한다는 사실 또한 부인할 수 없다. 이는 논리적으로 모순되지는 않는다. 경쟁(운동선수들

간의 경쟁이든 기업이나 정치 후보자들 간의 경쟁이든)하거나 유리한 위치를 선점하는 데 가장 효과적인 방법은 바로 규칙을 어기는 것이기 때문이다. 예를 들어, 도핑으로 프랑스 일주나 100미터 경주에서 이길 수도 있고, 복잡한 세무 조작으로 세금을 내지 않을 수도 있고, 부정 선거로 한 정당의 대표가 선출되기도 한다.

경제적 지배력과 정치적 영향력은 이렇게 대부분 미미하거나 거의 존재하지 않는 도덕성에 기반한다. 〈양심도 법도 없이〉, 이것이 경쟁이 이뤄지는 모든 환경에서 결국 우세한 규칙이다. 자본주의가 무절제한 자유주의, 어떤 간섭이나 통제도 벗어나고자 하는 자유 시장을 낳은 것은 우연이 아니다. 도덕성과 이윤 추구는 양립이 거의 불가능하다. 예를 들어, NGO인 옥스팜Oxfam에 따르면, 세계 상위 201개 기업 중 188개가 조세 피난처에 있다고 한다. 어떻게 이런 기만적 행위가 버젓이, 그것도 권력자들의 동의하에 일반화될 수 있었을까? 지난 30년 동안 신자유주의 로비스트들이 〈권력자〉들에게 성장을 위해서는 대기업과 부유층에게 무조건 낮은 세금을 매겨야 한다는 생각을 주입했기 때문이다. 따라서 개인이든 기업이든 부유층에게 복잡한 국제적 세금 조작으로 가능한 세금을 적게 내는 법을 찾아 주는 사람들(은행, 회계 회사 등)이 존재한다. 이에 따라 정부는 부유층에 대한 세금을 줄이고, 그 결과 국가의 수입은 줄어든다. 국가 수입 감소는 공공 서비스 및 연대 정책에 대한 투자 감소로 이어진다. 정부는 수입 손실을 보전하기 위해 부가가치세와 같은 직접세를 인상하는데, 이로써 서민들이 피해를 입고 빈곤층은 더욱 가난해진다. 옥스팜은 아프리카의 사례를 인용한다. 가장 부유한 아프리카인들은 재산의 3분의 1(5000억 달러)가량을 해외 계좌에 묶어 두었다. 그 결과 연간 140억 달러의 세금 수입이 손실을 입는데, 이 금액은 아프리카 대륙의 모든 아동이 학교 교육을 받고, 400만 명의 아동이 의료 혜택을 받아 생명을 구할 수 있는 금액이다. 옥스팜은 「1퍼센트를 위한 경제」라는 제목의 보고서에서 다음과 같이 언급한다. 〈높은 수익성을 얻기 위해 또는 권력과 경제적 이점의 자리에 오르기 위해, 일, 노력, 창의력에 엄청난 노력을 기울이는 게 반드시 필요하지는 않다. 사실 생산성이나 부가가치와는 전혀 무관한 소득과 부가 창출된다. (……) 정부가 개발 허가를 부여하는 경우와 같이 정부가 깊이 관여하거나 독점하고 있는 상황에서는 정경유착의 관행이 빈번해진다. 이런 유착 부문에서 나온 억만장자들의 부의 증가와 소득의 축적은, 그 밖에 사회의 다른 모든 이익이나 실질적 부가가치를 희생함으로써 만들어진다.〉

압력 단체인 조세정의네트워크Tax Justice Network는 2012년에 21조~32조 달러가 조세 피난처에 은닉되어 있다고 추정했다. 이는 미국과 일본의 GDP를 합산한 만큼의 금액이다. 이를 기초로 하면, 미국 주 정부들의 세금 수입 손실액은 2800억 달러에 달할 것이다. 그렇다면 과연 최저 임금을 몇 유로 높이는 것이나 〈경제적 현실주의〉라는 이름으로 임금 노동자들에게 새로운 희생을 요구하는 것이 타당한지 진지하게 논의할 수 있겠는가? 이 모든 것은 아주 정확하여 정의의 문제가 별로 제기될 일이 없는 사람들에 의해 차분히 기획되었다. 대다수 정부의 동의하에 세계적으로 조직된 범죄의 온상인 은행들을 잠시 살펴보자. 최근 몇 년간 은행들이 사기 혐의로 얼마나 많은 유죄 판결을 받았는지 주목해 보자. 미국에서 온갖 다양한 사기 행위로 기소된 은행들의 숫자는 더 이상 셀 수 없을 정도다. 부동산 관련 부당 행위(서브프라임, 부동산 압류), 은행 금리 조작, 엠바고 파기, 돈세탁. 몇 가지만 사례를 들어 보자.

2012년 2월, 웰스 파고, JP모건 체이스, 씨티 그룹, 뱅크오브아메리카 및 앨리 파이낸셜은 부당한 부동산 압류에 대한 기소를 피하기 위해 공동으로 250억 달러를 지불하는 것에 동의한다. 2013년 11월 JP모건 체이스는 서브프라임 모기지로 피해를 본 개인들에게 보상하기 위해 40억 달러를 지불한다. 이 회사는 합의문에서 이런 매우 위험한 대출이 〈투자자들에게 잘못된 이미지를 제공했다〉고 인정한다. 2014년 1월 (또!) JP모건 체이스는 2009년에 150년의 징역형을 선고받은 전 나스닥 비상임 회장 버나드 메이도프Bernard Madoff의 다단계 사기 건으로 17억 달러의 벌금을 문다. 리스트는 계속된다. 2013년 1월, 뱅크오브아메리카는 116억 달러를 물고, 2014년 초에 다시 95억 달러를 물게 된다. 2014년 6월 BNP 파리바는 수단, 이란, 쿠바와의 불법 금융 거래에 관여한 것으로 알려져 89억 달러의 벌금을 물었다. 미국 법무장관 에릭 홀더Eric Holder는 이에 대해 〈BNP 파리바는 불법 거래를 은폐하고, 거래 흐름을 지우고, 미국 당국을 기만하느라 엄청난 노력을 기울였다〉고 언급한다. 2014년 크레디스위스는 미국 부유층이 〈누락된 세금 신고〉로 탈세하도록 도와준 데 대해 26억 달러의 벌금을 선고받았다. 2010년 9월 20일, 프랑스 경쟁규제 당국은 프랑스 주요 열한 개 은행들에 2002년과 2007년 사이 수표 처리 관련 은행 간 부당 수수료 설정을 이유로 3억 8490만 유로의 과징금을 부과했다. 그러나 무엇보다 최근의 가장 상징적인 사례는 HSBC다. 영국 최대 은행인 HSBC는 멕시코와 콜롬비아 카르텔의 돈뿐만 아니라 테러와 관련된 조직의 돈세탁을 도움으로써 불법 자금 통로 역할을 해왔다. HSBC는 미국 사법당국에 19억 2000만 달러의 합의금을 내고 기소유예를 받았다. 민주당 상원 의원 엘리자베스 워런Elisabeth Warren은 〈HSBC와 같은 은행이 폐쇄되려면 (도대체) 얼마나 더 많이 돈세탁과 엠바고 파기를 해야 하는가?〉라고 반문한다. 그러나 80여 개국에 27만 명의 직원이 있는 은행에 대해 아무도 감히 그런 위험을 감수하지는 않을 것이다. 비록 HSBC가 금융 활동의 기준이 되는 금리 조작, 독소 제품 판매, 조세 피난처에 1800억 달러 규모의 탈세범 은닉(스위스리크스)과 같은 최악의 스캔들에 관여했다 할지라도 말이다. 런던 경제 학교 교수인 경제학자 가브리엘 주크만Gabriel Zucman은 『르몽드 Le Monde』에 **파산하기에 너무 큰** 은행은 건드릴 수 없다는 암묵적 규칙이 존재한다고 말한다. 정부가 **실형을 선고하기에 너무 큰** 은행을 건드리지 못한다는 것을 은행도 잘 안다는 것이다. 한마디로 난공불락이다. 안 미셸Anne Michel 기자의 보도와 같이 HSBC는 태생부터 수상쩍은 활동과 관련되어 있다. 이 은행은 19세기 중반 홍콩에서 대영 제국의 아편 거래를 지원하기 위해 설립되었다. 그러니 어떻게 시민들에게 정당한 사회에서 살고 있다고 믿게 하겠는가? 프랑스에서는 작은 대마초 거래만으로도 감옥에 가는데, 이익 배당금과 엄청난 보너스, 온갖 종류의 매매와 마약 조직의 자금 통로로 배를 채우는 양복-넥타이맨들은 벌받지 않고 활동하는 것을 어떻게 설명할 것인가?

자본주의, 특히 신자유주의가 거짓, 사기, 기만을 먹고 자랐다고 말하는 것은 포퓰리즘이 아니다. 최근에도 독일 폭스바겐 그룹이 디젤 차량의 오염 배출가스 저감장치를 조작했다가 적발되었다. 2013년 가짜 소고기 라자냐 사건은 또 어떤가. 불법으로 회수된 값싼 말고기로 소고기를 대체하는 대규모 사기 행각이 발각되었다. 여기서도 여전히 자신들의 주머니를 채우기 위해 규제를 우회하는 온갖 수단을 동원한 것은 사기꾼 기업가들이다. 농식품 산업 분야에서 일어나는 부도덕하고 기만적인 사례는 수없이 많다.

여기서 더 나아갈 필요는 없을 것이다. 과거와 현재에 드러난 사례들만으로 충분하다. 제대로 포장되어 널리 퍼진 생각과는 달리, 자본주의는 부지런하고, 현명하고, 보상받을 만한 사람들을 단지 부차적으로밖에 보상하지 않는다는 것을 말이다. 자본주의는 본질적으로 교활하고, 냉소적이고, 이기주의적인 인간, 휴머니스트가 아닌 인간을 만들어 낸다. 경제학자 장마리 아리베Jean-Marie Harribey는 다음과 같이 말한다. 〈자본주의의 역사는 길고 긴 치욕스러운 사건들의 연속으로, 《사기》로 드러나는 것은 자본주의 시스템의 본질적 DNA에 비하면 덜하다. 자본주의는 19세기 광산에서, 20세기와 21세기 땀 흘리는 작업장에서의 아동 노동이다. 자본주의는 식민주의와 자원 약탈이다. 자본주의는 양차 세계 대전과 민족 해방 운동에 대한 수많은 전쟁이다. 자본주의는 되풀이되는 위기들이다. 자본주의는 실업과 불평등이다. 자본주의는 농부의 몰락과 형편없는 먹거리의 시작이다. 자본주의는 전세계 기근이다. 자본주의는 끊임없는 투기다. 자본주의는 조세 피난처의 은행과 다국적 기업들이다. 자본주의는 세금 조작과 포탈이다. 자본주의는 사기꾼에 대한 보상이다. 자본주의는 생산제일주의와 지구의 고갈이다. 자본주의는 일반화된 오염이다. 자본주의는 민주주의가 서서히 죽음에 이르는 고통이다.〉

식민지 약탈을 비롯하여 범죄와 약탈 위에 부를 축적한 역사를 다 모으면 백과사전만큼의 분량이 될 것이다. 얼마나 많은 사람이 서구 기업들의 부를 위해 죽거나 노예화되었나? 소수의 제국을 건설하기 위해, 이들 정부의 약탈 정책에 의해, 로고가 새겨진 번듯한 유리창 내부에 조용히 보호받는 기업들에 의해, 얼마나 많은 숲이 파괴되고 땅이 몰수되었나? 아프리카에서의 약탈이 없었다면, 오늘날 유럽인들의 삶은 어땠을까? 지난 몇 세기 동안 우리는 비난받지 않고 약탈 행위를 일삼아 왔다. 끔찍한 독재 정권을 독려하면서 〈인권〉의 교훈을 가르치는 약탈자들. 이 얼마나 교활한 사기극인가. 그리고 매번 피해자들은 가장 약한 자들, 탐욕의 무리에 맞서 자신을 방어할 수단이 없는 가장 약한 자들이다.

돈은 완벽한 속임수다

나는 1세기 전 세상을 떠난 자연주의자 존 뮤어John Muir의 이 표현을 좋아한다. 〈인생은 돈을 버는 데 많은 시간을 허비하기에는 너무 짧다.〉 경제 자유주의의 협력자이자 매개자로서, 돈은 우리 사회의 완벽한 속임수 중 하나이니 더욱 그렇다. 모든 것은 돈을 거친다. 돈은 목표이자, 기준, 재판관, 안내자, 지배자다. 돈은 신분을 부여한다. 돈은 품격의 지배자다. 돈은 우리의 영혼을 팔게 하는 악마이며, 우리는 돈에 몸을 파는 고객이다. 돈은 한낱 환상일 뿐인데도 말이다. 돈이 말하는 것에는 진실이 없고, 논리도 없다. 돈은 조악한 왕을 받들고, 고귀한 영혼을 무시한다. 나는 오늘 신문에서 즐라탄 이브라히모비치Zlatan Ibrahimovic가 프랑스에서 최고액 연봉을 받는 축구 선수가 되었다는 기사를 읽었다. 월 150만 유로. 지금까지는 80만 유로였다. 그는 공을 차면서 최저 임금의 1,000배 이상의 돈을 번다. 돈이 지배자로 군림하는 우리의 가치 체계에서 즐라탄은 1,000명의 노동자의 가치가 있는 것이다. 축구 선수들이 자신들을 대상으로 하는 시장에 종속되어 있다는 사실이 확연히 드러난다(선수를 〈산다〉는 건 얼마나 이상한 생각인가). 그들의 상징적 지위가 우리의 경제 규칙에 의문을 제기하는 것만은 분명하다.

이와 관련해서 또 다른 의문이 생긴다. 축구는 놀이다. 다양한 연령대의 많은 사람이 축구를 즐기며 **스트레스를 해소한다**. 축구 선수들에게는 강도 높은 집중 훈련이 필요하다 해도 이들은 즐기면서 돈을 벌고, 자신들의 직업에 대한 열정도 대단하다. 골을 넣을 때, 감격에 겨운 모습만 봐도 충분히 알 수 있다. 반면 공장 조립 라인의 노동자가 재치 있는 솜씨를 발휘하여 문 조립에 성공했다고 해서 하늘을 향해 두 손을 모으고 동료의 팔에 안겨 절규하는 모습을 본 적이 있는가.* 공장 노동자는 실제로 축구 선수보다 덜 흥미로운 직업이다. 또한 축구 선수는 인기가 있고 자존감을 높여 주는 명예도 누리지만, 노동자는 그의 운명에 아무도 신경 쓰지 않는 익명의 남성과 여성 들이다. 그렇다면 축구 선수는 그 자체로 즐길 수 있는 직업이자 사회적 명성도 누리며, 게다가 엄청난 경제적 보상까지 거머쥔다는 현실을 어떻게 받아들여야 하는가? 정의의 관점에서 아무도 알아주지 않고 재미없는 일을 해야 하는 이를 격려하고 보상하여 행복의 균형을 바로잡아야 한다. 말하자면 임금은 **즐거움의 지수**에 따라 가중치를 달리 두어 계산되어야 한다.

그런데 보상의 가중치를 결정할 또 다른 기준이 있다. 바로 〈공동체에 대한 기여도〉다. 어떤 발명가가 인류에게 정말 유익한 물건이나 기계를 발명한다면, 그가 이에 대해 보상받는 것은 당연하다. 영화와 음악은 우리 삶을 풍요롭게 해주므로 영화인이나 음악인 들도 마찬가지다. 영화와 음악은 널리 확산된다는 특성으로 수많은 사람의 삶을 아름답게 하고 정신을 고양시킨다. 어떤 사람은 축구가 관중에게 즐거움을 주므로 즐라탄처럼 엄청난 연봉을 받는 것이 정당하다고 말할 것이다. 하지만 큰 차이점이 있다. 축구

---

* 나는 골을 넣은 선수들이 전형적으로 하는 골 세리머니가 어떻게 시작되었는지 항상 궁금했다. 어딘지 모를 곳을 향해 미친 듯이 달려가고, 동료들이 뒤를 따라 달리다가 그의 위에 올라타며 작은 산을 쌓는, 이 의문의 골 세리머니의 의미를 민족학자가 설명해 주기를 기대한다.

는 놀이이지, 예술이 아니다. 축구가 겨냥하는 것은 인류의 정신을 고양시키고 위대함을 추구하는 게 아니라 인간에게 있는 가장 원초적인 본능을 발산하는 것이다. 그러나 예술은 관조의 세계로 우리를 이끈다.

비관주의자 쇼펜하우어는 세상의 절망에서 위로가 되는 몇 가지 중 하나를 음악에서 찾았다. 니체는 〈음악이 없다면 인생은 한낱 실수일 뿐〉이라고도 했다. 나는 음악은 인간에게 주어진 가장 아름다운 선물이라고 생각한다. 바흐의 「토카타와 푸가 d 단조」, 돈 펠더Don Felder와 조 월시Joe Walsh가 기타로 연주한 「Hotel California」의 마지막 2분, 브루스 스프링스틴Bruce Springsteen의 「The River」의 하모니카 연주보다 더 내게 강렬하게 말하는 건 없다. 안토니오 카를로스 조빔Antônio Carlos Jobim의 리듬보다 내게 더 위안을 주는 말이 없고, 에디 반 헤일런Eddie Van Halen의 솔로보다 더 활력 넘치고, 재니스 조플린Janis Joplin의 외침보다 더 격렬하며, 조르조 모로더Giorgio Moroder의 노련한 리듬보다 더 기분 좋고, 현악기의 어떤 아다지오보다 더 감동적인 것은 없다. 선율은 우리를 신음하게 하고, 달래고, 흥분시키는 목소리다. 이들에게 어찌 보답하지 않을 수 있겠는가? 노래는 치유이자, 카타르시스, 영혼의 약(신경안정제나 피로 회복제)이고, 희망이며, 우정이다. 앨라니스 모리셋Alanis Morissette이 자신의 앨범 〈Jagged Little Pill〉을 3000만 장 판매하여 최소한의 부를 쌓는 건 당연하다. 그룹 다이어 스트레이츠Dire Straits가 〈Brother in Arms〉와 같은 보석을 발명했을 때, 앨범에 실린 타이틀곡은 일찍이 작곡된 바 없는 가장 아름다운 노래인데, 그가 벌어들인 재산에 누가 문제를 제기하겠는가? 마크 노플러Mark Knopfler의 뛰어난 기타 피킹, 우리 마음속 깊은 곳을 전율시키는 그의 일렉기타 연주……. 그만의 독자적 재능에 대해 보상받는 것을 누가 비난하겠는가? 예술가는 그의 작업에 대한 보수를 받아야 하며, 그의 작업이 수많은 사람에게 행복을 가져다준다면 더더욱 제대로 보상받아야 한다.

그러나 일반적으로 보상 체계는 업무의 사회적 유용성이나 개인적 자질 또는 희생 정도와는 무관하다. 우리 사회에서는 부동산 중개인이 간호사, 교사, 소방관보다 돈을 100배나 더 많이 번다. 옥스팜에 따르면, 인도에서 대기업 사장은 그의 회사 직원 평균 급여의 439배를 번다. 그가 실제로 그만큼 많이 또는 열심히 일하는가? 그가 439배나 더 재능이 있는가? 인류의 가난한 절반이 가진 부만큼 보유하는 68명의 억만장자들은 또 어떤가? 이들이 사회에 기여하는 정도가 실제로 37억 명 인구의 기여도만큼 중요한가? 사실 대부분의 부자는 그만큼의 재산을 누릴 자격이 없다. 그 사이 수백만 명의 사람들은 소소한 월급을 벌기 위해 그들의 삶을 다른 이들에게 헌신한다. 의료 인력, 교사, 연구원, 인도주의자, 시민 단체 활동가, 신념을 가지고 공동체를 위해 헌신하기로 선택한 모든 사람은 우리 사회에서 제대로 보상받지 못하고 있다.

2015년 2월, 피케티는 『21세기 자본Capital in the Twenty-First Century』의 세계적 성공에 따른 상당한 수익에 관한 질문에 출판 수익의 90퍼센트를 세금으로 낼 의향이라고 답했다. 그는 자신의 교수 월급만으로 충분히 먹고살 만하며 아이들과 휴가를 떠나기에 부족하지 않으므로 더 이상의 돈이 필요하지 않다고 밝혔다. 이 생각을 대다수가 공유하기만 한다면…….

일부가 부를 축적하는 동안, 다른 사람들은 월급날이 가까울수록 빠듯해지는 것은 부당하고 불공평하다. 합리적 조치는 모든 프랑스인이 월 최대 소득을 받는 데 있다(물론 목표는 이 제도가 전 지구적으로 보편화되는 것이다). 특정 금액 이상의 소득에는 100퍼센트의 세금이 부과되어야 한다. 한 달에 1만 유로나 1만 5,000유로도 이미 충분하고도 남는 금액인데, 그 이상을 버는 게 무슨 소용이 있나? 그때까지 1941년 프랭클린 루스벨트Franklin Roosevelt가 실시했던 것처럼 90퍼센트의 한계세율을 도입할 수 있다. 이 세율(정확히는 91퍼센트)은 1964년까지 유지되었고, 당시 20만 달러, 오늘날로 치면 100만 달러부터 적용되었으니, 엄청나게 소득이 많은 사람에게만 해당되었다.

돈은 현실을 차단하고 공유의 의미를 잊게 한다. 따라서 모든 정치 진영이 국가 연대의 메커니즘을 훼손하려고 고심하는 것은 놀랄 일이 아니다. 전쟁 상태에 있는 — 게다가 이에 대해 우리의 책임도 있는 — 나라에서 온 정치 난민들을 수용하는 것에 반대하는 사람들도 마찬가지다. 걸핏하면 프랑스의 기독교적 뿌리를 강요하는 조국의 열렬한 수호자들은 모든 것을 잃은 남성, 여성, 아동을 자국으로 돌려보내야 한다고 주장한다. 그들 생각에 〈프랑스는 문제가 있는 사람 모두를 수용할 여유가 없다〉. 특히 그들이 무슬림이라면 더더욱 말이다. 이런 주장을 설파하는 사람들은 1,000년 전의 낡은 기독교, 십자군 운동, 모호하고 폭력적인 기독교를 떠올리게 한다. 그러나 내가 아는 **진정한** 기독교는 투르의 성 마르탱의 기독교다. 아미앙의 겨울밤, 그는 자신의 외투를 반으로 찢어 추위에 떠는 거지와 나눴다. **진정한** 기독교는 다시시 프란체스코의 기독교다. 그는 인간이든 동물이든 모든 형태의 생명을 온전히 존중하며, 모든 부를 버리고 자발적으로 가난한 삶을 선택했다. **진정한** 기독교는 개신교 채식주의자 테오도르 모노의 기독교다. 그리고 마틴 루터 킹의 기독교다. 모든 종교는 어디서든 관용, 톨레랑스, 나눔을 말한다(비록 우리가 종교에서 폭력의 메시지를 발견한다 해도 말이다). 자신의 부를 나누지 않는 사람들(〈**내가 가진 것을 왜 되돌려 주겠는가, 나는 부를 누릴 자격이 있는데!**〉), 가난한 사람을 환대하지 못하는 이들은 신앙심이 없는 사람들이다. 그런데도 이들 가운데 많은 사람이 스스로 신자라 말한다. 나는 이들이 자신의 신앙을 일상에서 구체적으로 어떻게 실천하고 있는지가 궁금하다. 나는 무신론자이고 어떤 우상도 바라지 않는다. 하지만 나는 거부할 수 없는 도덕적 명령으로서 나눔을 지지한다. 나는 성자와는 거리가 멀고, 내가 말하는 희생의 의미도 제한적이다. 나는 다른 사람과 마찬가지로 일상의 평온함과 최소한의 안락함에 연연한다. 하지만 사치나 불필요한 여분은 전혀 필요하지 않다. 또한 우리에게 무언가 나눌 기회가 주어질 때마다 우리가 스스로 던져야 할 질문은 나눔으로 실제로 내가 무엇을 포기해야 하는가 하는 것이다.

예를 들어, 당신은 월 3,000유로를 번다. 한 단체가 당신에게 아동 예방 접종이나 위기에 처한 동물을 구하기 위해 월 50유로를 기부해 달라고 제안한다. 당신의 50유로는 (인간 또는 비인간) 다수에게 고통과 죽음을 피하게 할 수 있다. 그러나 당신의 예산에서 50유로를 줄이는 것이 당신에게 실제로 피해를 주는가? 물론 개인적 상황도 고려해야 한다. 그러나 대부분 3,000유로의 소득에서 50유로를 제한다고 크게 달라지는 건 없다. 이는 선택의 문제이고, 그다지 해를 끼치지 않는다. 당신이 150유로에 세 벌의 셔츠를 산다고 하자. 당신에게 그것이 정말 필요한가. 아니면 두 벌로 충분하고, 나머지 50유로는 다른 사람과 나눌 순 없는가. 〈선의의 행동〉을 할 기회가 생길 때, 우리는 종종 〈내가 왜 그래야 하지?〉라고 반문한다. 내가 보기에 제대로 된 질문은 오히려 〈내가 왜 이것을 하지 않지?〉인 것 같다.

경쟁보다 이로운 상호부조

〈그래도 자연의 법칙은 강자의 약자에 대한 경쟁이다! 다윈은 자연선택과 생존경쟁을 말했다. 당신이 자연을 따른다면, 인간 사회에서도 적자만이 살아남아야 한다는 사실을 인정해야 한다. 약자를 돕는 것은 자연을 거스르는 것이며, 가장 약하고 보잘것없는 자들은 제거할 필요가 있는 인간 종의 진보에 반하는 것이다!〉

1859년 『종의 기원』 출간 이래 이 논거는 약자의 운명에 무관심하고 연대 체계를 무너뜨리는 자유 경제 정책을 정당화하기 위한 근거로 마르고 닳도록 사용되었다. 예를 들어, 허버트 스펜서 Herbert Spencer는 〈사회 다윈주의〉를 주창하며 자본이 노동을 착취하는 것을 정당화하고자 했다. 이런 생각은 역사적으로 악용되어 왔다. 강자의 약자에 대한 지배는 당연하다는 생각은 우생학, 나치즘, 제국주의를 정당화하는 데 사용되었다. 〈열등〉하다고 판단된 인간 범주를 착취하거나 제거하는 것은 당연하다는 끔찍한 귀결이었다.

국제찰스다윈학회Institut Charles Darwin International 설립자 파트리크 토르Patrick Tort는 다윈의 생각을 왜곡하는 이러한 발상에 반발한다. 그는 자연선택의 법칙은 유기체의 생물학적 차원에 그치는 게 아니라 그들의 행동과 본능에도 관계되며, 이는 인류 진화의 역사에서 결정적인 역할을 했다고 한다. 이러한 본능에는 〈반(反)선택적 행동과 종 전체로 확장될 만큼 고양된《공감》의 감정도 포함된다〉. 토르는 『다윈에 대한 오해L'effet Darwin』에서 다윈 진화론에 대한 오독을 다음과 같이 바로잡는다. 〈(……) 궁극적으로 인간 종의 우위를 결정한 선택 이익selective advantage은 인간의《공동체적》삶의 방식에 있고, 또한 공동체적 삶의 방식을 가능하게 하고 다시 역으로 이를 통해 발달하게 된 지능에 있으며, 이를 통해 형성된 행동 및 감정(상호부조, 공감)에 있다.〉

다윈은 노예제도에 반대하는 반인종주의자였고, 도덕적 가치의 절대적 필요를 강조했다. 다윈은 인간 문명의 진보는 타자에 대한 공감 능력에 달려 있다고 보았다. 이때 타자는 인간 종에 국한되지 않는다. 다윈은 〈인간의 범위를 넘어서는 공감, 즉 하위 동물에 대한 인간적 유대감은 가장 최근에 획득한 도덕적 성취 중 하나로 보인다〉고 썼다. 고려의 지평을 인간에게 국한하지 않고 이를 확장함으로써 인간이 실현된다는 생각은 이미 드러나고 있다.

아나키즘 사상가 표트르 크로포트킨Pyotr Kropotkin은 경쟁 대신 존재들 간의 상호부조가 필요함을 피력하며 상호부조론을 주장했다. 이는 당시 사회 다윈주의 지지자들의 생존경쟁과 적자생존의 논리에 대한 반박이었다. 레닌을 비판한 혁명가였던 그는 1842년 모스크바의 부유한 귀족 가문에서 태어났다. 그의 아버지는 장군으로 전쟁 영웅이었다. 크로포트킨 또한 사관학교를 졸업하고 장교로 근무했다. 1867년 퇴역한 후에는 유럽 여러 곳을 탐험했으며, 탐험가, 지리학자, 동물학자, 인류학자로서의 삶을 살았다. 그는 정치적 활동으로 러시아뿐만 아니라 프랑스에서도 투옥되는데 이때 빅토르 위고의 지지를 받았다. 크로포트킨은 초반에는 무장 활동(〈행동에 의한 선전〉)을 지지했으나, 점차 조합운동으로 나아갔다. 그의 바람은 중앙집권적 정부 기관을 폐지하고, 상호부조와 자발적 참여에 의한 자급자족적 자치정부를 건설하는 것이었다. 1902년 『상호부조, 진화의 한 요인Mutual Aid: A Factor of Evolution』이 출간되는데, 이는 다윈의 진화론에 대한 오해와 왜곡에 반박하기 위한 것이었다. 그는 〈상호부조는 우리의 윤리적 신념의 근본 토대다〉라고 쓰며, 상호부조의 원칙은 반대 세력에 의해 끊임없이 공격받아 왔지만 인류 역사에서 진화하며 면면히 이어지고 매번 강화되었다고 말한다. 역사는 상호부조의 원칙이 확장되었음을 보여 준다. 즉, 씨족공동체에서 부족공동체로, 그리고 여러 부족 사이의 민족공동체로 나아가며, 이제 인류 전체로 확장되는 것을 목표로 한다. 크로포트킨은 원시 불교, 초기 기독교, 종교 개혁, 18세기 사상가들을 우리에게 소개한다. 이 운동들에는 모두 모든 개체는 다른 모든 존재와 하나가 되어야 한다는 의식이 깔려 있다. 그는 『아나키스트 윤리Anarchist Morality』에서 〈모든 동물 사회에는 연대가 자연의 법칙(일반적 사실)이다. 우리를 바보로 만들려고 부르주아들이 불러 주는 노래 후렴구의 덕목인 생존경쟁보다 연대가 훨씬 더 중요한 법칙이다. 우리가 동물 세계를 연구하고, 불리한 상황이나 적에 맞서 살아 있는 모든 존재가 채택하는 생존경쟁을 설명하고자 할 때, 우리는 평등주의적 상호 연대의 원칙이 동물 사회에서 발달되어 있을수록 그리고 이것이 일반적 상태로 통용될수록 생존 확률이 높고, 혹독한 기후나 적과의 싸움에서 성공을 거두게 된다는 것을 확인하게 된다. 사회의 모든 구성원이 다른 모든 구성원과 연대감을 더욱 느낄수록 ── 그들 모두에게 승리와 진보의 주요 요인인 ── 용기와 개인의 자기 주도성이라는 두 가지 특성이 더욱 발달한다.〉 크로포트킨은 인간의 위대함은 도덕적 고려의 지평을 확장하는 능력으로 평가될 것이라는 결론에 이른다. 〈오늘날에도 여전히 인간 종의 더 높은 진화에 대한 최선의 보장이라 볼 수 있는 건 바로 상호부조의 더 넓은 확장에 있다.〉

자연의 메커니즘을 자세히 연구한 크로포트킨은 생존경쟁과 상호투쟁이 존재하기는 하지만, 개체들 간의 연대가 생명과 진화에 필수적 요인임을 정확히 관찰했다. 이러한 사례는 동물계, 식물계 및 그 둘 사이에 다양하다. 소뿔아카시아는 열대 및 아열대 지방에서 자라는 나무다. 모든 잎의 아랫부분에는 속이 빈 두 개의 커다란 가시가 있는데, 그곳에는 개미들이 서식한다. 아카시아 나무는 개미들에게 양분을 제공하는데, 마치 개미들에게만 제공하기 위해 존재하는 것 같은 분비선을 통해 공급된다. 그 대가로 개미들은 아카시아 나무를 곤충으로부터 보호하고, 나무를 옭아맬 수도 있는 덩굴 식물의 증식을 막는다. 우리에게 잘 알려진 또 다른 협력은 나비와 벌로, 그들은 서로 꿀을 취하고 꽃가루를 실어 나른다.

상호 이익이 존재할 때 종들은 협력한다. 청소부-청소받는 쌍들의 공생 관계가 이를 잘 보여 준다. 바다에는 가시나비고기-귀상어나 엔젤피시-만타가오리처럼 다른 종의 기생충이나 죽은 피부를 제거하는 수십 종의 청소 물고기와 청소받는 물고기들이 있다. 나일악어는 악어새가 자신의 턱 안쪽까지 접근하여 입 안을 구석구석 청소하도록 놔둔다. 악어새는 거머리, 기생충, 음식물 찌꺼기 등을 잡아먹음으로써 나일악어의 입 안을 청소해 준다. 집게는 자신이 사는 집인 고둥 껍데기에 말미잘을 짊어지고 다닌다. 집게는 무성한 말미잘 촉수의 도움으로 포식자에게서 보호받고, 말미잘은 기동력 있는 집게 등을 타고 이동하여 먹이 사냥에 유리해진다. 몸집이 커져 살던 집을 버리고 다른 집으로 이사할 때, 집게는 말미잘도 함께 새집으로 옮겨 놓는다.

개미, 흰개미, 그리고 일부 거미는 사회적 본능이 발달되어 있다. 특히 벌은 상당히 체계적이다. 벌집은 한 마리의 여왕벌과 수만 마리의 일벌로 구성된다. 여왕벌은 하루 최대 2,000개의 알을 낳고, 이 알들은 일벌들이 만든 벌구멍에 보관된다. 벌들은 새로운 꽃의 위치를 알리기 위해 춤과 소리로 의사소통한다. 또한 여왕벌은 수정란을 낳은 뒤 새로운 여왕벌의 탄생을 보지 않고, 새로운 여왕벌이 탄생할 즈음 분봉하여 새로운 벌집을 개척한다.

동물학자 프란스 드 발은 인간이 다른 동물처럼 경쟁을 위해 만들어지지 않았다고 한다. 〈많은 보수주의자, 특히 미국의 보수주의자들은 자연은 경쟁적이고 자연을 모방한 사회에 사는 것은 바람직하다고 말하며, 경쟁이 매우 치열한 사회를 정당화한다. 하지만 이는 잘못된 해석이다. 자연에서 경쟁은 물론 중요하지만 (……) 경쟁만 있는 것은 아니다. (……) 애덤 스미스는 두 권의 책을 썼다. 모든 경제학자가 다 아는 『국부론An Inquiry into the Nature and Causes of the Wealth of Nations』과 모든 철학자가 다 아는 『도덕감정론The Theory Of Moral Sentiments』이다. 애덤 스미스는 『도덕감정론』에서 《공감》에 대해 말한다. 그는 우리가 오로지 경제적 활동 위에 사회를 건설할 수 없으며, 인간이 어떠한지 이해해야 한다고 말한다. 인간 본성에는 《타인의 운명에 관심을 갖도록 이끌고, 단지 그들이 행복한 것을 보는 즐거움 외에 다른 어떤 것도 얻지 못하더라도 타인의 행복을 필요로 하는 천성이 존재한다》고 쓴 것은 바로 애덤 스미스다.〉

몽테뉴는 명예의 가치를 대단히 상대적으로 보았다. 〈나는 우연이 공적보다 앞서 작용하는 것을 상당히 자주 보았다. 공적을 그야말로 벗어나는 것 또한 종종 보았다.〉 우리는 첫 장에서 우연에 대해 언급했다. 우연은 우리를 세상에 존재하도록 했고, 곤충이나 농장의 동물이 아닌 인간으로 태어나게 했다. 또한 특정 국가, 특정 사회적 맥락에 우리를 던져 놓았다. 그러나 우연은 여기서 멈추지 않는다. 우연은 우리 삶의 순간마다 우리가 어떻게 될지를 결정한다. 어떤 이들은 이를 〈시의적절함〉으로 또는 〈자신의 운명을 개척〉하는 것이라고 말할 것이다. 그러나 수많은 성공 사례에서 적어도 하나의 결정적 운이 작용한다는 것 또한 사실이다. 성공은 1~15퍼센트의 재능, 1~15퍼센트의 노력, 나머지는 수완과 운의 적절한 비율에 따라 결정된다.

따라서 개인들 간의 불평등에는 두 가지 주요 원인이 있다. 우리가 앞서 〈사기꾼에 대한 보상〉에서 말한 속임수와 운이다. 개인적 성공에서 노력과 재능의 역할을 부정하는 게 아니라, 다만 우리의 현재와 같은 체제에서는 노력과 재능이라는 두 가지 요소가 결정적 역할을 하는 게 아님을 말하는 것이다.

우리가 사기, 기만, 부정행위, 폭력에 대처할 수단들은 이미 마련되어 있다. 법이 존재하기 때문이다. 법이 제대로 적용되고 개선되도록 감시해야 한다. 그러나 운명에 대한 우연의 힘을 상쇄하기란 훨씬 더 어렵다. 그리고 이는 **자유**, **박애** 그리고 **평등**에 담긴 혁명의 기치였다. 이 세 가지 공화국 원칙의 도덕적 차원을 살펴보자. 자유와 평등이 **권리**라면, 박애는 모두에 대한 **의무**를 기술하는 차원의 용어다. 즉, 우리는 주변 사람을 돕고, 그와 연대해야 할 의무가 있다. 태생과 삶의 불확실성에 대해 평등을 회복할 길은 박애와 상호부조의 자세다. 공화국의 이상은 우리에게 타인의 자리에서 그와 동일시하는 공감 능력을 요구한다.

그러므로 공감에서 비롯된 상호부조는 관대함이 아니라 정의로운 행위다. 우연에 따르는 피해를 보상하기 위한 것이기 때문이다. 나눔의 철학은 삶이 그가 박탈당한 운의 일부를 되돌려주는 것이다. 따라서 이는 선택이 아니라 필연이다.

웃음과 망각의 통로

어제 데이비드 보위David Bowie가 죽었다. 70세의 나이였다. 사인은 암이었다. 아침부터 라디오에서 그의 노래가 끊임없이 흘러나온다. 「Heroes」, 「Space Oddity」, 「Ashes to Ashes」, 「Let's Dance」…… 〈록의 전설〉, 〈창조적 천재〉, 〈아이콘〉, 〈카멜레온 예술가〉. 기자들은 그에게 바칠 최고의 찬사를 찾느라 머리를 짜낸다. 나는 그 곤혹스러움을 잘 안다. 한 인간의 삶을, 그것도 25장의 앨범을 낸 음악가의 삶을 어떻게 몇 문장으로 요약할 수 있을까? 언젠가 한 번쯤 그의 노래를 들어 본 수십억 명의 사람들에게 그가 불러일으킨 감정을 어떻게 설명할 수 있을까? 그가 다음 세대 예술가들에게 미친 영향을 어떻게 확인할 수 있을까? 비범한 한 존재가 모든 인간이 맞닥뜨리는 운명에 처한 날, 그의 운명에 대해 뭐라 말하겠는가?

소셜 네트워크에 애도의 물결이 쇄도한다. 〈내게 남아 있던 청춘이 오늘 아침 결국 죽었다〉, 〈한 세대를 대표하는 예술가들이 있다. 68세대에게는 비틀즈가 있었다. 70년대에 십 대를 보낸 이들에겐 보위가 있었다. 신들도 영원하지 않구나. 내 청춘이 아프다〉, 〈명복을 빕니다. 데이비드 보위! 또 한 명의 진정한 가수가…… 떠난다……. 우리의 청춘도……〉, 〈사라져 버린 내 모든 어린 시절과 청춘〉.

우리가 유년기나 청소년기에 큰 영향을 받았던 유명인의 죽음은 특히 우리를 뒤흔든다. 그의 죽음이 우리 자신의 종말을 떠올리게 하기 때문이다. 보위와 함께 파티에서 「China Girl」에 맞춰 서투르게 춤추던 12세 소년도 사라진다. 프레디 머큐리, 마이클 잭슨, 휘트니 휴스턴의 죽음 이후, 이 소년에게는 이제 남은 게 많지 않다. 음악에는 이러한 마법의 힘이 있다. 음악은 우리의 정서적 떨림, 특히 우리가 감정들에 쉽게 사로잡히는 시기에 격렬했던 정서적 떨림을 떠오르게 한다. 시간이 지나면서 이 모든 것은 차분히 가라앉는다. 우리 삶 전체를 울릴 가장 강렬한 감정들은 사실 우리가 젊은 시절에 느꼈던 서투르고 불안정한 감정들이다.

한 가수가 죽으면 흔히들 〈그의 노래는 영원하다〉라고 말한다. 다른 예술가들의 죽음 앞에서도 〈그의 소설은 영원하다〉, 〈그의 영화는 영원하다〉라고도 한다. 그러나 그럴 가능성은 극히 희박하다. 기록보관소에는 몇 년 후 우리 기억에서 완전히 사라진 예술가들이 가득하다. 그러니 알려진 작품 하나 없는 익명의 사람들이야 말할 것도 없다. 생명이 꺼지고 나면, 인생에서 남는 것은 거의 없다. 살아 있는 자들이 나눌 단편적 기억들도 시간이 지나면 이내 사라질 것이다. 흔적을 남기는 인간은 그리 많지 않다. 어떤 발견으로 세상을 바꾼 몇몇 과학자나 철학자, 통찰력으로 인류를 움직이는 몇몇 투쟁가, 그 외에는? 오늘날 현안에 매일 오르내리고, 잡지 표지를 장식하는 대부분의 사람은 내일이면 바뀌고, 모레면 기억에서 영원히 사라질 것이다.

인간은 이에 관해 수천 년 동안 고심했지만, 존재의 목표는 항상 우리를 완전히 비껴간다. 고작 60년, 70년 또는 80년 동안 초대받은 인간으로, 매일 의식을 높이지만 결국은 불 꺼진 텅 빈 공간에 자신을 남겨 두고 떠나야 한다는 것이 애석하지 않은가? 그렇게 많은 책을 읽고, 교훈을 얻고, 슬픔을 이겨내고 얻은 영광이 결국 한순간에 무로 돌아간다. 존재하던 내가 더 이상 존재하지 않는다. 순식간에 우리 기억의 정보 수백만 개가 사라진다. 그렇다면 무슨 소용이 있을까?

우리 삶에 내재한 부조리는 몇 가지 사례들로 더욱 두드러진다. 지구에 착륙할 외계인이 좌절할 법도 하다. 외계인들은 계층구조의 상위에 있는 지구인들이 연기하고, 노래 부르고, 공을 차는 이유를 이해할 수 있을까? 내 말에 오해가 없기를 바란다. 이 책에서 여러 번 말했듯이, 나는 예술가들을 깊이 존중한다. 그들은 우리의 지성과 건강에 없어서는 안 된다. 게다가 나는 민주주의가 특히 예술의 자유로 평가된다고 생각한다. 그러나 연출에 따라 우는 연기를 잘하거나, 웃기거나, 정확하게 따라 부르는 재능을 가진 인간이 특별한 지위를 누려야 한다는 데에는 동의하기 어렵다.

예술과 마찬가지로 스포츠 또한 내 일상에서 중요하다. 나는 신체와 공간을 활용할 필수 활동을 비난할 생각이 전혀 없다. 다만 몇몇 스포츠 종목과 그에 대한 숭배에 대해 의문을 제기할 뿐이다. 육상 종목을 말하는 건 아니다. 육상은 내가 보기에 가장 건

전한 운동이며, 가장 철학적이다. 100미터 경주부터 마라톤, 멀리 뛰기를 포함한 대부분의 육상 경기는 인간으로서의 한계와 이를 극복하는 능력을 요구한다. 수영이나 사이클, 조정과 같은 강도 높은 지구력 운동도 마찬가지다. 그리고 육상은 우사인 볼트와 같은 극히 예외적인 몇몇 경우를 제외하고, 챔피언을 백만장자로 만들지 않는다.

반면 축구, 테니스, 럭비 그리고 또 다른 장르인 자동차 경주를 둘러싼 전 세계적 열광은 그야말로 의문이다. 나는 이 모든 운동을 직접 즐기고, 다른 이들처럼 롤랑가로스와 윔블던을 항상 관심 있게 지켜본다. 그러나 테니스를 잠깐만 생각해 보면, 인위적인 직사각형 안에서 자연 어디에도 존재하지 않는 모양의 라켓을 각자 손에 쥐고, 두 명(혹은 네 명)이 네트 너머로 공을 주고받는 공연에 무슨 의미가 있는가? 수백만 관객의 눈이 작은 공을 따라가며 긴장하고, 땀 흘리고, 흥분하고, 분노하고, 운다. 반바지 차림의 사람들이 목적 없는 이 활동에 전념하고 거액의 돈을 번다. 그들은 자신의 삶에서 20년가량을 몇 평방미터의 코트에서, 잔디에서, 흙에서, 작은 고무 볼을 그물 반대편으로 보내는 데 쓴다. 그들은 몇 포인트에 그들의 삶을 건다. 서브, 발리, 풋폴트, 패싱샷, 로브. 들어 올리고, 꺾고, 살짝 넘긴다. 어깨의 근사한 움직임. 네트를 바라보고 평행하게 앞뒤로 왔다 갔다 하는 움직임은 좀 우스꽝스럽기도 하다.

난센스로 말하자면 축구가 단연 최고다. 22명의 사람들이(20명도 24명도 아닌) 공 하나를 좇아서 7.32미터 간격의 두 골대 사이로 공이 들어가게 하려고 모든 에너지를 쏟는다. 7미터도 아니고 7.32미터는 뭔가? 축구를 둘러싼 광적인 흥분은 솔직히 당혹스럽다. 축구를 하거나 경기를 보는 이들이 느끼는 즐거움을 이해하지 못하는 건 결코 아니다. 나 역시 멋진 경기 장면을 즐기고, 비록 드리블 실력은 형편없지만 종종 공을 차며 재미를 느낀다. 나는 놀이를 아주 좋아하지만 시합은 그리 즐기지 않는다. 여기서도 역시 문제는 정도를 벗어난 데 있다. 축구는 더 이상 기분 전환 스포츠가 아니다. 이미 오래전부터 종교, 국가, 우주, 사는 이유가 되었다.

축구는 언론의 헤드라인을 장식하고, 수많은 대화에 자리를 차지한다. 쇼펜하우어가 말한 절망은 지루한 이야기를 열정적으로 하는 축구 해설자들의 논쟁에서 단적으로 나타난다. 몇 시간 동안이나 장황하게 선수들의 전략, 컨디션, 심리, 선발, 잔디 상태, 셔츠 색깔, 기타 그들의 머리에 떠오르는 온갖 것들에 대해 논한다. 이런 지루하고 장황한 이야기에 라디오와 텔레비전이 매주 할애하는 시간만 도대체 몇 시간인가? 우리는 중앙아프리카 전쟁보다 레알 마드리드 감독의 이름에 더 관심이 있다. 왜 그런가? 아마도 우리가 무관심의 안온함을 선호하기 때문일 것이다. 그리고 무엇보다 우리가 운명의 무게에서 벗어나고자 하기 때문일 것이다. 물론 그 끝이 그다지 유쾌하진 않다. 보위의 죽음을 보니 그런 것 같다.

필과 슬라이, 성공의 슬픔

바람이 그녀의 얇은 드레스와 짧은 머리를 흔든다. 피아노 선율이 그녀의 얼굴 위로 잔잔히 흐른다. 레이철 워드Rachel Ward에 초점을 맞춘 카메라, 화면 밖에서 그녀를 향한 제프 브리지스Jeff Bridges의 시선. 고정된 화면에 그녀의 속눈썹, 숨결, 두 뺨에 흘러내리는 눈물이 고스란히 담긴다. 이때 필 콜린스Phil Collins의 목소리가 흘러 들어와 레이철의 마음을 대변한다. 〈어떻게 내가 당신을 떠나보낼 수 있나요? 어떻게 아무런 흔적도 없이 당신을 떠나보낼 수 있을까요……〉 몇 초가 길게 이어지지만, 그녀의 슬픈 시선은 그대로 멈춰 있다. 화면이 정지하고, 1분 6초 동안 엔딩 크레디트가 오른다. 테일러 핵포드Taylor Hackford 감독의 영화 「어게인스트Against All Odds」의 이 마지막 장면은 멜로 영화의 정수를 보여준다. 오늘날에는 다소 무미건조해 보일지도 모른다. 인간에게 가장 비극적인 고전적 주제인 미친 듯이 사랑하는 연인의 불가능한 행복. 레이철이 이 마지막 장면에서만큼 아름다웠던 적은 없었고, 콜린스는 이 장면을 위해 아름다운 곡을 만들었다.

콜린스는 80년대와 90년대 전 세계적으로 유망한 뮤지션이었다. 그가 솔로로 또는 그룹 제네시스로 발표하는 곡들은 연이어 히트를 쳤다. 공연은 늘 매진을 기록했고, 수천만 장의 앨범을 판매했다. 반항적 기질의 거친 뮤지션들과는 달리, 그는 달콤한 발라드와 온몸을 뒤흔드는 파괴력 사이에서 호소력 있는 팝을 선보였다. 인정받은 뮤지션, 사랑받고, 부유하고, 유명한 가수……. 콜린스는 삶에서 특권을 누렸다. 어떤 꿈이든 이룰 수 있고, 인간의 가능성을 최대한 발휘하며, 행복한 삶을 누리는 사람들에 속했다. 하지만 2011년, 60세의 나이에 진행한 인터뷰에서는 그의 우울함이 엿보인다. 그는 쇼 비즈니스와 완전히 거리를 두고 싶으며, 자신의 국제적 명성에 대해 유감이라고 말한다. 〈내가 그만큼의 성공을 거둔 것은 유감이다. 솔직히, 나는 그렇게 되기를 바라지 않았다. 사람들이 결국 나를 싫어하게 된 것은 그리 놀랍지 않다.〉 게다가 『롤링 스톤Rolling Stone』에서 이미 자살에 대해서도 생각해 봤다고 말한다. 〈60년대에 자살한 한 코미디언은《너무 많은 일이 대부분 잘못되었다》라는 말을 남겼다. 나는 이것을 종종 생각한다.〉 콜린스는 그가 얻은 명성으로 인해 그가 잃은 부분을 견디지 못해 하는 것 같다. 〈나는 각본 속의 필 콜린스라는 인물을 지우려는 생각을 종종 한다. 홀연히 사라지거나, 평범한 호텔 방에서 살해된다. 사람들은 그에게 무슨 일이 일어났는지 궁금해 할 것이다. 사람들은 그가 살해당했다고 말하고는, 다시 자신들의 삶을 살아갈 것이다.〉

80년대의 또 다른 세계적 스타가 최근 비슷한 발언을 했다. 영화배우이자 감독인 실베스터 스텔론Sylvester Stallone. 그의 영화 중 몇 편은 꽤 괜찮았다. 「록키Rocky」와 「람보Rambo」는 남성적이고 애국적인 스토리로 그를 10여 년 동안 정상의 자리에 서게 했다. 수백만 명의 십 대들의 방에는 그의 포스터가 걸렸고, 그의 우람한 팔뚝은 체육관 등록자 수를 늘리는 데 기여하기도 했다. 물론 슬라이Sly*는 활동에 기복이 있었고, 2012년 아들의 죽음을 포함하여 개인적 시련도 겪었다. 그럼에도 70세가 된 배우(그렇다, 전혀

---

* 실베스터의 애칭이다 — 옮긴이주.

그렇게 보이지 않지만 그는 1946년생이다)로, 가난했던 어린 시절을 극복하고 미국의 아이콘이 되었으니, 그가 자신의 인생에 스스로 만족해 할 거라 생각할 것이다. 하지만 그렇지가 않다. 그는 2015년 〈내 모든 성공에도 불구하고, 나는 내 삶의 96퍼센트는 실패라고 생각한다〉고 말했다. 〈내 이야기를 다시 쓴다면, 엄청난 시간이 걸릴 것이다. 나는 내 사생활을 다르게 관리했어야 한다고 생각한다. 결혼으로 신나고 활력 있는 관계를 맺을 수 있다고 생각했지만, 곧 그야말로 전쟁이라는 사실을 깨달았다! 직업적으로는, 좀 더 다양한 선택을 하지 않았던 것에 대해 후회한다. 내가 할 수 있는 것을 더 많이 보여 줄 수 있었는데 말이다.〉

성공도, 돈도, 명성도 삶에 찾아오는 우울함을 막지 못한다. 오히려 이러한 선물들이 불행을 초래할 수도 있다. 자살한 스타들, 우울증을 앓는 부호들, 신경안정제에 기댄 주주들, 마약에 빠진 브로커들이 얼마나 많은가? 자아와 예민한 감수성의 희생자인 예술가들의 운명과 본질적으로 돈의 힘에 이끌린 재력가들의 운명을 비교하는 것이 부적절해 보일 수 있다. 그러나 한 가지 분명한 사실은 우리 문명의 죄악 가운데 하나는 바로 행복에 대한 생각을 왜곡했다는 것이다.

행복은 살 수 있는 게 아니다

행복은 아마도 지구상에 가장 흔하지 않은 감정일 것이다. 삶은 무겁고, 발걸음은 고되고, 머리는 아득하다. 배우고, 일하고, 사랑하기 위해 고군분투해야 한다. 주위에서 들리는 하소연과 불만, 신문과 문자 메시지의 한탄, 대화는 불만과 짜증, 사소한 다툼들로 가득 차 있다. 노래와 영화에서는 이것만을 다룬다. 우리는 행복을 쌓지 않고, 불행을 해체한다. 어떻게든 발버둥 친다. 정신과 상담실은 환자로 차고 넘치고, 사람들은 아침저녁으로 약을 먹는다. 몇 년 전 가수 다랑Daran은 이렇게 노래했다. 〈제대로 돌아가는 게 하나도 없는 것만 빼면, 다 괜찮아.〉

아리스토텔레스는 〈현자는 즐거움보다 고통이 없기를 바란다〉고 썼고, 쇼펜하우어는 행복은 우선 불행에서 멀어지는 것으로 규정된다고 했다. 그는 삶은 고통과 권태 사이를 끊임없이 오간다고 말한다. 〈외면적 세계에서는 궁핍과 부족함이 고통을 주는 반면, 내면적 세계에서는 안전과 풍요가 권태를 야기한다. 가난한 사람들이 고통과 싸우고 있을 때, 부자들은 권태와 씨름한다.〉

쇼펜하우어는 행복의 〈소극적 성격〉과 불행의 〈적극적 성격〉을 구별했다. 사실 우리가 불행하다고 느끼거나 물리적 상처로 고통받을 때, 우리 몸은 이를 즉각 인지한다. 통증, 불편, 불쾌감이 나타나고, 이 증상들은 고통이 해소되지 않는 한 지속된다. 반면, 행복은 우리에게 즉각 알리거나 지속되는 어떤 신호도 보이지 않는다. 행복이 우리에게 강렬한 기쁨을 안겨 주는 것은 분명하지만, 이는 일시적이다. 우리가 〈좋다〉 또는 〈행복하다〉고 느끼는 순간은 몇 초, 몇 분 또는 몇 시간밖에 지속되지 않는다. 따라서 행복은 눈에 띄지 않게 지나가고, 우리는 행복이 사라지고 나서야 비로소 우리 곁에 있었다는 사실을 깨닫는다. 당시에는 미흡하다고 여겼던 순간들이 돌아보면 그리울 때가 얼마나 많은가? 작가 미셸 투르니에Michel Tournier는 인생의 말년에 이르러 〈내 삶의 지난날을 돌이켜 볼 때, 마땅히 기울였어야 할 관심을 제대로 기울이지 못했던 것에 대한 회상과 아쉬움에 사로잡힌다〉며 후회했다.

또한 행복은 상당히 주관적인 개념이다. 행복은 이를 느끼는 사람의 감수성에 따라 달라지기 때문이다. 같은 상황에서, 같은 물질적·심리적 조건을 두고도 두 사람이 똑같이 반응하지는 않는다. 시골에 사는 걸 좋아하는 사람이 있고, 도시에 사는 걸 좋아하는 사람이 있다. 운동 경기에서 강렬한 쾌감을 느끼는 사람이 있는 반면, 이를 벌칙으로 여기는 사람도 있다. 금융권에서 일하며 두둑한 급여를 받는 것에 만족하는 사람이 있고, 이러한 삶을 견디지 못하고 소소한 월급에 병원에서 환자를 돌보는 일에 보람을 느끼는 사람이 있다. 고독을 즐기는 사람이 있고, 고독을 두려워하는 사람이 있다. 자녀가 없는 삶은 상상할 수 없는 사람이 있고, 부모가 되기를 조금도 원치 않거나 아예 관심이 없는 사람도 있다. 쇼펜하우어는 이를 다음과 같이 표현한다. 〈같은 상황뿐만 아니라 같은 사건도 각자에게 전혀 다른 영향을 미치고, 같은 환경에 처해 있더라도 각자 서로 다른 세상에 산다. 왜냐하면 모두에게는 고유한 인식, 감각 그리고 의지의 운동이 있기 때문이다. 외적 사안들은 그것이 이와 같은 내적 현상들의 원인이 되는 한에서만 영향을 미칠 뿐이다. 각자가 사는 세계는 이를 어떻게 이해하느냐에 달려 있고, 그 방식은 각자 저마다 다르다. 지성의 성격에 따라, 세계는 초라하고 따분하고 평범하거나, 풍요롭고 흥미

있고 중요해 보일 것이다.〉

또한 우리의 생각이 달라지기도 한다. 예전에는 도시에서 행복했지만, 지금은 시골에서 내 집 같은 편안함을 느낀다. 다른 사례도 있다. 일을 사랑했지만, 이제 싫증 나서 직업을 바꾸고 싶다. 한여인을 사랑했지만, 사랑이 식어 버린다. 이러한 욕구의 다양성은 일단 환영받을 만하다. 모두가 같은 시간에 같은 것을 원한다면, 공존은 더욱 어려워지고 경쟁은 치열해지기 때문이다.

행복이 고통의 부재라면, 결핍을 채움으로써 행복해진다는 것은 말이 된다. 배고픔은 음식물의 결핍이고, 갈증은 물 부족이고, 외로움은 사랑이나 우정의 결여고, 부끄러움은 자신감 부족, 권태는 관심사의 결여다. 행복해지는 것은 욕구나 욕망을 충족시키는 데 있다. 그러나 쇼펜하우어의 말처럼 행복의 상태는 일시적이다. 모든 욕망은 일단 충족되고 나면 곧 새로운 욕망으로 대체된다. 우리를 욕구 불만 상태에 빠뜨리는 욕망의 출현을 최대한 제한하는 것이야말로 지혜로운 길임을 안다면, 진실에서 멀어져서는 안된다. 완전한 금욕주의가 아니라, 우리 각자의 욕망에 의문을 제기해 보는 것이다. 우리의 욕망이 동경받을 만한 것인지 아닌지 평가하기 위해서 말이다. 디렉터의 자리, 부드러운 모래사장에서의 휴가, 대형차, 거실의 대형 스크린, 자녀를 원하는 것은 모두 가치가 다른 동기들이다. 자본주의는 인간의 물욕과 쾌락에 대한 성향 위에 발전한다. 모든 인간에게 필수인 생물학적 필요 외에, 자본주의는 광고를 통해 소비를 조장하여 인위적인 욕망을 만들어낸다. 최신 모델의 스마트폰, 평면 스크린, 고성능 자동차, 새로운 향수에 대한 욕망 등을 불러일으켜야 한다. 우리의 각성을 요구하는 것은 바로 이러한 욕망들이다.

물론 누가 봐도 상대적으로 행복에 더 유리한 조건들은 있다. 최저 임금이나 최저 생계비보다 넉넉한 급여, 알코올 중독에 거짓말을 일삼는 배우자보다는 매력적이고 진실한 배우자, 창피하고 우울한 직장보다는 보람 있고 성취감을 주는 일, 외곽 순환도로 옆에 우뚝 선 고층 아파트 17층의 작은 원룸보다는 조용한 동네의 넓은 단독 주택, 시든 화초가 놓인 작은 발코니보다는 과일나무와 장미 덩굴이 풍성한 정원……. 그렇다고 행복해지기 위해 과도한 것은 결코 필요하지 않다. 특정 소득 수준을 넘어서면, 개인의 행복은 더 이상 높아지지 않는다는 것을 보여 주는 다양한 연구들이 존재한다. 당신이 오랫동안 굶었다면, 어떤 한 끼 식사라도 당신에게 진수성찬으로 보일 것이다. 그러나 당신이 특별히 좋아하는 음식을 계속 먹는다면, 소화불량에 걸리고 말 것이다. 간디는 이를 다음과 같이 말한다. 〈문명은, 용어 본래의 의미로, 욕구를 증가시키는 데 있는 게 아니라, 욕구를 자발적으로 제한하는 데 있다. 이것이 진정한 행복을 경험하고 또 우리를 다른 이들에게 기꺼이 내어 줄 수 있는 유일한 방법이다. (……) 최소한의 안녕과 편의는 필요하다. 그러나 그 한계를 넘어서면, 우리에게 도움이 되었던 것은 고통의 근원이 된다.〉

생명 유지에 필수적인 욕구를 넘어선 소유는 인간을 행복하게 하지 않는다. 일생을 건 사랑에 버림받은 이에게 BMW i8, 플레이스테이션4, 197센티미터 3D 입체 곡면 스크린, 아이폰 6S를 선물해 보라. 그가 단단히 이성을 잃은 게 아니고서야, 그다지 큰 위로가 되지 못할 것이다.

그렇다면 돈을 모으고, 수많은 물건을 쌓아 두는 데 돈을 쓰는 것에서 우리는 어떤 즐거움을 느끼는가? 몇 가지 설명이 가능하다. 먼저 안식처를 마련하고자 하는 욕망이 있다. 자신의 집을 소유한 사람은 임대한 사람보다 거리에 나앉을 가능성이 덜하니 말이다. 사물의 미학적 즐거움도 있다. 인간의 자연스러운 감각의 추구로서, 아름다움이 구현된 사물에서 우리는 정신적 위안을 얻기도 한다. 그러나 우리가 구입하는 재화들은, 그것이 생명의 본질적 필요에 부응하는 것이 아닌 이상, 두 가지 기능이 있다. 즉, 우리를 사회적으로 존재하게 하고, 일상의 공허함에서 우리를 위로한다. 영국 경제학자 팀 잭슨Tim Jackson은 물질적 재화의 상징적 역할에 대해 〈재화의 언어는 인간에게 사회적 지위, 정체성, 서열 관계를 가장 명확하게 제시해 주며, 선물 교환으로 감정을 표현하도록 해주기도 한다〉라고 말한다. 이러한 맥락에서, 신상품의 역할은 중요하다. 〈소비자의 끊임없는 욕망은 기업가의 끊임없는 혁신에 대한 완벽한 보완이다. 함께, 서로를 강화하는 이 두 메커니즘은 성장을 촉진하기 위해 전적으로 필요하다.〉 문제는 잭슨에 따르면 이 새로움에 대한 끊임없는 욕망은 모두에게 불안의 근원이 되기도 한다는 사실이다. 기업은 〈혁신하거나 망할〉 수밖에 없고, 개인들은 〈사회적 비교를 당할 처지에 놓이기〉 때문이다. 경제 자체는 끊임없는 과열 상태에 있다. 경제가 무너지지 않기 위해서는 지속적인 성장이 필요하고 어떻게든 생산해야 하기 때문이다.

쇼펜하우어는 이 장과 이 책의 다른 장에 여러 번 등장한다. 그 이유는 간단하다. 그의 지성과 지혜에 대단한 현재성이 있기 때문이다. 그는 다른 많은 사람보다 앞서 살아 있는 존재의 복잡성을 이해했고, 반종차별주의의 선구자로 인정받으며, 또한 인간 사회에 대한 탁월한 통찰력을 보여 준다. 까칠한 정통 인본주의자, 동물과 억압받는 자들에 대한 꾸준한 옹호자. 그는 우리가 잠들기 전 마음과 정신을 가다듬기 위해 읽을 만한 글을 다양하게 썼다. 행복과 부에 대해서는 「기본적 분류」 장에서 다루고 있다. 그는 〈인간을 이루는 것〉, 〈인간이 소유한 것〉, 〈인간이 남에게 드러나 보이는 것〉의 차이를 다음과 같이 기술한다.

(……) 인간의 운명을 구별하는 것은 기본적인 세 가지 조건으로 귀착된다. 이는 다음과 같다.

첫째, 인간을 이루는 것, 즉 가장 넓은 의미에서의 인격을 말하는 것으로, 여기에는 건강, 힘, 아름다움, 기질, 도덕적 성품, 예지가 포함된다.

둘째, 인간이 소유한 것, 즉 재산과 모든 종류의 소유물을 의미한다.

셋째, 인간이 남에게 드러나 보이는 것, 즉 사람들이 어떤 개인을 표상하는 방식을 말하며, 결과적으로 그가 사람들의 표상 속에서 어떠한가를 의미한다. 따라서 주체에 대한 타인의 견해를 말하는 것으로, 이는 명예, 지위, 명성으로 나뉜다.

(……) 위대한 정신이나 관대한 마음과 같은 진정한 개인적 자질이, 지위, 출신, 왕족, 부나 다른 모든 자질에 대한 것은, 진짜 왕이 꾸며낸

왕에 대한 것이다. (……) 우리의 행복은 우리를 이루는 것, 즉 우리의 인격에 달려 있는데도, 대부분은 우리가 소유한 것이나 우리가 남에게 드러나 보이는 것만을 고려한다. (……) 건강은 모든 것 이상으로 외적 재산보다 중요하기에, 실제로 건강한 걸인이 병든 왕보다 더 행복하다. (……) 한 인간이 자기 자신으로 존재하는 것, 고독 속에 그를 동반하는 것, 아무도 그에게 줄 수도 그에게서 빼앗을 수도 없는 것은, 그가 소유한 것이나 그가 다른 사람들의 눈에 어떠한지보다 분명 그에게 훨씬 중요하다. 기지 있는 사람은 절대적 고독 속에서도 자신의 고유한 생각과 유쾌하게 즐길 줄 아는 자신만의 상상력 속에 머문다. 반면 아둔한 사람은 축제, 공연, 산책과 오락을 끊임없이 바꿔 봐도, 그를 괴롭히는 권태에서 벗어나지 못할 것이다. (……) 그러므로 인생의 행복에서 가장 중요한 첫 번째 조건은 우리를 이루는 것, 바로 우리의 인격이다. (……) 인격은 다른 두 범주의 재산처럼 우연에 좌우되지 않으며, 우리에게서 빼앗을 수 없다. 이런 의미에서, 인격의 가치는 절대적인 것으로 받아들여질 수 있고, 반면 다른 두 가지 조건은 상대적 가치만을 지닌다.

쇼펜하우어, 『삶의 지혜에 관한 격언 Aphorismen zur Lebensweisheit』

소유는 우리를 노예로 만든다. 우리가 매달 대출을 갚아야 하는 비싼 아파트는 우리의 안식처로 보이지만, 실제로는 감옥이다. 그곳에 살기 위해 우리가 지불해야 하는 의무들은 족쇄다. 필수적이지 않은 재산은 우리에게 타협과 복종을 강요한다. 생활 수준이나 사회적 지위를 유지하기 위해 우리는 이상을 저버린다. 그렇다면 빚을 지거나 재정적 의무를 만들기 전에 항상 스스로에게 물어

봐야 할 것이다. 과연 정말로 필요한가?

저항하기

가장 중요한 철학적 교훈이 때로는 몇 마디 노래 가사에 담기기도 한다. 미셸 베르제Michel Berger의 간단하면서도 강렬한 후렴구는 오랫동안 내 머릿속에 남아 있다. 〈저항해, 네가 존재한다는 걸 증명해.〉 저항하는 것, 이는 삶에 의미를 부여한다. 알베르 카뮈는 삶의 의미라는 〈가장 절박한 질문〉을 『시지프의 신화Le Mythe de Sisyphe』에서 우리를 구속하는 지독한 덫으로 묘사한다. 매일 아침, 잠에서 깨어 똑같은 지하철을 타고, 똑같은 사무실 또는 공장에서, 똑같은 작업을 반복하고, 똑같은 시간에 점심 식사를 하고, 다시 똑같은 지하철을 타고, 똑같은 저녁 식사를 한다. 이는 일주일에 5일씩, 35년에서 40년 동안 지속된다. 〈어느 날 문득, 《왜》라는 의문이 생겨나고, 놀라움이 동반된 권태의 느낌 속에서 모든 일이 시작된다.〉 카뮈는 여기에서 많은 사람이 언젠가 알아차리는 감정에 대해 말한다. 우리가 오랫동안 당연하게 받아들였던 것들에 대해 문제를 제기하게 하는 갑작스러운 거부 반응. 자연스러워 보였던 것이 끔찍해진다. 지긋지긋하다. 그러나 이 갑작스러운 싫증은 절망이 아니라 오히려 구원의 손짓이다. 이는 변화를 일으키는 〈의식의 움직임〉이기 때문이다. 카뮈는 〈모든 것은 의식에서 시작하고 어떤 것도 그에 견줄 만한 게 없다〉고 말한다.

이제 두 가지 선택지가 있다. 기계적인 삶으로 되돌아가거나,

결정적 자각에 눈을 뜨거나. 후자는 반항을 동반하고, 이는 우리를 고독(그리고 이기주의)에서 끌어내어 집단적 모험에 발 담게 한다. 〈나는 반항한다. 고로 나는 존재한다.〉

반항은 자유에 대한 의식의 자각이다. 무질서하거나 목적 없는 반항도, 아무도 불편하게 하지 않는 가짜 반항도 아닌, 모든 형태의 폭력과 억압에 대항하는 비타협적인 저항이다. 투쟁은 상호 보완적으로 보이는 두 가지 차원에서 전개될 수 있다. 먼저 개인적 차원(각자는 자신의 자유를 획득해야 한다)에서, 그리고 타자를 위한 차원(개별 운명을 넘어서는 투쟁에 참여하는 것을 말한다)에서 전개된다. 인류는 **저항한 자들의 발걸음**에 의해서만 아름다워졌다. 장 자크 루소, 빅토르 위고, 루이즈 미셸, 빅토르 쇨쇠르, 마하트마 간디, 마틴 루터 킹, 아베 피에르, 넬슨 만델라, 그리고 그들만의 방식으로 저항한 장마르크 레제, 르노, 데이비드 보위.

물론 우리의 한계를 벗어난 제약들이 존재하지만, 그럼에도 각자는 세계의 상태에 대해 일부 책임이 있다. 모든 시민은 투표용지 이상의 영향력이 있다. 이는 바로 저항할 수 있는 힘이다. 타협을 거부하고, 이상이나 약속을 배반하기를 거부하고, 자신의 신념에 반해 행동하기를 거부하고, 아니라고 말하기. 저항하기. 대다수가 이렇게 양심의 자유와 행동의 자유를 따른다면, 그 힘은 가공할 만한 위력을 가질 것이다. 그러나 이를 피할 이유들은 항상 차고 넘친다. 돈을 많이 벌고, 승진하고, 인기를 누리고, 다양한 물질적 편의를 누리며 편한 삶을 살기 위해 또는 단지 귀찮은 일을 피하기 위해……

우리는 일상에서 정직, 용기, 성실, 관대함이 필요한 상황에 직면한다. 뇌물을 받을지 말지와 같은 상황에 처하는 것뿐만이 아니다. 대부분은 훨씬 더 평범하지만, 그렇다고 덜 중요한 것은 아니다. 대형마트 주차장에서 손수레로 남의 차를 긁었을 때, 당신은 어떻게 하겠는가? 당신의 전화번호와 함께 메모를 남기겠는가 아니면 누군가에게 들키기 전에 얼른 도망치겠는가? 20년 동안 파리에 살면서 내 차는 족히 열다섯 번은 들이받혔지만, 한 번도 메모지 한 장 발견한 적이 없다. 혹은 당신이 친구와 같은 자리를 두고 경쟁한다면, 그 자리를 얻기 위해 친구를 배반할 준비가 되었는가? 혹은 당신이 동의하지 않는 가치를 내건 회사를 위해 일할 준비가 되었는가?

물론 우리에게는 〈선택의 여지가 없게〉 보이는 수많은 상황이 존재한다. 우리는 먹고살아야 하기 때문에 어떤 일은 받아들이고 어떤 부당함에 대해서는 눈을 감는다. 생계를 책임질 가족이 있고, 빚을 갚아야 할 아파트도 있고, 아이들 교육도 시켜야 하고, 위자료를 지불해야 하거나 어느 정도의 생활 수준은 유지해야 한다. 이유는 충분히 이해된다. 하지만 따져 보자. 문제는 우리의 물질적 필요가 적으면 적을수록 자유는 커진다는 사실이다. 재정적 의존도를 최대한 줄이며 사는 사람은 스스로에게 자유라는 선물을 준다. 그는 빚을 감당하느라 허덕일 필요가 없다. 가진 게 없는 자, 가장 자유로운 인간이다. 그는 두려울 게 없다.

나는 각자가 즉각적인 사익 대신 상위 가치에 따라 행동한다면 세상은 좀 더 나아질 거라 굳게 믿는다. 약탈적 기회주의로 인해 세상이 타락하지는 않을 테니 말이다. 우리 모두, 아니 거의 대부분은 다른 인간을 짓밟고 최고의 자리를 차지할 준비가 되어 있다.

프리드리히 헤겔Friedrich Hegel은 두 존재 사이의 관계는 둘 중 하나가 다른 하나를 지배하는 것으로 끝난다고 했다. 이는 주인-노예 관계다. 주인은 노예가 체념하고 받아들인다는 동의를 받아야 한다. 헤겔에 따르면 노예는 죽음을 두려워하는 자, 자유보다는 목숨을 택하는 자다. 이에 관한 논의에는 수 페이지가 필요하고, 복잡한 헤겔 철학에서 합의된 결론이 없기에, 여기서는 더 이상 다루지 않겠다. 하지만 부당한 권위에 대한 모든 형태의 복종은 포기를 의미하고, 이러한 포기는 두려움에 기대고 있다는 사실은 짚고 넘어가야 한다. 노예의 자리를 반항 없이 견디는 자는 그에게 자유보다 중요한 잃어버릴 무언가가 있다는 것이다. 때로는 목숨 그 자체일 수 있지만, 대부분은 안위나 사회적 지위다. 16세기 에티엔 드 라 보에티Étienne de la Boétie는 『자발적 복종Discours de la servitude volontaire』에서 민중이 폭군에게 복종하는 것을 받아들이는 이유에 대해 이미 질문을 던지고 있다. 그는 모든 사람이 각자 자신의 자유를 포기한 데 대한 책임이 있다고 말한다. 그는 그 형태가 어떠하든지 간에 국가 권력은 민중의 협조에 기댄다고 한다. 만약 민중이 복종하기를 거부한다면 권력은 무너질 것이다.

크로포트킨은 재조명되어야 할 사상가다. 예를 들어, 1889년 집필된 『아나키스트 윤리』는 모든 장이 꼼꼼히 살펴볼 만한 걸작이다. 강렬한 울림을 주는 몇 구절을 인용해 보자. 〈당신이 불의를 보고 알아차리면 — 삶에서의 불공정함, 학문에서의 거짓말, 타인에 의해 강요된 고통 — 불의, 거짓, 부당함에 맞서 저항하라! 싸워라! 투쟁은 삶이고, 투쟁이 치열할수록 삶은 더욱 강렬할 것이다. (……) 모두가 이러한 풍요로 가득 찬 삶을 살도록 투쟁하고, 당신이 이 투쟁에서 발견하는 기쁨이 너무나 커서 그 어떤 다른 활동에서도 그와 같은 기쁨을 찾을 수 없으리라는 확신을 가져라. 이것이 윤리학이 당신에게 말할 수 있는 모든 것이다. 선택은 당신에게 달려 있다.〉 크로포트킨은 이와 같은 투쟁의 모든 〈선구자〉, 〈영웅〉, 〈대담한 사람〉과 〈헌신과 숭고한 희생〉에 경의를 표한다. 그는 또한 이들을 〈역사가 우리에게 그들의 이름조차 전하지 못한 (……) 잃어버린 파수꾼들〉이라 부른다. 그들은 진정한 혁명가들이고, 모든 위험을 무릅쓰고 운동을 시작한 사람들이다.

단순히 혁명에 참여한다고 해서 혁명가가 되는 것은 아니다. 이미 널리 시작된 운동에 참여하는 것은 결국 자신의 진영을 선택해 따라가는 자에 불과하다. 물론 그렇다고 문제 될 것은 전혀 없다. 대부분은 이렇게 진행된다. 그러나 진정한 혁명가는 자신의 안위를 유지하는 것보다 그에게 더 중요한 가치를 지키기 위해 홀로 온갖 공격 세례를 받는 자다. 이들은 명성이나 권한을 염두에 두지 않는 익명의 사람들이다. 그중에는 오늘날 내부 고발자로 알려진 이렌 프라숑Irène Frachon이나 에드워드 스노든Edward Snowden 같은 사람들도 있다. 또한 자신의 여유 시간 또는 삶을 바치는 시민 단체의 용기 있는 활동가들도 있다. 브리지트 고티에르Brigitte Gothière와 세바스티앙 아르삭Sébastien Arsac은 둘 다 교사직을 내려놓고, 자신들의 평화주의적·인간주의적·동물주의적 사상을 지키는 데 전념한 이들로, 이들의 활동은 L214의 창설로 이어졌다. 이 책에서 여러 번 언급된 이 단체는 동물권리보호협회로, 공장식 밀집 사육장, 푸아그라 제조, 도살장 실태 조사를 통해 널리 알려졌다. 브리지트와 세바스티앙은 부양해야 할 두 자녀를 둔 부모다. 몇 년 동안 그들은 아주 간소하게 살았고, 때로는 여기저기에서 무료로 숙식을 제공받기도 했다. 그들은 이러한 삶을 받아들였다. 자신들의 신념에 따라 행동할 때라야 비로소 삶이 의미가 있고, 최소한의 위험을 감수하지 않고는 사안을 진전시키지 못한다는 것을 깨달았기 때문이다. 이들은 사회적 야망을 실현하거나 자본을 축적하는 대신, 공동체의 행복을 위해 자신들의 삶을 헌신한다. 이들의 삶은 존경받아 마땅하다. 도살장 폐쇄나 모피 무역 종식을 외치기 위해 매년 수차례 거리에 나서는 수많은 익명의 사람도 그렇고, 투우 경기의 개최를 막기 위해 투우장으로 진입하여 경찰과 언론의 무관심 속에 투우 경기 애호가들에게 무자비하게 맞는 사람들도 마찬가지다.

1세기 전 크로포트킨은 『상호부조, 진화의 한 요인』에서 노동자 투쟁의 헌신적인 힘에 대해 썼다. 19세기의 노동자들은 집회, 결사, 파업이 금지되어 있었다. 투쟁에 나선 노동자들은 처벌받고, 해고되고, 폭행당했다. 다른 노동자들이 말을 잘 듣게끔 위협하기 위한 방법이었다. 노동조합과 결사 단체 설립에 관한 발데크 루소Waldeck Rousseau 법은 1884년에야 통과되었다. 오늘날 우리는 얼마나 많은 남성과 여성이 그들의 권리를 신장하기 위해 희생되고, 짓밟히고, 모욕당하고, 굶주리고, 길에 나앉는지 무심히 잊는다. 그들은 최소한의 월급을 보장해 주는 침묵 대신 저항의 목소리를 선택했고, 이로 인해 엄청난 대가를 치렀다. 오늘날에도 여전히 위험을 감수하는 노동조합원들이 있다. 그들은 대량 해고 사태에 처한 특정 산업 현장에서 처절하고 절박한 싸움을 이어 가지만, 도리어 징역형을 선고받는다. 많은 기업에서 노동조합 대변인들은 그들의 기능과 청렴함을 잊은 지 오래되었다. 애초에 대립된 시각을 가진 두 사람 사이를 중재하려면 타협은 필요하다. 그러나 소수에게 유리한 이익을 위해 협상의 주장을 배반하는 것은 올바른 타협이 아니다. 오늘날 노동조합의 불투명성에 대해 기술하는 조사들이 많지만, 여기서 이 문제를 더 이상 논하지는 않을 것이다. 자신의 생각을 관철시키는 문제는 비단 노동조합에만 관련되지는 않기 때문이다.

소로는 자신의 직업적 성공에 연연하지 않고, 모든 제도와 관행에 문제를 제기한 혁명가였다. 그는 1817년 매사추세츠 콩코드에서 태어났다. 노예제 폐지론자였으며, 현대 생태 운동의 선구자로 여겨진다. 그는 자신의 신념을 행동으로 옮긴 사상가이자 사회 통념을 흔든 혁명가였다. 살롱의 철학자들과는 달리, 그는 자신이 주장하는 것을 몸소 실천했다. 스스로 모범이라 자처하지도 않았다. 그는 자신이 생각하는 자유인의 길을 걸어갔을 뿐이다. 시민 불복종, 검소, 절제, 자연 존중, 내적 혁명, 충만한 고독……. 소로는 콩코드의 월든 호숫가에 작은 오두막을 세우고, 농사짓고 물고기를 잡으면서 자급자족하는 2년 2개월 동안의 삶을 『월든Walden』

에 기록했다.

내가 숲속으로 들어간 것은 인생을 의도적으로 살아 보기 위해서였다. 다시 말해서 인생의 본질적 행위들만을 직면해 보려는 것이었고, 인생이 가르치는 바를 내가 배울 수 있는지 알아보고자 했던 것이며, 그리하여 마침내 죽음을 맞이할 때 내가 헛된 삶을 살았다는 것을 깨닫는 일이 없도록 하기 위해서였다. (……) 태양, 바람, 비, 여름, 겨울 같은 자연의 형언할 수 없는 순수함과 관대함이 우리에게 영원한 건강과 환희를 부여해 준다! (……) 내가 어떻게 대지와 서로 이해하지 않을 수 있겠는가? 내 몸의 일부는 이파리이자 식물의 부식토가 아닌가?

소로는 그저 나무, 시냇물, 산책을 즐기는 데 그치지 않았다. 그는 부당한 정책을 이끄는 정부에 맞선 개인적 저항을 실천했다. 대학을 졸업한 소로는 교사 생활을 시작했지만, 콩코드 마을 학교에서 학생들을 체벌해야 하는 현실을 견딜 수 없어 불과 몇 주 만에 학교를 떠났다. 그 후 오랫동안 일자리를 찾지 못했다. 몇 년 후, 소로는 노예제를 인정하는 정부에 세금 내는 것을 거부하고, 멕시코에서의 전쟁을 지원하는 전쟁세를 내는 대신 감옥에 가는 것으로 항의한다. 그의 에세이 『시민 불복종 *Civil Disobedience*』은 톨스토이, 간디, 마틴 루터 킹 등 수많은 혁명가와 인권운동가에게 비폭력 저항에 대한 지대한 영향을 미쳤다.

소로에게 민주주의의 핵심은 정의와 진리다. 그러나 다수의 지지를 받은 정부라고 해도 정의와 진리를 보장하지는 않는다. 절대

다수가 그르고, 한 명이 옳을 수도 있기 때문이다. 소로가 보기에 혁명은 소심하고 겁 많은 다수가 아니라, 입법자에게 혁명을 맡겨서는 안 된다는 사명감으로 희생할 준비가 되어 있는 개인들의 과업이다. 따라서 소로는 내적 혁명을 요구하며, 이것만이 공동체의 혁신을 가져올 수 있다고 말한다. 〈우리는 먼저 인간이어야 하고, 그다음에 국민이어야 한다고 나는 생각한다. 법에 대한 존경심보다는 먼저 정의에 대한 존경심이 우선이다. 내가 채택해도 되는 유일한 나의 의무는, 내게 정의롭게 보이는 것에 따라 행하는 것이다.〉 간디도 이와 비슷한 생각을 표명한다. 〈나는 윤리가 모든 것의 기초이며 진리의 본질을 가지고 있다는 굳은 확신을 얻었다. 나는 또한 진리를 나의 유일한 목표로 삼았다.〉

소로는 순순히 법을 따르는 것이야말로 불의를 행하는 지름길이라고 생각했다. 법은 고분고분 따르는 사람들을 최악의 상황으로 몰고 갈 수 있다. 소로는 전쟁터로 향하는 병사들을 예로 들어, 자신들이 끔찍한 일에 가담한다는 것을 알면서도 의지나 이성에 반하는 상황에 떠밀려 가고 있다고 말한다. 소로는 도덕적 감각이나 판단력을 행사하지 않는 이들을 〈스스로를 나무, 흙, 돌 수준으로 자처한다〉고 말하며, 기계처럼 정부를 섬기는 영혼 없는 꼭두각시 인형이라 비판한다. 〈우리가 져야 할 책임은 저항하고, 비도덕적인 명령을 따르기를 거부하고, 무엇보다 우리의 말과 행동을 일치시키는 것이다.〉

우리는 작가 톨스토이에게서 시민 불복종과 정확히 같은 요구를 발견한다. 톨스토이는 소로를 읽고 감명받아 러시아어로 번역

했다. 비폭력 혁명의 지지자인 그는 대중 운동을 경계하며, 저항의 주요 무기로 불복종을 주장했다. 〈반란도, 정부나 정권의 변화도, 자유를 가져다주거나 폭력을 이길 수 있는 수단이 아니다. 자유로운 인간은 권력의 폭력적 제도들과 협력하기를 거부함으로써 권력의 기초를 무너뜨린다.〉

보이콧

소로와 톨스토이가 주장한 시민 불복종, 예컨대 우리가 정책을 지지하지 않는 정부에 세금을 납부하지 않아야 한다는 생각은 역사적·정치적 맥락에서 다시 고려되어야 한다. 그러나 일반 원칙은 여전히 유효하다.

현재 민주주의의 심각한 위기 상황에서 우리가 완전한 제도적 개혁을 이루기 전까지 각자 시민의 목소리를 낼 방법이 있다. 즉, 일상에서 우리가 내려야 하는 다양한 결정으로 우리의 의견을 표출하는 것이다. 우리는 하루에도 몇 번씩 무언가를 선택함으로써 인간으로서 그리고 시민으로서 신념과 요구를 정확히 표현할 수 있다. 소비하는 것, 이동 방식, 내가 하는 일, 그 일을 행하는 방식, 친구나 동료 들과의 관계, 이 모두가 나 자신을 윤리적으로 정의하는 방식이다. 물론 선택의 자유는 때로 제한되어 있다. 예를 들어, 직장이나 주거에는 경제적 제약이 따를 수밖에 없고 완전히 합의된 결정들이 방해하기도 한다. 〈**내가 하는 일이 정말 맘에 들지는 않지만, 그래도 먹고살아야 하니까!**〉라는 말을 얼마나 많이 듣는

가. 이러한 물질적 의무에도 정치적으로 올바른 개인으로서 자기를 실현할 수 있는 여지는 있다. 우리는 각자 내부에 구체화되길 바라는 저항의 형태가 있고, 실현할 수단도 있다. 그중 소비는 가장 확실한 방법이다. 보이콧은 강력한 민주적 무기다.

이 생각은 새로운 게 아니다. 1791년 영국에서는 노예제에 반대하며 서인도 제도에서 노예들이 수확한 사탕수수를 보이콧하는 대대적인 운동을 펼쳤다. 좀 더 최근에는 1995년 그린피스가 펼친 석유회사 셸에 대한 불매 운동을 들 수 있다. 1995년 셸은 사용이 중단된 석유 시추대 〈브렌트 스파Brent Spar〉를 지상에서 해체하는 대신, 돈을 덜 쓰기 위해 북해에 수장해서 폐기하려고 했다. 그린피스는 시추대 내부에 5,000톤의 석유가 남아 있다는 사실을 여론에 알리며 심각한 오염의 위험성을 즉각 고발했고, 셸은 이를 부인했다. 유럽에서 전개된 그린피스의 반대 운동으로 여론은 악화되었고, 독일에서는 며칠 만에 주유소가 20~50퍼센트의 고객을 잃는 등 곧바로 효과가 나타났다. 셸은 시추대 수장 폐기 계획을 철회했다. 석유 시추대가 지상에 도착했을 때, 셸의 말대로 내용물은 완전히 비워 있었다. 어쨌든 그린피스는 환경적 결과를 거의 고려하지 않고 결정을 내리는 굴지의 석유 회사가 결정을 바꾸도록 하는 데 성공했고, 오늘날 석유 시추대의 수장 폐기는 금지되었다.

우리 사회에서 소비자의 지위는 시민의 지위에 우선하기에 구매 행위 하나하나를 투표용지화 하는 일은 우리에게 달렸다. 이 생각은 여러 방식으로 확장될 수 있다. 관광객의 편의를 위해 지역 주민이 피해를 보는 곳으로 휴가를 떠나지 않거나, 자동차를 더 이상 몰지 않거나, 자원을 낭비하지 않거나, 단순히 더 성능이 좋다는 이유로 신형 텔레비전으로 바꾸지 않거나…… 동물의 고통을 불러일으키는 제품을 사지 않는 것 또한 중요한 정치적 행위다. 채식주의와 비거니즘은 이를 주장하는 사람들에게 그들의 정치적 힘을 느끼게 해준다.

반종차별주의는 서구 사회에서 오늘날 유일한 대규모 시민 불복종이다. 평화적 저항으로 체제를 흔들 수 있는 구체적이고 현실적인 운동이다. 〈**고기를 먹으라. 더 많이 소비하라. 동물을 착취하라. 오늘날 이와 같은 명령에 당신은 선택의 여지가 없다.**〉 육류 및 동물성 제품은 태어날 때부터 우리 삶을 따라다닌다. 광고는 우리에게 끊임없이 육류 및 동물성 제품을 권유하며, 〈전통〉 프랑스 요리에는 반드시 고기가 들어가야 한다고 주장한다. 고기는 이제 세속주의의 표지로 수단화되었다. 진정한 프랑스인이라면 스테이크와 햄을 먹어야 한다! 2015년 3월, 샬롱쉬르손의 대중운동연합UMP 시장 질 플라트레Gilles Platret는, 30년 전부터 학교 급식에서 돼지고기가 제공될 때 함께 나오는 대체 식단을 중단하기로 결정했다. 사르코지도 〈당신의 자녀가 종교적 식습관을 갖길 원한다면, 사립 종교 교육기관에 보내십시오!〉라고 말했다. 종교적 차원에서 돼지고기를 먹지 않는 것과 달리, 채식주의와 비거니즘은 맹목적 믿음에 따른 행위가 아니다. 이는 윤리적 선택 또는 건강상의 이유에서 내린 결정이다. 육류도, 유제품도 먹지 않을 자유는 민주주의의 기본적 자유다. 국가가 운영하는 학교 급식에서 동물성 단백질을 강제하는 것은 독재적 관행이다. 더구나 고기를 원치 않는 사람들이 점점 더 늘고 있는데 정부가 나서서 고기 소비를 강요해서는 안 된다. 학교 급식에서 제공되는 식사의 〈영양가〉에 관한 2011년 9월 30일 법령은 주요리에 동물성 단백질(육류, 생선, 치즈, 달걀)과 추가로 유제품을 반드시 포함하도록 규정하고 있다. 채식이나 비건 대안은 고려되지 않는다. 다행히 일부 시장들이 앞장서 이를 주도하고 있지만, 여전히 의무사항은 아니다. 마찬가지로 프랑스 식당에서 고기가 포함되지 않은 요리를 먼저 제안하는 경우는 거의 찾아보기 힘들다.

저항하라! 포기하지 마라! 당신이 식사 비용을 낼 때마다, 동물성 단백질 없는 균형 잡힌 식사를 제공하라고 요구하라. 요리사에게 해결책을 찾으라고 요청하고, 청원서를 작성하고, 접시 위에 강요된 죽음에 맞서 들고 일어서라. 당신이 친구 집에 초대받았다면, 식습관을 미리 알려 식사할 때 서로 불편하지 않도록 하라. 그렇다고 〈예의상〉 고기를 먹으려 애쓸 필요는 없다.

육류, 유제품뿐만 아니라, 동물의 죽음과 고통을 낳는 모든 활동, 즉 동물원, 수족관, 투우, 그리고 가죽으로 만든 모든 의류도 거부하는 것은 인류의 도덕적이고 사회적인 혁명에 참여하는 평화적 시민 불복종의 행위들이다.

비인간 동물 옹호자들은 유기 동물 단체라는 최소한의 틀에서 벗어나는 순간 체제의 적으로 여겨진다. 동물 착취는 우리가 사는 세상을 구축하고 있는 하나의 근간이다. 이것을 중단시키는 것은 동물의 죽음을 불러오는 모든 직업을 포기하고 수많은 산업 관행을 고치는 것을 의미한다. 이보다 더 과감한 생각을 상상할 수 있을까? 소수의 지배 집단들은 자신들의 지배를 위협할 가능성을 막기 위해 단결할 것이다. 동물 착취를 적극적으로 지지하는 사람들의 이익은 다른 사람들의 이익과도 연관되어 있기 때문이다. 반종차별주의자는 최상의 지배 이념에 맞선 저항을 선택했다. 오늘날 이들의 주장보다 더 혁명적인 주장은 없다.

절대적 초인

〈새야? 비행기야? 아니, 슈퍼맨이야!〉 슈퍼맨은 영웅 중의 영웅이다. 영웅들 가운데 단 한 명만 꼽으라면 단연 슈퍼맨일 것이다. 그는 가장 유명하고 존경받는 최고의 영웅이다. 또한 우리가 일찍이 알아차리지 못했지만, 그는 최초의 반종차별주의자 슈퍼 히어로이기도 하다. 그는 인류가 나아가야 할 방향을 제시한다.

슈퍼맨은 1933년에 고안되고 1938년 세상에 나온 이래 오늘날의 모습이 되기까지, 몇 해에 걸쳐 진화했다. 슈퍼맨은 죽어 가는 크립톤 행성에서 태어났다. 행성이 사라지기 전에는 칼-엘이라는 이름의 아기였고, 행성이 사라지면서 부모에 의해 우주선에 태워져 지구로 보내진다. 캔자스주 스몰빌의 인심 좋은 미국인 농부 부부가 그를 발견하고 입양한다. 〈클라크 켄트〉라는 이름을 얻은 그는 점차 자신의 초능력을 발견한다. 그는 지적으로, 육체적으로 인간보다 1,000배는 더 우월하지만, 자신의 엄청난 능력을 개인적으로 유리하게 사용하지 않기로 결심한다. 그는 기자로 취업해 평범한 일상을 보낸다. 자신의 동료 로이스 레인을 사랑하지만, 그녀 앞에서는 수줍기만 한 청년이다. 그러나 위험한 일이 생기면, 곧바로 몸에 꽉 끼는 슈트를 입고 바람을 가르는 망토를 걸친 천하무적의 슈퍼맨이 된다. 그는 비상한 초능력으로 기차나 운석의 방향을 돌릴 수 있고, 엄청나게 먼 곳을 볼 수 있을 만큼 시력이 좋으며, 벽이나 다른 사람의 몸을 관통할 수도 있다. 청력 역시 놀랍도록 발달했고, 눈에서는 금속도 통과할 수 있는 광선이 발사된다. 게다가 그는 하늘을 난다. 슈퍼맨은 위험에 처한 모든 사람을 돕기 위해 지치지 않고 몸을 던진다. 우리는 종종 슈퍼맨을 미국, 자유주의 및 서구 민주주의를 선전하는 영웅으로 여긴다. 특히 제2차 세계 대전 중에는 더욱 그랬다. 그러나 이는 슈퍼맨 신화에 대한 일차적 해석에 불과하다. 더 자세히 들여다보면, 하늘을 나는 영웅의 본질이 새롭게 드러난다.

　슈퍼맨은 인간이 아니다. 그는 크립톤인으로 인류와는 다른 종이다. 그럼에도 지적으로나 물리적으로 훨씬 열등한 종인 인류에게 무한한 애정을 느낀다. 단순히 비교해 보자면, 크립톤인에게 인간은, 인간이 생쥐를 보는 정도에 지나지 않다. 이것이 세계적으로 가장 인기 있는 영웅 슈퍼맨의 반종차별주의자 같은 면모다. 그는 자신의 우월성으로 인간들을 노예화하고, 지배하고, 착취하고, 죽일 수도 있었지만, 정반대의 태도를 취한다. 그는 약한 인간들을 구해 준다. 인간을 고통과 죽음에서 벗어나게 한다. 모든 인간은 각자 내재적 가치를 갖고, 살 이익이 있으며, 철학자 톰 레건의 표현대로 〈생명의 주체〉라고 생각하기 때문이다. 일반적으로 슈퍼맨은 근육과 정력으로 포장된 남성성의 상징이지만, 그보다는 윤리적 영웅으로 우리에게 공감과 타자에 대한 연민의 필요성을 일깨워 준다. 사람들을 꿰뚫어 보는 그의 투시력은 타인을 존중하기 위해서는 먼저 그의 내면을 읽어 내야 한다는 하나의 은유로 봐야 한다. 그의 또 다른 초능력들은 어떤가? 지구를 날아다니는 능력은 체계적 사고에 대한 요구다. 지구는 복잡한 상호작용으로 이루어진 하나의 전체다. 지구를 보호하기 위해서는 무엇보다 지구를 하나의 체계로 바라봐야 한다. 지구를 더 높은 차원에서 바라보고, 지구를 건강하게 유지시키는 균형을 이해하는 시각을 가져야 한다. 슈퍼맨은 이렇게 전체론적 관점에서 지구를 바라본다. 그는 생태주의의 영웅이기도 하다. 그의 가공할 힘은 어디서 오는가? 바로 태양 에너지에서 온다. 크립톤인으로서 그는 태양 에너지를 흡수하고 초인간적인 힘으로 구성하는 능력이 있다. 태양이 슈퍼맨에게 힘을 제공하는 것이다! 그는 재생 가능 에너지로 힘을 얻는다.

슈퍼맨은 사기꾼과 악당들에게서 우리를 보호한다. 이들은 누구인가? 우리가 앞에서 본 자본주의 사회에서 권력을 잡은 자들이다. 슈퍼맨 최고의 적인 렉스 루터는 미친 과학자이자 렉스코프 회사를 운영하며 메트로폴리스의 언론을 장악하려는 부패한 기업가다. 그는 자신의 목적을 위해 기술을 남용하고, 권력에 대한 욕망을 채우기 위해 지구도 파괴할 수 있다. 루터는 약탈적 자본주의와 신자유주의적 세계화의 화신인 셈이다. 이에 반해 클라크 켄트가 시골에서 자랐다는 사실은 우연이 아니다. 야만적인 도시 악당과 평화로운 자연의 영웅이 대립각을 이룬다. 조너선과 마사 켄트는 크립톤에서 온 아이에게 생명에 대한 사랑을 심어 주었다. 〈너는 사람들을 돕고 그들에게 영감을 불어넣어 주는 데에 너의 힘을 이용해야 한다.〉 슈퍼맨은 또한 우리에게 잠재된 힘을 일깨우라고 말한다. 그 역시 잠재된 힘을 발현하여 인류를 위협하는 도덕적 타락에 맞서 싸우는 모습을 보여 준다. 개인적 자질을 향상해 인류의 진보를 이끄는 도덕적 과제야말로 **슈퍼맨 신화**가 우리에게 주는 가장 큰 교훈일 것이다.

우리가 슈퍼맨에 열광하는 이유는 무엇인가? 왜 그는 가장 사랑받는 영웅이 되었나? 크립톤에서 온 초능력자가 인간이라는 약한 존재에게 연민을 느끼는 이야기에 우리가 감동받는 이유는 무엇일까? 이는 우리가 슈퍼맨이 궁극적 도덕성을 구현한다는 사실을 직관적으로 알기 때문이다. 슈퍼맨이 보여 주는 도덕성은 모두가 갖추어야 할 도덕적 자질이다. 가장 연약한 존재에 대한 연민이야말로 반종차별주의의 출발점이다. 우리의 내면 깊은 곳에서는 **슈퍼맨이 구현하는 반종차별주의**가 도덕적으로 올바른 규칙이라는 것을 알고 있다.

슈퍼맨 신화의 메시지는 여기에서 멈추지 않는다. 슈퍼맨은 자신의 이웃과 지구를 돌본다. 그는 모두에게 상위 가치를 위해, 즉 모든 감각 있는 존재에게 공동체를 위해 나서야 할 의무가 있다는 메시지를 던진다. 이것은 허무주의에 맞서는 유일한 방법이기도 하다. 즉, 우리 삶에 의미, 목적, 가치를 부여하는 유일한 가능성이다. 우리 존재의 의미는 결코 개인의 물질적 성공에서 비롯되지 않는다. 이는 일시적인 만큼 공허하기도 하다. 하지만 인류의 도덕적 진보에 기여한다면, 비록 작은 한 걸음일지라도 지구를 거쳐 가는 우리의 짧은 여정이 정당화될 것이다.

누구나 슈퍼맨이 될 수 있다. 모든 인간은 최초 상태에서 벗어나 영웅이 될 가능성이 있다. 클라크 켄트가 평범한 일상(슈트와 넥타이 차림을 한 현대인의 모습) 안에 항상 자신의 슈퍼맨 복장을 착용하고 있듯이 말이다. 상황이 부르면 그는 자신의 평범한 옷을 벗고 **슈퍼맨**으로 변신한다. 니체는 우리 모두에게는 초인이 숨어 있고, 삶의 의미는 이를 드러나게 하는 데 있다고 말한다. 〈**나는 당신들에게 초인을 가르친다.** 인간은 단지 넘어서기 위해 존재한다. 당신은 인간을 넘어서기 위해 무엇을 했는가?〉 니체는 현재 가진 것에 만족하여 더 높은 가치를 추구하지 않고 멈춘 삶을 죽음이라 말했다. 자신을 넘어서려는 끊임없는 노력만이 삶에 내재적 운동을 만들 수 있다.

1974년 8월 7일, 프랑스 곡예사 필리프 프티Philippe Petit는 뉴욕 세계 무역 센터 두 타워 사이에 팽팽히 밧줄을 놓았다. 45분 동안 안전장치 하나 없이, 그는 지상에서 400미터 높이에 가로놓인 가느다란 밧줄 위를 거닐며 허공에 맞섰다. 그는 춤추고, 인사하고, 눕고, 건너고, 다시 건너왔다. 그는 중력, 이성, 하늘, 공중, 인류에 과감히 맞섰다. 다른 누군가라면 떨어졌을 텐데, 프티는 떨어지지 않았다. 그의 퍼포먼스는 궁극적인, 넘을 수 없는, 훌륭한 인간 삶의 은유이다. 하늘 위를 걸으며, 그는 슈퍼맨, 초인이 되었다. 그가 구름의 왕좌에서 인간을 바라볼 때, 니체에게 최고의 경의를 표하고 있었다는 사실을 그는 알고 있었을까?

차라투스트라는 매달린 밧줄 위를 걷는 곡예사 주변에 모인 군중들에게 외친다.

인간은 짐승과 초인 사이 곧 심연 위에 매인 밧줄이다. 저쪽으로 건너가기도 위험하고, 가는 도중도 위험하고, 되돌아보는 것도 위험하다. 인간의 위대함은 그가 다리일 뿐 목적이 아니라는 데 있다. 인간이 사랑스러울 수 있는 것은 그가 **건너가는 존재**이며 **몰락하는 존재**라는 데 있다. (……) 나는 몰락하는 자로서 살 뿐 그 밖의 삶은 모르는 자를 사랑한다. 왜냐하면 그는 건너가는 자이기 때문이다. (……) 나는 몰락하고 희생해야 하는 이유를 별들 너머에서 찾지 않고 지상이 언젠가는 초인의 것이 되도록 지상에 헌신하는 자들을 사랑한다. 나는 인식하기 위해 살아가는 자, 언젠가는 초인의 세상이 될 수 있도록 인식하려고 하는 자를 사랑한다.

니체는 새로움을 창조하기 위해 이전 상태에서 벗어나 끊임없는 진화의 과정에 있으라고 요구한다. 이를 위해 우리는 위험을 감수해야 한다. 시간이 충분하다면, 사안들이 진행되는 대로 내버려 두고 우리에게 무엇을 남기는지 기다릴 수 있을 것이다. 그러나 삶은 짧다. 우리에게는 허비할 시간이 없다. 제대로 된 삶이란 일반적 견해나 안락함의 구속에서 해방된 이상에 대한 끊임없는 추구다. 자신의 열정을 기만하지 않고, 새로운 지평을 탐험해 나가는 것이다.

니체는 정신의 세 가지 발전 단계를 낙타, 사자, 아이에 비유한다. 낙타는 삶의 무게를 지고, 견디고, 복종한다. 이후 그는 자신의 의지로 무리에서 벗어나 목적을 쟁취하기 위해 애쓰는 사자로 변신한다. 마침내 정신은 선입견과 사회적 제약에서 벗어난 아이의 자유와 순수성을 찾는다. 이는 우리 일상에서도 볼 수 있다. 저항하는 자, 혁신하는 자, 창작자, 예술가 들은 모두 아이 같은 면이 있다. 한 번도 잃어버리지 않았거나 시간과 함께 되찾은 모습으로 말이다. 우리 세계는 지나친 엄숙함과 이를 떠받드는 진지함으로 인해 자발성과 창의성이 부족해졌다. 정치인들이 모두 똑같은 옷을 입고, 거의 똑같은 말을 하는 건 우연이 아니다.

소로의 정신적 동반자이자, 니체가 즐겨 읽은 철학자 랠프 월도 에머슨Ralph Waldo Emerson 역시 우리 내부의 유아성을 강조한다. 에머슨은 목회자의 아들로 도덕적 가치에 대한 존중심을 배우며 자랐고, 미국 초월주의 운동을 이끌었다. 그는 자연을 있는 그대로 음미하기 위해서는 아이의 영혼으로 자연을 바라보아야 한다고 말한다. 〈자연을 사랑하는 사람은 내면과 외면의 감각이 완전히 조화를 이룬 사람이다. 성숙했으나 아이의 영혼을 간직한 사람이다.〉 아이는 〈결코 이해와 결과로 채워져 있지 않은〉 반면, 어른은 〈의식의 감옥에 갇혀〉 있기에 우리는 진실한 판단을 내리는 아이에게서 영감을 받아야 한다고 말한다. 어른은 사회적 제약, 미움받을지도 모른다는 두려움, 이해타산으로 움직인다. 에머슨은 모든 순응주의를 거부하고, 지배적 사고에 대해 자신의 고유한 신념, 조롱받거나 거부당할까 두려워 꺼내지 못하는 신념을 주장하라고 말한다. 이 글을 읽는 모든 채식주의자, 비건, 동물 옹호자라면 에머슨이 말하는 내용을 정확히 이해할 것이다. 그의 책『자기신뢰*Self-Reliance*』는 탁월한 글로, 자신의 신념에 의문이 들 때 읽으면 좋을 것이다. 그는 두려움을 갖게 하는 집단의 영향력에서 벗어나 자신에게 있는 최선의 가치를 끌어내라고 말한다. 새로움을 창조하는 것은 모든 인간이 내면에 간직한 신성한 부분을 드러내는 것이다.

우리는 최대한의 가능성을 끌어내는 삶을 살아야 한다. 이상 세계에 대한 희망 뒤에 숨지 말고, 지금 여기에서 각자 스스로를 구원해야 한다. 니체는 신은 죽었다고 말했다. 차라투스트라는 이상 세계의 희망을 예고하는 메시아가 아니다. 현재의 세계는 이상 세계로 가기 위해 지나치는 과정이 아니다. 플라톤은 우리가 감각적으로 인식하는 현실 세계는 실재 세계인 이데아를 불완전하게 모방한 재현에 불과하다고 말했다. 기독교와 다른 종교들에서 이러한 시각은 천국과 지상에서의 삶이라는 이분법으로 나뉜다. 이러한 세계관은 우리가 몸담은 현실이 이상 세계로 넘어가기 전의 예비 단계일 뿐이라는 시각을 갖게 한다. 그러나 실제로는 하나의 세계, 우리가 몸담은 현실 세계밖에 존재하지 않는다. 신은 죽었고, 그 자리는 우리가 차지한다. 이것이 또한 우리가 초인이 되어야 하는 절대적 이유이기도 하다.

슈퍼맨은 현실에서 평범한 인간의 모습으로 살아가지만, 상황에 따라 자신을 넘어서는 초인이 된다. 슈퍼맨은 각자 자신을 넘어서서 인류의 진보를 책임지는 우리 내부에 잠들어 있는 초인이다. 모두에게는 초인의 가능성이 있다. 개인의 성숙에 대한 요구, 특히 도덕적 성숙함에 대한 과제는 톨스토이 사상의 핵심과도 맞닿아 있다. 〈인간은 자신의 역량에 있는 유일한 한 가지, 즉 자기 자신만을 향상시킬 수 있다.〉 그러므로 우리는 자신을 성숙시켜야 하며, 니체가 〈영원 회귀〉에서 강조하듯이 죽음의 순간에 우리의 삶을 다시 반복할 준비가 된 것처럼 살아야 한다.

존재의 진정한 비극은 태어나지도 못하고 떠나는 것이다. 세상에 첫울음을 터뜨리는 날, 우리는 단지 살아갈 가능성을 부여받았을 뿐이다. 이후에는 수십 년 동안 의식 있는 지구의 관찰자로서 우리를 선택한 우연의 이론에 합당하게 살아야 한다. 따라서 우리 존재에 의미를 부여하기 위해, 우리의 초기 상태를 넘어서려는 노력, 각자 내부에 잠들어 있는 초인을 깨워야 한다. 초인은 자신을 넘어서서 더 나은 인간으로 거듭나고 내일의 인류를 구현하는 자다. 그는 스스로를 위험에 빠뜨린다. 그렇게 하지 않으면 삶 자체를 잃어버린다는 것을 잘 알기 때문이다.

6장
근본생태학

생태학의 진정한 목표가
인간을 자연에서 벗어나게 하는 데 있는 이유

일반적으로 우리는 기술의 진보가 인간을 〈문명화〉하고, 산업 혁명으로 인간이 자연 상태에서 벗어났다고 믿는다. 그러나 기술은 인간에게 유리하도록 자연법칙에 목적에 따른 성질을 부여하여 모방한 것으로, 기술의 진보는 물질을 지배하는 규칙들이 지시의 형태로 표현된 것일 뿐이다. 모든 발명은 중력, 전자기학, 화학 또는 양자 물리학 법칙의 활용이다. 이것들은 우리가 결정하지 않았고, 방해할 수도 없다. 금, 납 또는 물은 각각 다른 특성이 있다. 전자는 특정한 상황에 반응한다. 모래를 금으로 바꿀 수 없고, 물에 불을 붙일 수 없으며, 전자가 가진 성질을 방해할 수도 없다. 따라서 우리는 애초에 규칙을 모르는 게임의 한복판에 놓였다가 기술로 이 숨겨진 규칙을 발견하고 활용하는 것이다. 유리? 모래의 이산화규소 성질 활용하기. 종이? 나무의 셀룰로오스 섬유 성질 활용하기. 강철? 철광석의 속성 활용하기. 로켓, 원자력 발전소, 비행기, 건축 또한 물리학이나 화학의 법칙을 실제에 활용한 것이므로 〈자연의〉 산물이다. 우주를 지배하는 것은 이 법칙들이다. 모든 발명품은 자연에 잠재적으로 존재하는 것을 현실에 옮겨 놓은 것에 불과하다. 불은 부싯돌에 숨겨 있었고, 인간은 불 피우는 방법을 알아내기만 하면 되었을 뿐이다.

우리의 관심은 자연 현상을 자세히 관찰하고, 다양한 형태의 삶에 구축된 생존 메커니즘을 이해하는 데 있다. 페니실린은 박테리아의 공격에 반응하여 진균이 만든 분자다. 따라서 우리는 페니실린을 〈생성〉한 것이 아니라, 단지 관찰하고 〈발견〉하고 재생하는 데 공을 들였을 뿐이다. 심지어 알렉산더 플레밍Alexander Fleming이 페니실린을 〈발견〉한 것은 우연의 산물이었다. 자연이 자발적으로 자신의 비밀 중 하나를 풀어놓은 길에 우리를 들어서게 한 셈이다. 미생물이 다른 미생물에 대항하기 위해 생산하는 항생 물질의 존재와 기능을 알게 됨으로써, 인간의 평균 수명은 수십 년이나 연장되었다. 우리는 이렇게 게임의 규칙 중 하나를 알아내는 데 성공했다. 또한 마다가스카르 빈카속 식물은 백혈병 치료에 사용되는 빈크리스틴*뿐만 아니라 호지킨병에 효과가 있는 빈블라스틴**도 추출할 수 있는 식물이다. 식물들은 수백만 년의 진화 과정을 거치면서 박테리아나 곰팡이 같은 미생물에 맞서 싸우고

* 일일초라는 식물에서 채취한 항암제.
** 암세포의 분열을 막는 항암 물질.

곤충이나 초식 동물에게서 자신을 보호하기 위한 수많은 화학적 해결책들을 고안해 냈으므로 우리는 식물들에게서 알아낼 것이 많다.

따라서 넓은 의미의 기술은 우리를 자연에서 벗어나게 하는 게 아니라 오히려 한가운데로 이동시킨다. 기술은 우리가 자연의 신비와 법칙을 알아내어 우리에게 이롭게 전환하는 것이다. 마치 우리가 보물찾기 놀이에 초대받은 것처럼 자연에는 무한한 가능성이 숨어 있고, 발견은 이제 막 시작되었다. 물론 규칙은 자연이 정한다. 더구나 기후 변화나 핵 사고는 결국 자연이 우리를 지배한다는 것을 떠올리게 한다. 우세한 것은 불변의 자연법칙이며, 이를 넘어서려고 하는 순간, 우리는 잃는다. 인간의 경험으로는 얼마나 멀리까지 나아갈 수 있는지 모르므로 늘 긴장하게 된다. 우리가 활용하는 화학 원소들과 그것과 관련된 법칙들에는 어떤 가능성이 잠재되어 있나? 언젠가 우리는 다른 행성에 정착하게 될까? 수명이 500년으로 늘어날까? 시간 여행? 원격 이동? 우리의 정신을 타인의 신체나 정보 회로에 옮기는 것은? 가능성은 무궁무진하지만, 그 어떤 것도 인간을 야만과 미개 상태에서 벗어나게 하는 데 도움을 주지는 못한다. 원자 폭탄은 원시림 한가운데 야만인이 쏘아 댄 창의 진화된 버전일 뿐이다. 문명인은 원시림 밖으로 나온 자가 아니라, 창을 사용하지 않기로 결정한 자다.

산업혁명 이후 인간은 스스로 자연에서 벗어났다고 으스댔으므로 이런 생각은 낯설지도 모른다. 그러나 이것이야말로 인간의 나르시시즘적 착각이다. 우리는 수 세기 동안 자연을 파괴했지만,

그렇다고 자연을 벗어나지는 못했다.

자연은 본질적으로 훌륭하고 관대하지만, 완벽한 틀이 아니다. 오히려 현실은 잔인하다. 지구상에 출현했던 종은 대부분 사라졌고, 지구는 이미 다섯 번의 대멸종을 경험했다. 또한 날벌레를 잡는 거미, 영양을 잡아먹는 사자, 바다표범을 추격하는 범고래의 일상에서도 자연은 잔인함을 드러낸다. 슈바이처는 이를 다음과 같이 말한다. 〈자연은 생명을 존중하지 않는다. 자연은 가장 합리적인 방식으로 수많은 생명을 낳고, 가장 무분별한 방식으로 생명을 파괴한다. (……) 자연을 보전하는 위대한 삶의 의지는 그 자체로 이해하기 힘든 모순이다. 존재는 다른 존재의 생명을 해치며 살아간다. 자연은 그들에게 가장 잔인한 행위를 저지르게 내버려둔다.〉

자연은 우리에게 생계 수단을 제공하지만, 우리는 생존을 위해 자연과 맞선다. 배고픔, 추위, 병이나 포식 동물과 늘 싸워야 한다. 자연은 우리를 달래 주는 만큼, 아니 그 이상으로 우리를 해친다. 14세기 유럽에서는 흑사병으로 인구의 절반이 죽었고, 이는 자연 그대로의 모습이다. 바이러스(홍역, 독감, 수두, 에이즈 등)나 특정 박테리아도 맞서 싸워야 하는 대상이다.

따라서 인간에게 유리하도록 자연을 이용하고 죽지 않기 위해 **싸우는 일**을 비난하는 것은 합당치 않다. 지구상의 모든 종은 그렇게 살아간다. 비버는 댐을 만들면서 자연에 영향을 미치고(게다가 이는 생태계를 풍요롭게 한다), 북극곰은 바다표범을 잡아먹으며 자연을 이용한다. 여기에는 선도 악도 없다. 그저 자연스러운 행위다. 곰은 자연을 보호할 특별한 의도가 없고, 이에 대해 생각조차 하지 않으며, 바다표범이 멸종 위기에 처한 종인지 궁금해하지도 않는다. 북극곰은 자연의 원리에 따라 먹이를 구하는 것이기에, 북극곰을 탓할 이유도 없다. 따라서 인간이 자신에게 유익하도록 자연을 이용한다는 사실 그 자체를 비난할 순 없다. 이는 생명을 누리는 모든 존재에게 부여되는 원칙이다. 그러나 인간에게는 자연을 이용하는 과정이 극단적 파괴 수준까지 치달을 만한 인지 능력이 있다는 것이 문제다. 이는 이용을 넘어선 착취다. 어쨌든 이런 이유로 미루어 기술은 우리를 자연에서 벗어나게 하지 않고, 자연의 구속 아래 머물도록 한다.

반면 우리는 무엇을 소유하고 있는가? 인간은 생명의 약탈적 본성에서 찾아볼 수 없는 도덕성을 지니고 있다. 자연은 잔인하지만, 선하지도 악하지도 않다. 자연은 어떤 도덕적 목적도 수행하지 않는다. 자연은 그저 존재할 뿐이다. 인간 의식의 가장 최근의 산물인 도덕이야말로 인간을 자연과 구별하게 한다. 1세기 전 아나키스트 지리학자인 엘리제 르클뤼Élisée Reclus도 〈인간은 의식의 차원에 도달한 자연이다〉라고 말했다. 인간은 자연에 존재하지 않는 도덕성을 구현한다.

우리가 주변 환경 요소들에 맞서 싸우는 차원에 머무는 한, 오로지 생존만을 염려하는 일차적 생명체 단계를 넘지 못한다. 산업화, 기술, 의학은 우리의 조상 오스트랄로피테쿠스들이 벌였던 생존 투쟁의 연장선에 있다. 우리가 살아 있는 것에 대해 형이상학적 질문들을 던지고, 우리 행동의 결과를 고민할 때, 우리는 비로소 자연 상태에서 벗어나게 된다. 자연법칙이 그 자체로 생성하지 못하는 연민, 동정, 정의감을 경험하기 때문이다. 문명인은 증기기관을 발명한 자가 아니라, 인권을 구상한 자다. 간디는 〈동물로서의 인간은 폭력적이지만, 의식으로서의 인간은 폭력적이지 않다. 인간이 자신의 내부에 머무는 의식의 요청에 눈을 뜨면 폭력적으로 남아 있을 수 없다. 그는 **아힘사**의 방향으로 나아가거나 또는 자멸에 이른다〉라고 했다.

이 두 개의 힘은 모순적으로 보이지만 실제로는 보완적이며, **반종차별주의**와 **근본생태학***을 떠받친다.

첫 번째 운동에서 인간은 다른 모든 동식물 종과의 동류 관계를 확인하며 자연을 재통합한다. 여기서 생명 존중에 근거한 새로운 접근법이 도출된다.

두 번째 운동에서 인간은 자연이 부여하는 잔인함의 정도를 넘어섬으로써 야만의 상태에서 벗어난다. 인간은 자신이 기여할 수 있는 바를 제시하며, 의식의 도덕적 가능성의 영향하에 놓인 자연, 더 이상 단순한 유기체적 규칙이나 약탈적 본능에 좌우되지 않는 자연으로 자연법칙의 방향을 바꾸게 된다.

따라서 근본생태학의 진정한 목표는 역설적으로 인간을 자연에서 벗어나게 하는 데 있다.

윤리는 인간을 자연에서 벗어나게 한다.

---

* 근본생태학의 의미에 대해서는 차차 다룰 것이다.

근본생태학은 윤리다.

따라서 근본생태학은 인간을 자연에서 벗어나게 한다.

그러나 우리가 자연에서 벗어나는 것은, 자연을 더욱 잘 보살 피기 위해서다. 독일 철학자 피터 슬로터다이크Peter Sloterdijk는 이런 시각을 강조하며, 인간이 자연과 동물과 함께 더 성숙하고 재구성된 관계를 맺기를 권유한다. 〈인간은 다른 인간들과의 관계에서 악용하고 착취하는 자의 위치를 포기할 때 어른이 된다. 인간이 어른이 되고자 한다면, 인간 집단의 아이와 약자를 보호하는 보호자의 역할을 감당해야 한다. 오늘날 우리는 어른 인간의 유토피아는 동물과의 관계 또한 재구성해야 함을 잘 알고 있다. (……) 인간-동물 문명의 과정에서 쟁점은 어른이 되고자 하는 열정과 의존적 생명에 대한 보호자의 역할을 떠받치는 것이다.〉 즉, **어른이 된다는 것**은 우리에게 의지하는 것을 돌보고 책임을 다하는 **성숙한 인간이 됨**을 의미한다.

모두가 생태주의자

정치생태학의 성과 중 하나는 지난 40년 동안 모든 사람에게서 정당성을 인정받는 관심사로 자리매김했다는 것이다. 이제 더이상 어떤 정치인도, 자신의 분야를 막론하고, 생태학은 중요하지 않다거나 환경 문제에 관심이 없다는 말을 함부로 하지 못하게 되었다. 오히려 정반대다. 모든 정치인이 공식적으로는 생태주의

자다. 그들은 쓰레기를 분류하고, 자전거를 선호하며, 나무와 동물을 사랑하고, 공해 문제를 해결하고자 한다. 그러다가도 민낯이 드러나는 경우가 적지 않다. 프랑스 대통령이었던 니콜라 사르코지는 임기 초반 〈생태적 뉴딜〉을 외치며 자신을 자연의 위대한 수호자라 소개했지만, 2010년 농업 박람회에서 환경은 이제 〈지긋지긋하다〉고 말했다. 솔직하다 못해 경솔한 이런 태도는 무시하고 넘어간다 하더라도 이제는 모든 정치인이 생태학적 문제에 대한 관심을 피력해야 한다는 사실은 인정해야 한다. 그렇다면 바로 제기되는 문제가 있다. 생태학은 정치적으로 중립적인가? 어쨌든 이는 많은 사람이 믿고자 하는 바다. 우리는 〈**생태학은 한 정당에 속해서는 안 된다. 생태학은 모두의 문제다!**〉 또는 〈**생태학에는 좌도 우도 없다**〉는 말을 종종 듣는다. 게다가 오늘날 프랑스에서 가장 잘 알려진 생태주의자이며 3년 동안 프랑수아 올랑드François Hollande 대통령의 기후 변화 특사였던 니콜라 윌로Nicolas Hulot는 어떤 정치적 진영에도 속하지 않는 〈중립적〉 생태학이라는 개념을 주장했다. 그는 이 입장을 정당화하느라 매우 고역을 치른다. 〈내 신념은 역사적으로 좌파에 속한다. 하지만 이 신념을 이데올로기에서 벗어나게 해야 한다. 왜냐하면 오늘날 신념을 지키기 위해 더 이상 좌파일 필요는 없기 때문이다. 나는 우리가 변화해야만 한다는 것을 모두가 이해하길 바란다. 이는 《좌파적》인 게 아니라, 그저 올바른 상식이다. 이를 우파와 공유할 수 없다고 생각하는 것은 우파 진영을 모욕하는 일이 될 것이다.〉

이러한 발언은 추론의 오류이거나 적어도 전략적 입장이다. 어떤 정파에도 속하지 않으면서 모든 사람이 존경하는 현자의 자리에 앉는다. 원론적으로 연합의 가능성을 열어 두기에 그들이 어디서 왔든, 누구에게 표를 던지든, 심지어 아무것도 하려 하지 않는 사람들에게서조차 호응을 얻는다. 그는 자신이 가진 생각을 진전시키기 위해 자신의 전략이 최선이라고 믿는다. 그러나 〈중립적〉 위치를 택함으로써 생태학의 진정한 정체성과 혁신적 힘을 빼앗는다. 결과적으로 윌로는 그가 펼치는 노력에도 불구하고 이를 깨닫지 못한 채 단편적인 세부 사항만 남는 **연약한 생태주의** 모델을 받아들인다. 모든 정치 이데올로기는 생태학적 요청과 양립할 수 있다고 주장하며, 지배적인 자유주의 모델의 동반자로 자리매김한다. 게다가 그는 그 한계를 지적하는 현명함도 지녔다. 한계적 적응 방안들을 받아들임으로써 진실을 가리고 자신이 제대로 행동하고 있음을 보여 주려 한다. 그러나 윌로의 말을 들어 보면 의문점이 든다. 〈내가 가진 쟁점 그리고 많은 사람이 가진 쟁점은 초정치적이다. 또한 내가 볼 때, 좌파의 프로토콜이나 우파의 프로토콜은 없다. 우리는 분열을 넘어 함께해야 한다.〉 〈초정치적〉이라 함은 말 그대로 〈정치를 넘어선다〉는 의미가 아닌가. 그렇다면 그는 정치를 하지 않으면서 정치를 하겠다는 말인가? 어느 누구도 불편하게 하지 않는 생태학을 제시하면서 탁자 위를 주먹으로 내리쳐야 할 때 발끝으로 우아하게 걷고 있는 셈이다.

프랑스 정치생태학을 대표하는 이들은 채택해야 할 노선을 두고 오래전부터 나뉘었다. 극좌? 좌? 중도? 대부분의 경향은 견고한 자본주의 체제를 동반하는 추세다. 변혁은 안중에도 없다.

2012년 프랑스 생태주의자들은 생물 다양성이 위협받는 지역에서의 석유 시추에 반대하는 장관을 해임한 정부, 원전에 찬성하고 불필요한 공항 건설을 밀어붙이는 정부에 들어가는 것도 받아들였다.* 그 전해에 유럽 생태녹색당 프랑스 사무국장은 올랑드 대통령이 탈핵과 플라망빌의 혁신형원자로Evolutionary Power Reactor, EPR 건설을 중단하지 않으면 정부와 손잡을 수 없다고 강력히 주장했다. 올랑드는 이 두 가지 요구를 모두 거절했다. 그러나 몇 달 후, 유럽 녹색당 사무총장이었던 세실 뒤플로Cécile Duflot가 장관직을 맡았다. 2016년 초, 똑같은 상황이 반복되며 세 명의 〈생태주의자〉가 정부에 들어갔다. 유럽 생태녹색당의 신임 프랑스 사무국장인 에마뉘엘 코쓰Emmanuelle Cosse는 그중 한 명이었다. 그녀는 몇 달 동안 정부의 거의 모든 정책(생태, 이민, 경제 등)에 맹렬히 비난을 퍼부었던 인물이다. 올랑드와 마뉘엘 발스Manuel Valls의 정부에 합류하기 전, 그녀가 어떤 환경 정책이라도 이행하기로 합의했던가? 전혀 그렇지 않다. 그녀는 우아한 태도 변화를 정당화하기 위해 〈행동하는 생태학〉이라는 공허한 한마디를 던졌다. 결국 정부 부서에서 일하는 것 외에 아무런 의미가 없던 이 표현을 차라리 그녀가 〈명목상의 생태학〉이라고 했더라면 적어도 정직했을 텐데 말이다. 프랑스 생태주의자들 가운데는 투우나 푸아그라에 대해 생각하는 바를 주저 없이 드러내는 이들도 있다. 극소수를 제외하고, 우리는 프랑스 생태주의자들이 고기 산업이나 동물

* 니콜 브릭Nicole Bricq은 해양 생물 보호를 위해 기아나 근해에서 셸이 추진 중이었던 탄화수소 개발 시추를 중단했고, 2012년 6월 환경부 장관직에서 해임되었다.

권 문제를 이야기하는 것을 결코 듣지 못한다. 환경을 부르짖는 또 다른 유형의 지지자인 모 퐁트누아Maud Fontenoy는 공화당(레 레퓌블리캥)의 이름으로 원자력, 셰일 가스, GMO를 찬성하는 활동을 벌인다. 이왕이면 기름띠까지 찬성해도 될 것 같다.

굴절된 시각과 기만적 의도로 생태학을 극좌에서 극우로 전환 하는 것이 가능한 만큼, 생태학의 정치적 중립을 믿기는 더 쉽다. 이는 부분적으로 지난 세기 동안 자연에 가해 온 다양한 기여로도 설명된다. 이들 각각은 특정 역사적 맥락에서만 이해된다. 그러나 이들 모두가 꼭 생태주의를 주장하는 것은 아니다. 〈나는 자연을 사랑한다〉고 말한다고 해서 그가 생태주의자인 것은 아니다. 〈나 는 동물을 사랑한다〉고 말하는 것이 그를 반종차별주의자로 만들 지 않는 것처럼 말이다.

이렇게 뒤섞인 용암 속에서도, 21세기 생태학, 근대 생태학과 이를 계승하는 운동을 이해하도록 해주는 견고한 토대가 구축되 었다. 생태학의 기저를 진지하게 이해하는 사람이라면, 이데올로 기로서 생태학이 오늘날 대부분의 정치적 프로그램과 양립되기 어렵고, 이와는 거리가 멀다는 것을 인정할 것이다.

생태학은 과거에 대한 향수인가

생태학은 복고적일 수 없다

발전의 약탈적 측면을 경계하고 자연을 보호하려는 생태학적 바람 때문에, 생태학은 때로 보수적인 사상으로 소개되기도 한다. 혹은 의미론적 혼돈에서 야기된 오류, 즉 〈환경을 보호한다〉가 〈환경을 수호한다〉가 되면서 보수주의로 이어지거나 〈자연〉은 〈자연적인 것〉이 되고, 〈자연의 질서〉로 이어지고, 〈질서〉는 〈보수주의〉로 이어지기도 한다. 1세기 전, 환경에 관심을 가졌던 최초의 단체들이 자연 풍경과 유산을 보존하는 데에만 관심을 가졌던 것도 사실이다. 그들이 주장한 생태학은 인류의 역사를 실어 나르는 틀로 여겨진 환경을 보호하고, 자연을 안정된 틀 속에 보전(保全)하는 데 목적이 있었기 때문에 보수주의적이라 볼 수 있다.

그러나 생태학은 과거에 대한 향수도, 전통에 대한 찬가도, 제자리에 머물라는 요구도 아니다. 오히려 우리의 확신, 습관, 선입견에 의문을 제기하는 거대한 성찰 운동이므로 과거로 회귀할 수없다. 생태학은 자연에 대한 이해나 이용을 비난하지 않는다. 다만 기술과 산업의 발달에서 비롯된 파괴에 무관심하거나 자연을 오로지 인간의 이익을 위해 약탈하고 탐욕적으로 이용하는 것을 비난한다. 에너지를 이용하고, 로켓을 발사하고, 컴퓨터를 만들고, 유전자 변형을 할 수 있는 능력들은 장기적으로 볼 때, 반드시 인류의 진보로 이어지지는 않는다. 인류의 진보는 인간 공동체를 지배하는 도덕적 규범들이 향상될 때 비로소 가능하다. 19세기 최초의 생태주의자 가운데 한 명인 르클뤼는 **진보**에 관해 다음과 같이 정의한다. 〈(……) 지구와 하나를 이루며, 결국 연대를 이룬 인류에 대해 인식하는 것, 우리의 기원, 현재, 가까운 목표, 먼 이상을 한눈에 보는 것, 여기에 진보가 있다.〉

〈**진보**〉라 불리기 위해서는 기술의 발달이 여러 가지 기준을 충족해야 한다. 모든 이의 일상을 개선하고, 환경에 미치는 부정적 영향을 최소화하며, 어떤 고통도 불러일으키지 않고(어쨌든 가능한 최소한), 궁극적으로 인류의 도덕적 향상에 유리하게 작용하거나 적어도 이를 해치지 않아야 한다. 생태학은 기술의 발전으로 나타난 새로운 생산 및 소비 방식이 기존의 자연적 속박 대신 우리를 얽매길 바라지 않는다. 생태학은 개인을 해방하는 기술을 권장하지, 개인을 노예화하는 기술을 찬성하지 않는다.

인터넷은 인간과 자연에 이로운 기술의 예다. 인터넷은 모두에게 무한 지식의 가능성을 제공할 뿐만 아니라, 모든 인류를 하나로 연결한다. 인터넷은 굶주림, 추위, 산, 강, 바다로 인해 분리되어야 했던 인류의 고통을 기술적으로 해결했다. 수만 년 전 인류의 자손들은 먹고살기 위해 뿔뿔이 흩어져야 했고, 마침내 재결합했다. 르클뤼는 기술과 도덕이 함께 작용할 때, 이는 인류를 다시 하나로 결합하는 데 기여할 것이라 보았기에 기술을 거부하지 않았다. 〈물론 인간은 지구 표면을 점유하고 그 힘을 사용할 줄 알아야 한다. 그러나 인간이 이를 난폭하게 휘두르는 것은 안타깝다.〉

또한 사회적 측면에서 생태학은 개인의 행복과 자기실현을 강조하기 때문에 진보적일 수밖에 없다. 이것이 생태학이 차별받는 이들 편에서 여성, 동성애자, 이민자……의 권리가 온전히 인정받도록 하고자 하는 이유다. 생태적 사회란 모든 구성원이 공동체 삶에 필요한 규칙을 존중하면서, 각자의 차이를 인정하고 자기를 실현할 수 있는 다양성의 사회다.

자연을 존중하는 것이 보수주의의 요구를 정당화한다고 생각하는 것은 얼마나 상식에 어긋난 주장인가. 자연은 우리에게 생명은 운동이라는 사실을 알려 준다. 우주는 끊임없이 팽창하고, 행성은 운동하며, 바다, 바람, 전자……는 한시도 제자리에 머물러 있지 않는다. 식물과 동물 종들도 끊임없이 변화한다. 오늘날의 인간은 호모 하빌리스, 호모 에르가스테르, 호모 에렉투스, 네안데르탈인의 단계를 거쳐 진화의 정점에 도달한 고정된 종이 아니다. 우리는 추가적인 한 단계일 뿐이다. 호모 사피엔스 이후에는 또 다른 종이 등장할 것이다. 생물학의 법칙은 운동과 진화의 법칙이다. 자연에서 변하지 않는 것은 죽었거나 아예 살아 본 적이 없다(돌이 살아 있다는 것을 제외하고. 그러나 여기에서 그 논의를 펼치지는 않겠다). 생태학은 〈예전이 좋았지〉라며 과거의 어느 시점으로 돌아가려는 복고주의적이고 보수주의적인 힘을 결코 따를 수 없다. 우리의 경제, 교육, 문화 및 도덕 시스템의 붕괴를 알리면서도, 생태학은 어제로의 복귀를 꿈꾸지 않는다. 이와 반대로 생태학은 낡은 모델을 넘어서 새로운 모델을 만들고자 한다. 200여 년 전, 에머슨은 자신의 에세이 『자연*Nature*』을 다음과 같이 시작한다. 〈우리 시대는 과거로 향해 있다. 우리 시대는 조상들의 무덤을 세운다. 우리 시대는 전기, 역사, 비평을 적는다. (……) 왜 우리는 전통이 아닌 직감에 근거한 시와 철학을 가질 수 없는가?〉

다윈 또한 〈살아남은 종은 가장 강하고 지능적인 종이 아니라, 변화에 가장 잘 적응하는 종이다〉라고 말하며 보수주의자와 복고주의자 들의 쇠락을 예견하지 않았던가.

어제에 대한 이기주의적 집착(전통, 국경, 문화, 근본주의적 종교)은 내일이면 약화할 것이다. 그들은 다가올 선거에서 승리할지 모르지만, 수십 년 후 혹은 그 이전에 사라질 것이다. 그러나 그들이 저지하고자 하는 운동은 더욱 활발히 전개될 것이다. 인류는 호모속의 새로운 종을 낳기 위해 변화를 거듭할 것이다. 오늘의 보수주의자와 복고주의자 들은 진화의 자연스러운 운동에 따라 사라지고, 그들의 이름과 생각은 잊힐 것이다.

몇 세기 후 연구자들은 『프랑스의 자살 *Suicide français*』*의 구절들을 읽으며, 오늘날 우리가 중세 시대 법원이나 종교 재판에서 애벌레, 들쥐 또는 돼지 등에 대해 내렸던 판결문을 읽으며 놀라는 것과 마찬가지로 경악할 것이다.

〈땅으로의 회귀〉 혹은 〈대자연〉의 신성함이라는 개념에는 동물, 나무 및 식물과 조화를 이룬 현자로 소개되는 과거 농민들에 대한 찬사가 기저에 깔려 있다. 우리가 이런 시각에서 간과하지 말아야 할 점은, 어제의 농부들 역시 자연을 최대한 효율적으로 착취해야 할 대상으로 여겼다는 사실이다. 물론, 나는 오늘날 농업계를 지배하는 산업식 농장들에 비해 화학 비료나 항생제를 사용하지 않았던 자연의 농부들을 수천 배는 선호한다. 하지만 전후 가족 단위의 소농가들도 땅에서 최대한 이익을 내고 동물을 사육해 도살하는 것은 지극히 당연하다고 생각했다는 점에 주목해야

* 프랑스의 일간지 르 피가로의 논설위원 출신 언론인인 에릭 제무르Eric Zemmour가 2014년 출간한 책이다. 그는 이 책에서 68혁명 세대의 영향력하에 프랑스 전 분야가 해체되고 있고, 이민자, 동성애 등의 문제로 프랑스는 자살의 길을 걷고 있다고 주장한다. 제무르는 2021년 우파 정당 〈회복Reconquête〉을 창당하고, 2022년 대선 후보에 등록했다 — 옮긴이주.

한다. 농업 식품 산업이 발달하기 훨씬 전이었던 19세기에 르클뤼는 자연의 절대적 수호자라는 농민에 대한 이상화에 반론을 제기한다. 〈(……) 자연을 사랑하지만 과학에는 무지한 농민이 자신도 모르는 사이 그가 기후에 초래한 변화로 인해, 자신의 예상이 빗나가고 자멸을 초래하는 경우가 종종 있다.〉

또한 땅에 대한 언급은 토양, 영토, 국경, 정체성 그리고 이민을 뒤섞는 생각으로 쉽게 왜곡된다. 극우는 민족 문화가 뿌리내린 땅, 어떤 외부의 침입도 용납할 수 없는 폐쇄된 영토의 상징인 이 땅에 집착한다. 그러나 이는 생태학이 보호하려는 땅과는 아무런 관련이 없다. 생태학이 말하는 땅은 개방된, 공유되는, 모든 귀속이 금지된 ― 공동의, 공동체의, 모두의 재산으로서의 땅이다. 소규모 농장들과 짧은 유통 구조를 장려하는 것으로 생태학을 말하는 것은 충분하지 않다. 보수 우파는 지리적 기원과 문화에 따라 계층구조를 만들고 인간들 사이에 차이와 분열을 조장한다. 생태학적 사고는 인간의 결속을 강조하며 이와는 정반대로 나아간다.

생명을 어디까지 존중할 것인가

생명을 존중하라는 말에 오해의 소지가 없었으면 한다. 이는 피임과 낙태에 반대하는 전통주의자들의 종파적 운동과는 아무런 상관이 없다. 〈자연의 질서〉를 그대로 두어야 한다는 명목하에 우리는 생명이 지배하는 어떤 과정에도 전혀 개입하지 말아야 하는가? 물론 그렇지는 않다. 혼란을 초래하는 모호한 부분이 존재하는 것은 사실이다. 조제 보베José Bové는 이성애자든 동성애자든 모든 형태의 의료지원생식PMA에 반대한다고 주장하며 자신의 입장을 정당화한다. 〈오늘날 우리가 생명이 스스로 발달하도록 내버려두지 않고 조작하려고 하는 모든 것은 엄청난 문제와 인간적·윤리적 제약을 불러일으킨다. 나는 식물이든, 동물이든, 인간이든, 생명에 대한 모든 조작에 반대해야 한다고 본다.〉 생명에 대한 모든 조작이 해롭다면, 체외수정이나 인공수정도 포기해야 하는가.

〈자녀를 가질 권리〉는 모순적이면서 흥미로운 철학적 주제다. 보통 자연이 허락하지 않았더라도 과학의 도움을 받아 이성애 커플이 아이를 가질 수 있다면 이는 정당하다고 본다. 하지만 폐경기의 60세 여성이 임신하기 위해 체외수정이나 난세포 기증을 받는다면 충격을 받는다. 임신하기에는 너무 나이 든 여성이 자연에 반하는 욕망을 충족시키려 했다는 점에서 비난의 대상이 된다. 이 두 가지 경우에서 서로 다른 반응을 보면, 우리가 극복해야 할 자연법칙이 있고(젊은 이성애 커플에게 출산하지 못하도록 한 자연법칙), 우리가 존중해야 할 또 다른 법칙(일정 나이 이상의 여성은 자녀를 갖지 못하도록 한 자연법칙)이 있는 것 같다. 전자에서 자연은 원칙적으로 왕성한 나이의 한 남자와 한 여자가 성관계로 자녀를 가질 수 있다고 정했다. 불임은 이례적인 것이자 자연법칙의 오류라고 본다. 이런 의미에서 의학은 생명의 선천적 오류를 바로잡기 위해 도움을 줄 것이다. 자연의 기본 규칙을 따르되, 인간의 개입이 자연을 완성하는 데 목적이 있다면 반대할 이유가 없다. 한편 이와 달리, 오류 또한 자연법칙에 포함된 일부라 본다면, 자연이 거부하는 임신을 인위적으로 조장하려 하지 않을 것이다.

폐경기 여성이 난세포 기증으로 임신하는 것을 보는 이들이 거부 반응을 일으키는 이유는 아마도 이 때문일 것이다. 자녀를 가질 권리를 두고 문제가 불거지고 있는 만큼, 나는 여기서 그에 대한 성찰의 토대를 마련하는 것으로 만족한다. 나는 개인적으로 인공 수정, 체외수정, (엄격한 틀 내에서) 대리출산까지도 찬성하는 입장이다. 그런데 미혼 여성, 동성애 커플, 폐경기 여성에게보다 젊은 이성애 커플에게만 자녀를 가질 권리를 〈부여〉하는 것이 더 바람직한가? 자연이 거부하는데도 모든 사람이 〈자신의〉 아이를 요구할 권리가 있는가? 그 근거는 무엇인가? 우리는 이 권리를 어디까지 존중해야 하는가? 이런 근본적 질문들은 주체의 복잡성에 대해 생각해 보게 한다.

생명공학으로 인한 두려움은 당연하다. 동시에 생명에 대한 조작 자체를 반대하면 우리는 막다른 길에 이르게 된다. 질병이나 장애와 같은 자연의 냉엄한 현실을 극복하고자 하는 데 목적이 있는 의학과 유전자 의학 자체를 부정하게 되기 때문이다. 암세포와 싸우는 것은 살아 있는 것을 조작하는 것이다. 농업에서의 단순한 꺾꽂이도 살아 있는 것의 조작이다. 문제는 조작 자체가 아니라 목적과 틀 그리고 그것이 불러일으키는 가능한 모든 일탈이다. 단적인 예로 GMO를 들 수 있다. GMO는 우리가 현재로서는 건강에 미치는 영향을 정확히 알지 못하므로 문제가 된다. 생산이 허가된 미국에서는 오늘날 GMO가 옥수수와 대두 생산 면적의 90퍼센트를 차지한다. 뿐만 아니라 유채, 사탕무, 감자, 호박, 개자리속(屬)의 유전자 변형도 가능하다.

세계보건기구는 GMO의 안정성을 개별적으로 평가할 수밖에 없으며, 〈현재 국제 시장에 있는 GMO는 위험 평가를 성공적으로 통과했고, 인체에 어떤 위험도 초래하지 않는다. 또한 GMO가 허용된 나라에서 대중의 GMO 소비가 건강에 악영향을 미쳤다는 것은 입증되지 않았다〉고 설명하며 안심시키려 한다. 하지만 2016년 1월, 유전공학에 관한 독립 정보연구소 크리젠Criigen은 유전자 변형 옥수수 Bt176이 가축에게 유해함을 밝혔다. 가축은 살충제와 항생제 내성 유전자를 포함하고 있었다. 2012년, 질 에릭 세랄리니Gilles-Éric Séralini 교수 팀이 이끈 또 다른 연구에서도 드러난다. 몬산토사(社)가 자사 제초제인 라운드업에 내성을 갖도록 생산한 유전자 변형 옥수수 NK603을 섭취한 동물들은 탁구공 크기의 대형 종양이 생기거나 조기 사망한 것이다. 북미 및 남미에서는 중국과 유럽의 집중적 축산업에서 가축을 먹이기 위해 유전자 변형 대두를 재배한다. 적어도 대두를 키울 때 사용하는 제초제 글리포세이트glyphosate가 심각한 문제를 야기한다는 것만은 분명하다. 글리포세이트는 전 세계적으로 가장 많이 판매되며, 유럽 농업에서 널리 사용된다. 자연에서 대부분 글리포세이트 잔류량이 검출되며, 인체 내부에서도 발견된다. 세계보건기구 소속 국제암연구소IARC는 글리포세이트를 인간의 유전자와 염색체에 손상을 미치는 〈발암 물질〉로 분류했다. 그러나 2015년 11월, 유럽식품안전청EFSA은 글리포세이트의 발암 위험 〈가능성이 거의 없다〉고 판단했고, 이에 수많은 과학자가 반발했다. 전문가들은 GMO작물이 글리포세이트로 처리되는 나라들에서는 재배 지역을 중심으로 암 발병률, 기형, 자연 유산이 비정상적으로 높다고 말한다. 예를 들어, 콜롬비아에서 불법 코카 재배를 근절하기 위해 오래전부터 글리포세이트를 살포해 온 지역에서는 질병과 유산이 증가한 것으로 확인되었다. 또한 농민들은 글리포세이트가 동물들에게 심각한 설사를 유발한다고 결론 내렸다.

몬산토가 제초제인 라운드업과 라운드업에 내성을 지닌 유전자 변형 품종을 동시에 개발하고 판매하는 것은 용납할 수 없다. 그런데 만일 인간의 인체에 악영향을 전혀 끼치지 않거나 건강에 도움이 될 수 있는 특정 유형의 GMO가 있다면, 원칙적으로 이를 거부해야 하는가? 미국의 제이알 심플롯J.R. Simplot 그룹은 〈이네이트Innate〉라 불리는 감자를 만들었다. 감자가 매우 높은 온도에서 조리될 때 발암성이 있는 것으로 보이는 아크릴아마이드acrylamide를 제거한 품종이다. 이는 단순한 상업적 전략일까 아니면 실질적 진보일까? 농민들은 가장 보수적인 사람들조차도 자신들이 생명을 조작하는 데 앞장섰던 사람들이란 걸 잘 알 것이다. 축산업에서 사용되는 동물 품종들은 유전자를 선택해 인위적으로 만들어졌으니 말이다.

또한 아이에게 영향을 줄 수 있는 질병을 근절하기 위한 목적으로 배아의 유전자 조작을 고려하는 것은 어떤가? 오늘날에는 수천 가지의 유전병이 있다. 원칙적으로 유전체 연구를 하지 말아야 할까? 그 답은 각각의 결정이 어떤 영향을 미칠지 최대한 고려하고, 우생학으로 귀결될 수 있는 모든 체계화를 피하는 고도로 규율 잡힌 연구일 것이다.

브라질에서는 수백만 명을 감염시키는 뎅기열에 대처하기 위해 형질 전환된 모기를 만들었다. 겉보기에는 흥미로워 보인다. 물론 바이러스에 대처할 수 있는 다른 모든 〈자연적〉 방법들과 형질 전환된 모기가 확산됐을 때의 장기적 결과를 일차적으로 검토해야 할 것이다. 반면 오직 더 많은 수익을 창출하기 위해 동물의 형질을 전환하고 유전자를 조작하는 것처럼 본질적으로 받아들일 수 없는 조작도 있다. 더 많은 고기와 달걀을 생산하기 위한 가금류, 더 빨리 살이 찌는 돼지, 뿔 없는 가축, 이제 왕연어와 장어를 교배한 연어도 존재한다. 이렇게 만들어진 종은 빠르게 성장한다. 그러나 이렇게 유전적으로 조작된 연어가 야생으로 빠져나가면 (결국에는 일어날 것이다) 어떤 결과를 가져올까? 중국이나 아르헨티나에서는 우유의 성분이 인간의 모유에 가깝도록 인간 유전자를 지닌 젖소가 개발되었다. 이러한 조작의 결과는 예측할 수 없으며, 동물들은 한 번 더 인간을 위한 실험 대상으로 전락해 버린다. 비인간 동물에 대한 유전자 조작은 그들의 허락을 받고 이루어지는 행위가 아니며 우리가 감각 있고 의식 있는 개체들에게 이를 가할 어떤 도덕적 권리도 없기에 금지되어야 한다. 만일 비인간 동물들이 의사를 표할 수 있다면, 반드시 이에 반대할 것이다. 누군가 정말로 젖소가 소보다 인간에게 더 적합한 우유를 생산하고 싶어 한다는 것을 증명한다면 모를까. 또한 미국, 브라질, 아르헨티나와 같은 몇몇 국가에서는 이미 농장 동물의 복제를 허용하고 있다. 이 기술은 앞으로 수십 년간 널리 보급될 거라 생각하는 이들도 있다. 유럽은 아직 소심하게 저항하고 있지만, 유럽이 복제된 동물 종자 수입을 금지하고 있지는 않은 만큼, 장기적으로는 따라가게 될 것이다. 동물 복제 기술은 수많은 문제를 불러일으킨다. 소비자에게 발생할 수 있는 건강상의 위험에 대해 전혀 알지 못할 뿐만 아니라, 동물의 조기 사망, 발육 부진, 유산, 면역 문제 등 심각한 고통을 초래한다는 사실은 분명하다.

생태학은 과학적 진보를 거부해서는 안 된다. 다만 지식은 현명하게 사용되어야 한다. 생태학은 유전학이 기업의 부를 축적하는 데 사용할 우려가 있다. 복제 기술은 중요한 논란의 한가운데에 있으며, 생명에 대한 조작이 사적인 상업 논리에 종속되어서는 결코 안 된다. 보다 일반적 차원에서, 동물이든 식물이든 살아 있는 것이 누군가에게 **속할 수 있다**는 생각 자체가 불합리하고 부당하다. 프랑스 숲의 4분의 3은 350만 명의 개인이 소유하고 있다. 상속받은 소규모 지주들이 대부분이며, 대규모 산림업자들도 존재한다. 2008년 『르 피가로』는 루이 드레퓌스 그룹, 오를레앙 가문, 다쏘 가문, 그루파마, 액사를 들며, 숲이 투자와 투기의 대상이 되면서 지난 15년 동안 부동산 시장에서 산림의 평균 가격이 급증했다는 기사를 실었다. 어떤 소유자는 삼림 포털 사이트에서 〈숲은 돈을 벌어들여야 한다〉고 말한다. 이런 수익성 개념은 생태학적 시각과 함께할 수 없다. 특히 그것이 숲과 관련된다면 더욱 말이 되지 않는다. 폭력이 개입되지 않고서야, 어떻게 인간이 숲을 몇 평방미터로 나눠 소유할 수 있게 되었겠는가? 강자의 논리가 아니고서는, 어떻게 구역 내의 참나무와 전나무가 자신들의 것이라고 주장할 수 있었겠는가? 현재 사적으로 숲을 소유하는 자들은 그들이 원하든 원치 않든 장물아비들이다. 숲의 가치와 공동체에 제공하는 생태계 서비스를 고려할 때, 숲은 결코 사유화될 수 없다. 숲은 어느 누구에게도 속하지 않는 공동의 자산이다.

서구 사회가 아프리카 숲과 광물 자원을 약탈해 온 역사나 민간 기업들이 약소국의 토지를 점령하는 현실 역시 생태적 사회라면 결코 받아들일 수 없는 부정한 행위다.

덜 생산하기, 덜 낳기, 더 잘 행동하기

좌파와 우파

오늘날 좌우는 쉽게 구분되지 않는다. 경제적 자유주의는 우파뿐만 아니라 대부분의 좌파도 받아들이고 있고, 유럽 통상 조약은 몇몇 좌파나 우파들은 거부하지만 대부분은 두 진영 모두에서 인정받는다. 한편, 이민을 강력히 경계하는 목소리들은 양쪽에서 모두 찾아볼 수 있다. 겉으로 보기에 두 진영을 구분하는 것은 사회적 의제들 외에는 거의 없다. 좌파와 우파가 여전히 존재하는지 당연히 의문이 들 수밖에 없다.

역사적으로 〈좌파〉와 〈우파〉라는 용어는 프랑스 대혁명기인 1789년 9월 왕정 폐지 투표까지 거슬러 올라간다. 당시 의원들은 베르사유 궁전에서 제헌국민의회를 구성했다. 의회 토론에서 그들은 친화력을 중심으로 결집했다. 왕정 폐지 투표 시, 왕의 거부권 행사에 반대하는 이들은 왼쪽에, 새로운 헌법 체제하에서 왕의 영향력 유지와 거부권 행사에 찬성하는 이들은 오른쪽에 앉았다.

이렇게 좌파와 우파가 탄생했고, 이런 이분법에 반대하는 몇몇 의원을 중심으로 중도파(〈마레marais〉라고도 불림)도 생겨났다. 역사학자 미셸 위노크는 당시 좌파가 민주주의에 대한 요구, 행정부(국왕)에 대한 입법부(의원)의 우위, 인권과 시민권 선언을 쟁취했다고 설명한다. 위노크는 당시 좌파와 맞선 우파 내에서도 혁명에 반대하고 앙시앵 레짐(옛 체제)으로 돌아가기를 바라는 반혁명적 우파와 혁명에 찬성하고 개혁을 위해 싸우는 자유주의 우파로 나뉘었다고 한다.

좌파와 우파의 기원과 역사를 돌아보면 두 집단은 중요한 가치들로 정의된다. 오늘날 유럽의 작용과 같은 기술적 문제가 아니라 민주주의와 인권에 관련된 가치들이었다. 역사적으로 우파는 전통과 질서를 강조한다. 또한 변화에 저항한다. 우파는 경제적 측면에서 자유를 주장하지만, 왕이라는 인물이 구현하는 위로부터 오는 권력에 집착한다. 그리고 일반적으로 타자를 경계한다. 반면 좌파는 운동의 논리로 나타난다. 개인의 자유와 민주적 권력, 발전을 주장한다. 좌파는 불평등을 줄이고 연대를 높이고자 한다. 싱어는 스스로 좌파라 자처하며 다음과 같이 말한다. 〈약자, 가난한 자, 착취당하고 강탈당하는 자들 또는 그저 인간답게 살기에 충분히 갖지 못한 자들이 겪지 않아도 되는 고통을 모른 척하는 것은 좌파가 아니다. 우리가 그에 대해 아무것도 할 수 없고 세상은 원래 그렇다고 말하는 것은 좌파가 아니다. 좌파란 이런 사태를 바꾸기 위해 행동해야 한다.〉 생태학의 중요한 사상가인 에드가르 모랭Edgar Morin은 〈인류에 대한 걱정과 형제애에 대한 믿음〉

때문에 자신을 좌파라 여긴다고 말한다.

중립적 생태학에 대한 환상

생태학의 역사는 어디까지 거슬러 올라갈까? 18세기 자연주의자 칼 폰 린네Carl von Linné를 언급하는 이도 있고, 아리스토텔레스를 최초의 생태주의자로 거론하는 이도 있다. 기원전『동물의 역사History of Animals』를 쓴 아리스토텔레스는 인간을 동물보다 상위에 놓았지만, 인간과 다른 동물 사이에 본질적 차이가 아닌 정도의 차이만 존재한다고 강조했다. 한편 16세기 몽테뉴를 오늘날 생태학의 선구자로 보는 입장은 좀 더 타당성이 있다.『레몽 세봉을 위한 변명Apologie de Raimond Sebond』에서 그는 동물의 지능과 능력을 강조하며, 이성과 언어를 가진 인간의 우월성에 의문을 제기한다. 플루타르코스로부터 영향을 받고, 르네상스라는 시대적 상황에서 독보적이었던 그의 시각은 오늘날 생물학과 동물행동학이 발달하면서 그 영향력을 인정받고 있다. 몽테뉴의 휴머니즘을 이해하는 데 중요한 동물에 대한 탁월한 직관들은 사실 제대로 주목받지 못했다. 프랑스의 철학적 전통은 항상 동물에 대한 질문을 의도적으로 지나쳤기 때문이다. 동물 권리와 근본생태학에 관련된 몽테뉴의 글은 재조명되어야 한다. 〈인류에게는 생명과 감정을 가진 동물뿐만 아니라 나무와 식물에도 존중과 의무가 주어진다. 우리는 인간에게 정의를 베풀어야 하며, 다른 생명들에게 은혜와 축복을 베풀어야 한다. 그들과 우리 사이에는 일정한 교류가 있고 상호 의무가 있다.〉

몽테뉴 이전에도 동물 권리를 위해 싸운 또 다른 인물이 있었는데, 바로 12세기에 살았던 다시시 프란체스코다. 그는 동물을 인간의 형제로 보았고, 동물에게 한없는 사랑과 연민을 베풀었다. 게다가 그의 성축일인 10월 4일은 세계 동물의 날로도 지정되었다. 교황 요한 바오로 2세는 다시시 프란체스코를 생태주의자들의 수호성인으로 선포하였다.

이런 다양한 전례들에도 불구하고 생태학은 비교적 역사가 짧다. 생태학이라는 용어 〈oekologie〉는 독일의 생물학자 에른스트 헤켈이 1866년 처음 사용했다. 《oekologie》는 유기체와 그 환경 ─ 모든 존재 조건을 포함하는 넓은 의미로 환경과의 관계에 대한 과학 전체를 의미한다.〉 따라서 애초에 생태학은 자연을 이해하는 것을 목표로 한 과학이었다. 이 시기에 자연을 보호해야 할 필요성이 등장한다. 1853년 퐁텐블로 숲에 보호지역이 형성된다. 미국에서는 에이브러햄 링컨Abraham Lincoln 대통령의 지도하에 자연공원이 생겨났다. 1864년 링컨 대통령은 시에라네바다의 요세미티 계곡과 수천 년 된 세쿼이아 나무숲을 보호하는 법안을 통과시켰다. 이로써 요세미티 그랜트 보호구역이 탄생했다. 당시 자연에 대한 무자비한 개발 시기에 그야말로 혁신적인 방식이었다. 요세미티는 생태학의 창시자 중 하나인 미국의 환경주의자 존 뮤어에게 큰 영향을 미쳤다. 생물학과 지질학에 남다른 열정을 지녔던 그는 요세미티 계곡을 여행하며 그곳에 서식하는 동식물군의 전문가가 된다. 그의 추진하에 요세미티는 1890년 국립공원 지위를 획득한다. 뮤어는 환경운동단체인 시에라 클럽Sierra Club을 창립했고, 이 단체는 오늘날 세계에서 가장 오래되고 가장 큰 비영리 환경단체로 여전히 활동 중이다. 그는 자연의 상업화에 반대하고 자연의 내재적 가치를 강조하며 의식을 일깨운 사람 중 하나였다.

〈생태계〉라는 개념은 1935년 영국의 식물생태학자 아서 조지 탠슬리Arthur George Tansley가 처음 언급했다. 2년 뒤 프랑스에서는 지리역사 교사인 베르나르 샤르보노Bernard Charbonneau가 생태학에 대한 최초의 논문인 「자연에 대한 감정, 혁명적 힘*Le Sentiment de la nature, force révolutionnaire*」을 발표한다. 샤르보노는 자크 엘륄Jacques Ellul의 사상적 동반자로 평생을 함께한다. 샤르보노와 엘륄은 정부의 손에 놓인 기술의 파괴적인 힘을 고발한다. 그들은 무엇보다 기술이 결국에는 자유를 박탈한다고 보았다. 또한 자원 낭비와 생태계 파괴뿐만 아니라 개인의 소외에 대해서도 경고한다. 그들의 경고는 당시 반향을 일으키지 못했다. 마르크스주의 열풍과 전쟁이 그들의 목소리를 막았기 때문이다.

프랑스에서 생태학은 1970년대 초반 세계자연보호기금, 지구의 벗, 그린피스 등의 자연보호단체들이 출현하면서 비로소 논의의 대상이 된다. 정치생태학은 우선 인간의 행위에서 비롯된 환경 파괴와 자원 약탈에 대한 고발이었다. 1972년 발표된 「로마 클럽 보고서」(메도우 보고서)는 자연 자원 개발, 인구, 성장을 제한해야 할 필요성을 분명하게 경고하는 최초의 보고서다. 이 보고서에서는 우리 경제 시스템의 물리적 한계와 그에 따른 사회 붕괴의 위험을 명확히 드러냈다. 산업혁명기인 1800년에 지구상에는 인구가 10억 명이었다. 기술의 발전과 함께 인구는 1930년에

20억, 1960년에 30억, 1975년에 40억, 1987년에 50억, 1999년에 60억, 2012년에 70억으로 빠르게 늘었다. 2050년에는 90억, 2100년에는 100억~110억 명에 달할 것이다.

그 사이 지구는 커지지 않았다. 우리 행동이 물, 공기, 토양 등 자원에 미치는 영향은 꾸준히 증가했다. NGO인 국제생태발자국네트워크GFN는 매년 지구의 생태 용량〈초과의 날〉을 발표한다. 이는 1년 동안 지구가 생산하고 자연적으로 재생하는 자원을 인류가 모두 소비한 그해의 시점을 알리는 것으로, 이날로 인류는 그해에 주어진 생태 자원을 모두 소진한 셈이 된다. 1985년에는 11월 6일, 1995년에는 10월 10일, 2005년에는 9월 3일, 2015년에는 8월 13일이었다. 지구 생태 용량 초과의 날은 매년 시점이 앞당겨지고 있다. 세계 인구가 현재 추세로 사용하는 자원은 지구가 1.5개 있어야 감당할 수 있다. 그리고 우리가 아무것도 바꾸지 않는다면, 2030년에는 지구 두 개에 해당하는 자원을 소비하게 될 것이다. 이 수치는 이제 잘 알려져 있고 꾸준히 문제가 제기된다. 하지만 점점 더 증가하는 인구에 적합한 소비 철학을 갖추지 않는다면, 숫자만 말하는 것으로는 아무 소용이 없을 것이다.

근본 원인에 대응하지 않으면서 어떻게 생태계와 환경을 보호하고, 공기와 물의 질을 개선하고, 동물 복지를 보장한다고 주장할 수 있겠는가. 주범은 매일 우리 곁에서 숨지도 않은 채 의기양양하게 활개를 친다. 바로 현대 자본주의에 포함된 지나친 이익 추구 논리다. 자연과 인간에 가해지는 모든 고통은 최소 비용과 최대 이익의 논리, 무한 경쟁, 과도한 소비 신화와 관련되어 있다.

르네 뒤몽René Dumont은 생태학의 정치적 중립성을 거부한다. 1974년 생태주의정당 대선 후보이기도 했던 그는 20년 후 이를 상기하며 〈나는 1974년 대통령 선거에서 생태주의적 주장들을 펼쳤다. 그 이후 등장한 다양한 주장들 가운데 내게 위험하게 보였던 것은《좌파도 우파도 아니다》라는 결론에 이른 것이었다. 생태주의적 위기, 제3세계와 미래 세대에 대한 이중의 고민은 내가 보기에 경제 구조에 대한 비폭력적이지만 완전한 개혁을 요구하는 것으로 보였고, 현재도 여전히 그렇다〉라고 말한다.

뒤몽은 〈사회주의적 생태론〉을 주장하며 여기에 몇 가지 우선순위를 부여했다.

- 인구 급증을 억제한다.
- 재생 불가능한 자원의 낭비를 줄인다.
- 물, 에너지, 금속, 청정 공기 등 지구의 자원을 분배하기 위한 국제 정부(〈초국가적 기구〉)를 설립한다.
- 사회적 불평등을 줄인다.
- 폐기물을 줄이고 재활용을 권장한다.
- 비인간적이고 과도한 도시 집중화를 막고 농촌 이탈을 억제한다.
- 민족 국가나 자본주의 또는 사회주의의 주도권을 종식하고, 〈자치권 행사를 기반으로 하며 서로 연합된 소규모 지역 사회〉, 예를 들어 새로운 작동 방식으로 유럽을 구성할 지역 사회를 설립한다.

뒤몽은 〈사회주의적 생태론은 우파나 좌파의 모든 일반적인 계획들보다 훨씬 더 멀리 나아간다. 이는 완전히 새로운 시각에서 좌파보다 훨씬 더 왼쪽에 있다. 사회주의적 생태론은 정치 중립적이지 않다. 반자본주의적이기 때문이다〉라고 썼다. 오늘날 생태학적 사고를 유권자들에게 전달하는 이들이라면 뒤몽을 다시 읽어야 할 것이다. 명석하고 통찰력 있는 농학자이자 제3세계주의자인 그는 생태주의를 기업들이 실제로 친환경과는 거리가 멀면서 녹색 경영을 표방하는 브랜드 마케팅 요소(그린 워싱)로 사용하거나 정당들이 환경 보호와 모순되는 주장을 지지하는 홍보 수단으로 쓰리란 것을 예견했다. 대선에서 생태주의적 주장들을 펼쳤던 그가 1977년 내놓은 예언적 경고는 정말 놀랍다. 〈선거 과정에 개입하는 것은 (……) 내게는 당연해 보인다. 가장 민감한 문제는 어쩔 수 없이 중재자 역할을 해야 할 때, 우리의 감수성이 좌파에 더 가깝다는 것을 인식하면서, 타협하지 않는 것이다.〉 유럽 생태녹색당의 차세대 지도자들이 새겨들어야 할 문구가 아닐까 싶다.

철학자이자 저널리스트인 앙드레 고르츠André Gorz는 프랑스 생태주의 사상의 또 다른 중요한 인물이다. 마르크스주의와 자본주의 투쟁에서 시작한 그의 사상적 입장은 매우 분명하다. 〈자본주의 비판에서 시작하여 우리는 (……) 필연적으로 정치생태학에 이른다. 정치생태학의 욕망에 대한 비판 이론은 필수적이며, 이는 다시 반대로 자본주의에 대한 비판을 심화한다. 생태학의 윤리가 있다고 말하기보다 주체 해방에 대한 윤리적 요청이 자본주의에 대한 이론적이고 실질적인 비판을 가져올 것이고, 정치생태학은 자본주의 비판의 본질적 차원이다.〉고르츠는 50년대에 이미 광고는 무의미한 소비를 부추기는 자본주의의 재앙이며, 기계들은 노후화되도록 설계되어 수명이 짧다고 지적한다. 여기에는 신용도 덧붙일 수 있다. 신용은 끊임없이 구매할 수 있는 장치다. 교통과 같은 공공 서비스는 민간 기업이 담당하는 개별 서비스로 대체되었고, 그 이익은 주주들에게 돌아간다. 고르츠에게 정치생태학은 〈재생 불가능한〉 고갈된 자본주의 시스템에 대한 비판일 수밖에 없다. 이는 부인할 수 없는 현실이다. 자본주의는 자신도 모르는 사이 죽어 가고 있다. 제약 없는 자유주의로 탈바꿈하면서, 주주들은 지나친 부를 축적했고, 임금 노동자인 소비자들은 지나치게 가난해졌다. 구매력이 없는 소비자들은 기업에서 생산된 물건을 사지 못하고, 실업이 발생함으로써 빈곤이 심화되고 그 자체로 소비 능력도 떨어진다. 악순환의 반복이다. 기업들은 이제 구매력을 가진 신흥 국가로 눈을 돌려 판로를 찾는다. 경제 세계화의 결과 생활 수준이 좋아진 개발도상국의 새로운 소비자들은 단기적 개선에 기여할 것이다. 하지만 몇 년 후면 그들 또한 소득이 침체되고 소비 능력이 저하될 것이다.

금융, 투기, 거품, 불투명성은 자본주의 이데올로기를 좀먹는 폐해의 마지막 단계를 나타내는 증거들이다. 고르츠는 모든 것을 바꿔야 한다고 주장했다. 〈150년을 이끈 경제 논리 및 방법론과 근본적으로 단절하지 않으면 기후 재앙은 피할 수 없다.〉

생태학적 요청은 분명히 신자유주의, 즉 금융화되고 규제 없는 자본주의와 양립 불가능한데, 그럼에도 자본주의의 〈부드러운〉 형태에 포함되는 생태학을 생각할 수 없는가? 오늘날의 자본주의는 막스 베버가 말하는 청교도 전통 나라들에서 세운 청렴이 바탕이며 소비주의를 거부하는 절제된 자본주의와는 무관하다. 일과 노력이 그 원동력이었고, 사치는 허용되지 않았다. 또한 이익은 회사에 재투자되었다. 청교도 사업가들은 스스로를 특별한 지위에 따라 살아야 하는 하나님이 택하신 자로 생각했다. 그들은 자신들의 활동을 모두에게 이익이 되는 공동체의 재산으로 인식했다. 그러나 베버의 〈윤리〉는 그 이후로 완전히 정도를 벗어났다.

자본주의를 간단히 요약하면, 생산 수단의 사유제 아래에서 상품을 생산하는 경제체제로, 서로 경쟁하는 기업들과 임금 노동자들의 노동력을 사는 사용자들이 있다. 좀 더 사상적 경향을 드러내는 용어로 말하자면, 사용자(소수의 〈유산 계급〉)에 의한 생산 수단의 사적 소유와 노동 계급(다수의 〈무산 계급〉)에 대한 착취다. 경제학자 가엘 지로Gaël Giraud와 정치 사회 철학 교수 세실 르누아르Cécile Renouard는 『생태학 사전Dictionnaire de la pensée écologique』에서 자본주의에 대해 다음과 말이 말한다. 〈자본주의는 자연 자원, 특히 화석 연료의 무한한 개발로 실행되며, 수많은 경제학자가 뒷받침하는 수사학은 경제 성장을 비롯하여 성장의 동력인 자본 축적에 기여하기 위한 것이다.〉 우리는 국가 자본주의(예를 들어 중국)와 시장 재화의 교환에 기반을 둔 자유주의 경제를 구별해야 한다. 후자는 협동조합 체제로 볼 수 있다. 지로와 르누아르는 자본주의의 문제 중 하나는 자본주의가 모든 형태의 경제 활동을 장려하고, 자본을 낳는 순간 국가의 번영은 오직 국민총생산으로 따지게 되고, 회사의 번영은 투자 수익으로만 계산되는 결과를 낳는다고 설명한다. 경제 활동으로 야기된 오염 문제와 환경에 미치는 영향은 절대 고려되지 않는다.

신자유주의로 다시 구현된 새로운 자본주의는 더욱 심각하다. 자연 자원에 대한 무자비한 개발에 더해, 신자유주의는 경제 활동에 제약을 가한다고 비난받는 국가에 의한 모든 통제를 없애고자 하기 때문이다. 세계화는 다국적 기업의 이익을 위해 규제를 없애도록 강요하며 정부 국가들은 점점 권력을 잃어 간다. 하지만 생태학에는 규칙, 규범, 한계, 규제가 필요하다. 또한 생태학에는 새로운 목표가 필요하다. 최대 이익 추구는 이에 적합한 목표가 아니다. 경제적 요청은 개인 대부분의 복지와 모순되기 때문이다. 경제적 관계에서 이익이 도덕적으로 받아들여지는 경우는 이익이 노동을 **공정**하게 보상하는 경우뿐이다. 간단한 예를 들어 보자. 내가 목판 몇 장을 구매하여, 자르고, 다듬고, 조립하고, 기술과 몇 시간의 노동을 들여 탁자를 만든다. 그리고 제품을 만들 시간도, 재료도, 기술도 없는 사람에게 제공한다. 그는 내게 목판 원료비, 도구 대여료 그리고 내가 들인 시간과 기술에 대해서도 보상한다. 이는 단순하고 합리적이다. 문제는 내가 노동자로서 사용자를 위해 탁자를 만들 때다. 사용자는 공간, 도구를 제공하고 판매를 담당하는 것에 대한 자신의 이익을 원한다. 생산 원가를 뺀 후, 이윤은 노동자와 사용자가 나눠야 한다. 그러나 이익을 극대화하고자 하는 사용자는 임금을 줄이고 노동자를 열악한 조건에서 일하게 한다. 또한 사용자는 환경에 미치는 영향은 완전히 무시하고, 최대 생산 최대 이익만을 고려할 것이다. 이는 동물 착취가 자본주의 체제에서 〈좋은〉 조건으로 행해지기 어려운 이유이기도 하다. 동물이 상품이 되는 순간, 동물은 시장 가치에 따라 가장 낮은 비용으로 생산되어야 한다. 동물 복지 기준이 법으로 정해져 있지만, 미비할뿐더러 산업식 사육장에서 이는 손실이다. 전통적 농장들은 차츰 사라지고, 이익의 논리가 만연해진다.

이제 금융과 다국적 기업이 지배하는 경제에서, 자원 약탈을 막고 인간과 비인간 동물의 무의미한 고통을 중단하라는 생태주의적 요청을 따를 수 있는 자본주의 형태는 존재할까? 〈녹색 자본주의〉나 〈지속 가능한 발전〉이 우리를 구할 수 있을까?

나는 이에 대해 회의적이다. 영국의 경제학자 팀 잭슨도 다음과 같이 말한다. 〈한정된 세계에서 일정한 유형의 자유는 불가능하거나 부도덕하다. 물질적 재화를 무한히 축적할 자유가 그중 하나다. 아동 노동을 대가로 사회적으로 인정받을 자유, 생물 다양성을 붕괴하는 대가로 직업을 가질 자유, 미래 세대를 대가로 현재의 방식대로 삶을 누릴 자유 또한 마찬가지다. (……) 90억 인구(2050년 예상)의 세계에서, 사회적으로 올바르고 생태학적으로 견딜 수 있는 지속적인 성장 모델에 대한 믿을 만한 시나리오는 아직 없다. 이런 상황에서 자본주의가 기후 안정화와 자원 부족을 실효성 있게 대처하리라고 속단하는 가설들은 순진한 환상이다.〉

동물의 고통을 거부하는 데는 정치적 구분이 없다

2016년 2월, 비강 도살장에서 몰래 촬영된 영상이 공개되었다. 영상은 대대적인 파장을 불러일으켰다. 사형 집행 전 구타당하고 학대당하는 동물들의 모습, 의식이 있는 상태로 목이 잘리는 장면들은 수많은 사람의 분노를 야기했다. 동물 학대를 비난하는 목소리에는 정치적 색깔이 따로 없었다. 사방에서 목소리가 들렸다. 나와 정치적 입장이 정반대인 이들도 한목소리를 냈다. 잔혹한 장면들에 대한 참을 수 없는 분노와 가능한 한 빨리 이를 중단할 대책을 마련하라는 요구였다. 나는 이 발언들의 진정성을 믿는다. 동물의 고통은 극좌부터 극우까지 모든 정치적 성향을 망라하고 모든 사람을 날카롭게 한다. 그리고 이는 대단히 고무적이다. 도살장 동물들에게 가해진 부당함에 대해 듣고 일어서는 사람이라면, 이성적으로 따져 볼 때, 인간에 대한 증오와 거부를 부추기는 담론 역시 더 이상 지지하지 않을 것이다. 비인간 동물에 대한 연민은 서로 다른 사람들의 도덕 공동체를 형성한다. 동물에게 가해진 폭력과 고문에 분노한 이들이 한곳에 모인다면, 최초로 이데올로기를 넘어서는 바람직한 정치적 화합이 이뤄질 것이다.

니콜라 윌로가 이중의 오류를 범했다면 그 이유 또한 여기에 있다. 그는 우선 생태주의가 모든 정치적 진영을 초월한다고 믿었다. 또한 전통적인 정치적 진영을 넘어 화해의 기초가 될 주제인 동물 권리를 생태주의 내부에 통합하지도 못했다. 우파도, 중도도, 좌파도, 비인간 동물에 공감할 수 있고, 비인간 동물의 이익을 고려하기 위한 투쟁에 함께할 수 있다.

따라서 동물이 살아갈 조건은 대대적인 화합의 시작이 될 수 있다. 물론 모든 시민이 동물 문제에 당연히 관심을 가져야 한다고 생각하지는 않을 것이다. 많은 사람이 여전히 이를 부차적인 문제로 여긴다. 다만 나는 동물 문제로 인해 생겨난 감정이 퍼져나가고, 이는 새로운 인류가 다 함께 성찰하는 출발점이 될 수 있으리라 생각한다.

조만간 동물 학대의 근본 원인 중 하나는 자본주의와 자유주의에 포함된 착취 원리라는 것이 분명해질 것이다. 이에 대한 인식은 자유주의 경제를 신봉하는 동물 운동가에게 두 가지 결과를 가져올 것이다. 동물을 위한 투쟁에서 스스로 멀어지거나, 반대로 자신의 정치적 신념에 의문을 제기하거나 말이다.

반종차별주의는 21세기 이데올로기 혁명이다

좌파와 우파의 여러 정당이 구현하는 현대 정치 프로그램들은 공허하다. 30여 년 전부터 정권을 잡고 권력을 유지하는 데에만 관심을 둔 같은 정당들이 자리만 교체한다. 정치인들은 대부분 산업계와 금융계가 제시하는 지침들을 고분고분 따르는 친절한 관리인들이다. 유럽 사회주의 정당들은 자신들이 기반으로 삼은 토대를 상실했다. 이제 그들은 자유주의를 받아들이고 따르며, 생산 수단의 부분적 국유화나 실질적 사회 정의의 조건을 마련하길 포기했다. 이것은 더 이상 좌파가 아니다. 그들은 사실상 우파와 똑같다. 이러한 좌파가 생태주의와 양립 가능할까? 나는 이에 대해 매우 회의적이다. 〈이윤〉, 〈수익〉, 〈성장〉과 같은 용어가 정치적 구상의 핵심이라면, 어떻게 공유 사회와 절제된 소비 사회로 나아갈 수 있겠는가? 이는 〈행복〉, 〈복지〉, 〈존중〉, 〈균형〉과 같은 근본적으로 새로운 기준들로 대체되어야 한다. 현재로서 이 용어들은 요구르트나 다이어트 광고에서나 사용되는 상업적 수단일 뿐이다. 냉소주의가 만연하다. 신자유주의는 일자리를 잃고 불안해하는 실업자들과 좌절하고, 불만족스럽고, 실망하고, 시기하는 사람들을 대거 만들어 내고, 소비하면 더 좋아질 거라고 말한다. 머리를 비우기 위한 체육관, 현실을 받아들이기 위한 심리상담실, 생각을 전환하기 위한 영화관, 보상하기 위한 음식, 옷, 자동차, 핸드폰, 컴퓨터, 자기 위로와 포만감을 위한 수많은 것……

현 정권에 비판적인 정당들은 한 세기 전 과거에서 자신들의 영감을 길어 온다. 극우 정치인들은 타자에 적대적인 시각과 정체성 담론으로 한물간 논의를 우려먹으며, 무지와 지적 빈곤을 고스란히 드러낸다. 반자유주의적 좌파는 마르크스주의적 사회 해석에 매여 생태주의적 차원을 통합하기 어려워한다. 그 흐름에서 우리가 잠시 후에 논의할 하나의 흐름을 제외하고, 대체로 프랑스 공산당, 노동자 투쟁당, 반자본주의신당, 좌파당은 공식적으로 고용, 노동자의 지위, 사용자와 노동자 간의 소득 분배를 다른 사안들보다 앞세운다.

이러한 정치적 제안들은 오늘날의 현실과 맞지 않는다. 이는 산업혁명 초기, 오늘날의 현실과는 다른 세계에서 만들어진 무한

한 발전에 대한 생각과 성장 및 GDP라는 지표가 기반이다. 17세기부터 현대 과학이 발전하면서 모든 물활론적 세계관, 즉 내재적 힘으로 움직이는 자연이라는 시각이 단절되었다. 기계론적 시각이 더해졌고, 자연은 그 자체로 영혼도, 고유한 생명도 없다고 여겨졌다. 자연은 이론적 모델에 따르는 기계적 현상에 반응하는 재료일 뿐이다. 동물은 아무것도 느끼지 않는다는 데카르트의 동물 기계론은 그 비극적 결과의 하나다. 계몽 철학은 인간을 위해 자연을 지배해야 한다는 사고를 부추길 것이다. 인간은 유일한 기준이자 목표라는 인간중심주의적 시각이 부과된다. 새로운 과학들이 서로 개별적으로 발전한다. 세계는 더 이상 균형을 고려하여 각 부분이 다른 부분과 상호작용하는 전체로 인식되지 않는다. 산업과 생산은 개인을 해방한다는 명목으로 찬양받는다. 어쨌든 당대에는 그렇게 확신했다. 하지만 역사적으로 실제로는 자연의 지배와 인간의 지배가 동시에 진행된다는 점이 드러났다.

미국의 사회생태학 이론가이자 아나키스트인 머리 북친Murray Bookchin은 이를 정확히 밝혔다. 그는 사회가 역사의 흐름에서 복잡해졌고, 노예화 관습에서 계급화가 진행되었다고 한다. 최초의 지배는 남성과 연장자가 주도했고, 이후 인간의 자연에 대한 지배로 넘어간다. 〈인간의 자연 지배는 인간 사회의 지배 구조에서 비롯된다〉고 북친은 말한다. 반대로 자연에 대한 인간의 지배가 사회적 지배 구조를 낳는다고 말하는 이들도 있다. 어쨌든 중요한 것은 똑같은 논리가 작용하고 있음을 이해하는 것이다.

사회생태학은 유럽에서 21세기 초에 등장한 신마르크스주의 운동인 생태사회주의와 가깝다. 프랑스에서는 미셸 로위와 같은 대변인이 제시했다. 장뤽 멜랑숑Jean-Luc Mélenchon의 좌파당과 반자본주의신당도 생태사회주의를 표방한다. 반자본주의신당은 탈핵을 주장하고, GMO에 반대하며, 생산주의를 거부하고, 〈물, 땅, 살아 있는 것은 사유화될 수 없는 공공재〉임을 강조하며 생태학적 위기를 앞세운다.

생태사회주의는 유럽에서 지배적인 정치생태학의 환경학적 개념, 즉 〈녹색 자본주의〉에 대한 믿음을 비판한다. 또한 전통적 마르크스주의자들에게 더 이상 약탈적인 〈생산력〉에 기대지 말 것을 요구한다. 생태사회주의는 따라서 두 개의 불완전한 흐름이 종합된 것이며, 자본주의와 생산주의의 비판, 생태계 보전, 생산 수단의 점유, 연대 경제 및 협동조합의 발전, 교환 가치(시장 가격)에 대한 사용 가치(사회적 효용)의 우위 등으로 표현된다.

마르크스를 다시 읽어 보자. 그의 생각은 생태주의적이고 반생산주의적일까? 이를 확인해 보면 놀랄지도 모른다. 적어도 마르크스의 글이 소비에트주의, 중국 공산주의, 프랑스 공산당의 마르크스 독해와는 다르다는 것만은 확실하다. 로위는 그럼에도 〈개인 존재의 우선순위〉를 두고 〈생산주의를 거부하는〉 마르크스에 대한 해석을 주장한다. 그러면서 그는 마르크스가 환경을 보호해야 할 필요성을 충분히 고려하지 않았다는 점도 인정한다. 프랑스국립과학연구원의 피에르 샤르보니에Pierre Charbonnier는 마르크스의 노동과 생산에 관한 역사 유물론이 인간과 자연의 관계에 대한 해석에 놓여 있다고 말한다. 샤르보니에는 젊은 마르크스가 최초로 공공 영역에 개입한 것 중 하나는 목재 절도 단속에 관한 법률과 관련 있다고 밝힌다. 이전까지만 해도 농부들은 숲에서 원하는 대로 목재를 가져왔다. 마르크스는 목재 절도 단속법이 국가가 특정 계급의 특수한 이해를 용납할 수 없다는 것을 보여 준다고 분석한다. 지주의 소유권이 농민의 생존권을 굴복시킴으로써 자연을 사유화하게 되었다는 것이다. 마르크스는 또한 산업화에 따라 인간과 자연이 분리되는 과정에 대해서도 문제를 제기한다. 인간은 생존을 목표로 토지를 자본에 편입시키며 균형 관계의 고리를 끊어 버린다. 마르크스는 『자본론 Das Kapital』에서 〈자본주의적 생산은 도시 노동자들의 육체적 건강과 농촌 노동자들의 영적 삶을 파괴할 뿐만 아니라, 식량, 의류 등의 형태로 추출되고 사용된 성분을 토양으로 되돌리기가 점점 어려워지면서, 인간과 토지 사이의 물질적 순환과 지속 가능한 토양의 비옥함이라는 영속적인 자연 상태에 혼란을 가져다준다. (……) 따라서 자본주의적 생산은 모든 부를 생산하는 두 가지 근원인 토지와 노동자를 동시에 훼손시킴으로써만 사회적 생산 과정의 조합과 기술을 발전시킨다.〉 마르크스도 노동자 착취와 자연의 착취가 같은 논리라고 여기며, 이 둘을 직접 연관시킨다. 또한 자본주의의 빠른 생산 논리와 짧은 주기 그리고 농업에 필요한 자연이 재생하는 데 걸리는 긴 시간을 비교해서 보여 준다. 18세기 유럽에서 농업 자본주의 형성에 관한 마르크스의 사유와 오늘날 토양을 최대한 이용하는 것을 목적으로 하는 농업 화학의 발전 사이에 놓인 유사성도 주목해야 한다고 샤르보니에는 주장한다. 마르크스는 지구의 자연적

한계에 대한 문제를 예상했지만, 성장 없는 사회를 상상하지는 않았다.

생태사회주의는 중요한 노선이지만 크게 세 가지 한계를 지닌다.

첫 번째, 자신의 주요 모순을 해결하지 못했다. 노동자 계급을 대표한다면 반생산주의 및 생태주의 흐름과 양립하기 힘들다. 생태주의자들이 노동조합이나 노동자 운동과 종종 부딪히는 것은 지구 보전과 전통적 노동 직업 보존이 항상 나란히 갈 수 없음을 보여 준다. 핵발전 노동자나 자동차 산업 노동자 들에게 그들의 활동이 안정되고 보장되는 것은 공유재산의 이익과는 맞지 않는다는 것을 어떻게 설명한 것인가?

생태사회주의의 두 번째 큰 문제점은 동물 해방 운동을 전혀 이해하지 못한다는 것이다. 생태사회주의는 계몽주의 시대에 시작되어 300년이 지난 지금까지도 인간을 모든 것의 중심에 놓는 인간중심주의적 시각을 고수한다. 반면 자연을 보전하는 것은 결국 인간에게 도움이 되기 때문에 의미가 있다. 생태사회주의가 주장하는 〈인간 보편의 이익〉은 인간중심주의적 이익이다. 이런 의미에서 생태사회주의는 종차별주의적인 시각을 드러낸다. 역사의 주인은 인간 노동자다. 그러나 지구는 그 자체로 존재하며 모든 살아 있는 존재의 모태다.

생태사회주의는 〈인간에 의한 인간의 착취〉의 종식을 외친다. 이는 물론 지극히 정당하다. 그러나 19세기의 이러한 공식을 넘어, 오늘날 우리는 〈인간에 의한 모든 감각 있는 동물 착취〉에 맞서 싸워야 한다. 모든 약자에 대한 억압은 정확히 같은 논리에 기반하고 있기 때문이다. 앞서 우리는 노예제와 사육을 비교해 보았다. 역사학자이자 중국 전문가인 다니엘 엘리시프Danielle Elisseeff에 따르면 유교에서는 한 사회가 동물을 다루는 방식은 인간을 대하는 방식을 드러낸다고 한다. 또한 수십 년 동안 통치한 공산주의도, 시장 사회주의도 동물의 권리에 관심을 기울이지 않았다면, 이는 아마도 우연이 아닐 거라고 주장한다. 〈동물 세계에 만들어진 도덕적 또는 물질적 상황은 사람들이 자신의 정체성뿐만 아니라 자연에 대해 취할 수 있는 입장을 무엇보다도 분명히 드러내 준다. (……) 사실 유교적 입장은 문명이 동물을 대하는 방식과 엘리트가 평범한 사람들, 즉 지식이나 권력의 아래에 놓인 사람들을 대하는 방식 사이에 일정하게 상응하는 관계를 성립한다. 그렇기 때문에 동물이 《비-주체》인 중국에서 인간-동물의 관계는, 실제로 중국 정부가 내일 당장 필요로 하는 평범한 사람에게, 배고픈 왕이 고깃국을 원할 때처럼, 무슨 일이 일어날 수 있는지를 알려 준다. 중국에서 동물이 《비-주체》라면, 아마도 똑같은 위험이 평범한 시민을 위협할 것이다.〉

마르크스주의 사상을 현재화하는 것은 생산제일주의와 이익의 논리로 모든 감각 있는 동물에게 가해진 폭력을 고려할 때라야 적합하다. 인간과 비인간 동물의 이익을 위한 투쟁은 반드시 연결되기 마련이다. 종차별주의의 이름으로 행해지는 동물 착취는 불의와 비합리성에 근거하기 때문이다. 이것이 비인간 동물에게 허용된다면, 인간에게 가해지는 불의와 비합리성에 맞서 싸워야 할 이유는 어디에 있는가? 종차별주의자들은 인간에게 용납될 수 없다고 해서 비인간 동물에게도 반드시 똑같이 적용되지는 않는다고 대답할 것이다. 동물의 고통은 인간의 고통에 비하면 중요하지 않다. 그러나 같은 방식으로, 주주의 이익을 위해 해고당하는 대기업 노동자들의 고통은 그들을 희생시킴으로써 얻을 수 있는 사용자의 이익에 비하면 중요하지 않다고 말할 수 있다. 불의와 폭력에 대한 싸움은 보편적 투쟁으로, 피해자들의 고통은 중요하지 않다는 시각을 거부한다. 이러한 태도는 그 자체로 부당하고 폭력적이기 때문이다. 간디는 〈비폭력 원칙을 채택하면 모든 형태의 착취에서 멀어질 수밖에 없다〉고 했다.

간디는 〈비폭력 원칙을 채택하면 모든 형태의 착취에서 멀어질 수밖에 없다〉고 했다. 이것이 바로 〈반종차별주의는 21세기 마르크스주의다〉라고 하는 게 타당해 보이는 이유다.

그렇다고 반종차별주의자가 반드시 마르크스주의자라는 말은 아니다. 반종차별주의와 마르크스주의는 생각의 방향을 공유한다. 반종차별주의와 마르크스주의는 개인에 대한 모든 형태의 착취를 고발한다는 공통점을 지닌다. 현대성은 〈개인〉의 개념을 모든 감각 있는 동물 (우리가 앞서 충분히 살펴본 것처럼 인격체이다)에게로 확장하는 데 있다. 또한 반종차별주의와 마르크스주의는 개인들에게 가해진 불의와 고통은 대부분 자본주의에 책임이 있다고 본다. 언젠가 〈반종차별주의 정당〉이 생길 거라고 보는 것도 무리한 예측은 아니다. 이러한 생각은 이 글을 쓰고 있는 지금 당장은 웃음을 지어낼 수 있다. 하지만 언젠가는 상응하는 정당이 탄생할 것이고 (1984년 녹색당이 창당한 것처럼), 반종차별주의적 생각은 점차 사회 전반에 널리 확산되어 모든 정치 운동에 필수적 의제가 될 것이다.

오늘날 〈지식인〉 사회에서 부당하게 잊힌 사상가 중에 내 마음속에 특별한 자리를 차지하는 이가 있다. 이 책에서 여러 번 인용한 19세기 사상가 엘리제 르클뤼다. 그의 글은 지혜와 지성으로 가득 차 있어 언제나 심금을 울린다. 참여적 지식인이었던 르클뤼는 국제노동자협회(제1차 인터내셔널)에 가입하며 미하일 바쿠닌Mikhail Bakunin을 만나고, 그 후 아나키스트 운동에 본격적으로 참여한다. 르클뤼는 권력에 맞서 저항한 인물이었다. 그는 자유주의적 사회주의자였고, 이후 아나키스트 공산주의자가 되었다. 그는 사회적 불평등에 맞서는 모든 투쟁에 함께했다. 나다르와 크로포트킨의 친구, 과학자, 자연주의자, 지리학자, 작가, 시인이었던 르클뤼는 지식을 대중화하는 작업에 앞장섰다. 모든 사회적 투쟁(식민지 반대, 여성의 권리 신장, 관습으로부터의 해방 등)에 참여했고, 또한 반종차별주의자이기도 했다. 그는 자연에 대한 우리의 관계가 사회 진화에 영향을 미치는 방식을 탁월하게 기술했다. 르클뤼는 모든 형태의 생명체를 연결하는 연속체에 대해 정확히 이해했다. 그는 인간의 행동이 어떻게 비인간 동물의 행동에 투사되는지, 인간 또한 얼마나 자주 모방해서 행동하는지 밝힌다. 그는 우리가 자연, 특히 동물들에게 가하는 불필요하고 파괴적인 폭력들에 대해서도 정확히 기술한다. 그는 채식주의자였고, 목사의 아들로 자신을 키운 개신교 사상에 생태주의적, 인본주의적, 동물주의적 사고를 더한다. 르클뤼는 다양한 주제를 넘나들며 수많은 아름다운 글을 남겼다. 그가 우리의 〈형제들〉인 동물들과의 관계에 대해 표현한 대목을 인용하고자 한다. 르클뤼는 언젠가 우리가 식인 풍습을 그만두었듯이 돼지와 어린 양을 먹지 않는 날이 올 것이라 보았다. 그에게는 같은 논리였다. 또한 그는 인간에게 가해진 폭력과 비인간 동물들에게 가해진 폭력 사이에 불가분의 관계가 있음을 정확히 꿰뚫어 보았다.

　　중국 전쟁에서 벌어지는 모든 잔인함이 나쁜 꿈이 아니라 슬픈 현실이라는 것을 신문에서 읽을 때 우리는 놀라움을 금치 못한다! 어머니에게 사랑받고, 학교에서 정의와 선이라는 단어를 배우며 기쁨을 느꼈던 이들이 어찌 그럴 수 있는가? 중국인들의 옷과 사지를 끌어당겨 차례로 익사시키는 것을 즐기는 이들은 인간의 탈을 쓴 야수가 아닌가? 부상당한 이들에게 최후의 일격을 가하고, 총살 전에 포로에게 스스로 자신의 무덤을 파게 하는 것이 어찌 가능한 일인가? 이 극악한 살인마들은 누구인가? 그들은 우리와 같은 인간이고, 우리와 같이 공부하고, 읽었으며 형제, 친구, 아내, 약혼자가 있는 사람들이다. 그리고 조만간 우리는 그들을 만날 것이고, 그들 손에서 유혈의 흔적을 찾는 대신 그들과 악수를 나눌 것이다! 그런데 스스로를 〈문명인〉이라고 부르는 이 고문관들의 음식과 그들의 잔인한 행동 사이에 영향을 미치는 직접적인 관계가 존재하지는 않는가? 그들 역시 피가 흐르는 살코기를 피, 힘, 지능의 원천으로 찬양하는 데 익숙해졌다. 그들 역시 붉은 피로 바닥이 미끄럽고, 역겨운 피의 단내가 나는 정육점에 거부감 없이 들어간다! 소의 시체와 사람의 시체 사이에 그리 많은 차이가 있는가? 절단된 사지, 서로 뒤얽힌 내장은 매우 유사하다. 도살은 살인을 쉽게 한다. 특히 상관의 명령이 떨어지고, 멀리서 왕의 〈가차 없이 무찔러라〉라는 말이 들려올 때.

르클뤼, 『채식주의에 대하여 À propos du végétarisme』

르클뤼에게 사회주의 투쟁과 동물 권리 투쟁의 연속성을 이해하는 단 하나의 구절만 찾으라면 아마도 다음 구절일 것이다.

우리가 인간의 형상을 한 모든 사람의 행복을 실현하고, 안면각이 덜 벌어졌다는 것 외에는 우리와 다르지 않은 얼굴을 지닌 우리의 형제들을 모두 죽음에 이르게 해야 한다면, 우리는 우리의 이상을 결코 실현하지 못할 것이다. 나로서는 사회주의 연대의 감정에 동물들도 함께 포함한다.

르클뤼, 『리처드 히스에게 보내는 편지 Lettre à Richard Heath』

생태사회주의에 대한 비판을 마무리하기 전에 세 번째 한계를 짚어 보자. 생태사회주의는 시장 가치에 대해 사용 가치를 회복시켜야 한다고 강조한다. 그러나 자연의 〈내재적 가치〉, 즉 인간에 대한 유용성과는 무관하게 그 자체로 존재하는 자연의 본질적 가치는 생태사회주의자들의 관심 밖에 있는 것 같다. 현대 생태학인 **생태 중심주의** 또는 **생명 중심주의**에서 자연은 그 자체로 가치가 있다.

심층생태학과 근본생태학

다이애나 로스Diana Ross의 두 번째 남편은 아르네 네스였다. 그는 부유한 노르웨이 사업가이자 산악인이었다. 1985년 열일곱 명의 산악인들과 함께 에베레스트 정상 등반에 성공했고, 2004년 70세의 나이에 남아프리카 공화국에서 등반 사고로 사망했다. 이 정보로 우리는 상대적 관심을 갖게 되는데, 우리가 주목하는 대상은 사실 이 아르네 네스가 아니라 바로 그의 삼촌이자 노르웨이 철학자인 아르네 네스이기 때문이다. 그 역시 2009년 등반 사고로 96세의 나이에 세상을 떠났다. 그는 〈산에는 내게 없는 의연함, 기개와 같은 모든 속성이 있었다. 산은 오만함이나 교만 없이 이 모든 것을 드러냈다〉고 말년에 회고한다. 네스에게 산은 사람들에게서 벗어난 은신처였다. 〈거칠지만 갈등이 없는 곳. 인간의 무리에는 언제나 불화가 존재한다. 산은 험하지만 다툼이 없는 곳이다.〉 나치에 저항한 레지스탕스, 평화주의자, 피아니스트(쇼펜하우어, 니체, 슈바이처에게처럼 네스에게도 음악이 함께했다), 스피노자와 간디 사상의 영향을 받은 철학자인 그는 평생을 자연 가까이에서 살았다. 그가 〈생태철학〉을 발전시키며 말년을 환경운동에 헌신한 이유도 여기에 있다. 〈생태철학〉은 지구에 대한 인간의 행동과 관련한 철학과 지혜를 담은 네스의 생태주의 사상이다. 그가 지혜라 말하는 것은 단지 과학에만 기대는 것이 아니라 정치적 의사 결정의 결과에 대한 연구도 포함한다. 네스는 레이철 카슨Rachel Carson의 『침묵의 봄Silent Spring』에서 큰 영향을 받았다.

1962년 출간된 『침묵의 봄』은 미국의 모든 환경주의자에게 절대적 참고문헌이 된 저서다. 이 책은 살충제가 환경과 건강에 미치는 영향을 처음으로 고발하며 환경 운동의 기폭제가 되었고, 책이 출간되고 몇 년 후 미국에서 DDT 사용은 금지되었다. 〈지난 25년 동안 (······) 인간의 개입은 놀랍게 증가하며 점점 더 심각한 수준으로 치달았다. 인간은 실제로 대기, 토양, 강 및 바다에 위험하고 치명적인 물질을 퍼뜨리며 오염시키고 있다. 이러한 오염은 대부분 생명이 먹이를 취하는 곳뿐 아니라 생명체 내부에서도 치명적인 손상의 연쇄를 유발하므로 아무런 대책이 없다.〉

네스는 70년대 초반 **표층생태학**을 비판하며 **심층생태학** 이론을 내세운다. 그는 간디의 비폭력 저항 운동과 스피노자의 범신론을 모태로 심층생태학 이론을 발전시키며 생태학 사상에 전기를 마련한다. 그는 자연 곳곳에 신이 존재하고, 세상에 존재하는 모든 생명체는 인간과 대등한 고유 가치를 가지며, 따라서 인간 중심의 세계관을 벗어나 생명 중심으로 나가자고 말한다. 또한 네스의 삶의 방식과 철학은 소로를 계승한다고도 볼 수 있다.

표층생태학은 환경오염과 자원 고갈에만 관심을 둔다. 또한 지구 온난화의 주범이 되는 이들에게 환경에 초래하는 피해를 제한하도록 촉구한다. 하지만 그 원인을 야기하는 시스템 자체에는 문제를 제기하지 않는다. 표층생태학은 절제하고 피해를 완화할 방법을 찾는다. 마치 통증을 호소하는 환자에게 의사가 원인을 밝혀 치료하기보다는 진통제만 처방하는 것과 같다. 표층생태학은 피상적으로 접근하기에 현재 정책에 대한 신뢰할 만한 대안을 제시하지 못한다. 물론 사회 운동 모델의 완전한 개혁을 제안하며 야심찬 정책을 내놓는 **녹색당** 활동가들이 있지만, 지난 30년 동안 이들이 공식적으로 주장하는 생태주의는 제한적이었다. 녹색 아이디어를 표명하는 정치인들은 급진적 주장을 잘 내놓지 않는다. 자신들이 목표하는 지위에 선출되지 않을까 두려워하기 때문이다. 프랑스 정치생태학의 주요 인물들이 공식 석상에서 동물권, 채식주의나 비거니즘, 출생 제한, 경제적 자유주의 거부에 대해 말하는 것을 들어 본 적이 있는가?

표층생태학(또는 **소프트 생태학**)은 언제나 인간을 주요 기준으로 상정하며 인간중심주의적 전통을 고수한다. 지구를 보존하려는 이유는 지구에 거주하는 인간 종을 살리기 위해서다. 프랑스에서 가장 유명한 생태주의자인 니콜라 윌로가 〈인류의 미래〉를 걱정하며 동물의 지위에 대해서는 말하지 않고 동물 사육을 지지하는 것은 우연이 아니다.

표층생태학이 제안하는 것은 인간이 조용히 태닝할 수 있는 정원을 보호하고, 인간에게 유용하도록 생태계를 보전하는 것이다. 그러나 이 정원에 살고 있는 비인간 **개체들**의 삶은 중요하지 않다. 고래 또는 곰의 **개체수**는 보존해야 하지만, **특정** 고래나 곰을 보호할 필요는 없다. 이는 마치 어딘가에서 재앙으로 인해 인구 1,000명이 죽을 때, 다른 1,000명의 인간으로 그 장소를 다시 채우면 된다는 논리와 같다. 모든 것이 숫자와 관련되어 있기에 이는 산술적 생태학이다. 얼마나 많은 CO_2가 배출되었나? 생태계의 건강을 유지하기 위해 동식물 종의 개체수는 얼마나 유지되어야 하는가? 환경 문제가 **기술적**으로 해결될 수 있다고 생각하는 한, 표층생태학은 기술적 생태학으로 규정될 것이다. 소프트 생태학은 〈오염을 줄이고 소비량을 줄이는 방법을 찾아보자〉고 말한다. 생명이 자원으로서 자격을 갖는 한, 인간에게 가져올 이익의 가능성에 따라 보존되어야 하는 한, 생명체에게는 **도구적 가치**가 부여된다. 지구 온난화에 맞서 싸워야 하는 이유도 바로 인간을 위협하기 때문이다.

한편, 심층생태학은 패러다임 자체를 바꾸자고 제안한다. 인간중심주의적 논리는 포기한다. 인간은 더 이상 핵심 요소가 아니며, 각 요소가 다른 요소와 연결된 훨씬 더 큰 집단을 형성한다. 그리고 무엇보다 자연은 그 자체로 **본질적인 가치**를 지닌다. 즉, 모든 형태의 생명은 살 권리가 있기 때문에 인간이 그로부터 끌어낼 수 있는 이익에 따라서가 아니라 그 자체로 존경받을 가치가 있다. 네스에게 〈단순하고 열등하고 원시적이라 불리는 식물, 동물종은 근본적으로 생명의 다양성과 풍요로움에 기여한다. 그들은 그 자체로 가치가 있으며, 우월하거나 이성적인 생명체의 형태로 나아가는 단계가 아니다〉.

따라서 **인간중심주의**는 **생명중심주의**로 대체된다. 생명중심주의에서 모든 생명체는 인간과 똑같은 고유 가치가 있으며, 가장 원시적인 생명체에게도 도덕적 가치가 부여된다. 자연은 더 이상 인간을 위한 이용 대상이 아니다. 자연은 상호 연결된 개체들의 복잡한 전체로, 이를 구성하는 모든 요소는 그 자체로 가치가 있다. 심층생태학은 **산술적 생태학**이 아닌 **형이상학적 생태학**

이다.

네스는 스칸디나비아의 중요한 사상가다. 하지만 프랑스에서 그는 제대로 알려져 있지 않다. 심층생태학은 신비주의적 경향으로 제시되기도 한다. 또한 지금까지 서구의 철학적·정치적 구상들의 모든 사고 체계와 대조를 이루기에 의심을 불러일으키기도 한다. 그러나 심층생태학은 우리에게 성찰의 방향을 제시한다. 네스는 데이비드 로텐버그David Rothenberg와의 인터뷰에서 다음과 같은 일반적인 원칙을 제시했다.

1. 지구상의 모든 인간과 비인간 생명체의 안녕과 자기실현은 그 자체로 가치가 있다. 모든 생명체의 내재적 가치는 인간의 필요를 위한 비인간 세계의 유용성과는 무관하다.

2. 생명체의 풍요로움과 다양성은 이러한 가치의 실현에 기여하며 그 자체로 가치 있다.

3. 인간은 생명에 필수적인 필요를 충족시키는 것을 제외하고는 이러한 풍요로움과 다양성을 줄일 권리가 없다.

4. 생명체와 인간 문화의 번영은 인구수의 실질적인 감소와 양립 가능하다. 비인간 생명체의 발전은 그러한 감소를 요구한다.

5. 비인간 세계에 대한 인간의 개입은 과도하며, 상황은 급속하게 나빠지고 있다.

6. 공공 정책은 바뀌어야 한다. 이러한 변화는 근본적으로 경제적·기술적·이데올로기적 구조에 영향을 미칠 것이다. 그 결과 현 정치 조직과는 근본적으로 다른 정치 조직이 나올 것이다.

7. 이데올로기적 차원에서 변화는 더 높은 삶의 수준을 고집하기보다 삶의 질을 우선적으로 평가하는 능력에 있다. 그러면 누구나 양과 질의 차이를 본질적으로 인식하게 될 것이다.

8. 위의 사항에 동의하는 사람들은 직·간접적으로 필요한 변화를 실현하고자 참여한다.

네스가 정립한 원칙들에 나는 전적으로 동의하며, 이로써 수많은 개별적 방안들이 나올 수 있다. 심층생태학이 자유와 황야의 철학이라고 해도, 모든 인간이 도시의 집을 버리고 숲 한복판에 오두막을 지을 필요는 없다. 물론 네스는 노르웨이 산중 고원에 있는 자신의 오두막에서 보내는 고독을 사랑했다. 그러나 그는 그러한 삶의 방식을 다른 사람들에게 강요하지는 않았다. 다만 쓸데없는 사치를 피하는 것이 〈생태학적 지속 가능성〉을 달성하기 위한 목표라면 이를 성취하는 다양한 방법들이 존재한다고 말한다.

네스는 인구통계학적 제한이 필요하다고 말한다. 이 때문에 때로 그는 위험한 반인간주의자로 묘사되기도 한다. 하지만 이는 잘못된 해석이다. 네스의 생명 존중 사상은 간디나 슈바이처의 것과 같은 맥락이다. 〈우리는 모든 생명체가 인간과 가치가 같으며 수량화될 수 없는 본질적인 가치를 지닌다고 말하지 않는다. 모든 생명체는 살고 번영할 권리가 있다. 내 아이의 얼굴에 붙은 모기를 죽일 수는 있지만, 나의 살 권리가 모기보다 우월하다고 말하지는 않을 것이다.〉 네스는 다른 종보다 인간에게 우선순위를 부여한다. 〈어떤 종의 마지막 개체를 죽이거나 열대 우림에 남은 최후의 땅 한 뼘을 파괴하지 않고는 굶주림으로 죽어 가는 자신의 아이를 살릴 다른 방법이 없다면, 아이의 아버지는 그렇게 할 것이다. 이에 대해서는 의심의 여지가 없다.〉

심층생태학은 때로 개인에 대한 부정으로 소개되기도 한다. 모든 사람이 살아 있는 세계와 교감하기 위해 개인의 이기주의적 특권들을 포기해야 하기 때문이다. 그러나 여기에도 오해가 있다. 반대로 네스는 개인의 **자기실현**을 주장한다. 그리고 개인의 자기실현은 우리를 자신과 분리시키는 사회적 강요들에서 해방될 때 가능하다. 자기실현은 세상에 대한 이타심과 공감으로 이뤄진다. 동물종 서로 간에, 동물과 나무, 시내, 산을 연결하는 관계에 대한 인식으로, 네스는 지난 시대의 계층적이고 지리학적인 시각을 넘어서 우리 정체성에 대한 새로운 정의를 제안한다. 우리의 정체성은 국적이 아니라 자연성에 있다.

심층생태학이 진보를 거부한다고 보는 것 또한 잘못된 시각이다. 네스는 〈기술은 필수적이다. 우리는 기술에 반대할 수 없다〉고 분명히 말한다.

〈내재적 가치〉는 칸트의 개념에 따라 그 자체로 목적성이 있는 모든 존재는 〈존엄성〉을 지닌다고 본다. 환경 윤리는 인간중심주의적 입장을 부정하고, 살아 있는 모든 것에 내재적 가치를 부여한다. 살아 있는 유기체 모두 자신의 존재를 유지하고 발전하기를 추구한다는 사실에 기초하여 동물이나 식물이든 모든 생물체는 그 자체가 목적이며 본질적인 가치라고 말한다.

심층생태학은 이를 신비주의적 이데올로기로 치부하며 두려워하는 이들에게 비난받기도 한다. 그러나 심층생태학은 우리가 살고 있는 세계의 유기적·화학적·생물학적 현실에 대한 진정한 인식이다. 또한 우리의 사회적 규범을 지배하는 낡은 미신과 비합리적 경향, 즉 돈과 사회 권력의 숭배, 자연에 대한 인간의 외재성, 죽음에 대한 부정, 종교적 텍스트나 축구장에 등장하는 가상의 신에 대한 숭배를 비판한다. 오늘날 인간에게는 다른 종을 넘어서는 신성함이 있으며, 이는 지구를 건설하고 파괴하는 인간의 능력과도 관계된다. 그러나 이 신성함은 비인간 사촌종에 대한 우월성이나 성경의 하나님이 피조물을 지배하듯 인간이 그들을 지배할 수 있다는 확신으로 여겨져서는 안 된다. 인간은 다른 종을 창조하지 않았을뿐더러, 다시 말하지만 그들은 우리의 사촌들이다. 그들은 모두 우리처럼 신성함을 지니고 있다. 또한 우리가 가진 추가적 힘은 우리가 비인간 생명체에 대해 더 큰 책임감을 지니는 것이다. 오늘날 우리가 지구상에 살아가는 다른 존재를 죽이기는 쉽다. 그러나 우리는 윤리에 따라 우리에게 달린 존재들을 돌봐야 한다. 우리는 다른 모든 생명을 지키고 보호하려는 의식적인 선택으로 우리 안의 신성함을 실현한다. 심층생태학은 정치적 영역에서 생태학을 표명하는 이들에게 사유의 기초가 되어야 할 것이다.

네스의 생태철학에 다만 한 가지 미흡하다고 생각하는 부분은 생태철학이 **환경중심주의**로 들릴 여지가 있다는 점이다. 이는 개별 생명체들의 내재적 가치보다 〈생물 공동체〉 전체의 가치에 중점을 두기에 그럴 것이다. 네스는 모든 개체의 가치에 대해 말하며, 동물, 식물 및 생태계에 대한 우리의 도덕적 의무를 넓히려고

하지만, 비인간 동물에 대한 인식의 법률적 전환에 대해서는 특별히 관심이 없다. 그는 무엇보다 심층생태학을 세계에 대한 개인의 영적 관계인 **존재론**으로 간주한다. 그에게 윤리는 부차적이다. 네스는 이를 분명히 말한다. 〈나는 윤리나 도덕에 관심이 없다. 내 관심사는 우리가 세상을 경험하는 방식이다. (……) 생태학이 근본적인 이유는 우리의 근본적 신념에 기반을 두고 있기 때문이지, 우리의 윤리적 신념과 연관되어 있기 때문만은 아니다. 윤리는 우리가 세상을 경험하는 방식의 결과다. 이 경험을 언어화하면, 그것은 철학이나 종교다.〉 따라서 네스의 심층생태학은 기본적으로 영적 차원이며, 사회 구성에서 모든 생명체에 대한 존중을 실현하는 구체적 결과에 대한 성찰은 빠져 있다. 같은 논리에서 그는 평화와 사회 정의의 문제를 심층생태학의 논의에서 다루고 있지 않다. 그에게서 나오는 생태주의 운동은 오늘날 보충되어야 할 것이다.

생태학적 사고는 환경 윤리, 동물 윤리 그리고 인류의 윤리인 사회적 평등을 위한 투쟁과 만나고 결합되어야 한다. **근본생태학**은 정치적·민주적 혁명을 요구한다.*

---

* 환경중심주의 역시 자연에서 인간의 자리를 재고하며, 인간을 다른 종들 가운데 하나의 종으로 간주하지만, 여기서 중요한 것은 종 전체와 생태계의 관계다. 개별 구성원들은 그 자체로 의미를 지니지 않는데, 왜냐하면 그들이 속한 집합의 위치에 그 가치가 달려 있기 때문이다.

7장
생태 민주주의를 위해

생명체 공화국 구상하기

동물 권리 옹호론자들은 오랫동안 다른 사회적 이슈에는 관심 없는 감상주의자처럼 받아들여졌다. 어쩌면 때때로 그랬을지도 모르겠다. 하지만 이제 그런 시대는 지났다. 앞서 살펴본 것처럼 반종차별주의는 더 나은 인류를 위한 운동으로, 인간을 사회적으로 그리고 비인간 동물을 물리적으로 해치는 부당한 논리를 극복하기 위한 투쟁이다. 따라서 반종차별주의는 동물 세계에만 그치지 않는 성찰이 되어야 한다. 반종차별주의의 목표는 사회를 구성하는 공동체를 전면적으로 재검토하는 것으로, 근본생태학이 구체적으로 적용된 하나의 형태다. 또한 미래의 시간적 가치를 붙잡기 위해 사회의 모든 구성원이 표현할 수 있는 수단을 마련하는 것이다.

근본생태학은 **생태 민주주의**를 확립하고자 한다. 생태 민주주의는 살아 있는 모든 생명체에게 의견을 표현할 수단을 부여하고 이들을 고려하는 확장된 민주주의다. 여기서 〈표현〉이라는 용어는 넓은 의미로 해석되어야 한다.

1. 모든 사람이 자신의 의견을 표명하고 정치적 결정에 영향을 미칠 가능성. 즉, 개인에게 권력을 되돌려 주는 것을 말한다.
2. 각자 자아를 실현하며 자신의 존재를 가장 잘 표현할 가능성. 즉, 자기실현의 성취를 말한다.
3. 모든 생명체가 자신의 〈생의지〉를 표현할 가능성. 모든 종은 생태적 균형이 가능한 범위에서, 자신에게 고유한 최적의 조건에서 존재할 권리를 지닌다. 이는 인간이든 비인간이든 모든 생명체의 존재할 권리를 말한다.

생태 민주주의의 확립은 새로운 공화국을 건설하는 구성 의회를 거친다. 이러한 프로젝트를 〈생명체 공화국〉이라 부를 수 있다. 생명체 공화국은 다음의 두 가지 기본 원칙 위에 구상되어야 한다.

- 생명체의 이익을 고려하고 법률 및 정부 결정의 장기적 결과를 표명할 의회를 설립한다.
- 이 의회에서 비인간 동물의 이해를 표현할 감각 있는 비인간 동물의 대표자를 지정한다.

진정한 민주주의 구축하기

프랑스는 민주주의 사회인가? 외형적으로는 그렇다. 단지 외형적으로만. 이러한 주장에는 논란의 여지가 있다. 특히 프랑스인들이 누리는 자유와 북한, 벨라루스, 사우디아라비아 혹은 지구상의 수십억 인구가 누리는 자유와 비교하면 더욱 그럴 것이다. 하지만 몸이 아픈데도 말기 시한부 환자와 비교하여 스스로 건강하다고 위로하는 것은 아무런 의미가 없다.

우리는 물론 투표를 하고, 민주적 절차대로 대표자를 선출한다. 이 메커니즘이 그 자체로 한 사회의 민주주의를 보장하지는 않는다. 주기적으로 투표를 하지만 독재적인 나라들도 있다. 진정한 민주주의는 우선 언론, 조합, 결사체와 같은 자유로운 견제 세력들이 필요하다. 또한 진정한 민주주의는 시민 모두의 의견이 존중되고 수렴되어야 한다. 그러나 오늘날 프랑스에서 이는 불분명하다. 최근의 여러 상황이 이를 증명한다. 유럽헌법조약ECT의 경우를 보자. 2005년 국민투표에서 55퍼센트의 프랑스인들이 거부 의사를 밝혔으나 2년 뒤 유럽의회는 약간 다른 형태의 리스본조약Treaty of Lisbon을 채택했다. 게다가 프랑스 의회는 국회의원 구성이 비율적으로 선출되는 것을 거부하는 이상한 민주주의다. 2012년 국회에는 대선에서 18퍼센트를 획득한 정당에 고작 의석 두 개가 부여되었고, 대선에서 겨우 2퍼센트를 넘긴 다른 당은 선거 연합에 성공함으로써 18석을 확보했다. 더구나 어떤 정치인의 활동이 불만족스러웠음에도 학벌에 따라 지지받거나 집안 대대로 전해 내려오는 정치적 선택에 따라 유권자들이 습관적으로 지지하는 일도 허다하다. 우리는 〈그가 썩 마음에 들지는 않지만, 다른 후보는 더 최악일 것이다〉라고 말하며 어떤 정치인을 찍는다. 하원 의원, 상원 의원, 장관들의 프로필은 또 어떤가? 인구에서 중요한 비중을 차지하는 노동자나 실업자가 국회에 있는가? 이들은 인구의 상당 부분을 구성하지만 대표되지 않는다. 현 시스템은 이들에게 가능성을 주지 않기 때문이다. 이는 좋은 민주주의의 징후가 아니다. 새로 구축된 민주주의에서는 이런 일이 없어야 한다.

프랑스 제5공화국은 국민을 실질적으로 대표하는 데 실패했으며, 출세 지향주의를 낳았고, 그들이 대표해야 할 시민들의 이익을 대변하지 않는 뻔뻔한 기회주의적 정치인들을 수 세대에 걸쳐 양산해 왔다. 연이은 정부들에서 좌파든 우파든 선출직 공무원과 장관 대부분은 앙시앵 레짐의 무의식적 사고를 끊임없이 고수해 왔다. 겸손함이란 모른 채 자신들에게 부여된 책무와는 상관없이 유권자 위에 군림하며 흡사 전제 군주처럼 행동한다. 물론 좌우를 막론하고 공동체의 이익에 봉사하며 책임감을 지닌 인물들이 있긴 있다. 하지만 〈시스템〉에서 이들은 언젠가 타협하고 포기해야 한다. 따라서 우리는 이와 같은 모순을 해결할 규칙을 마련해야 한다. 선출직 공무원들은 우리에게 의무를 진 자들이다. 그들은 국민에게 권한을 위임받아 고용된 자들이다. 아무도 선출직 공무원들에게 직위를 강요하지 않았다. 그들은 그 일을 자원했고, 그들의 소망을 이루도록 해준 국민과 운명에 감사해야 한다. 우리의 사이비 민주주의의 불행은 돈과 권력을 갈망하는 출세 지향적 직업 정치인들을 낳았다는 것이다. 한 사람이 20대에 〈언젠가 대통령이 되고 싶다〉고 말한다. 그리고 20~30년 후 실제로 대통령이 된다. 이는 민주주의의 이상적 징후가 아닌가? 이제 직업적 정치인들은 사라져야 한다. 스스로를 대표할 뿐인 이들에게 각료직이 제공되지 않도록 한다. 야합, 유착, 복권, 부적격은 사라져야 한다. 우리 헌법 제도의 군주제적 성격은 직접 보통선거에 의해 천운이 정한 대통령이라는 인물을 선출함으로써 더욱 강화된다. 우리 헌법은 반세기 전 샤를 드골이라는 한 사람을 위해 쓰였다. 상황은 바뀌었고, 인물과 쟁점 역시 달라졌으며, 오늘날 행정부 수반에게 부여된 제왕적 권한은 시대착오적이다.

민주주의의 행사를 방해하는 다양한 기능 장애를 수정하는 것은 **생태 민주주의**의 수립을 위한 전제 조건이다. 프랑스 민주주의의 불가피한 개혁을 위해 몇 가지 사항을 고려해 볼 수 있다.

- **공화국 대통령의 지위를 없앤다.** 국민 전체의 의사 결정 권한이 오직 한 사람에게 달렸다는 것은 매우 비합리적이다. 대통령은 50.01퍼센트의 지지로도 당선될 수 있다. 그럼에도 그가 원한다면 국민의 생각을 전적으로 무시한 채 원하는 대로 결정할 수도 있다.

- **국민소환제**, 즉 선거에 의해 선출된 대표 중에 유권자들이 부적격하다고 생각하는 사람은 임기가 끝나기 전에 파면할 수 있어야 한다. 자유주의자, 신자유주의자, 사회-자유주의자, 사회민주주의자, 자유-민주주의자 또는 신-사회주의자(결국 같은 것

을 주장하는 이 모든 노선 사이에서 우리는 갈피를 잃었다), 이들은 결국 모두 정규직이 점차 사라지고 해고가 쉬워지는 것에 찬성한다. 이들은 고용주가 원한다면 피고용자를 해고하는 걸 지지한다. 이 논리대로라면, 대통령, 국회의원 및 지방 선출직 공무원들도 그들의 임기 중에 국민이 원할 때 해임될 수 있어야 한다.

- **선출직 공무원의 업무를 통제할 기구를 설립한다.** 헌법은 선출직 공무원의 공약과 실천 사이의 적합성을 평가하는 시민위원회 소집을 허용해야 한다.

- **겸직 금지 원칙을 더욱 강력하게 도입한다.**

- **선출직 공무원의 단임제를 도입한다.** 이는 직업적 정치 활동 및 직무 능력 저하를 막고, 특히 재선에 대한 염려로 정치적 결단을 내리지 못하는 상황을 방지한다.

- **정치의 직업화를 막는다.** 선출되기 위해서는 일단 직업이 있어야 한다. 선출된 사람은 일시적으로 그 일을 그만두겠지만, 임기가 끝나면 직업을 되찾을 것이다. 정해진 코스를 밟은 정치 엘리트들이 모든 권한직을 점유하는 것을 막고, 일반 국민의 세부적인 사회문화적 현실을 고려하고 반영한 정치가 구현되도록 한다. 선출직 공무원이 더 이상 획일화된 정치 교육기관에서 양성되어서는 안 된다. 정치에 변호사나 고위 관료는 너무 많은 반면, 교사, 간호사, 노동자, 연구원이나 사회복지사는 충분하지 않다.

- **정치에 새로운 윤리 조건을 마련한다.** 올바른 민주주의를 위한 내적 도덕 규칙이 결코 위반되어서는 안 된다. 모든 형태의 편의,

부정부패는 엄중히 처벌되어야 한다.

- **백지투표에 실질적 권한을 부여한다.** 투표자의 50퍼센트가 백지투표하면 선거는 무효가 되고, 후보자 중 누구도 선출되지 않는다.
- **정보와 지식 공유의 민주주의를 형성한다.** 현안이나 분야를 막론하고 모든 시민에게 정보 자원에 자유롭게 접근할 기회가 보장되어야 한다.
- **전문가들이 정치적 결정에 실제로 참여하게 한다.** 과학자, 사회학자, 철학자 및 다양한 전문가의 조언이 모든 정치적 결정에 영향을 미치도록, 전문가들의 공의회를 마련해야 한다.
- **정치적 토론의 조건을 재정의한다.** 선거 외에도 시민들의 의견 수렴 공간을 다양화하여 직접 민주주의를 구현해야 한다. 조사위원회의 기능이 활성화되도록 재고해야 한다. 위원회 창설 및 국민투표로 공항이나 댐 건설과 같은 구체적 사회기반시설 계획 또는 외국인 투표권이나 급식에서의 채식 대안 의무제와 같은 정치적 현안들에도 국민의 의견이 직접 반영되도록 해야 한다.
- **정치적 토론의 성격을 재정의한다.** 나는 이 부분을 좀 더 자세히 말하겠다.

40년 동안 지속된 경제 위기는 두려움을 조장했다. 피고용자들은 일자리를 잃게 되면 새로운 일자리를 찾지 못할까 두려워하며 점점 항의보다는 침묵을 받아들였다. 설상가상으로 노조는 노동권을 제대로 지킬 능력을 모두 잃었다. 이제 더 이상 영웅주의 시대가 아니다. 이상이 현실을 주도하지 못한다. 공동체의 가치를 고려하기 이전에 각자도생할 방안을 찾는다. 누군가는 프랑스가 가진 표현의 자유를 부러워하겠지만, 정작 그 건강평가서를 펼쳐 본다면 뭐라 말할 수 있을까? 프랑스에서는 비판하고, 항의하고, 이의를 제기하고, 저항해도 다행히 감옥에 가진 않는다. 그러나 표현의 자유가 이만큼 허용되었다고 해서 참신하고 독창적인 사유가 나오지는 않는다. 물론 정치적 노선들은 다양하고, 각자 제 목소리를 낸다. 그러나 실제로는 방법론적인 차원에 머물면서 각자의 주관이나 이익에 따른 논쟁을 주고받을 뿐, 정치력 역량이 제대로 발휘되는 토론은 부재한다. 예컨대 잠재적 유로화 탈출, 기업에 대한 지원 수준, 기대 수명 연장을 고려한 퇴직 연령 증가, 지속적 성장 창출 방안 등은 그 자체로 우리가 구축하려고 하는 세계에 대해 별로 말하는 바가 없다. 이는 관리경영의 방법론적 세부 사항일 뿐이다. 정치가 정말로 다루어야 할 인류의 향방이 달린 문제들은 정작 논의되지 않는다. 지구의 폭발적 인구 증가를 감당할 수 있는 새로운 모델은 무엇인가? 전산화·로봇화로 인해 일자리의 상당 부분이 사라질 거라는 예상에 대한 대책은 무엇인가? 고기 소비를 줄이려면? 자유 시간이 보장되는 사회를 준비하려면? 성장 신화를 대체하려면? 정당 간에 대립되는 논쟁이 대부분 세부 사항에 그치고, 인류의 미래를 논하는 토론이 부재하는 이유는 어디에 있는가. 이는 과두정치에 있다. 국가의 지배권을 잡은 소수의 특권층은 자신들의 권력을 보존하기 위해 헤게모니를 위협하는 의견이 나오지 않도록 부단히 영향을 미친다.

우리는 〈내가 하는 일이 정말 맘에 들지는 않지만, 그래도 먹고살아야 하니까!〉라는 말을 얼마나 자주 듣는가? 대다수의 사람이 느끼는 이런 직업적 불만족 역시 민주주의의 실질적 문제다. 사회는 원래 이런 식이고 모두를 만족시키는 것은 불가능하다고 말하는 것은 정당하지 않다. 이런 주장은 자신들이 선택하고 차지하는 자리에 만족스러워하는 소수의 논리다. 우리 사회가 실제로 행복을 나누지 않기로 결정했으므로 이들은 대부분 타인의 불행 위에 번영한다.

정치적 시간, 다시 생각하기

2014년 1월 20일 독일 다름슈타트에 있는 유럽우주국ESA 관계자들이 환호성을 질렀다. 10년 전 쏘아 올린 혜성 탐사선 로제타Rosetta가 동면에서 깨어나 신호를 보내온 것이다. 로제타는 태양광 에너지로 움직이기 때문에, 태양 궤도에서 멀어진 2011년 6월부터 동면에 들어가 31개월 동안 모든 신호의 송수신을 중단했다. 2004년 발사된 이후 로제타는 태양 주변을 타원형으로 돌며 70억 킬로미터의 우주를 여행했고, 다시 태양 쪽으로 접근하며 직경 4킬로미터의 혜성에 착륙하는 데 성공했다. 지구에서 쏘아 올린 작은 로봇이 10년의 우주여행 끝에 수억 킬로미터 떨어진 행성에 도착했다는 것은 우리에게 무엇을 말해 주는가? 장기적 시각에서 보면 우리는 예상치 못한 결과를 얻는다. 그렇다면 현재 우리의 선택들이 다음 세기에 가져올 악영향에 대해서도 고려해야 한다. 또한 우리는 예측 불가능성에 대한 책임도 져야 한다. 즉, 우리가 실행하는 일들이 정확히 어떤 영향을 낳을지 모른다는 사실(예를 들어, GMO)도 기꺼이 고려해야 한다. 이는 정치적 행위의 시간을 다시 생각하게 한다.

우리는 기꺼이 장기적 시각에서 보고 정치적 행위의 악영향을 완화하거나 미연에 방지하려는 생각을 하지 않는다. 이는 주로 두 가지 이유 때문이다. 오염은 눈에 보이지 않지만 천천히 그리고 조용히 진행된다. 오염에 노출된 이들은 대부분 이를 인식하지 못한다. 아침에 집을 나설 때, 누구도 지구 온난화, 생물 다양성 손실 또는 현저한 대기 오염으로 직접적인 피해를 입지는 않는다. 다들 빙하가 녹고, 해수면이 상승하고, 사막화가 진행되고, 기후 난민에 대해 말하지만, 직접적인 피해자가 아닌 한 이로 인해 개인적 불편을 겪지는 않는다. 또한 오늘날 진행되고 있는 오염은 우리가 사라지고 미래 세대로 대체되었을 때 심각한 결과를 초래할 것이다. 사람들은 무의식적으로 미래 세대가 알아서 해결할 것이라고 생각한다. 〈오늘날 우리는 우리의 문제가 있고, 내일의 문제는 그들이 알아서 할 것이다.〉 사실 대부분의 사람은 각자 자신에게 처한 문제에만 집중한다.

이런 상황에서는 정치인들에게 많은 것을 기대하기 어렵다. 그들은 장기적 전망도 부족하고, 그들 역시 자신에게 당면한 정치적 과제에 따라 움직이기 때문이다. 첫째, 정치인들은 시민의 실생활과 관련된 분야(실업, 연금, 교통 등)에서 즉각적이고 가시적인 결과를 내고자 한다. 둘째, 정치인들에게는 재선이 최우선 과제다.

그리고 재선에 성공하려면, 첫 번째에 성공해야 한다. 대개 첫 번째에 실패해 정치적으로 교체된다. 그러나 이러한 〈교체〉는 단지 정치적 구성의 변화만을 가리키며, 기존에 실행되고 있는 정책 자체에는 전혀 변화가 없다.

정치인들의 이와 같은 두 가지 우선순위는 장기적으로 바람직하지 않다. 물론 정치인들이 서둘러 그를 임명한 국민의 삶을 개선하는 것은 당연하고 꼭 필요하다. 실업자는 가능한 한 빨리 일자리로 돌아갈 수 있도록 정부가 해결책을 내놓기를 기대한다. 고립된 마을 주민들은 사회기반시설이 제대로 정비되어 고립된 상태에서 하루빨리 벗어나기를 바란다. 정치인들은 국민의 일, 주거, 의복, 음식, 교통 또는 여가와 같은 필수적이고 즉각적인 욕구를 충족시켜야 할 의무가 있다. 소비에 기초한 사회에서는 모두가 구매력이 올라가기를 기대한다. 그러나 가시적으로 양적 결과를 내는 데에만 치중한 나머지 지난 정부들에서는 산발적 임시 방편들로 실적 부풀리기에 급급했다. 정부 지원 일자리를 창출하고, 구직 센터 행정 절차를 바꾸고, 비록 환경에 해를 끼치더라도 고용을 창출하는 분야를 지원한다. 서둘러 임시 해결책을 내놓고, 더 나은 미래를 구축하지 않는다 해도 별로 상관없다. 2011년 3월 일본 후쿠시마 재해는 이를 단적으로 드러냈다. 우리는 스리마일섬의 원자로 사고와 체르노빌 방사능 유출 사고에서 진작에 원전 사고의 심각성과 탈핵에 대한 국제적 인식을 충분히 불러일으켰어야 했다. 실제로 전 세계가 엄청난 충격에 휩싸였다. 일본은 원전을 완전히 중단하지는 않았지만, 에너지 정책 변화를 발표하며 미래의 대안을 향해 나아가고 있다. 독일은 탈원전을 결정했다(독일에는 원전이 많지 않았다). 그러나 중국은 2030년까지 원자로를 110개로 늘릴 예정이다. 원전 강국인 프랑스는 아무 일 없었다는 듯 일관하고 있다. 가장 노후한 원전은 중단할 계획이나 막대한 비용을 들여 플라망빌에 신형 EPR 원전을 건설 중이다. 그리고 2015년 10월, 영국에 200억 유로 이상의 EPR 원전을 수출했다고 자랑한다. 당장 중요한 것은 바로 계약과 수출이다. 그러나 제대로 통제되지 못하는 이와 같은 핵발전 기술에 따르는 위험은 어찌할 것인가? 모든 원전은 잠재적 재앙이다. 그럼에도 프랑스에서 선출되고 있는 지도자들은 꿈쩍도 하지 않는다. 생태주의 정치 대표자들도 그렇다. 지난 수십 년 동안의 정부들처럼 원전에 찬성하는 정부에 협력하기로 한 것이다.

이는 책임 있는 태도가 아니다. 국민의 대표자들은 멀리 내다보아야 한다. 과감한 개혁을 용기 있게 실행하고, 비록 그 효과가 몇 년 후에야 비로소 나타나고 그사이 과도기를 거치더라도 결단력 있게 추진해야 한다. 정부가 취하는 조치들에 대해 장기적 시각에서 그 영향을 따져 봐야 하지만, 모든 것은 조급하게 진행되고 즉각적이고 가시적인 결과로 결정된다.

정치적 토론에서도 장기적 시각은 결여되어 있다. 기후 변화에 관한 지속적인 정상 회담이 유의미한 결과를 낳지 못하는 것만 보더라도 알 수 있다. 20년 전부터 기후 협약이 시작되었지만, 우리의 생산 방식에 대한 근본적인 재검토는 전혀 이루어지지 않았다. 기후 변화 문제는 이제 널리 알려졌지만, 여전히 대부분의 관심에서 벗어난 부차적인 문제로 남아 있다. 대기, 수질 및 생물 다양성은 근본적으로 중요한 문제임에도 완전히 침묵 속에 방치된다. 1992년 리우 환경정상회담에서는 세 가지 기후 협약 틀을 만들어 국제적 공동 대처 방안을 마련하고자 했다. 기후 변화, 생물 다양성, 토양 훼손 및 침식을 포함한 사막화가 바로 그것이다. 이 세 가지는 동등하게 상정되었으나 이후 두 번째, 세 번째 사안은 첫 번째에 비해 부차적으로 강등되었다. 환경부에서 여러 직책을 맡았던 지속가능발전 분야의 전문가 기욤 생트니Guillaume Sainteny 는 〈기후 정책에 우선순위를 부여하면, 여러 가지로 환경에 이롭지 못한 결과를 낳는 것으로 드러났다. 일부 생태 문제에서는 이를 해결하기보다 오히려 증가시킬 정도다〉라고 말한다.

생트니에 따르면 프랑스가 기후 변화 문제에만 전면에 나서는 이유는 바로 프랑스가 여기에 기울여야 할 노력이 별로 크지 않기 때문이다. 프랑스는 서류상으로 온실가스 배출량이 적은 우수한 학생이다. 반면 대기, 수질, 생물 다양성 문제는 전혀 다른데, 국제 협약 및 유럽 지침에도 미치지 못할 정도로 소극적이다. 우리는 이러한 문제에 대해 언급하지 않는다. 생태계 파괴, 남획, 멸종 위기에 처한 종, 인구 과잉, 과도한 자원 개발, 수자원 및 대기 오염 문제는 기후 온난화만큼이나 중요한데도, 이에 대해서는 침묵으로 일관한다. 그 이유는 바로 이 문제들이 현재의 경제 체제에 정면으로 맞서기 때문이다. 지구 온난화에 대해서는, 현재의 생산주의 체제와 자유주의 체제에서 새로운 일자리를 창출하며 차분히 대응할 수 있다. 게다가 환경 문제에 직면하려면 미래를 전망하는 장기적 시각이 있어야 하는데, 오늘날 정치인들은 그럴 역량이 부족하다. 역사학자 미셸 위노크는 이를 다음과 같이 표현한다. 〈우리를 선도할 수 있는 것은 더 이상 정치인들이 아니다. 정치인들은 일상에서 할 수 있는 관리 범위 내에서 멀리 내다보지 못하고 시야가 좁기 때문이다.〉

국회, 자연 의회

현재 마련된 모든 의사 결정 구조는 단기 정책을 중심으로 돌아간다. 이제 우리는 장기적 시각에서 새롭게 접근해야 한다. 역사학자 피에르 로장발롱은 이를 주장하며 철학자인 니콜라 드 콩도르세Nicolas de Condorcet가 장기적 시각 없이 그날그날의 국가 재정을 이끄는 〈즉각적 민주주의〉를 경계했다고 강조한다.

산업혁명기까지만 해도 통치자에게 장기적 시각이 부족한 것은 그리 비극적인 문제가 아니었다. 세계에 대한 우리의 지식은 제한적이었고, 인간의 행동이 지구에 미치는 실질적 영향에 대해 제대로 알지 못했다. 또한 인간의 행동이 인간 및 지구의 미래에 그리 심각한 결과를 초래하지도 않았다. 물론 인간에게는 항상 파괴와 멸망을 향한 경향이 존재해 왔다. 이는 어제오늘의 문제가 아니다. 역사학자 재러드 다이아몬드는 『문명의 붕괴Collapse』에서 호모 사피엔스가 새로운 기술을 터득하고 고안해 낸 이후로 자연 자원을 관리하는 것은 항상 어려웠다고 기술한다. 인간은 새로운 대륙을 점유하며 서식지에 변화를 가져왔고, 인간의 개입으로

404

인해 기생충이나 전염병이 확산되면서 기존에 살고 있던 수많은 동물 종이 급속히 멸종했다. 다이아몬드는 생태학적 파국으로 인해 멸망한 여러 문명의 역사를 든다. 그중에서도 이스터섬은 과도한 사냥, 남획, 산림 파괴 등 자연을 희생양으로 삼았을 때 어떤 결과가 초래되는지 가장 극명하게 보여 준 사례다. 숲이 파괴되면서 더 이상 원료도 구할 수 없었고, 토양 침식으로 인해 농작물 피해가 심각해졌다. 동물 종이 사라지자 식량도 줄어들었고, 결국 전쟁이 심해지고 식인 풍습도 생겨났다. 문명은 몰락했다. 다이아몬드는 고대 마야 문명 또한 인구 증가에 따른 환경 파괴로 인해 파국을 맞았다고 말한다. 산림 파괴와 토양 침식, 인구 증가로 인해 자원은 고갈되어 갔고, 이는 점점 더 많은 전쟁을 초래했다. 게다가 기후 변화도 한몫했다. 기후 변화는 인간이 조절할 수 있는 자연현상이 아니다. 비가 오지 않으면 가뭄과 흉년이 들었다. 그럼에도 왕과 귀족들은 사치와 영토 정복에 몰두했고, 피지배자들은 지배층과 군대, 도시 유지를 위해 노동에 시달렸다. 지배층의 탐욕과 한 치 앞을 내다보지 못하는 어리석음이 문명 붕괴의 다섯 번째 요인으로 추가된 것이다. 왕과 귀족들의 관심은 오직 단기적 이익만을 향해 있었다. 부를 축적하고, 전쟁을 일으키고, 기념비를 세우고, 서로 경쟁하고, 이 모든 활동을 유지하기 위해 피지배층으로부터 식량과 노동력을 착취했다. 인류 역사의 수많은 통치자와 마찬가지로 마야 문명의 왕과 귀족들은 장기적 시각이 부족했다. 다이아몬드는 과거에서 교훈을 끌어내자고 말한다. 사라진 문명과 현대 문명은 놀라운 유사성을 보여 주기 때문이다. 오늘날 지구가 우주에서 그런 것처럼 이스터섬은 고립된 공간이었고, 그들을 도와줄 사람은 아무도 없었다. 멸종된 동식물은 다시 살아나지 않았다. 오늘날 세계화, 국제 무역, 국제 이동 및 인터넷으로 전세계 모든 나라는 자원을 공유하고 상호작용한다. 지금 우리는 비극적인 최후를 맞았던 사라진 문명들처럼 지구라는 고립된 공간에서 자연을 마구 훼손하고 있다. 이스터섬의 욕망은 오늘날의 자본주의적 욕망과 닮았다. 다이아몬드는 이스터섬의 붕괴는 우리를 기다리는 최악의 시나리오가 될 수도 있다고 말한다.

과학사학자 장폴 델레아주Jean-Paul Deléage는 영국에서 17세기 중반부터 석탄을 사용하면서 새로운 질병이 등장했다고 말한다. 1700년대 중반, 당시 영국을 중심으로 산업혁명이 일어났고, 농촌에서 도시로 인구가 몰려들었다. 연기와 스모그 현상으로 인한 대기 오염은 점차 심해졌고, 결과적으로 비타민 D 합성이 줄어들어 구루병이나 골연화증 발생이 증가했다. 공장 부근에 국한되었지만 이산화황의 오염도 심각해졌다. 그러나 그때까지만 해도 아직 자연에 대한 인간의 개입은 제한적이었고 바로잡을 수 있는 수준이었다. 최근 몇십 년 사이에 인간은 지구를 짧은 시간 내에 훨씬 심각하게 파괴할 기술을 습득했다. 20세기로 들어서기 전까지 우리는 원자를 조작하지 않았고, 다국적 산업과 무역은 이뤄지지 않았고, 인간 대신 전쟁하는 로봇도 없었다. 즉, 인류는 아직 수공업 단계였다.

그렇다고 모든 것이 장밋빛은 아니었다. 나는 〈예전이 더 좋았다〉라고 말하는 회고주의자는 아니다. 오히려 진보를 좋아하고 소중하게 생각하며 강력히 주장한다. 결코 예전이 더 낫지 않았다. 오늘날 쉽게 치료할 수 있는 질병으로 30대에 목숨을 잃거나, 일주일에 80시간 노동하거나, 아이들이 학교 대신 광산에 가거나, 상하수도 시설이 마련되지 않았던 시대가 더 좋았다고 할 수는 없다. 프랑스에서 몇천 마일을 여행하는 데 수일이 걸리고, 노예제도가 받아들여지고, 여성에게 투표권이 없고, 교사가 학생에게 체벌을 가하는 게 당연했던 때가 더 나았다고 할 수 없다. 20세기의 전쟁과 갈등으로 인한 사망자 수는 2억 3000만 명으로 추산된다. 이는 현재 프랑스 인구의 세 배 이상이다. 그런데 다이아몬드는 『제3의 침팬지 _The Third Chimpanzee_』에서 양차 세계 대전을 고려한다고 해도 〈산업화를 이룬 나라들에서 20세기 사망자 수는 석기 시대 부족 사회의 사망자 수에 비해 상대적으로 낮다〉고 말한다. 이스라엘 역사학자 유발 하라리 Yuval Harari는 『사피엔스 _Sapiens_』에서 1945년 이후 국제 분쟁 사태는 인류가 경험한 것 중 가장 낮은 수준으로 떨어졌다고 말한다. 물론 예외가 있지만 영토 정복 시기, 즉 국가가 〈영토를 정복하기 위해 다른 나라를 침략하는〉 시기는 이미 지났다고 한다. 하라리에 따르면, 국가 간 전쟁이 거의 사라진 이유는 주로 경제적 이유다. 이제 전쟁은 훨씬 더 돈이 많이 든다. 특히 부가 주로 대외 무역과 투자에 집중되기 때문에 전쟁은 더 이상 경제적 매력이 없다. 세계화된 경제는 시장이 불안정하지 않도록 주의를 기울이며 충돌을 막을 것이다. 이제 국가들은 전쟁에 기대지 않고 무역으로 원하는 것을 얻으려고 한다. 하라리는 〈역사상 처음으로, 이 세계는 평화를 사랑하는 엘리트에 의해 지배되고 있다〉고 말한다. 전쟁이 악으로 규정된 것은 인류 역사에서 이전에 볼 수 없던 일이다.

따라서 전반적으로 과거에 비해 오늘날이 더 좋아졌다. 그러나 앞으로 얼마나 더 계속될까? 불평등은 증가하고, 일자리는 사라지고, 생태계 파괴는 급속도로 진행되고 있다. 다음 세기는 나아질까? 아니, 더 악화될 것이다.

인간의 이익만을 고려하고 당장의 편의에 따라 조급하게 행동하는 것은 자멸을 초래하는 일이 될 것이다. 200년 전 우리가 서명한 사회 계약의 조건들은 이미 그 의미가 퇴색되었다. 왜냐하면 세상에 대한 우리의 관계가 변했기 때문이다. 미셸 세르는 30여 년 전에 쓴 『자연 계약Natural Contract』에서 자연을 고려한 새로운 계약을 맺자고 주장한다. 그는 인간의 **기생**적 상태, 즉 〈모든 것을 취하기만 하고 아무것도 주지 않는〉 상태에서 벗어나 자연과 **호혜적인 공생** 관계를 맺자고 말한다. 배타적 사회 계약에 대해, 사물에 대한 우리의 존중, 배려, 고려를 바탕으로 하는 공생과 상호성의 자연 계약을 추가하는 것이다.

기생 관계에서 공생 관계로 넘어가기, 자연을 권리 주체로 고려하기와 같은 세르의 발상은 오늘날 더욱 설득력 있다. 정치적 성찰과 언론의 태도에 대한 그의 비판 역시 마찬가지다. 그는 정치가 다음 선거를 고려하는 것 이상을 기획하기엔 역부족이라고 한다. 또한 언론은 재난 보도를 선호하며 지나가는 순간들만을 다룬다고 한다. 따라서 그는 〈장기적인 안목을 가진 인간에게 발언권을 넘겨주자〉고 말한다.

최근 몇 년 동안 **생태 민주주의**에 대한 몇 가지 제안이 등장했다. 장기적 시각을 고려하고 생명체의 이익을 반영할 수 있는 새로운 기관을 창설하자는 것이다. 브뤼노 라투르Bruno Latour의 〈사물 의회〉(비인간을 대표하는 의회), 피에르 로장발롱의 〈미래의 한림원〉, 도미니크 부르Dominique Bourg의 〈장기 의회〉, 코린 펠뤼송의 〈자연과 생명체의 의회〉가 그것이다.

부르는 근대 민주주의는 상업이라는 유일한 가치를 중심으로 구축되었다고 말한다. 그는 오늘날에도 유일한 목표는 경제 활동을 최대한 발전시키는 데 있다고 말한다. 이런 맥락에서 인간은 공공질서 유지, 국방, 모든 개별 이익의 균형, 부의 분배와 같은 목표에 부응하기 위한 계약에 종속된다. 그는 뱅자맹 콩스탕을 인용하며 근대 민주주의에서 시민은 〈사적 쾌락〉, 즉 생산과 소비의 자유를 대가로 의사 결정 권한을 대부분 희생시켰다고 강조한다. 시민은 자유롭게 의사를 표현하고, 직업을 선택하고, 자신이 원하는 것을 살 수 있다. 그리고 그가 선출한 대표자가 그를 대신하여 결정한다. 이는 직접 민주주의와는 거리가 멀다. 〈근대 대의제는 본질적으로 이와 같은 자유의 개념으로 조건 지어진다. 잠재적으로 무한한 생산과 소비가 개인이 행복해지는 주요 수단으로 여겨진다.〉 그러나 이런 형태의 민주주의는 이제 제대로 작동하기 어렵다. 생물 다양성의 손실, 기후 변화, 생태계를 위협하는 인구 증가와 같은 새로운 문제가 등장했기 때문이다. 게다가 오염은 국경을 넘어 이동하기에 더 이상 국가 차원에서 해결되지 않는다. 생산과 소비가 전 지구적 차원에서 연결되어 있으므로 오염에 관한 문제들도 국제적 차원에서 해결하지 않으면 안 된다. 따라서 생물권을 보호하는 일은 오늘날 필연적으로 국가들 사이의 협력이 필요하다. 어떻게 의사 결정에 더 많은 시민을 참여시킬 수 있을까? 부르는 예컨대 80년대 덴마크에서 구성되었던 〈협의회〉를 다양화하여 GMO나 핵발전에 대한 결정을 담당하도록 하자고 제안한다. 이 협의회들은 어떤 이들로 구성되는가? 배심원 제도의 원칙에 따라 선출된 일반 시민들이다. 협의가 타당성 있게 이루어지기 위해 선출된 시민들은 관련 사안에 대해 사전 교육을 받을 것이다. 주최자들은 배심원들이 전문가를 선정하는 데 도움을 줄 것이다. 토론이 이뤄지고, 이는 언론에 중계된다. 참가자들은 직책과 제안이 포함된 보고서를 작성할 것이다. 부르는 환경과 관련된 문제(농업, 주택, 운송, 에너지 등)를 다루는 정부 부서 및 공공 기관에 참여할 수 있는 환경단체의 힘을 강화할 것을 주장한다. 또한 국회에 비인간 동물의 이익 및 환경 문제를 다루는 새로운 위원회를 구성하자고 제안한다. 이 위원회는 과학자, 철학자, 지식인 들로 구성된 전문가 집단이다.

이곳에서 정치적 결정을 내리고 시민들에게 정보를 제공한다는 아이디어는 충분한 논의를 거쳐 추진될 수 있다. 우리는 여기에 **〈생명체 위원회〉**라는 이름을 붙일 수도 있다. 국회는 이제 살아 있는 것, 특히 감각 있는 생명체의 이익을 고려할 때가 되었다. 이제는 유명무실해진 상원을 폐지하는 것도 함께 고려할 수 있을 것이다. 또한 국회의원은 단지 당을 대표하는 역할이 아니라 국민의 의지를 대변하는 독립적 기관으로서의 역할을 회복해야 한다. 여기서 말하는 국민은 누구인가? 우리가 말하는 국민에는 감각 있는 비인간 동물들도 포함된다. 몇몇 사상가처럼 나는 비인간 동물들에게 반드시 시민의 지위를 부여해야 한다고 생각하지는 않지만, 적어도 그들의 입장은 대변되어야 한다. 어떤 방법으로? 이는 비인간 동물의 이익을 대변하는 역할을 담당하는 인간들에 의해 충분히 실현 가능하다.

오늘날 환경단체나 동물단체들은 오염된 해안선이나 학대받은 말의 이익을 법정에서 대변할 수 있다. 이러한 역할을 단지 시민 단체들뿐 아니라, 국가가 그 의무를 진다고 생각해 보자. 목표는 그 이익이 위반되었을 때 법정에서 따지는 것이 아니라, 모든 정치적 의사 결정 과정에서 대표되는 것이다.

따라서 국회와 나란히 두 번째 의회인 자연 의회가 존재하게 될 것이다. 자연 의회의 구성원은 선출직이 아니라 일부는 국립 생태학 전문 교육기관에서 교육받은 고위 공무원, 다른 일부는 자연과 동물을 대변하는 NGO 대표와 전문가 들로 구성될 것이다. NGO 대표와 전문가는 **생명체 위원회**가 선정하며, 그 구성원은 주기적으로 교체된다. 고위 공무원들도 마찬가지로 주기적으로 자리가 바뀔 것이다. 국회와 달리 자연 의회는 법안에 투표하지는 않지만, 일부 법안에 대해서는 참여하며 특히 국회가 가결한 법안이 생명체의 이해관계에 위배된다면 국회에서 통과된 법에 거부권을 행사할 수 있다. 자연 의회의 의사 결정에 있어 **생명체 위원회**는 구심점 역할을 할 것이다.

한편 **생태 민주주의**는 엄격한 국가적 틀 내에 제한될 수 없다.

환경 문제에는 국경이 없다. 오염에는 국가별 출입국 비자가 필요하지 않으며, 한 국가의 산업 및 상업 정책은 이제 지구 반대편에 영향을 미친다. 이제 우리는 살아 있는 것과 관련한 모든 문제를 담당하는 세계 정부의 설립을 고려해야 한다. 이 아이디어에 의아해 하는 사람들도 있을 것이다. 더구나 유럽 연합의 틀에서 벗어난 자국중심주의를 원하는 사람들이 점점 늘고 있으니 말이다. 그러나 이는 피할 수 없는 역사의 방향으로, 이를 보지 않으려면 눈을 가리는 수밖에 없다. 수억 년 후에는 대륙들이 다시 만날 것이고, 역사의 과정에서 분리되었던 인간들은 다시 통합될 것이다. 그때 무엇을 할 것인가? 사방에 철조망을 치고 민족끼리 고립될 것인가? 재통합이 예정된 세계에서 이는 불가능하다. 인류는 인위적으로 분리되어서는 안 된다. 지구상의 모든 인간이 공동 운명을 짊어지고 초국가적 정치 형태를 구성할 날이 언젠가 도래할 것이다. 그리고 모두는 같은 언어를 사용할 것이다. 보수적이고 기독교적 뿌리를 가진 이들 중 몇몇은 이런 일을 두려워한다. 성경에서는 원래 바벨탑 사건이 있기 전까지 모든 인간이 같은 언어를 사용했다고 말하지 않는가? 모든 인간이 본래 하나의 공동체에서 기원했다는 것이 기독교적 개념 아닌가? 물론 세계화된 정치 형태에 대해 의문을 제기하는 것은 필요하다. 그런데 제국주의적 구조와 독재에 대한 두려움을 피력하는 이들은 대체로 자국중심주의를 외치는 사람들이다. 우리가 채택해야 할 모델은 연방제적 민주주의의 형태다.

현재의 세계화는 폭력적 신자유주의 경제 모델을 구현하고 있다. 반면 펠뤼숑은 범세계주의cosmopolitisme는 단일화와는 무관하며, 세계 질서가 아니라 개개인을 존중할 권리라고 말한다. 〈우리가 범세계주의를 말할 때 오해하는 부분은 범세계주의가 지구 곳곳에 강요된 일련의 가치 체계를 이룩하거나 모두가 대변해야 할 세계적인 정체성이 있을 거라고 가정하는 것이다. 그러나 그런 상상은 위험할 뿐만 아니라, 오히려 범세계주의의 의미와는 상반된다. 범세계주의는 복수의 가치를 인정하고 문화적 다양성과 그 가치를 존중하는 것과 다르지 않다.〉 우리는 범세계적 차원에서 몇 가지 공동 규칙을 정하여 인류 전체를 포괄하는 문제들을 조정할 수 있는 공간을 꿈꿔야 한다. 동시에 모든 개인의 자유와 자아를 성취하도록 장려해야 한다.

우리 앞에는 인류 공동의 과제가 놓여 있다. 우리가 어디에 살든, 지구의 모든 인간에게 영향을 미치는 정책들은 범세계적 차원에서 조정해야 한다. 이는 몇 세기 후가 아니라, 몇십 년 안에 우리가 다뤄야 할 과제다. 세계 정부의 목표는 지구, 생태계 및 종의 보전 정책을 담당하는 것이 되어야 한다. 세계 정부는 경제, 교통, 에너지, 농업, 주거 및 산업 등 환경 및 생명체 존중과 관련된 모든 기능을 담당해야 한다. 세계 정부는 국가별로 특정 정책을 부과하는 게 아니라, 〈안보 환경〉을 정의하고 그 안에 국가 정책이 들어갈 것이다. 이는 어떤 국가나 생태계도 혼자만의 이기주의적 결정으로 피해를 입지 않도록 하기 위해서다. 〈환경 유엔〉의 창설도 고려해 볼 수 있겠지만, 유엔과 같은 조직은 관련국들의 힘의 논리를 따르기 쉽다. 생태학적 파국을 피하고 실효성 있는 정책 집행을 위해 세계 정부 형태가 효과적으로 보인다. 현명한 인간은 몇백 년 또는 몇천 년 후 생명체에 영향을 미칠 정책들을 범세계적 차원에서 조정해야 할 필요성과 이점을 이해할 것이다.

생명체 공화국의 우선순위

우리는 **생태 민주주의**의 기본 틀과 실행에 필요한 조건들을 생각해 보았다. 그렇다면 그 내용은 무엇일까? 인간, 동물, 살아 있는 모든 것의 상생을 위한 생명체 공화국의 미래상을 어떻게 그려 볼 수 있을까?

세 가지 우선순위를 들 수 있는데, 이는 정치인들이 결코 말하지 않는 것들이다.

우선, 인구를 통제해야 한다. 지구상에는 이미 인구가 너무 많다. 오늘날에는 78억이 넘는다. 이는 70년대에 비해 두 배다. 그리고 인구는 계속해서 증가하고 있다. 우리는 더 이상 지구를 40년 전처럼 관리할 수 없다. 특히 70, 80, 90억에 달하는 막대한 소비자를 감당할 방법이 없다. 지구에는 이를 감당할 만한 충분한 자원이 없기 때문이다. 그렇다면 어떻게 할 것인가?

또 다른 우선순위는 이제 자유 시간 사회 또는 해방 시간 사회를 구상하는 것이다. 일자리는 수십 년 내에 점차 줄어들 것이다. 제러미 리프킨Jeremy Rifkin은 3차 산업혁명의 시대, 즉 정보 통신과 녹색에너지의 시대가 도래함에 따라 **노동 시간**은 **단축**될 거라고 말한다. 1995년부터 리프킨은 『노동의 종말*The End of Work*』에서 몇

십 년 사이에 새로운 기술이 수많은 육체적·정신적 노동을 대체할 거라고 주장해 왔다. 그리고 이는 이미 상당히 진행되었다. 새로운 기술이 노동의 필요성을 현저히 줄이는 한, 사라지는 일자리를 모두 새로운 직업으로 대체할 수는 없다. 게다가 소비 정책은 더 이상 생태학적 요구와 양립될 수 없다. 생태계 존중을 내건 생태 민주주의에 걸맞으려면 덜 생산해야 한다. 결과적으로 생산되는 제품의 수가 줄고, 일자리도 줄어드는데, 이 모든 것은 전 세계 인구가 증가하는 상황에서 전개된다. 지금부터 미래의 대안을 마련하기 위해서는 이러한 현실이 다양한 정치적 기획에 반영되어야 한다. 더는 고용주에게 세금 혜택을 주거나 정부 보조 일자리를 제공하는 방식과 같은 인공호흡기로 연명할 수는 없다. 리프킨은 미래는 공유경제의 사회가 될 거라고 말한다. 그는 미래 사회가 3차 산업혁명으로 한계비용이 제로에 가까워질 것이라 보고 있다. 생산성이 발전할 대로 발전하면 더 이상 물건을 추가로 만드는 데 비용이 들지 않게 되어 공유경제의 사회가 도래한다는 것이다. 그렇다면 소유라는 개념도 지난 시대의 산물이 될 것이다. 오늘날 〈한계비용 제로〉 현상은 이미 신문, 잡지, 음악, 영화, 지식 등의 정보 상품 전반을 아우르고 있다. 다른 분야, 예컨대 신재생에너지 분야도 한계비용 제로가 가능해지고 있다. 에너지 자원으로서의 태양과 바람은 무한하고, 깨끗하며, 값이 싸고, 발전 비용이 적게 든다. 모든 건물과 주택에 적합한 설비가 갖추어진다면, 시민들은 더 이상 에너지 소비에 비용을 내지 않아도 될 것이고, 다른 시민들과 공유할 수 있게 된다. 또한 오늘날 인터넷으로 수많은 물건이 교환되고 있다. 버려질 수도 있었을 물건들을 무료로 나눠 주거나 저렴하게 재판매해 새로운 삶을 찾아 준다. 게다가 수많은 물건이 곧 3D 프린터로 제작될 것이다. 일부 소비재는 소비자가 곧 생산자가 되는 것이다. 개인 차량은 스마트 도로에 설치된 무인 공유 차량으로 대체될 것이다. 이 모든 것은 우리가 덜 생산하고 덜 일한다는 것을 의미한다. 이 얼마나 반가운 일인가. 소비 강박과 노동의 사회에서 개인의 자기실현과 복지 사회로 넘어갈 수 있는 절호의 기회다. 인간은 지적 활동 덕분에 진화해 왔다. 자기 자신에 대해 성찰하고, 세상을 가장 세밀한 곳까지 탐구할 시간이 있었기에 오늘날의 현대인이 된 것이다. 언뜻 보기에 아무런 이득도 없고 오히려 비용이 드는 활동들, 그러나 건너갈 만한 가치가 있는 세계, 바로 꿈과 호기심의 세계다. 읽고, 연주하고, 운동하고, 춤추고, 타인, 가족, 이웃 그리고 도움이 필요한 이들을 보살피고, 우리 주변에서 일어나는 일에 관심을 갖고, 자기 스스로가 될 시간을 갖자.

모두가 의식주의 기본적 욕구를 해결할 보편적 최저 소득의 도입도 필요하다. 이처럼 풍요로운 세상에서 잠잘 곳이 없거나 먹을 것이 없는 이들이 있다는 사실은 받아들일 수 없다. 우리는 모든 사람의 기본적 필요를 채울 만큼 충분히 생산하고 있다. 그런데도 우리가 나누지 못하는 이유는 무엇인가? 모든 사람이 골고루 나눠 먹기에 파이가 너무 작아서가 아니다. 충분한 크기의 파이가 있음에도 일부는 세 조각을 차지하고, 일부는 먹지도 못하며, 심지어 어떤 조각들은 통째로 쓰레기통에 버려진다는 게 문제다!

부는 충분하다. 다만 어떻게 나눌지를 다시 구성해야 한다.

내가 상상하는 것과 같은 **생태 민주주의**가 많은 사람에게 유토피아처럼 보일 것이다. 현재로서는 그렇다. 그러나 생태 민주주의는 다가올 미래이기에 필연적 유토피아다. 르네 뒤몽의 책 가운데 『유토피아 또는 죽음*L'Utopie ou la mort*』이라는 제목이 있다. 우리는 삶을 위해 꿈꿔야 한다.

일반적으로 생각하는 것과 달리 우리는 자유롭게 태어나지 않았다. 존재는 자유를 얻기 위한 긴 여정이다. 삶을 제대로 산 사람은 자유롭게 죽음을 맞이하는 사람이다.

맺음말

 반종차별주의는 오늘날 전개되고 있는 **반인종차별주의** 운동의 연장선에 있다. 반종차별주의는 타자를 겉모습으로 판단하지 말고 차이와 특성에 따라 존중하자고 주장한다. 반종차별주의는 부당함에 맞선 운동이다. 반종차별주의는 존재의 의미까지는 아니지만 적어도 위안을 주려고 한다. 반종차별주의는 근본생태학의 주요 기둥 가운데 하나이며, 이는 산술적 생태학이 아닌 형이상학적 생태학이다.

 나는 반종차별주의를 대하는 의심스러운 눈빛, 조소하고 경계하는 시선을 잘 안다. 그런데 이런 시선들이 내게 더욱 용기를 주고, 이 방향이 진정한 진보가 나아갈 길임을 확신하게 한다. 반종차별주의가 우리를 불편하거나 혼란스럽게 하지 않는다면, 오히려 쉽게 잊힐 사상이라는 증거일 것이다. 대담한 생각들은 충격을 준다. 인류를 진보로 이끈 모든 이데올로기적 전환은 처음에는 조롱받고 불신을 샀다. 당연하다. 새로운 사고는 기존의 익숙하고 안심되는 사고에 반하기 때문이다. 그러나 새로운 사고의 힘은 비현실적인 경향에서 드러난다.

풀어야 할 과제들이 여전히 남아 있지만, 비인간 동물에 대한 배려는 나아지고 있다. 얼마 전까지만 해도 소수의 특성으로 여겨졌던 채식주의는 이제 존중받기 시작했다. 톨스토이는 일찍이 이를 예상했다. 〈하지만 인간이 동물을 먹는 게 잘못되었다는 것을 그리 오래전부터 알아차렸다면, 왜 사람들이 아직도 바로잡지 않았겠는가? 이 질문은 이성보다는 여론에 따르는 데 익숙한 사람들이 제기할 것이다. 그 대답은 인류의 도덕적 진보 — 다른 모든 형태의 진보의 토대인 — 는 항상 느리다는 데 있다. 그러나 진정한 진보는 그 지속성과 가속성이 특징이다. 채식주의의 진보는 그중 하나다.〉

반종차별주의는 우리가 부당함을 명확히 알아차린 지 얼마 되지 않은 종차별주의에 맞선 운동이다. 반종차별주의가 사람들의 머릿속에 널리 인식되려면 시간이 걸리겠지만 언젠가 반드시 이뤄질 것이다. 이제 그럴 때가 되었다. 21세기 초 현재 우리에게는 더 이상 동물을 착취하고 희생시키는 것을 정당화할 어떤 합리적 근거도 없다. 먹거리, 의복, 기분 전환, 실험은 지난 시대의 변명들이다.

인간이 오늘날처럼 된 것은 인간을 포함하여 노예로 삼을 수 있는 모든 대상을 노예로 삼아 왔기 때문이다. 이 파괴적 논리의 일차적 희생자는 언제나 비인간 동물이었다. 인간은 자신의 번영을 위해 수천 년 동안 비인간 동물에게 일방적 희생을 강요하며 양심의 가책도 없이 그들을 착취해 왔다. 인간은 비인간 동물의 희생 없이는 아무것도 아니라는 사실을 인정해야 한다. 따라서 우리는 우리가 희생시킨 수많은 약자에게 무한히 감사해야 한다. 그들은 인간을 먹이고, 입히고, 따뜻하게 하고, 이동시키고, 치료하고, 무거운 짐을 대신 실어 나르고, 전쟁 중에 자국 영토를 보호하거나 새로운 영토를 정복하기 위해 자신들의 가죽, 살, 힘, 지능을 바쳤다. 우리가 기분 전환을 위해 또는 무관심이나 부주의로 인해 희생시킨 모든 동물은 말할 것도 없다. 우리가 그들에게 진 빚을 전부 갚지는 못하더라도(그러기에는 너무 많다) 이제 더 이상 빚을 지는 일은 멈춰야 한다. 인간이 이룬 성과는 미미하고, 하루아침에 무너질 수 있음을 잊지 말자. 우리의 정신을 오직 인류의 진정한 진보를 향해 열어 두자. 반종차별주의는 인간이 우월하다는 교만함을 멈추게 한다. 인간은 수백만 종 가운데 하나일 뿐이며, 어느 정도 다른 수천 종의 동물들과 같이 행동한다. 인간이 지구에 출현한 지는 얼마 되지 않았다. 수많은 종이 우리보다 먼저 존재했고, 인간이 사라져도 지구에는 여전히 수많은 종이 존재할 것이다. 언젠가 지구는 사라질 것이고, 지구상의 모든 생명체도 소멸될 것이다. 그때 인간이 만든 산물, 지구에 출현했던 존재들, 전쟁과 싸움, 사랑과 증오의 말, 우리 잔해의 잔해, 이 모든 것은 일련의 원자로 흩어져 언젠가 다른 곳에서 다른 생명체들을 구성할지도 모른다. 그때까지 생명이 살아가도록 내버려 두고 살자. 인간, 동물 그리고 자연을 화해시키자.

감사의 말

이 책의 출판 편집을 맡아 준 스테파니 슈브리에와 오렐리 미셸에게 감사드린다. 특히 연대와 아뉴머니즘을 지지하고 더 나은 세상을 위한 투쟁에 힘을 실어 준 그들의 용기에 감사한다. 관심과 도움을 준 앙투안 봄에게도 감사의 말을 전한다.

시간을 내어 전문 지식을 공유해 준 코린 펠뤼숑, 발레리 지루, 브리지트 고티에르, 알랭 시루, 도미니크 부르, 세바스티앙 오에, 프레데릭 카롱, 코린 르파쥬, 그 외에도 지면상 이 자리에 다 이야기하지 못하는 다른 모든 분께도 감사드린다.

생명을 주신 부모님께 감사드린다.

정성을 기울여 주는 니나에게 고맙다.

참고 문헌 및 출처

단행본

Afeissa (Hicham-Stéphane), *Éthique de l'environnement*, Vrin, 2007

Bekoff (Marc), *Les Émotions des animaux*, Payot, 2009

Bentham (Jeremy), *An Introduction to Principles of Morals and Legislation* (1789), Oxford, Clarendon Press, 1907

Bourg (Dominique) et Papaux (Alain) (dir.), *Dictionnaire de la pensée écologique*, collection 《Quadrige dicos poche》, PUF, 2015

Bourg (Dominique) et Whiteside (Kerry), *Vers une démocratie écologique*, Le Seuil, 2010

Bourg (Dominique), Fragnière (Augustin) (dir.), *La Pensée écologique, une anthologie*, PUF, 2014

Burgat (Florence), *Ahimsa, violence et non-violence envers les animaux en Inde*, Éditions de la Maison des sciences de l'homme, 2014

Camus (Albert), *L'Homme révolté*, Gallimard, collection 《Folio essais》, 1985

Camus (Albert), *Le Mythe de Sisyphe*, Gallimard, collection 《Folio》, 1985

Caron (Aymeric), *No Steak*, Fayard, 2013

Carson (Rachel), *Printemps silencieux*, Houghton Mifflin, 1962

Christen (Yves), *L'animal est-il une personne?*, Flammarion, collection 《Champs sciences》

Clottes (Jean), Coppens (Yves), Guilaine (Jean), Langaney (André), Reeves

(Hubert), Rosnay (de, Joël), Simonet(Dominique), *La Plus Belle Histoire du monde*, Le Seuil, 1996

Collectif (textes réunis par H.-S. Afeissa et J.-B. Jeangène Vilmer), *Philosophie animale, différence, responsabilité et communauté*, Vrin, 2010

Collectif, Bismuth (Régis), Marchandier (Fabien) (dir.), *Sensibilité animale, perspectives juridiques*, CNRS éditions, 2015

Collectif, *Introduction à l'histoire environnementale*, La Découverte, 2014

Collectif, *Superman, l'encyclopédie*, Huginn & Muninn, 2013

Constant (Benjamin), Kant (Emmanuel), *Le Droit de mentir*, Mille et une nuits, 2003

Cyrulnik (Boris) (dir.), *Si les lions pouvaient parler*, Gallimard, 1998

Cyrulnik (Boris), Digard (Jean-Pierre), Matignon (Karine-lou), Picq (Pascal), *Les Origines de l'homme*, Le Seuil, collection 《Points》, 2014

Darwin (Charles), *L'expression des émotions chez l'homme et les animaux*, Rivages, collection 《Petite Bibliothèque》, 2001

Dawkins (Richard), *Il était une fois nos ancêtres*, Robert Laffont, 2007

Dawkins (Richard), *Le Gène égoïste*, Odile Jacob, 1996

Dawkins (Richard), *Le Plus Grand Spectacle du monde*, Pluriel, 2009

Dawkins (Richard), *Pour en finir avec Dieu* (2006), Perrin, 2008

Debourdeau (Ariane), *Les Grands Textes fondateurs de l'écologie*, Flammarion, collection 《Champs classiques》, 2013

Deléage (Jean-Paul), *Une histoire de l'écologie*, Le Seuil, collection 《Points》, 2000

Delort (Robert), *Les animaux ont une histoire*, Le Seuil, collection 《Points》, 1984

Diamond (Jared), *Effondrement* (2006), Gallimard, collection 《Folio》, 2009

Diamond (Jared), *Le Troisième Chimpanzé : essai sur l'évolution et l'avenir de l'animal humain*, Gallimard, collection 《Folio essais》, 2011

Dupras (Jérôme), *L'Évaluation économique des services écosystémiques dans la région de Montréal : analyse spatiale et préférences* exprimées, thèse de doctorat effectuée au département de géographie de l'université de Montréal, 2014

Dumont (René), *Comment je suis devenu écologiste*, Les Petits Matins, 2014

Emerson (Ralph Waldo), *La Confiance en soi*, Payot et Rivages, 2000

Ferry (Luc), *Le Nouvel Ordre écologique*, Le Livre de poche, 2012

Francione (Gary), *Introduction aux droits des animaux*, L'Âge d'Homme, 2015

Freud (Sigmund), *Une difficulté de la psychanalyse*, 1917, traduit de l'allemand par M. Bonaparte et E. Marty (1933)

Gandhi, 《All Life is One》, cité par Florence Burgat dans *Ahimsa, violence et non-violence envers les animaux en* Inde, Éditions de la Maison des sciences de l'homme, 2014

Gandhi, *Autobiographie ou mes expériences de vérité* (1950), PUF, 2010

Gandhi, *Tous les hommes sont frères*, Folio, 1990

Girardon (Jacques), Mazoyer (Marcel), Monod (Théodore), Pelt (Jean-Marie), *La Plus Belle Histoire des plantes*, Le Seuil, 1999

Gorz (André), *Ecologica*, Éditions Galilée, 2008

Harari (Yuval Noah), *Sapiens, une brève histoire de l'humanité*, Albin Michel, 2015

Hawking (Stephen), *Une belle histoire du temps*, Flammarion, 2005

Hawking (Stephen), *Y a-t-il un grand architecte dans l'univers?*, Odile Jacob, 2011

Jeangène Vilmer (Jean-Baptiste), *Anthologie d'*éthique animale, PUF, 2011

Jeangène Vilmer (Jean-Baptiste), *Éthique animale*, PUF, 2008

Kant (Emmanuel), *Critique de la raison pratique*, PUF, 1993

Kropotkine (Pierre), *L'Entraide, un facteur de l'*évolution (1902), Éditions du Sextant, 2010

Kropotkine (Pierre), *L'Esprit de la révolte* (1902), Éditions Manucius, 2009

Kropotkine (Pierre), *La Morale anarchiste*, Mille et Une Nuits, 2004

La Boétie (de, Étienne), *Discours sur la servitude volontaire*, Mille et une nuits, 1995

La Solidarité, Le livre de poche, 2013

Landais (Camille), *Les Hauts Revenus en France(1998-2006): une explosion des inégalités?*, Paris School of Economics, 2007

Latouche (Serge), *Petit traité de la décroissance sereine*, Mille et une nuits, 2007

Latour (Bruno), *Politiques de la nature, La Découverte*, 2014

Llored (Patrick), *Jacques Derrida, politique et éthique de l'animalité*, Sils Maria éditions, 2012

Löwy (Michael), *Écosocialisme, l'alternative radicale à la catastrophe écologique capitaliste*, éditions Mille et Une Nuits, 2007

Luminet (Jean-Pierre), *100 Questions sur l'univers*, La Boétie, 2014

Mac Neil (John R.), *Du nouveau sous le soleil. Une histoire mondiale de l'environnement*, Le Seuil, collection 《Points》, 2010

Michel (Louise), *Mémoires de Louise Michel. Écrits par ellemême*, Paris, Maspero, 1976

Montaigne (Michel de), *Essais*, Gallimard, collection 《Folio》, 2009

Morin (Edgar), *Le Paradigme perdu : la nature humaine*, Le Seuil, collection 《Points》, 1973

Morin (Edgar), *Penser global*, Robert Laffont, 2015

Næss (Arne), avec Rothenberg (David), *Vers l'écologie profonde* (1992), Éditions Wildproject, 2009

Næss (Arne), *Écologie, communauté et style de vie*, Dehors, 2013

Nietzsche (Friedrich), *Ainsi parlait Zarathoustra*, Garnier Flammarion, 2006

Nietzsche (Friedrich), *Le Crépuscule des idoles*, Gallimard, collection 《Folio》, 2015

Nyström (Ingrid), Vendramin (Patricia), *Le Boycott*, Presses de la Fondation nationale des sciences politiques, 2015

Ogien (Ruwen), *L'Influence de l'odeur des croissants chauds sur la bonté humaine*, Grasset, 2011

Oudin-Bastide (Caroline) et Steiner (Philippe), *Calcul et Morale*, Albin Michel, 2015

Paccalet (Yves), *Éloge des mangeurs d'hommes et autres mal-aimés*, Arthaud, 2014

Pelluchon (Corine), *Éléments pour une éthique de la responsabilité*, Éditions du Cerf, 2011

Pelluchon (Corine), *Les Nourritures*, Le Seuil, 2015

Pelt (Jean-Marie), *La Solidarité*, Le livre de poche, 2013

Pelt (Jean-Marie), Rabhi (Pierre), *Le monde a-t-il un sens*, Fayard, 2014

Picq (Pascal), *La Plus Belle Histoire des animaux*, Le Seuil, collection 《Points》, 2000

Reclus (Élisée), *Histoire d'une montagne*, Actes Sud, collection 《Babel》, 1998

Reclus (Élisée), *L'Homme et la Terre* (1905-1908), cité par Jean-Didier Vincent dans sa préface à Élisée *Reclus, géographe, anarchiste, écologiste*, Flammarion, collection 《Champs biographie》, 2014

Reclus (Élisée), *Les Grands Textes*, Flammarion, collection 《Champs classiques》, 2014

Reeves (Hubert), *L'Univers expliqué à mes petits-enfants*, Le Seuil, 2011

Reeves (Hubert), *Poussières d'étoiles*, Le Seuil, 2008

Regan (Tom), *Defending Animal Rights*, University of Illinois Press, 2001

Rifkin (Jeremy), *La Fin du travail*, La Découverte, 2005

Rosanvallon (Pierre), *La Société des égaux*, Les Livres du nouveau monde (Le Seuil), 2011

Sagan (Carl), *A Pale Blue Dot*, New York, Random House, 1994

Sainteny (Guillaume), *Le Climat qui cache la forêt*, Rue de l'échiquier, 2015

Schopenhauer (Arthur), *Aphorismes sur la sagesse dans la vie*, PUF, 2012

Schopenhauer (Arthur), *Le Monde comme volonté et comme représentation*, PUF, collection 《Quadrige》, 2014

Schopenhauer (Arthur), *Sur la religion*, Flammarion, 2007

Schweitzer (Albert), *Ma Vie et ma pensée*, Albin Michel, 2013

Serres (Michel), *Le Contrat naturel*, éditions François Bourin, 1990

Shanor (Karen), Kanwal (Jagmeet), *Les souris gloussent, les chauves-souris chantent*, Éditions Corti, collection 《Biophilia》, 2015

Singer (Peter), *La Libération animale*, Payot, 2012

Singer (Peter), *Une gauche darwinienne. Évolution, cooperation et politique*, Cassini, 2002

Stiglitz (Joseph E.), *Le Prix de l'inégalité*, Actes Sud, collection 《Babel》, 2012

Thoreau (Henry David), *Je suis simplement ce que je suis*, La Lettre et la Plume, 2014

Thoreau (Henry David), *La Désobéissance civile*, Mille et une nuits, 1996-2000

Thoreau (Henry David), *Résister*, Mille et une nuits, 2011

Thoreau (Henry David), *Walden ou la vie dans les bois*, Gallimard, collection 《L'imaginaire》, 2015

Tolstoï (Léon), *Le royaume des cieux est en vous* (1893), Le Passager clandestin, 2010

Tort (Patrick), *L'Effet Darwin*, Le Seuil, collection 《Points》, 2008

Van Frisch (Karl), *Vie et moeurs des abeilles* (1955), Albin Michel, 2011

Vincent (Jean-Didier), Élisée *Reclus, géographe, anarchiste, écologiste*, Flammarion, collection 《Champs biographie》, 2014

Waal (de, Frans), *L'Âge de l'empathie*, Actes Sud, collection 《Babel》, 2010

Winock (Michel), *La Droite hier et aujourd'hui*, Éditions Perrin, collection 《Tempus》, 2012

연구 및 보고서

Center for Responsive Politics, *Millionaires' Club : For First Time, Most Lawmakers are Worth $1 million-Plus*, Open-Secrets.org, 9 janvier 2014

CNRS éditions, *Sensibilités animales, perspectives juridiques*, 2015

Commission européenne, *Biens et services écosystémiques*, 2009

Commission européenne, rapport n° 7 Forum économique mondial, rapport sur les risques mondiaux, 2014

Oxfam, *Une économie au service des 1%*, 2016

미디어

AFP, 《Présidentielle : Hulot n'exclut pas d'être candidat, sans passer par une primaire》, Lacroix.fr, 28 janvier 2016

Arnaud (Jean-François), 《Les grands propriétaires privés sont rares et discrets》, Lefigaro.fr, 15 mai 2008

Autran (Frédéric), 《États-Unis : un lobby dans la cour d'école》, Liberation.fr, 25 décembre 2015

Barroux (Rémi), 《Malgré de nets progrès, 795 millions de personnes souffrent de la faim dans le monde》, Lemonde. fr, 27 mai 2015

Bèle (Patrick), 《62 super-riches possèdent autant que la moitié de la planète》, Lefigaro.fr, 18 janvier 2016

Benoît (Julien), Vrard (Sophie), 《Le troisième oeil de nos ancêtres》, Espèces, décembre 2015-février 2016

Berkman (Michael B.), Plutzer (Eric), 《Defeating Creationism in the Courtroom, But Not in the Classroom》, Liberation. fr, 27 janvier 2011

Bisson (Julien), 《Yves Copens : "Il n'existe pas de personnes blanches, seulement des décolorées !"》, Lexpress. fr, 15 février 2016

Bolis (Angela), 《Les animaux reconnus comme "êtres sensibles", un pas "totalement symbolique"》, Lemonde.fr, 16 avril 2014

Chardenon (Aude), 《Salaires du CAC 40 : Georges Plassat(Carrefour), mieux payé que Franck Riboud (Danone), mais moins que Jean-Paul Agon (L'Oréal)》

Coates (Ta-Nehisi), 《Violence du quartier, violence des policiers: chez les Noirs américains, la peur est omniprésente》, Le Nouvel Observateur, 21 au 27 janvier 2016

Contenay (Anne-Julie), 《Japon, un massacre de dauphins filmé à Taiji》, Europe1.fr, 21 janvier 2014

Dagorn (Gary), 《Avant d'être cancérigène, la viande est polluante pour la planète》, Lemonde.fr, 29 octobre 2015

Dancoing (Lucie), 《Phil Collins, la fin d'une carrière》, Parismatch. fr, 7 mars 2011

Diop (Moussa), 《Argentine : une vache clonée pour donner du lait maternel》, Rfi.fr

Dupuy (Jean-Pierre), 《D'Ivan Illich aux nanotechnologies. Prévenir la catastrophe?》, Esprit, février 2007

Duret (Tony), 《Le dealer de cannabis condamné à deux ans de prison dont un an ferme》, Objectifgard.com, 23 août 2013

Dusseaulx (Anne-Charlotte), 《Nucléaire : EELV n'en démord pas》, Lejddd. fr, 12 novembre 2011

Fenster (Ariel), 《Qui a découvert la pénicilline?》, Sciencepresse. qc.ca, 23 mars 2013

Ferard (Émeline), 《Foie gras : la PETA dénonce des pratiques cruelles envers des oies en France》, Maxisciences. com, 4 octobre 2012

Fertin (Nicolas), 《Le nombre de millionnaires en France devrait augmenter de 70 % d'ici 2019》, LCI.fr, 15 octobre 2014

Gaubert (Émile), 《Maud Fontenoy se lâche sur l'écologie》, Ladepeche.fr, 19 octobre 2014

Giesbert (Franz-Olivier), 《L'animal est une personne》, France 3, 2015

Gittus (Sylvie), 《Chaque année, 1, 3 milliard de tonnes de nourriture gaspillée》, Lemonde.fr, 16 octobre 2014

Gouëset (Catherine), 《Noirs contre Blancs : les chiffres de la discrimination aux États-Unis》, Lexpress.fr, 25 novembre 2014

Guichard (Guillaume), 《Ces maladies qui coûtent le plus cher à la Sécu》,

Lefigaro.fr, 23 octobre 2013

Guigné (Anne de), 《Les Européens n'ont jamais été aussi riches》, Lefigaro.fr, 2 octobre 2014

Hanne (Isabelle), 《Les bêtes sont encore vivantes au moment où on les tronçonne》, Liberation.fr, 6 mars 2015

Harribey (Jean-Marie), 《Le scandale, ce n'est pas das Auto, c'est das Kapital》, Alternatives économiques, 25 septembre 2015

Herchkovitch (Jonathan), 《La truffe du chien, sans égale pour dépister le cancer de la prostate》, LeFigaro.fr, 21 mars 2014

Huet (Sylvestre), 《Faire le point sur le continent Darwin》, Liberation.fr, 30 janvier 1996

Hulot (Nicolas), 《Demain, des millions de réfugiés climatiques》, *Le Nouvel Observateur*, 12 au 18 novembre 2005

Kirby (David), 《Near Death At SeaWorld : Worldwide Exclusive Video》, Huffingtonpost.com, 24 juillet 2012

Kopicki (Allison), 《Strong Support for Labeling Modified Foods》, Nytimes.com, 27 juillet 2013

Lal (Neeta), 《Touche pas à ma vache !》, *Le Courrier international*, 7 mars 2012

Larrère (Catherine), 《Ce que sait la montagne》, Laviedesidées. fr, 30 avril 2013

Lauer (Stéphane), 《Les partisans des OGM marquent des points aux États-Unis》, Lemonde.fr, 10 novembre 2014

Lecointre (Guillaume), 《Les embrouilles de l'évolution》, *Espèces*, décembre 2015-février 2016

Legrand (Marine), 《Lieusaint interdit les cirques avec des animaux sauvages》, Leparisien.fr, 7 février 2016

Léveillé (Jean-Thomas), 《L'industrie du cuir de chien dénoncée》, Lapresse.ca, 24 décembre 2014

Levisalles (Natalie), 《L'empathie caractérise tous les animaux》, Next-Liberation.fr, 11 mars 2010

Liégard (Guillaume), 《Bové, la PMA et la bouture : une écologie réactionnaire?》, Regards.fr, 5 mai 2014

Linton (Marie), 《La facture de Fukushima s'alourdit》, *Alternatives économiques*, 26 mars 2016

Losson (Christian), 《Ces 1% de riches qui vont capter autant de richesses que les 99% restant de la planète》, Liberation. fr, 19 janvier 2015

Makdeche (Kocila), 《Avez-vous des produits issus de l'esclavage dans votre placard?》, Francetvinfo.fr, 20 novembre 2014

Marissal (Pierric), 《De plus en plus de millionnaires dans le monde》, L'Humanité.fr, 14 octobre 2014

Mathieu-Nazaire (Dominique), 《Nous sommes tous des poussières d'étoiles, et autres choses à savoir sur le cosmos》, Telerama.fr, 8 août 2013

McNeil (Donald G.), 《In New Theory, Swine Flu Started in Asia, Not Mexico》, Nytimes.com, 23 juin 2009

Merlin (Olivier), 《"Environ 120 chevaux boulonnais" abattus pour leur viande chaque année》, Lavoixdunord.fr, 15 janvier 2013

Michel (Anne), 《"SwissLeaks" : HSBC, la banque de tous les scandales》, Lemonde.fr, 8 janvier 2015

Michel (Anne), 《Évasion fiscale : 50 milliards d'euros de manque à gagner pour l'État》, Lemonde.fr, 25 juillet 2012

Michel (Anne), 《Onze banques condamnées pour entente illégale》, Lemonde. fr, 20 septembre 2010

Michel (Emmanuelle), 《Mieux nourrir le monde grâce aux légumes secs, chiche ?》, Fr.news.yahoo.com, 6 février 2016

Morin (Edgar), 《Immigration, intégration : faut-il désespérer de la gauche?》, *Le Nouvel Observateur*, 21 au 27 octobre 2015

Mulot (Rachel), 《Les étudiants en biologie méconnaissent la théorie de l'évolution》, Sciencesetavenir.fr, 3 juillet 2009

Nau (Jean-Yves), 《Le séquençage du génome de la souris est achevé》, Lemonde.fr, 5 décembre 2012

One Voice, *Noé*, février 2015

One Voice, *Noé*, novembre 2015

Pelluchon (Corine), 《L'été meurtrier pour les animaux》, *Libération*, 28 juillet 2015

Rainfroy (Claire), 《Cornes de rhinocéros : un juteux traffic en nette progression》, Jeuneafrique.com, 15 mai 2015

Raizon (Dominique), 《La vache et l'homme : un ancêtre commun, il y a 95 millions d'années !》, Rfi.fr, 1er mai 2009

Reboul (Sylvain), 《Interdire toute manipulation génétique, c'est s'interdire de lutter contre des souffrances. L'embryon malade de la loi》, Liberation.fr, 26 février 2000

Rediker (Marcus), 《Les mutinés de *L'Amistad*》, *L'Histoire*, septembre 2015

Régibier (Jean-Jacques), 《Un maïs OGM reconnu toxique pour l'alimentation animale》, L'Humanité.fr, 27 janvier 2016

Reigné (Philippe), 《Nous sommes tous des animaux sensibles》, Liberation.fr, 12 mars 2015

Reiss (Claude), 《Titre de l'article》, *Le Nouvel Observateur*, 18 au 24 février 2016

Reus (Estiva), 《Welfarisme. De l'expérience d'Henry Spira à la situation d'aujourd'hui》, *Les Cahiers antispécistes*, 24 janvier 2005

Robequain (Lucie), 《Les milliardaires n'ont jamais été aussi riches et nombreux》, Lesechos.fr 《Larves et insectes bientôt dans toutes nos assiettes?》, Lesoir.fr, 20 janvier 2011

Rosanvallon (Pierre), 《Sortir de la myopie des démocraties》, *Le Monde*, 17 décembre 2009

Savidan (Patrick), 《Voulez-vous vraiment l'égalité?》, *Philosophie magazine*, n° 92, septembre 2015

Schaub (Coralie), 《Loi biodiversité : le sort du vivant au Parlement》, Liberation.fr, 18 janvier 2016

Schwarz (Walter), 《Obituary, Arne Naess》, *The Guardian*, 15 janvier 2009

Sèze (Cécile de), 《Le classement des pays qui comptent le plus de millionnaires》, Rtl.fr, 11 juin 2014

Shkolnik (Evgenya), 《Arrêtons de nous demander si nous sommes seuls dans l'univers》, Slate.fr, 18 février 2016

Smith (Caroline), Zielinsky (Sarah), 《L'intelligence de la poule》, Pourlascience.fr, août 2015

Tropéa (Hervé), 《Sylvester Stallone : "96% de ma vie est un échec"》, Gala.fr, 12 janvier 2016

Van Eeckhout (Laetitia), 《5 questions sur le gaspillage alimentaire》, Lemonde.fr, 10 décembre 2015

Vanlerberghe (Cyrille), 《Les rats sont capables d'empathie》, Lefigaro.fr, 8 décembre 2011

Vignaud (Marc), Tissot (Pauline), 《Élevage porcin : "Si ça continue comme ça, je préfère arrêter"》, Lepoint.fr, 31 août 2015

Villard (Nathalie), 《Le marché en or des animaux de compagnie》, Capital.fr, 8 février 2012

Vusler (Nicole), 《La pollution, un marché porteur pour les cosmétiques》, Lemonde.fr, 21 novembre 2015

Winock (Michel), 《À quoi servent (encore) les intellectuels?》, *Le Débat*, n° 110, Gallimard, mars 2000

《18 000 décès dus aux médicaments》, Lefigaro.fr, 27 mai 2013

《Avec Hollande, les écolos maintiennent leur exigence de sortie du nucléaire》, Leparisien.fr, 17 octobre 2011

《Deux études précisent notre part de Néandertal》, Lemonde. fr, 30 janvier 2014

Benkimoun (Paul), 《Grippe A : "Une stratégie vaccinale trop ambitieuse et non évolutive", selon la Cour des comptes》, Lemonde.fr, 18 février 2011

《Ivoire : l'Afrique lutte mieux que l'Asie contre la contrebande》, Sciencesetavenir.fr, 13 juin 2014

《JBS, leader mondial de la viande, se renforce en Europe》, Lemonde.fr, 22 juin 2015

《L'agneau Label rouge》, France Info, 2 mars 2013

《L'alcool responsable de 49 000 morts en France par an》, Lemonde.fr, 4 mars 2013

《L'inquiétante dérive des intellectuels médiatiques》, Lemonde.fr, 16 janvier 2016

《La situation des zoos en France dénoncée par des ONG》, 20minutes.fr, 25 mai 2011

《Là-bas si j'y suis》, émission 《Bible ou Darwin》, France Inter, 29 mai 2012

《Les 62 personnes les plus riches du monde possèdent autant que les 3,5 milliards les plus pauvres》, Francetvinfo.fr, 18 janvier 2016

《Les États-Unis, spécialistes des amendes records pour les banques》, Lemonde.fr, 14 juillet 2014

《Massacre de dauphins : une tradition aux îles Féroé》, Leparisien. fr, 25 juillet 2015

《Près de 8,7 millions d'espèces vivantes peuplent la Terre》, Lemonde.fr, 23 août 2011

《Une majorité d'Américains pas convaincue par le Big Bang》, Lexpress.fr, 22 avril 2014

《Volkswagen et Audi ont triché sur les normes de pollution dès 2009 aux États-Unis》, Lemonde.fr, 20 novembre 2015

인터넷 사이트

Abolitionistapproach.com

Afaas-schweitzer.org

Agencebio.org

Agreste.agriculture.gouv.fr

Agriculture.gouv.fr

Agrisalon.com

Amisdelaterre.org

Animalrights.about.com

Animaux.blog.lemonde.fr

Anpaa.asso.fr

Anticorrida.com

Antidote-europe.org

Blogs.harvard.edu

Cae-eco.fr

Cahiers-antispecistes.org

Cirques-de-france.fr

Ciwf.fr

Cnrs.fr

Credit-suisse.com

Crueltyfreeinternational.org

Dauphinlibre.be

Davidsuzuki.org

Developpement-durable.gouv.fr

Droit-medical.com

Ecologie.blog.lemonde.fr

Edition.cnn.com

Efsa.europa.eu

Eth.cern.ch

Facco.fr

Fao.org

Faunalytics.org

Fee.org

Fondationbrigittebardot.fr

Foretpriveefrancaise.com

Fourrure-torture.com

Franceagrimer.fr

Inra.fr

Insee.fr

Interbev.fr

Ipsos-na.com

Jbs.com.br

L214.com

Label-viande.com

Larousse.fr

La-viande.fr

Lepartidegauche.fr

Leporc.com

Monticello.org

Museedelhomme.fr

Nationalgeographic.com

Natura-sciences.com

Nature.com

Navs.org.uk
Notre-planete.info
Npa2009.org
Oncfs.gouv.fr
One-voice.fr
Oxfam.fr
Peta.com
Pierreoteiza.com
Planete.info
Pmaf.org
Pmaf.org
Produitslaitiersetviandebio.com
Prolea.com
Rpfrance.eu

Salairemaximum.net
Seashepherd.fr
Senat.fr
Service-public.fr
Social-sante.gouv.fr
Spinozaetnous.org
Tirage-euromillions.net
Un.org
Universalis.fr
Vegactu.com
Volaille-francaise.fr
Wwf.panda.org

옮긴이의 말

2010년 파리 8대학 유학 시절, 한 저녁 모임에서 채식을 한다는 친구를 만나게 되었다. 나는 왜 채식을 하냐고 물었고, 그 친구는 〈그 질문을 듣기 위해서〉라고 답했다. 자신이 왜 채식을 하는지 사람들이 궁금해 하도록 하기 위해서라니. 30년 육식 인생을 한 나로서는 그의 감수성이 놀라웠고, 또 궁금했다. 그날 저녁 모임에 우린 채식에 관한 다양한 이야기를 나누었고, 몇 년 후 그 친구와 나는 인생의 동반자가 되었다. 2016년 우린 영국 남부 지역에서 우핑woofing을 시작하여, 10여 개의 생태 농장에서 동물과 생태 가까이에 살며 영속 농업permaculture을 경험했다. 동물과 생태에 대한 관심은 그렇게 시작되었다.

이후 우리는 중국에서 몇 개월 체류할 기회가 생겼다. 인도와 차도가 구분되지 않은 곳이 많았고, 돼지 도살장이 동네에서 그리 멀리 떨어져 있지 않았던 중국 내륙의 도시였다. 당시 우린 도살장에 도착한 10여 마리의 돼지들이 반(半) 의식이 있는 상태로 트럭에서 내동댕이쳐지는 광경에 경악을 금치 못하며 도망치곤 했다.

2017년 프랑스로 돌아온 우리는 한국에서 6년 동안 살다 온한 친구를 〈우연히〉 만나게 되었다. 오래전부터 비건으로 살고 있는 그 친구는, 한국에서도 비건으로 생활했고, 생태 운동과 L214활동을 하는 친구였다. 한국에서 6년 동안 비건으로 살았다고? 우린 자연스럽게 한국의 삼겹살 문화, 사찰 음식, 비빔밥 등 먹거리부터 해서 반려동물 및 유기견 이야기를 나누었고, 2016년 프랑스에서 출간되어 화제에 오른 책 『반종차별주의Antispéciste』 이야기로 이어졌다.

2016년 2월 비강 도살장에서 몰래 촬영된 영상이 공개되며, 프랑스에서는 대대적으로 파장이 일었다. 프랑스 동물권리보호협회 L214가 촬영한 영상이었다. L214는 공장식 밀집 사육장, 푸아그라 제조, 도살장 실태 조사를 통해 널리 알려진 단체다. 이 영상에는 도살 전 학대당하는 동물들의 모습, 의식이 있는 상태로 목이 잘리는 장면들이 생생히 담겨 있어 수많은 사람의 분노를 야기했다. 동물 학대를 비난하는 목소리에는 정치적 색깔이 따로 없었고, 가능한 한 빨리 이를 중단할 대책을 마련하라는 목소리가 사방에서 터져 나왔다.

에므리크 카롱은 열렬한 동물권 지지자로, 관련 사회 현안에 대해 적극적으로 발언하고 활동하는 기자이자 작가다. 2016년 2월 비강 도살장의 영상이 공개되면서, 〈종차별주의(스페시즘)〉

라는 프랑스에서도 생소한 용어에도 불구하고 이 책은 같은 해 4월 출간 즉시 베스트셀러에 오르며 동물권과 환경에 관해 대대적인 논쟁을 불러일으켰다. 저자는 라디오와 텔레비전 평론으로 이미 프랑스에서 잘 알려진 지식인인데, 이 책을 통해 독자들에게 기존 이미지를 훨씬 능가하는 진면목을 보여 주었다는 평가를 받았다.

저자는 이 책에서 최근에 밝혀진 과학적 사실과 철학적·윤리적 질문을 통해 동물의 권리에 대해 논리적으로 접근하고 있다. 저자의 글은 탄탄하고 솔직하다. 그의 사유는 과학, 철학, 윤리, 생태, 정치, 사회 전 분야를 종횡무진하며, 타자에 대한 관심과 존중, 현 사회의 작동 방식에 대해 대범하고 새로운 관점을 제시한다. 저자는 이 책에서 말한, 위험을 무릅쓰고 건너가는 자, 스스로 니체의 〈초인〉이 되어버린 것은 아닐까?

아무도 완벽하지 않고, 영원히 그럴 것이다. 하지만 각자의 지적·물리적 한계에도 불구하고 나중에는 지금보다 더 잘 할 수 있을 거라는 것 또한 사실이다. 이제 우리 의식의 지평을 더 확장하느냐 아니냐의 문제는 우리 개개인에게 달려 있다.

2022년 2월
류은소라

찾아보기

옮긴이 **류은소라** 연세대학교 불어불문학과 학사 및 석사 과정을 마치고 프랑스 파리 8대학에서 롤랑바르트의 후기 저작 연구로 2012년 M2 학위를 받기까지, 프랑스 구조주의 및 후기구조주의에 몰두했다. 2011~2015년 파리 몽마르트의 그림 갤러리에서 일하며, 그림을 매개로 전 세계인들과 소통했다. 2016년 남편과 함께 우핑woofing을 시작하여 영국 남부 지방 10여 개 농장을 돌며, 영속농업permaculture 이론과 실무를 배우고 심층생태학을 접했다. 철학, 미술, 종교, 심리, 교육 등 인문학 전반에 걸쳐 번역 작업을 하고 있고, 타자, 몸, 기후, 생태 관련 주제에 관심이 높다. 옮긴 책으로 『페미니스트, 마초를 말하다』(2016), 『풍경의 감각』(2017), 『요가, 몸으로 신화를 그리다』(2020)가 있다.

반反종차별주의

발행일   2022년 2월 20일 초판 1쇄

지은이   에므리크 카롱
옮긴이   류은소라
발행인   홍예빈 · 홍유진
발행처   주식회사 열린책들

경기도 파주시 문발로 253 파주출판도시
전화 031-955-4000 팩스 031-955-4004
www.openbooks.co.kr

ISBN 978-89-329-2203-4 03300